东方编译所译丛

# 全球国际关系学的构建

## 百年国际关系学的起源和演进

THE MAKING OF GLOBAL INTERNATIONAL RELATIONS :
ORIGINS AND EVOLUTION OF IR AT ITS CENTENARY
AMITAV ACHARYA　BARRY BUZAN

［加］阿米塔·阿查亚　［英］巴里·布赞 著

刘德斌 等译

上海人民出版社

# 译　者　序

　　《全球国际关系学的构建：百年国际关系学的起源和演进》是阿米塔·阿查亚（Amitav Acharya）和巴里·布赞（Barry Buzan）在2019年联合推出的力作。尽管他们并不认同国际关系学科诞生于1919年的观点，但他们还是愿意抓住机遇，在人们纪念这一学科百年诞辰之际，把他们对国际关系学的反思和批判、对"全球国际关系学"的倡议和构想系统地阐释出来，以期引发学界的讨论，并将更多的学者，特别是非西方国家的学者吸引到全球国际关系学的构建中来。他们认为既有的国际关系理论是西方（主要是西欧和美国）历史经验和政治理论的产物，已经落后于全球化时代非西方国家迅速崛起和国际关系发展变化的现实，这一学科到了"第三次奠基"的时候。无论接受与否，阿查亚和布赞在这本书里所提出的问题和所阐释的观点，考验着每一个国际关系学人对这个学科的认知。无论你是穷经皓首的资深学者，已在这一知识的海洋遨游多年，还是初出茅庐的青年才俊，正在寻找一条适合自己的发展之路，当你读完这本书的时候，你至少会对这门学科的"来龙去脉"有更为深入、更为系统的了解，对其当下的处境和发展前景也会产生新的认知。

## 一本与众不同的书

　　有关国际关系学诞生一百周年的故事人们早已耳熟能详，但《全球国际关系学的构建》却讲述了一个不太一样的故事。两位作者通过对 19 世纪以来国际关系实践与国际关系思想阶段性演进和交互影响的梳理,深化了对国际关系学 1919 年创始"神话"的质疑,对国际关系学科史的传统叙事提出了挑战,并把 19 世纪以来非西方的历史演进和有关国际关系的思考也纳入叙事中来了,从而为全球国际关系学的构建提供了一种阐释框架。全书共有十章,每两章为一个组合,前一章叙述这一时期国际关系的演进,后一章分析和梳理这一时期国际关系思想和理论的发展变化,以及国际关系学科制度化的进展。通过这样一种设计,作者系统阐释了 19 世纪以来不同历史时期,即 1914 年以前、两次世界大战期间、冷战和去殖民化时代、1989 年以后的世界和后西方世界等五个不同历史时期国际关系实践和国际关系学的发展变化,把国际关系史、国际关系思想史和国际关系理论的演进融合在一起,呈现了一幅学科发展的全景式图画,并由此证明国际关系学的发展已经落后于"他者"崛起后世界的现实,全球国际关系学的构建已是大势所趋。众所周知,国际关系学既是一门非常"年轻"的学科,又是一个外延不断扩大的研究领域,新的问题和新的理论探索不断涌现,即使是在这一领域耕耘多年的学者,也难以对其每一个"分支"的发展变化都能把握清楚。因此,我相信这本书会很快成为国际关系学人必备的参考书。

《全球国际关系学的构建》有许多内容和观点都是其他国际关系著作未曾涉及或着墨不多,但对中国学界富有启发意义的。这里仅举几例。首先,阿查亚和布赞认为 20 世纪实际上是 19 世纪西方引领的世界现代性转型的延续。19 世纪的现代性转型把世界分割成"中心"和"外围"两部分,"中心"由欧洲、北美和 19 世纪末崛起的日本构成,是为"文明世界";其余为"原始的"或"野蛮的"社会,不被视为"国际社会"的组成部分。而国际关系学的大部分基础都是在 1914 年以前奠定的,它的关切和定义几乎完全从"中心"视角出发,其涵盖的内容要比 1919 年创始"神话"所涵盖的内容重要得多。"中心"国家主导国际关系学发展变化的情况并没有随着第一次世界大战、第二次世界大战和冷战的发生而发生变化,国际关系学主要反映的是欧美国家特别是美国的视角,直到冷战结束之后,国际关系和国际关系学在"中心"和"外围"国家之间的这种不平衡才开始被打破。显然,在我们接触到的国际关系学术作品中,很少有作者从这样一个角度来阐释国际关系学的发展变化,也很少有读者从这个角度去理解国际关系学。

其次,在阐释19世纪的现代性转型和"中心"与"外围"分流的过程中,两位作者特别强调了19世纪的现代性革命的重要意义,认为正是这一转型使王朝和农业帝国主导的国际体系发生了改变,为定义当今国际关系学的思想、行为体、体系和过程奠定了基础。在观念方面,现代性革命把传统农业社会的概念基础一扫而空,代之以自由主义、社会主义、民族主义和"科学"种族主义等四种"进步主义"意识形态。其中"科学"种族主义尤其容易引发读者的关注。19世纪中叶至20世纪中叶,"科学"种族主义成为现代性的一股强大的意识形态力量,并与欧洲国家的民族主义出现了明显的协同,为19世纪末的新帝国主义提供辩护,由此产生了西方的所谓"文明标准"。阿查亚和布赞认为,这四种意识形态仍然支配着国际关系,除了正在形成的环境治理意识形态之外,还没有出现任何一种能与这四种意识形态等量齐观的新意识形态来重塑国际关系。显然,读者不一定赞同阿查亚和布赞的判断,但通过阅读本书,会对西方国际关系理论的文化基因有进一步的了解。

最后,本书引入"前理论"(pre-theory)概念,强调"思想的部分不一定是理论,但它们为理论的形成提供了可能的起点",开辟了一条通往阐释"外围"地区国际关系思想的新渠道。作者认为,虽然"外围"地区的国际关系学大多始于第二次世界大战之后,但与国际关系相关的思想,早在19世纪之前就出现了。全书将各个地区能够用于理论构建的资源分为五类,分别为古典的宗教和哲学传统,历史上宗教、政治和军事人物的国际关系思想,后殖民主义领导人的国际关系思想,当代具有全球视野的重要国际关系学者的作品,以及人们从全球政治实践中汲取的洞见。以此为基础,《全球国际关系学的构建》分析了非西方世界包含的丰富的国际关系学思想,并将西方以外国际关系思想置于更大的国际关系学演进脉络和发展方向的语境之中,第一次对非西方国际关系学思想的贡献进行了系统的梳理。显然,读者肯定会发现他们做的还不够,但他们的系统性梳理对于我们进一步挖掘中国乃至其他国家的思想文化资源,无疑是具有启发意义的。

# 两位非同凡响的学者

阿查亚和布赞都是近年来国际关系学界的风云人物，他们兴趣广泛，著述丰富，不仅在国际学术界闻名遐迩，而且随着他们的作品不断被翻译成中文出版，也为中国国际关系学界所熟悉。与阿查亚相比，布赞年资更深，"出道"也更早，从20世纪八九十年代挑战华尔兹的新现实主义、构建安全复合体理论、发起"哥本哈根学派"开始，到在超越国际关系理论范式之争的过程中重新发现英国学派学术传统的潜力，成为英国学派"卷土重来"的领军人物，构建从国际社会到世界社会的阐释体系，再到与阿查亚合作，发起构建全球国际关系学项目。纵观布赞的学术生涯，人们会发现他一直致力于挑战西方国际关系理论中的欧洲中心主义，并努力把非西方的历史经验纳入国际关系理论的构建中来。与布赞相比，阿查亚可以说是国际关系学界新一代的学术领袖。他因对东南亚国家和区域的"实证建构主义"研究而在国际学术界声誉鹊起，之后逐步把他的学术兴趣扩展到国际关系理论和全球治理，并在2014年当选为国际研究协会（ISA）主席。他是第一位担任这一职务的"非西方学者"。与布赞一样，他也是多产作家，并且一直对国际关系理论中的西方中心主义持批评态度。阿查亚出生在印度，后加入加拿大国籍，现在位于华盛顿的美利坚大学任教。布赞出生在伦敦，在加拿大长大，现在伦敦经济学院任教。两个人的学术轨迹在十年前开始有交集。按照他们自己的说法，"过去十年我们两个各自的工作看起来惊人地相似"，从而为构建全球国际关系学奠定了坚实的基础。

"全球国际关系学的构建"起始于2005年，标志是阿查亚和布赞组织了一个研究项目，提出了"为什么没有非西方国际关系理论？"这个问题，邀请了一批非西方学者特别是亚洲学者参与其中，其研究成果最初发表在2007年出版的《亚太国际关系》专辑上，后来又以论文集《非西方国际关系理论：亚洲及其之外的观点》的形式出版。第二个节点是2014年阿查亚当选国际研究协会主席时发表就职演讲,正式提出了全球国际关系学(Global International Relations,GIR)的名称和倡议。在这个倡议中,阿查亚不仅概括了全球国际关系学的意义和目的,而且提出了全球国际关系学应该具备的六个基本特征。第三个节点就是阿查亚和布赞在2019年联合推出这本《全球国际关系学的构建:百年国际关系学的起源和演进》。在这本书出版之后,布赞和阿查亚又很快完成了这本书的"下卷"《重塑国际关系:印度、中华和伊斯兰文明思想和实践中的世界秩序》(*Re-Imagining International Relations:World Orders in the Thought and Practice of Indian,Chinese,and Islamic Civilizations*)。他们认为,如果国际关系学在印度发展,它可能会走与现代西方国际关系理论相似的路线;如果是在中国发明的,它将会与当今的国际关系学"非常不同";而在伊斯兰世界,会有一些与西方国际关系理论相当不同的经验和实践,但在国家之间/帝国领域的一些实践,似乎与西方国际关系理论和实践是一致的或互补的。

　　国际学术界知名的国际关系学者有许多,为什么是阿查亚和布赞发起了"全球国际关系学"的倡议?这是见仁见智的问题,但这也肯定与他们的学术经历有密不可分的联系。阿查亚出生于印度并在那里完成本科和硕士训练,在澳大利亚莫道克大学获得博士学位,长期专注于东南亚研究,并有在东南亚工作多年的经历,最后又到美国定居和工作,这使他对"中心"和"外围"国际关系思想和实践,特别是对两者之间的反差都有切身的了解和体会,更愿意把"外围"地区国际关系的思想和实践带入到国际关系理论构建中来。布赞出生于伦敦,在加拿大长大,在英属哥伦比亚大学获得本科学位,在伦敦经济学院完成博士学业,此后一直在英国大学任教。布赞在重启英国学派项目的过程中就不断呼吁走出威斯特伐利亚"窠臼",将更为深远的历史背景纳入国际关系理论的重构。两个人的共同特点是在学术上都没有拘泥于国际关系理论中的任何一种"主义"或"范式",而是兼收并蓄,根据研究主题的需要不断扩充自己的"工具箱"。两人还都对国际关系的现实走向极为关注,并有相应的作品问世。如布赞的《美国和诸大国》和阿查亚的《美国世界秩序的终结》等。在过去二十多年的学术生涯中,阿查亚和布赞一直与非西方世界保持密切联系,阿查亚曾经在东南亚工作，布赞与东亚国家特别是与中国国际关系学界交流频繁，我相信这样的经历对他们发起"全球国际关系学"项目都有潜移默化的影响。

# 三个需要直面的问题

首先，中国学者是否接受国际关系学的基础奠定于19世纪欧洲的现代性转型，国际关系理论是西方特别是西欧和美国历史经验和政治理论产物，是以"中心"视角解读世界的结果，是"中心"支配"外围"的一种表现形式这样的说法？如果接受，我们是否需要改变对西方主流国际关系理论的价值判断呢？当然，对于这样的问题可能没有整齐划一的回答，但在深入了解国际关系学的来龙去脉之后，人们应该是更加带着一种批判的眼光来看待所谓的主流国际关系理论。

其次，"全球国际关系学"是否能够成立？人们已经习惯于在既有的国际关系理论"轨道"上思考和探究国际关系问题，当把"外围"国家的历史经验和思想遗产纳入国际关系学的构建时，面对一个更为久远和宽广的时空转换，人们需要增加更多的历史知识包括思想史知识，才能适应抑或抵制这一过程。相比之下，既有的看似纷繁复杂的国际关系理论体系倒显得简单明了。更为重要的是，当把人类所有宝贵的历史经验和文化遗产都纳入国际关系理论构建时，全球国际关系学所阐释的国际关系肯定已经不仅仅是国家之间的关系了，全球国际关系理论也不再是传统意义上的国家关系理论了。全球国际关系学或将是一个学科群，而不是现在大家心目中一个"二级"、甚至"一级"学科所能包含得了的。

最后，中国特色国际关系理论创新如何面对全球国际关系学的构建？秦亚青在《全球国际关系学与中国国际关系理论》一文中指出，全球国际关系学的兴起是21世纪国际关系学领域最重要的事件之一，对于中国国际关系理论的发展有着非常积极的意义：一方面，全球国际关系学是各种学派共生共存、互学互鉴的知识生产场所，必然需要中国的理论贡献；另一方面,中国国际关系理论的发展也需要与世界其他地区和国家的学界同仁和理论话语进行交流切磋,以便成为全球国际关系学科发展的重要内容和对国际关系知识做出的积极贡献。实际上,中国国际关系学界把中国的历史经验和思想遗产纳入国际关系理论研究和构建的尝试早已开始,并且取得了相当的成就,在国际学术界产生了重大影响,但是能够介入进来的学者并不多,因为这需要相当深厚的中国历史和文化方面的知识储备。很显然,这需要国际关系学科与其他学科的共同努力。值得关注的是,近年来中国历史学界已经有人开始从不同的角度"重构"中国的历史叙事了。中国国际关系学界只要"敞开心扉",与历史学等其他学科展开深入的交流与对话,就一定能够让自己的思想和理论更加丰满起来。阿查亚和布赞认为,中国在恢复西方和"他者"之间财富、权力与文化权威的平衡方面发挥着主导作用,中国国际关系学界也在某种程度上处于挑战欧洲中心主义和构建全球国际关系学的前沿位置上。无疑,这是对中国国际关系学界的一种鼓励,也是一种"刺激"! 实际上,以一个更为久远的历史眼光来看,所谓的"国际关系学"依然处于构建之中。从国际关系学到全球国际关系学的转换无疑是一个历史性的进步。在这其中,中国故事、中国人讲述的世界故事,应该占有重要地位。

刘德斌

# 中 文 版 序

　　本书谈的是过去两个世纪全球史与国际关系学科(IR)发展之间的相互作用。其中心思想是,现代国际关系实践相当紧密地反映在有关国际关系现代思考的演进之中。这两个现代国际关系实践和国际关系学演进的故事都是围绕世界的中心和外围展开,开始时两者之间的距离很大,但随着我们越来越接近当下,距离正越来越小。国际关系的现实世界已经从一个权力、财富和地位差别很大的殖民主义国际社会,转变为一个更加多元的社会,在这个社会中,财富、权力和文化权威的分配在西方和其他国家之间变得更加均衡。对国际关系的思考已经从中心和外围之间的分离,转向日趋一体化。我们的观点是,尽管最初两者是分离的,但国际关系的研究从一开始在一些重要的方面就是全球性的。由于国际关系研究与国际关系实践密切相关,它必须而且将在未来几十年变得更加一体化和全球化。

　　我们希望多数中国读者也能像世界其他地方的读者一样对待这个问题。从这个角度看,本书提出了一种对(作为实践的)国际关系和(作为研究的)国际关系学的反思。它认为国际关系学需要变得不那么以欧洲为中心,对世界其他地区的历史、文化和政治理论更为开放。

　　中国在国际关系现实世界中的故事人所共知,这里无需赘述。它在恢复西方与他者之间财富、权力和文化权威的平衡方面发挥着主导作用。它关于国际关系学思想发展的故事既不太为人所知,又变得越来越重要。自20世纪80年代国际关系学在中国复兴以来,其国际关系理论家和思想家中的领军人物在全球国际关系研究共同体中已获全球公认。中国的古典哲学家以及他们对国际关系学的思考也受到世界瞩目。但中国也有国际关系研究的现代思想家,他们的研究可以追溯到19世纪,一直到两次世界大战之间的年代。无论与中国的古典哲学家相比,还是与当代的国际关系学学者相比,他们还都鲜为人知。这些早期的中国现代国际关系思想家是外围地区更广泛的思想家运动的一部分。他们反对西方的帝国主义和种族主义,试图厘清发展问题和地区主义问题以使外围地区的人民和国家重新获得活力。在中国和其他地方一样,这些人中有些是专门从事国际关系研究的学者,但有些是公共知识分子或政治领袖,他们有兴趣对国际关系发表意见,但都是在内容更为广泛的作品的语境中发表的。中国并不是唯一忘却自己早期对现代国际关系思想的贡献,而更倾向于关注古代和当代思想家的国家。正如我们在这本书中所展示的,这种遗忘在西方也发生过。为了在方兴未艾的全球国际关系学的构建中充分发挥作用,中国需要重新发现其早期现代思想家对国际关系学的思考,以填补古代与当代思想家之间的空白。随着中国古典思想和历史的复苏,以及自身理论的发展,中国在某种程度上处于挑战欧洲中心主义和构建全球国际关系学前沿的位置上。但是,除非它清楚地意识到自己对现代国际关系学的思考是如何在"百年屈辱"中发展起来的,否则中国无法真正地做到这一点。在这本书中,我们已经开始勾勒出这个几乎被遗忘的历史,即外围地区,包括中国对国际关系的思考。在这方面还有很多工作要做,我们希望那些具有相关语言技能的人能够继续努力,把这幅图景更为详尽地描绘出来。

此外,随着国际关系研究共同体的蓬勃发展,中国将为全球国际关系学的全面发展作出更多贡献。中国的国际关系学者正在以不同的方式、不同的理论立场在国际知识舞台上留下自己的印记。近年来,秦亚青的关系理论和阎学通的道义现实主义在借鉴中国古典传统探讨现实主义、自由主义和建构主义等国际关系理论的同时,也探讨了当代世界秩序的重大问题。这些探索,以及唐世平的世界政治社会进化理论的著作,都在很大程度上与全球国际关系学的路径相一致。这条路径就是寻求挑战、重新定义和拓宽传统上以欧洲为中心和以美国为中心的国际关系领域的边界。我们注意到中国国际关系学者中间有关国际关系理论之"中国学派"(a single "Chinese School" of IR)是非曲直的争论和分歧。这是一种健康的和富有成效的张力。我们不同意国家和区域视角的出现必然导致国际关系领域碎片化的观点。但我们也认为这些学派难以充分发挥其潜能，除非吸引大量的中国或东亚的学者，奉献能够为中国和中国以外的其他学者形成研究议程的概念和理论，并与官方的特权和立场保持一种适当的距离。我们期望中国年轻一代的学者们能够追随秦亚青、阎学通、唐世平等学者的脚步，为国际关系学科的全球化作出实质性的贡献。

阿米塔·阿查亚　巴里·布赞

华盛顿　伦敦

2019 年 7 月

# 致　　谢

　　本书是我们早前关于"非西方"国际关系理论著作（Acharya and Buzan，2007a，2007b，2010）的发展。[1] 当我们撰写"十年回顾"的时候（Acharya and Buzan，2017），2019 年国际关系学一百周年纪念（至少按照它创始的神话）即将开始，似乎这也正是我们这项工作下一阶段一个显而易见的目标。过去十年我们两个各自的工作看起来惊人地相似，因此具备了搭建（全球国际关系学）的坚实基础。我们在第十章里详细地阐释了这一切。

　　本项目受益于 2013 年 5 月南非罗兹大学召开的"国际关系理论中的非洲声音"（Bischoff，and Acharya，2016）和 2017 年 11 月 2 日至 3 日在布宜诺斯艾利斯举行的"全球国际关系学中的拉丁美洲"两次国际会议。我们也想对 2017 年 10 月哥本哈根大学政治学系同仁对这个项目的梗概和第二章草稿的评论致以诚挚的谢意。

　　还要感谢彼得·威尔逊（Peter Wilson）、小山仁美（Hitomi Koyama）、伦道夫·佩尔绍德（Randolph Persaud）、秦亚青和阿琳·蒂克纳（Arlene Tickner）等对我们这项工作的具体方面提出的建议。我们非常感谢艾伦·莱（Allan Layug）和何佳晶（Jiajie He）提供的宝贵的研究帮助，以及萨希尔·马瑟（Sahil Mathur）提供的研究和编辑帮助。

　　我们还要感谢约翰·哈斯拉姆（John Haslam）和剑桥大学出版社，不仅是因为出版了这本书，更是因为让它抢在 2019 年初及时出版了。

注　释

1.“非西方”这个标签加引号是为了表明两个同时存在的条件:(1)鉴于今日全球化和昔日殖民主义的影响,没有人还能具有原初意义上的(非西方)出身;尽管如此,(2)非西方的存在方式和认知方式仍然有力地影响着其文化传承者的生活世界。第二个条件包括欧洲人称之为“新世界”的土著人的本体论和认识论。他们在地理上位于西方,但他们的知识并非源于欧洲中心主义所定义的“西方”。然而,为了文体的简约,“非西方的”一词在接下来的用法中省略了吓人的引号。对于这些重要的澄清,我们向林绍明致以诚挚的谢意。

# 缩　略　语

| | | |
|---|---|---|
| ADIZ | Air Defense Identification Zone | 防空识别区 |
| AI | Artificial Intelligence | 人工智能 |
| AIIB | Asian Infrastructure Investment Bank | 亚洲基础设施投资银行 |
| ARC | Asian Relations Conference | 亚洲关系会议 |
| ASEAN | Association of Southeast Asian Nations | 东南亚国家联盟 |
| AU | African Union | 非洲联盟 |
| BISA | British International Studies Association | 英国国际研究协会 |
| BRI | Belt and Road Initiative | "一带一路"倡议 |
| BRICS | Brazil，Russia，India，China，South Africa | 金砖国家 |
| CCP | Chinese Communist Party | 中国共产党 |
| CEE | Central and Eastern Europe | 中东欧 |
| CEEISA | Central and East European International Studies Association | 中东欧国际问题研究协会 |
| CFR | Council on Foreign Relations | 外交关系委员会 |
| DPT | Democratic Peace Theory | 民主和平论 |
| ECOWAS | Economic Community of West African States | 西非国家经济共同体 |
| EEC | European Economic Community | 欧洲经济共同体 |
| EISA | European International Studies Association | 欧洲国际研究协会 |
| ES | English School | 英国学派 |
| EU | European Union | 欧洲联盟 |
| EUISS | European Union Institute for Security Studies | 欧洲安全研究所 |

| G8 | Group of 8 | 八国集团 |
|---|---|---|
| G20 | Group of 20 | 二十国集团 |
| G77 | Group of 77 | 七十七国集团 |
| GATT | General Agreement on Tariffs and Trade | 关税及贸易总协定 |
| GDP | gross domestic product | 国内生产总值 |
| GIS | global international society | 全球国际社会 |
| GWoT | global war on terrorism | 全球反恐战争 |
| HST | Hegemonic Stability Theory | 霸权稳定论 |
| IAB | Inter-American Bank | 泛美银行 |
| IBSA | India, Brazil, South Africa | 印度—巴西—南非 |
| ICISS | International Commission on Intervention and State Sovereignty | 国际干预和国家主权委员会 |
| ICWA | Indian Council of World Affairs | 印度世界事务委员会 |
| IGO | intergovernmental organisation | 政府间国际组织 |
| IIIC | International Institute of Intellectual Cooperation | 国际智力合作研究所 |
| IMF | International Monetary Fund | 国际货币基金组织 |
| INGO | international non-governmental organisation | 非政府间国际组织 |
| IPE | International Political Economy | 国际政治经济学 |
| IPR | Institute of Pacific Relations | 太平洋关系研究所 |
| IPSA | International Political Science Association | 国际政治科学协会 |
| IR | International Relations(discipline) | 国际关系学(学科) |
| ir | international relations(practice) | 国际关系(实践) |
| ISA | International Studies Association | 国际研究协会(美国) |
| ISC | International Studies Conference | 国际研究大会 |
| ISS | International Security Studies | 国际安全研究 |
| JAIR | Japan Association of International Relations | 日本国际关系协会 |
| KMT | Kuomintang | 国民党 |
| LN | League of Nations | 国际联盟 |
| MNE | multinational enterprise | 跨国企业 |
| NAM | Non-Aligned Movement | 不结盟运动 |
| NATO | North Atlantic Treaty Organisation | 北大西洋公约组织 |

| NEFOS | New Emerging Forces | 新兴势力 |
|---|---|---|
| NIEO | New International Economic Order | 国际经济新秩序 |
| NNWS | non-nuclear weapon state | 无核国家 |
| NWS | nuclear weapon state | 拥核国家 |
| OAU | Organization of African Unity | 非洲统一组织 |
| OECD | Organisation for Economic Co-operation and Development | 经济合作与发展组织 |
| OEP | Open Economy Politics | 开放政治经济学 |
| OLDEFOS | Old Established Forces | 旧有势力 |
| OPEC | Organization of the Petroleum Exporting Countries | 石油输出国组织 |
| R2P | Responsibility to Protect | 保护的责任 |
| SCO | Shanghai Cooperation Organisation | 上海合作组织 |
| SSA | sub-Saharan Africa | 撒哈拉以南非洲 |
| TPP | Trans-Pacific Partnership | 跨太平洋伙伴关系协议 |
| TNC | transnational corporation | 跨国公司 |
| TRIP | Teaching, Research and International Policy | 教学、研究与国际政策 |
| UDHR | Universal Declaration of Human Rights | 世界人权宣言 |
| UK | United Kingdom | 英国 |
| UN | United Nations | 联合国 |
| UNCTAD | UN Conference on Trade and Development | 联合国贸易和发展会议 |
| UNDP | UN Development Programme | 联合国开发计划署 |
| UNHCR | UN High Commissioner for Refugees | 联合国高级难民特使 |
| UNSC | UN Security Council | 联合国安全理事会 |
| US | United States | 美国 |
| WHO | World Health Organization | 世界卫生组织 |
| WILPF | Women's International League for Peace and Freedom | 国际和平与自由妇女联盟 |
| WISC | World International Studies Committee | 世界国际研究大会 |
| WST | World Systems Theory | 世界体系理论 |
| WTO | World Trade Organization | 世界贸易组织 |

# 目　录

译者序 / I

中文版序 / VIII

致　谢 / XI

缩略语 / XIII

导　言 / 1

第一章　1919 年之前的世界：现代国际关系的构建 / 8

第二章　1919 年之前的国际关系研究：奠定基础 / 32

第三章　1919—1945 年的世界：依然是全球国际社会 1.0 版 / 68

第四章　国际关系学（1919—1945 年）：学科的第一次创立 / 83

第五章　1945 年以后的世界：冷战与去殖民化的时代 / 116

第六章　国际关系学（1945—1989 年）：学科的二次创立 / 141

第七章　1989 年以后的世界："单极性"、全球化与他者的崛起 / 184

第八章　1989 年之后的国际关系学 / 222

第九章　后西方世界秩序：深度多元主义 / 267

第十章　迈向全球国际关系学 / 292

参考文献 / 329

译后记 / 370

# 导　　言

## 目 的 与 路 径

写作本书的一个主要动机是利用国际关系领域的许多人(尽管不是所有人)把 2019 年作为学科诞生一百周年纪念这样的机会。这是一个长期存在的国际关系学创始的"神话",在国际关系学导论性的课程中被广泛地教授,即 1919 年该学科作为正式的研究领域出现了,以此作为对第一次世界大战的灾难的回应。这个"神话"将国际关系学设定为对急迫问题的回应,即如何理解整个国家社会(society of states)中和平与战争的问题(我们在第二章中将更为充分地评论这个"神话"和关于它的辩论)。像这样重大的纪念日是绝好的机会,让我们可以暂时停下来,盘点和回顾一下我们已经取得了什么,什么目标还没有达到,思考一下接下来该怎么做。

另一个同样重要的动机是反思日益增加的关于国际关系实质和范围的辩论,这些辩论来自那些感到这个领域耽湎于西方中心主义太久了,需要展示更大包容性的人。虽然这样的作品已经出现一段时间了,并且在过去十年的时间不断增加,但迄今还没有单一和整合的研究,将西方以外国际关系思想置于更大的国际关系学演进脉络和发展方向的语境之中。我们的作品就是这样一种尝试,虽然本书也仅仅是对非西方国际关系思想被遗漏和忽略的方面进行了简单的描述,但这些思想也将使国际关系学更具普遍性意义。比起英国或美国，西方以外地区关于国际关系起源和演进的英文文献或信息极少。西方以外有关把国际关系学作为一个学科的著述编撰史，大多始于第二次世界大战之后（例如 Tickner and Wæver，2009a）。欧洲和美国以外的大学和研究中心有关国际关系学科的学习、教学大纲和教材，这方面的信息尤其简略。对西方以外地区国际关系学的兴起提供一个全面阐释不是我们的目标。我们的目标是为某些重大主题和欧洲与北美以外地区可能的国际关系研究制度性中心提供一个粗线条的概述。

我们希望本书成为国际关系学一百周年反思的一部分，并以三种主要方式对有关辩论作出贡献：

（1）深化对 1919 年国际关系学创始故事的质疑，并为国际关系学的发展提供一个可替代的、分层的分析框架。

（2）把 19 世纪以来国际关系学的发展与国际关系具体实践连接在一起，以展示随着时间的推移，国际关系学是如何紧密地对现存的秩序作出反应的。[1]

（3）揭示整个这一时期发生在西方以外的被忽视的有关国际关系思想的历史。

本书还为国际关系学作为一个学科的历史和演进提供了一个全面的导读性文本。


# 论 点 总 结

总的来说，国际关系学的发展实际上与国际关系的本质和实践是同步的。鉴于国际关系学总是与时事和外交政策制定有着密切的联系，这种联动本身并不特别令人惊讶。[2]对于我们的目的而言，这种联动使我们能够形成一种细致入微的洞察力，去了解国际关系学是在何时、如何以及为何会获得它众所周知的西方中心论结构的。虽然这个观点过于简单化，但当代主流国际关系理论仍然大体上是西方历史与西方政治理论交织在一起的抽象。现实主义是 18 世纪欧洲均势行为的抽象，与 16 世纪和 17 世纪，事实上是古希腊的政治理论相结合。自由主义是 19 世纪和 20 世纪西方政府间国际组织（IGOs）和政治经济学理论的一种抽象。马克思主义是 19 世纪和 20 世纪欧洲政治经济学理论另一个分支和历史社会学的一种抽象。英国学派（ES）是 19 世纪欧洲外交行为和悠久的欧洲法学理论的一种抽象，这种法学理论建立在包括国际法在内的所有法律都以社会存在为前提的假设之上。建构主义并非如此明显地从西方的实践中抽象出来，但是来自西方的认识哲学。国际关系学在很大程度上建立在西方历史和西方政治理论就是世界历史和世界政治理论的假设之上。

　　这个假设的荒谬之处很容易被这样的提问揭露出来：如果西方以外的其他地方的国际关系学科已经发展起来了，那么国际关系理论会是一种什么样子？例如，中国的历史和政治理论与西方截然不同。西方的思想和实践更多地倾向于主权、领土权、国际无政府状态、战争和国际社会，而中国的理论和实践更多地倾向于统一、等级制度、天下（普天之下）和朝贡体系关系。[3]在中国的体制中，战争、外交和贸易都体现了与西方不同的实践和理解，我们现在称之为"软实力"的东西发挥了更大的作用。中国过去称自己是"中央王国"，这既是对文化优势的一种宣示，又是对物质优势的一种宣示，中国的实践和思维与西方的大国、帝国和宗主权等概念并不完全相符。如果国际关系理论来自伊斯兰世界的历史和政治理论，它很可能更关注世界社会，而不是主权和领土国家体系。正如 14 世纪伊本·巴图塔（Ibn Battutah）的旅行所展示的那样，一个伊斯兰世界的社会从西班牙延伸到中国——在这个社会中，一个人可以基本安全地旅行，同时他的地位和资格也会在沿途得到认可（Mackintosh-Smith，2002）。

　　近几十年来，随着国际关系研究在全球范围内得到普及，西方历史和政治理论不能充分代表世界其他地区的进一步证据已经被提出来了。拉丁美洲、非洲、中东以及东南亚地区的国际关系研究表明，由西方发展起来的占支配地位的国际关系概念——包括民族国家、权力、制度和规范——与当地学者在这些不同地区所感知和分析的现实之间的脱节正在日益加深。

鉴于国际关系学应该是最全球化的社会科学,这种不平衡的结构是如何产生的? 这个问题的答案,以及国际关系学科如何重新平衡自身的意识,都可以从过去两个世纪国际关系和国际关系研究之间的联动中找到。

在19世纪期间和第一次世界大战之前,国际关系的本质和实践都是由一个相对较小但非常强大的中心和一个很大但相对较弱的外围之间极其不平等的关系构成的。其中心主要是西方国家,加上日本,其做法是对构成国际社会的"文明"国家和"原始的"(barbaric)或"野蛮的"(savage)社会作出明显的区分,后者主要是按照不同程度的殖民从属关系处理的,不被视为国际社会的一部分。国际关系学在这一时期的发展要比1919年创始"神话"所涵盖的内容重要得多。现代国际关系学的大部分基础都是在1914年以前奠定的,而这种"国际关系学"之前的"国际关系学"(IR before IR)反映的国际关系的关切和定义,几乎完全是从中心的视角出发的。尽管中心在第一次世界大战期间遭遇重大创伤,但中心与外围之间不平等的殖民结构基本保持未变,一直延续到两次世界大战之间。事实上,战争的创伤把大国的和平与战争置于国际关系和国际关系学关注的中心位置。从1919年开始,国际关系学经历了第一次奠基和命名,这既反映了外围地区的边缘化,如其1919年创始"神话"所显示的那样,又反映了大国战争所带来的困扰。它几乎仍然完全聚焦于西方中心国家对战争/和平的关切及分裂的意识形态视角,而西方和日本帝国内外围地区仍处于边缘化的状态。在这个中心国家绝对主导的时代,有关国际关系/国际关系学的观点在外围地区一直在发展。但由于这些观点许多是出于反殖民主义的动机,所以在以西方为中心的国际关系学话语中,大多被忽视或边缘化了。因其本身实力的缘故,这一时期殖民地基本上被排斥在国际社会之外,也不在国际关系学关注的范围之内。

直到1989年的冷战/去殖民化时期,这种极端的国际关系和国际关系学的"中心-外围"结构才开始发生变化。在第二次世界大战之后的20世纪40年代中期至70年代中期,去殖民化使几乎所有外围国家以主权平等的正式成员身份进入国际社会。与此同时,国际关系学经历了实际上是第二次奠基的过程,在规模和制度化方面都有了巨大的增长。国际关系的主要转型表现在殖民主义和人类不平等的去合法化,这在一定程度上也反映在国际关系研究之中。第三世界与发展研究成为国际关系学课程的一部分,源自第三世界的思考,如依附论(Dependency Theory)、后殖民主义(Postcolonialism)开始在主流国际关系理论的边缘出现。但是国际关系学,以及在相当大的程度上国际关系也是如此,仍然关注的是西方中心国家的关切和观点。之所以出现这种局面,部分原因在于1947年之后,在两次世界大战之间,大国战争的困扰依然挥之不去,而且还被两个敌对的超级大国之间核战争的危险放大了。全球核战争不仅可能毁灭文明,而且可能毁灭全人类,因此这是一个有理由被优先考虑的问题。此外,外围国家虽然在政治上获得了正式解放,但在经济上仍然处于弱势,从属于中心大国,主要是西方和日本。虽然第三世界在世界政治中发挥了一些独立的作用,但它们受到了美苏冷战竞争的严重渗透。因此,尽管国际关系学确实将外围国家纳入其关注范围,但它主要是从中心国家的视角来看待外围国家的,基本上是从超级大国竞争和操纵的视角来看待第三世界及其事件。这种倾向也反映了美国在国际关系研究领域的独特优势,这种优势不仅仅体现在研究人员的数量上,而且还体现在对经费、期刊、学会以及这一领域核心理论辩论的控制上。毫无疑问,美国的国际关系学反映的是美国的国际关系:美国对冷战、全球经济和第三世界意识形态阵营的关切和兴趣。

　　直到1989年之后,无论是后冷战时期还是后非殖民化时期,国际关系和国际关系学在中心和外围国家之间的这种不平衡才开始被打破。在20世纪90年代,这种不平衡还短暂地保持着,而国际关系和国际关系学都试图找出美国表象上的单极化和世界全球化的后果。但在几种不同的压力下,这一过程很快就破裂了。中国的崛起,以及印度和其他国家较小程度的崛起,例证了法里德·扎卡里亚(Fared Zakaria,2009)所称的"他者的崛起"。到21世纪初,由19世纪现代性革命引发的不平衡与综合发展所遗留下来的中心与外围之间的财富和权力差距明显消失。美国首先将其安全关切转向第三世界的一群"流氓国家"(rogue states),接着在2001年之后又转向主要根源于第三世界伊斯兰地区的全球恐怖主义。在21世纪头20年,尤其是2008年金融危机之后,中国成为美国在国际关系中主导地位的主要挑战者。与此同时,国际关系学在越来越多的国家得到扩展并变得制度化。美国在国际关系研究领域中保持着比它在国际关系实践中更强大的主导地位，但是在国际关系理论和学术组织与期刊的制度化方面都受到了来自欧洲和亚洲的挑战（Acharya and Buzan，2007a，2007b，2017；Buzan and Hansen，2009）。西方的国际关系学及其核心观点仍然占据主导地位。但是越来越多的"他者"试图把他们自己的历史和政治哲学加入进来，以拓宽国际关系学的历史和哲学基础。到2017年，越来越明显的是，无论是在国际关系实践领域还是在国际关系研究领域，西方的全球主导地位已经接近尾声。一种后西方世界秩序正在形成，在这种秩序中，西方已经不再是唯一的，或占主导地位的财富、权力和文化合法性的中心。然而，尤其是在国际关系研究领域，西方主导地位的遗产比西方在现实世界的国际关系中主导地位的遗产持续的时间更长。

为了捕捉全球国际社会在过去两个世纪的发展，我们使用了布赞和舒恩伯格（Buzan and Schouenborg，2018）阐发的一种宽泛的分期法：全球国际社会1.0版（version 1.0 GIS）是现代国际关系的首次奠基，以西方-殖民主义形式为特征（Western-colonial form，从19世纪直到1945年）；全球国际社会1.1版（version 1.1 GIS）是结束殖民主义的第一次重大修正，但仍以中心为主导并以西方-全球形式为特征（Western-global form，1945年到2008年）；以及2008年之后全球国际社会1.2版（version 1.2 GIS）的出现，使西方的主导地位日趋让位于一种深层次的多元化形式，其中有许多财富、权力和文化合法性中心。我们将这个国际关系的历史轨迹——中心和外围之间不断变化的关系——作为一个出发点，来思考国际关系学现在何以需要变得更具全球性，以反映"他者的崛起"。除此之外，这意味着在西方历史之外，我们需要更多地关注地方历史，以及从全球视角讲述的世界历史。从其他文化和历史的角度来思考国际关系，既需要纳入历史的叙述，又需要纳入理论化的过程。我们需要考虑到对旧有中心的历史积怨，这种积怨在大部分旧有外围地区依然存在着，并继续毒害当代的国际关系，扭曲国际关系研究。

为了捕捉到国际关系学作为一门学科的全球演化的轨迹，我们采用了与我们早期著作相同的"思考国际关系学"的广义视角（Acharya and Buzan，2007a，2007b，2010）。在早期阶段，思考国际关系既是学者的活动,又是政治领导人和公共知识分子的活动。事实上,即使在西方,直到1945年以后,国际关系学才成为一项主要的学术活动,而在第三世界则要更晚些。我们认真地把这种非学术性的对国际关系研究的思考作为该学科历史的一部分,并展示了它是如何既在中心又在外围地区塑造了后来的学术发展的。在第二次世界大战以来发展起来的更具学术性的国际关系学之中,我们也对什么是"理论"采取了一种宽泛的视角。第二章在这方面展开了详细的讨论。

所有这些都对本学科的教学和制度化产生了影响。我们希望这本书将在整个国际关系学科中开启一场辩论:国际关系学如何以及为何需要一场从主要以西方为中心——实际上是以盎格鲁圈为中心——到真正的全球性的转变,因此我们的术语是全球国际关系学(Global IR)(Acharya,2014a)。

以上概述的观点将围绕五对章节展开,每一对章节都涵盖一个时期:19世纪至1919年、1919年至1945年、1945年至1989年、1989年至2017年,展望则从2017年开始。每对章节的第一章都勾勒出这一时期的国际关系史,第二章概述国际关系作为一门学科的发展,以及这种发展如何与当时的历史相联系。如上所述,我们的论点是,世界历史事件为国际关系学的思考设定了很多议程:国际关系学在某种程度上是当前事件的奴隶。但它也是一条双行道。国际关系学试图捕捉这种不断变化的现实,将某些事务置于其他事务之上,并附加上标签和概念,如两极性、全球化和国际社会,这些标签和概念反过来又影响人们如何理解他们所处的世界,从而塑造他们的行为。

**注　释**

1. 因此,我们的路径与施密特(Schmidt,1998a,b)和其他通过研究该学科内部学者的话语来探索该学科的起源和根源的学者是不同的,但我们希望是互补的。

2. 关于国际关系理论和世界历史如何共构的详细论述,参见 Lawson,2012 和 Buzan and Lawson,2018。另一部采用类似方法将国际关系的实践和思考联系起来的作品,参见 Knutsen,2016。

3. 要了解中国的制度是如何以及为什么会有这样的行为和思想,请参阅派因斯的精彩评论(Pines,2012)。

# 第一章
# 1919 年之前的世界：
# 现代国际关系的构建

## 引　言

即使就像流行的创始神话所言，国际关系学作为一门学科起始于1919年，我们仍然需要回顾19世纪，去观察那个世纪的国际史如何塑造了这个学科的最初形态。事实上，正如我们在本书第二章所讨论的，不仅现代国际关系学思想的根源，而且现代国际关系的实践，都可以追溯到19世纪。这就意味着我们需要对19世纪有一个总体认识，才能理解现代国际关系学的起源。

本章围绕四个核心主题展开，这四个主题看似不同，却有着紧密的联系：

（1）现代性革命对国际关系的影响；

（2）等级制西方-殖民主义国际社会的巩固及其所遭遇的反抗；

（3）日本的崛起："他者的崛起"的第一步；

（4）第一次世界大战的创伤。

# 现代性对世界的影响

巴里·布赞和乔治·劳森（Barry Buzan and George Lawson，2015a）认为,19 世纪的现代性革命使原有的王朝和农业帝国占主导的国际体系发生转型,并且为定义当今国际关系学科的思想、行为体、体系和过程奠定了基础。本节利用这一分析勾勒出国际关系的物质面貌和思想观念的转型。[1]

## 思想观念

在观念方面,现代性革命把传统农业社会的概念基础一扫而空。一直到 19 世纪,宗教和王朝统治这两个概念仍有着千丝万缕的联系,它们决定了政治合法性,使得领土变更频繁,帝国成为一种有吸引力的政治形式,而且往往经久不衰。重商主义占主导的经济思想进一步完善了这种统治形式:重商主义认为,对任何国家而言,出口比进口更可取,垄断性的供应比开放的贸易更可取,如有必要,可以通过直接掠夺获取这种垄断控制的地位。至少在欧洲,主权是一种根深蒂固的观念,但是主权与君权是紧密相关的,这就意味着主权与王朝秩序密切关联。在该体系中,社会中不同等级和阶层的人都要清楚并固守属于自己的位置。因此,机会主要是由长子继承制决定的。

然而在漫长的 19 世纪(1776—1914 年),上述观念和实践逐渐让位于四种进步主义的意识形态:自由主义、社会主义、民族主义和"科学"种族主义。这四种意识形态改变了战争、领土、阶级、政治合法性、主权、法律、个人和集体身份以及贸易的含义。通过重新定义国际关系的范围、行为体和行为方式,它们为现代国际关系奠定了基础。这四种意识形态在彼此之间、各自内部都产生了许多矛盾,它们与正被取代的传统观念之间也矛盾重重。应对这些矛盾成为 20 世纪三场世界战争的主要动因。

自由主义与现代性革命中的前沿社会(英国)有关。自由主义演变出了一整套复杂的概念，然而它源于两种核心思想：一是个人的权利应是社会和政治的基础；二是相对开放的市场运作应是经济运行的基础原则。这两种观念在一定程度上相互支持，因为市场需要个人拥有私有财产、创新与互动的自由；反过来，个人主义会被市场运作和私有财产所强化。这一组合要在经济和政治方面同时起作用，个体必须接受教育。臣民将成为拥有集体自决权利的公民。基于此，精英主义和理性主义替代了长子继承制。

因此，自由主义破坏了传统秩序的几个根基。自由主义的个人主义和精英主义原则削弱了长子继承制和僵化的阶级结构，并鼓励个体各尽其能去寻求财富和权力。个人主义和精英主义再加上自决权，弱化了王朝主义和宗教在政治中的作用。个人主义推动了人民主权：国家是人民的而非君主的。以上观点潜移默化地动摇了帝国合法性的支柱，尽管在实践中，自由主义特别是其精英主义一脉很容易就适应了19世纪末的新帝国主义。个人主义还推动了宗教的内化或者说私人化，减少了宗教在政治中的作用。自由主义关于市场的观点与重商主义截然相反，它寻求财富和发展的正和博弈而非零和博弈。自由主义市场观点也撼动了帝国合法性的观念支柱。尽管当今自由的个人主义与民主相关联，但这种关联在19世纪并不典型。19世纪时，任何赋予民众选举权的想法都在很大程度上受到教育和财产资格的制约，而且不适用于女性。只有那些已证明自己"价值"（merit）的男性才有选举权。

作为对自由资本主义泛滥的一种回应，社会主义出现了。它与自由主义有诸多共同点，包括反对王朝主义、宗教和长子继承制。社会主义者同样想要开放阶级体系、教育人民、鼓励理性主义、允许阶级流动，以及把人民从臣民变为公民。但社会主义与自由主义的不同之处在于，与个人主义相比，社会主义更热衷于公民的集体性；与精英主义相比，社会主义更倾向于平等主义；而与市场经济相比，社会主义更推崇国家发布经济指令。社会主义者把私人财产和市场视为一种剥削而非赋权。自由主义者眼中的利益和谐，在社会主义者看来却是剥削和阶级战争。他们认为，自由的精英体制、资本主义以及某种程度上的自由贸易，造成了不可接受的极端贫困和不平等。工业主义壮大了无产阶级的队伍，社会主义者与这股新的政治力量相结合。他们要么寻求对资本主义成果的更为公平的分配方式，要么追求一种更为极端的方式，即用国家指令性经济取代资本主义。自由主义和社会主义关于国家的观点都不乏矛盾之处，有些人认为国家是一种理想的政治形式，另一些人则更追求世界主义。他们对政治形式的观点也是矛盾的。在 19 世纪，自由主义者如果更为重视精英政治，那么他们未必是民主主义者；而当社会主义者追求更为宽泛的公民权时，可能向民主和独裁两个方向发展。

民族主义伴随法国大革命的进行而扬名。它的基本思想是根据共同的语言、文化、族性和历史的某种结合来定义民族，由此构建具有共同身份的群体，使之成为政治合法性的主要基础。法国人从这一举措中获得了强大的军事力量，动员并激励了庞大的公民军队，从而给其他国家带来了巨大的压力，迫使它们效仿法国。民族主义支持从臣民到公民，从王朝到人民主权的转变，不过一些君主政体也能够适应这种转变。民族主义通过把国家与民族结合起来，极大地增强了国家的力量，但同时也严重破坏了既有的领土形式，这对于帝国而言尤为明显。民族主义将德意志和意大利境内各种不同的王朝政体黏合在一起，但同时也瓦解了多民族的帝国。羽翼未丰的美国也因此遇到一个问题，即它的身份最初难以与英国身份区分开来。通过创立一种强有力的集体认同感，民族主义不仅提供了一种途径来克服形形色色的地方主义，创建一个工业主义所需要的规模更大的社会，而且也为工业主义所开启的分裂的、新的阶级政治，以及自由主义和社会主义的解决途径，提供了一种平衡机制。在贸易问题上，民族主义既可走向自由主义，也可走向保护主义；在政治上，既可以支撑民主政治，也可以支撑威权政治。

19 世纪中叶至 20 世纪中叶，"科学"种族主义成为现代性的一股强大的意识形态力量。邓肯·贝尔（Duncan Bell，2013:1）指出："在［20 世纪］最初的几十年里，种族被广泛而明确地视为基本的政治本体论单位，它或许是所有单位中最基本的一个。""科学"种族主义主要由三方面构成：用以定义生物学的分类体系，从生物学向社会转变的"适者生存"原则（社会达尔文主义），以及世界各地的"野蛮的"或"未开化的"民族与"文明的"欧洲国家之间极不平等的遭遇。人类某个群体认为自己是文明的，而其他群体是野蛮的，这并不是什么新鲜事。但这种古老的、相对普遍的做法主要是基于对文化和文明程度的判断。此种形式的歧视中存在着社会流动的空间。人们可以升级自己的文化，或者接受更"文明"群体的文化。"科学"种族主义或多或少地终止了这种流动性。如果劣等和优等是可遗传的，那么改善地位的希望就微乎其微，或者说根本没有希望，结果形成了一个白人在顶端、黑人在底端的种族等级制度。因此，所谓的"进步"就是指改进种族群体，用优等种族取代劣等种族。随着"科学"种族主义的发展，它变得更加微妙，为欧洲雅利安人、拉丁人和斯拉夫人之间的等级制度打开了大门。在这种形式下，"科学"种族主义与民族主义出现了明显的协同，为19世纪末的新帝国主义提供了强有力的辩护。

正如我们将在之后几章所展示的那样，这四种意识形态仍然支配着国际关系，尽管其中一些（民族主义、自由主义，至少是经济自由主义）取得了巨大的成功，而另一些意识形态则被推向边缘（"科学"种族主义，以及在较小程度上的社会主义）。除了正在形成的环境治理意识形态之外，还没有出现任何与这四种意识形态具有同等重要性的新意识形态来重塑国际关系。[2]

## 物质面貌

在物质方面，现代性革命对国际关系有三种不同的影响：第一，它们通过缩短全球传输货物、人员和信息的时间，降低成本和风险，改变了体系的互动能力；第二，现代性革命带来了单位的转型，创造了世界政治博弈中为人所熟知的现代角色；第三，它们引入迅速的技术变革作为该体系的持久特征，对经济和军事关系都有重大影响。

全球的第一次一体化发生在19世纪。在很大程度上，新的蒸汽船和铁路历史性地打破了距离和地理的障碍。在19世纪初，人们把任何东西（货物、人员、信息）从伦敦送至澳大利亚可能要花费大半年时间，而且途中风险莫测。到1914年，全球范围内的信息在一天之内即可抵达，货物或人员在几周内就可被送达。电报电缆将世界大部分地区连接在一起，海运和铁路能够廉价、快速和相当安全地将大量人员和货物运送到世界各地。苏伊士运河和巴拿马运河连通大洋，使航运路线大大缩短。这一崭新的互动能力是当今高度联系且相互依赖的国际体系的最初基石。与古典时代丝绸之路的连接不同，这种互动能力催生了真正的全球经济，创造了全球金融和贸易市场，既包括大宗商品，又包括奢侈品。它还使大规模移民成为可能，大量人口从欧洲、南亚和中国迁移到其他地区。它使战争全球化也成为可能。除了空中运输外，现代国际体系的所有基本物流特征在 19 世纪末都已存在。

到 19 世纪末，组成现代全球国际社会的一整套行为体（actors）也已就位。在现代化社会的中心区，理性官僚制民族国家（无论是自由民主政体还是发展型威权政体）在很大程度上取代了王朝国家。民族主义使领土神圣化了，并使疆界固定下来（Mayall，1990）；而这些现代国家大多数都是新型海外帝国的宗主国核心。除现代国家之外，跨国公司也在那时兴起。1862 年颁布的《英国公司法》（the British Companies Act of 1862）对公司进行了彻底改革，跨国公司得以建立，并从本质上与旧有的特许公司形式剥离开来。那些特许公司既与国家有关，又与准国家性质的组织有关（Phillips and Sharman，2015）。跨国公司反映和加强了关于贸易、市场和投资的自由主义思想，并在巩固全球资本主义经济方面发挥了重大作用。

当代全球国际社会的另一个支柱——政府间国际组织——也在此时生根发芽。在 19 世纪的最后 25 年里，为适应全球贸易和通信流量的巨大增长以及铁路和电报等新技术的迅速传播对各国政府相互协调的要求，政府间国际组织开始发挥相应的功能。考虑到当时西方-殖民主义全球国际社会普遍存在分割主权的惯例，政府间国际组织发展的有趣特征之一是一些非西方国家，包括那些处于殖民统治下的国家，成功地获得了全球国际社会的成员资格，从而得到了外交承认。这是因为 19 世纪的国际性组织更强调实际的运作功能，而非正式的国家主权（Howland，2016：2）。以下例子可以说明这种情况：

- 国际电信联盟（成立于 1865 年）：土耳其于 1866 年加入，埃及于 1876 年加入，伊朗于 1868 年加入，印度于 1868 年加入，日本于 1879 年加入，泰国于 1883 年加入，斯里兰卡于 1896 加入。[3]
- 万国邮政联盟（成立于 1874 年）：埃及于 1875 年加入，土耳其于

1875 年加入,印度于 1876 年加入,印度尼西亚于 1877 年加入,伊
朗于 1877 年加入,日本于 1877 年加入,利比里亚于 1879 年加入,
泰国于 1885 年加入,突尼斯于 1888 年加入,韩国于 1900 年加入,
阿尔及利亚于 1907 年加入,埃塞俄比亚于 1908 年加入,中国于
1914 年加入。[4]

● 常设仲裁法院(成立于 1899 年):伊朗于 1900 年加入,日本于 1900
年加入,泰国于 1900 年加入,中国于 1904 年加入,土耳其于 1907
年加入。[5]

到 1913 年,全球共有 45 个政府间国际组织(Wallace and Singer,
1970:250—251),数量并不算多,但却为第一次世界大战之后政府间国际
组织更加生机勃勃的发展奠定了基础。两次海牙和会分别在 1899 年和
1907 年召开,和会是国际社会扩展的转折点,把美洲国家带到了国家间
外交的中心(Simpson,2004:135)。和会还成立了常设仲裁法院,将其作
为解决争端的机制,为 1919 年《凡尔赛条约》中的常设国际法院铺平了道
路。政府间国际组织建立在自然法向实在国际法转变的基础上,同时又
加速了这一转变,使其成为现代性革命的标志。

与政府间国际组织和跨国公司一样,组成全球市民社会的非政府间
国际组织也在兴起。非政府间国际组织包括跨国革命运动、和平学会、反
奴隶制协会、宗教改宗和游说团体,涉及的问题非常广泛,涵盖关于战争、
帝国主义、干涉、公共卫生、教育、刑法改革和市场扩张等道德和实践的辩
论。19 世纪 30 年代,各种跨国协会开始围绕贸易政策和人口增长等各种
各样的问题进行激烈的公开辩论。19 世纪 50 年代和 60 年代,一些著名
的非政府间国际组织成立,这些组织包括青年基督教协会(Young Men's
Christian Association)和国际红十字会(International Red Cross),还有一
些以解决问题为基础的组织,如那些寻求改善动物福利、促进艺术发展和
将植物学和人类学等学科正规化的组织。19 世纪下半叶,非政府间国际
组织的活动进一步增多。为应对工业化的不平等和第一次工业时代的大
萧条,劳工运动组织应运而生。国际体育组织包括 1894 年成立的国际奥
委会,该组织的宗旨是把古希腊奥运会复兴为现代形式的奥运会。一场争
取妇女选举权的跨国运动出现在 19 世纪的最后 25 年中。在第一次世界大

战前夕还出现了妇女和平运动。1915 年在海牙举行的国际妇女大会强烈反对民族主义和武器贸易,呼吁用"国际协作"(concert of nations)取代"均势"(balance-of-power),建立一支国际部队来取代国家军队,并解决导致冲突的经济上的怨恨情绪。这些要求为后冷战时代联合国妇女、和平与安全议程提供了强有力的前期准备(Tickner and True,2018:2—5)。

在第一次世界大战前的鼎盛时期,全球大约活跃着 400 个非政府间国际组织(Davies,2013,65—76;Osterhammel,2014,505—512)。全球市民社会是 20 世纪的显著特征,而这起源于漫长的 19 世纪。反奴隶制运动作为非政府间国际组织游说活动的先驱,致力于影响国家组成的社会的规范与实践。和平运动倡导者出席海牙会议,预示着非政府间国际组织融入多边外交的进程(Buzan,2017)。这些新兴行为体既反映了进步主义意识形态领域的新思想,也显示出互动能力显著提升带来的全球物质和社会的一体化;它们既被工业资本主义、战争、革命、帝国主义和新兴的全球经济与全球文化的动力聚集起来,同时又是对这些动力的反应。

现代性革命在物质层面的第三个影响是引入快速的技术变革,使之成为这一体系的一个持久特征。这一新特征对经济和军事关系都产生了巨大的影响,这些影响在 19 世纪开始出现,至今仍在释放。持续的技术变革构成了人类事务中永久革命的一种形式,给国内层面和国际层面的社会、经济、政治和军事事务带来持续的剧变。正如马镫、铁器、火药和指南针的故事所说明的那样,农业社会当然也不乏影响深远的技术变革。但是,农业社会的技术长期处于相对稳定的状态,技术更新并不频繁。科学方法和工业主义的"联姻"改变了这一切。虽然在 18 世纪,我们已经看到了蒸汽机的改进,但在 19 世纪 30 年代和 40 年代,广泛而迅速的技术变革才真正开始,并自此一直保持着快速发展的步伐。

迅速的技术变革与资本主义产生了重大的协同效应。新技术开辟了新的市场和新的利润来源。它们使原有的商品变得物美价廉(例如布和铁),新技术还运输新的商品(如铁路、汽车、电力),并大大简化了初级生产企业、制造商和消费者之间的商品和资源流动。在 1850 年至 1913 年间,世界贸易额(按固定价格计算)增长了 10 倍(Osterhammel,2014:726)。在 1800 年至 1913 年间,工业中心国家的国内生产总值增加 9 倍,人均国内生产总值增加 3.3 倍。相比之下，在后来将会被称为第三世界的地区，国内生产总值只增加约 1.5 倍，而人均国内生产总值则大致保持不变（Bairoch，1981：7—8，12）。正如这些数字所表明的，技术进步与其他现代性革命的高度不平衡分布相结合，拉开了发达国家和欠发达国家之间的差距，这仍是当今国际关系的主要特点之一。少部分国家攫取了现代性革命所释放的大部分财富和权力，并利用这一优势创建了"中心-外围"体系，在这个体系中，中心国家根据自身利益制定规则，外围国家则受到剥削和殖民。新技术也为体现在新意识形态中的进步思想赋予了实质内容。

快速而持续的技术变革给军事关系带来了重大影响。最明显的是，它拉开了现代中心国家与不发达国家在权力模式之间的巨大差距。正如英国 1840 年向中国展示的那样，拥有现代工业权力模式的国家具备的技术、经济和组织能力，这使它们通常很容易击败那些仍是农业权力模式的国家。技术变革带来了巨大且难以弥合的权力差距，从而加强了"中心-外围"结构。此外，新的技术环境改变了成为一个大国所必需的条件，并为核心大国之间的关系增加了一个非常令人不安的因素——工业化助推的军备竞赛。在古典时代，成为一个大国需要大量的人口、庞大的财政和卓越的领导力。军事技术在邻国之间的差别并不大。但一旦工业主义开始实施，一个国家投入战场的武器的质量和类型就变得非常重要，同样重要的还有它是否能够自主制造这些武器。这是持续进行的，因为现有武器（如来复枪和加农炮）的质量一直在提高，新式的、有时是变革性的武器（如机枪、潜艇和飞机）层出不穷。在此基础上，对于大国而言，走在科技发展前沿变得越来越必要。传统大国如中国、奥斯曼帝国以及某种程度上的俄国落伍了，而成功进行现代化和工业化的国家如英国、德国、日本等国家则跃居前列。

正如 19 世纪中叶鲜为人知的英法海军竞赛和第一次世界大战前夕众所周知的英德海军竞赛所表明的那样，工业军备竞赛给大国之间带来极大的不安全感。每个国家都不得不担心，如果它不迎头赶上，其他国家将部署更先进的武器，这可能导致它迅速和决定性的失败。如果法国在英国之前就部署了装备蒸汽动力的铁甲舰的海军，那么英军就无法抵御法军的入侵。民用技术和军事技术进步之间有协同效应，例如利用铁路、汽船和电报改变军事行动的后勤保障。这些新技术也持续改变着战争的性质，使人们从以往冲突中学到的不少智慧贬值。

虽然殖民主义国家通常设法阻止其殖民地臣民拥有现代武器，但资本主义也以军火贸易的形式外溢到军事领域。武器制造商不仅想把他们的武器卖给自己的政府，而且希望卖给尽可能多的人，第一次世界大战后的大量验尸报告给武器制造商贴上了"死亡商人"的标签（Engelbrecht and Hanighen，1934）。武器方面的新发展开始促使人们努力控制某些类型的军事技术。1864 年的《日内瓦公约》以及 1899 年和 1907 年的《海牙公约》包含了一系列军控措施，这反映了对新型军事技术的回应。他们禁止在"文明"国家之间的冲突中使用可在人体内变形的子弹（这建立在 1868 年圣彼得堡会议上达成的不使用所谓"达姆弹"协议的基础上），禁止用各种飞行器进行轰炸和将气体作为武器。他们还限制了地雷和鱼雷的部署。

武器数量和种类的迅速且持续增加，以及它们的破坏力和成本的不断上涨，也造成了防御困境（Buzan，[1991] 2007：217—233）。这是一种新的现象，不同于我们熟悉的由于害怕被他人手中的武器打败而产生的安全困境。防御困境挑战了对战败的恐惧，这种恐惧是出于对军备竞赛的担忧（因为军事竞争耗资巨大且具有"水车效应"特性），以及对战争的恐惧（因为随着战争的成本上升、破坏性加剧，连同更加密集的社会动员，这一切意味着无论结果输赢，社会都有可能被战争进程所摧毁）。然而，直到第一次世界大战时防御困境才真正受到重视，更多内容详见下文。

# 西方-殖民主义全球国际社会

现代性革命的物质和思想效应孕育了我们所提及的第一个全球规模的国际社会，我们称之为"全球国际社会 1.0 版"。赫德利·布尔（Hedley Bull）和亚当·沃森（Adam Watson）对国际社会的定义如下（Hedley Bull and Adam Watson，1984a：1）：

　　由一组国家(或更一般意义上的一组独立的政治共同体)构成的一个体系,在其中每一个国家的行为均为其他国家所考虑的必要因素,而且,它们通过对话和一致同意确立起处理彼此间关系的规则和制度,同时承认它们在维系这些安排方面拥有共同利益。

国际社会的基本思想相当简单:国家(或更广泛意义上的政体)就像个人一样也存在于社会之中,社会既塑造国家的身份和行为,同时也在被国家的身份和行为所塑造。社会采取共同规则和制度的形式定义身份、成员资格和合法行为。19世纪以前,我们可以在不同的地方发现不同的次全球国际社会。比如,欧洲的威斯特伐利亚国际社会以王朝主权为基础;印度洋的国际社会则以贸易为基础,这些贸易发生在商业城市、帝国和欧洲特许公司等各种实体之间;东亚的等级制国际社会以中国的朝贡体系为基础(Suzuki,Zhang and Quirk,2014;Phillips and Sharman,2015)。19世纪时,欧洲的国际社会不仅扩展到全球范围,而且本身也因现代性革命和与其他国际社会的接触而发生了转型。

全球国际社会1.0版主要由三大因素推动,即创建一个以欧洲为中心的"中心-外围"世界经济结构,扩大第一轮现代化国家和"他者"之间的力量差距,以及在美洲创建一系列新的以欧洲移民为主的新国家。

一体化世界经济的建立,使欧洲人依赖于多样化的供应来源和全球市场,由此产生了规范各种不同文化和发展水平的人的行为并使其标准化的迫切需要。江文汉(Gerrit W. Gong,1984:7—21)指出,欧洲人对通道(贸易、传教、旅游)的需求驱动了他们创立后来被称为"文明标准"的功能性方面,以保护在其他国家的欧洲人的生命、自由和财产,如果当地人不能或不愿提供这些通道,欧洲人将提出治外法权和不平等关系的要求。那些处于现代性前沿的国家和社会,与其他国家和社会之间出现了巨大且持久的权力鸿沟,如果它们愿意的话,就可以直接控制其余的国家和社会。此后,在新帝国主义的浪潮中,欧洲列强、美国和日本占领了非洲和亚洲的大片土地,而中国和奥斯曼帝国等曾经的强国也因未实现现代化而被迫屈从于欧洲。最后,18世纪末和19世纪初美洲反对殖民统治的革命,为新兴的全球国际社会增添了新的成员。这些新兴国家融合了欧洲文化和革命文化。19世纪90年代,美国凭借自身实力成为了一个大国。

把全球国际社会的产生简单地看作欧洲国际社会向全球范围的扩展并非完全正确。欧洲国际社会本身在其形成过程中吸收了亚洲和伊斯兰世界的影响，因此在某种意义上这已经是一种融合。19 世纪时这个融合体经历了现代性的革命，这又是一个全球性的过程，它已经变得强大到足以统治世界上任何欧洲以外的地方。这种扩张确实超越了存在于世界其他地区的前现代国际社会。通过殖民化和改革，欧洲人试图并在一定程度上成功地以他们自己的政治和经济想象重塑世界，尽管在文化上远没有那么成功。[6]

全球国际社会 1.0 版的独特之处不仅在于它是全球性的，而且在于其规则、规范和机构的组成是新颖的。它的某些部分并非欧洲特有。例如，王朝主义的政府形式在许多文化中普遍存在。同样，人类的不平等在一些社会中是常见的制度，为奴隶制、性别歧视和帝国统治作辩护。欧洲的基督教和自由主义思想在一定程度上削弱了人类的不平等，最明显的体现是 18 世纪和 19 世纪成功的反奴隶制运动。但"科学"种族主义和社会达尔文主义在 19 世纪的兴起，在很大程度上维持了人类的不平等，将帝国主义和殖民主义以及性别歧视置于合法的位置上（Towns，2009，2010）。战争在大多数社会中也是一种普遍存在的制度，限制诉诸战争的理由相对较少，人们普遍接受征服授予占有权的观念。

也许全球国际社会 1.0 版的主要特征是特权中心和附属外围之间层次分明，特权中心适用一组规则，附属外围则适用另一套规则。"西方-殖民主义"全球国际社会的名称是合理的，这是因为其中心主要由西方国家组成，尽管后来日本的例子证明，中心成员资格对那些能够达到"文明标准"的国家是开放的。下一节将对此进行详细介绍。在中心区内，国际社会的规则和制度大多借鉴威斯特伐利亚国际社会的规则和制度，但它适应了现代性的新需求和新思想（Buzan，2014：113—133）。如上所述，主权从王朝走向大众，法律平等意识增强，国际法不再根植于自然法（上帝创造，并被人类用理性发现），而更多地来源于实在法（人类按照商定的"游戏"规则制定）。驱动外交的因素不再是王朝利益和等级秩序，而是变得更加多元，外交需要反映国家利益，并在更加复杂和相互依赖的国际体系中寻求合作的要素。欧洲的中心国家以民族主义取代王朝主义，并将民族主义作为政治合法性的基础。它还巩固了"均势"这个大国关系的核心原则，并在欧洲协调（Concert of Europe）中将其正式确定下来。在19世纪的几十年中，欧洲协调将大国管理制度化，赋予大国高于普通主权国家的特权和责任，造成了对主权平等的重大贬损。英国作为领先的工业强国，试图将市场作为全球国际社会的一个制度来推广。尽管这取得了一些成功，但它给英国的贸易和工业带来了过多优势，因此英国遭到了众多其他中心大国刚起步的工业保护主义的反击。美国之所以部分地置身于这个中心社会之外，是因为它避开了均势，奉行政治孤立的政策，但同时仍以其他多种方式参与其中。

外围国家被剥夺了主权平等。不论是主权完全被宗主国掌控的附属国，还是可以保留一些国内主权的受保护国，或是拥有合理的国内自治权的自治领，都在不同程度上处于从属地位。在社会达尔文主义和"文明标准"的逻辑下，外围国家也被剥夺了种族和文化平等。殖民经济被重新塑造，以满足宗主国核心的资源需求和充当其产品的垄断市场。这种对宗主国利益的服从导致了像印度这样的地区大规模的去工业化。因此，尽管赫德利·布尔（Hedley Bull，1977）给中心国家的主权平等起了一个好听的名字——"无政府社会"，但外围国家的主权结构是有等级且分裂的，它们被暴露在中心国家的剥削、种族主义和干涉之下。

作为回报，外围国家获得了与现代性的物质和思想资源接触的机会，无论它们是否需要。在观念层面，上述四种"进步的"意识形态几乎完全是从西方的语境和智识与政策辩论中汲取的。西方思想倡导者则很少尝试从非西方世界中汲取与西方思想类似或兼容的思想。他们视自己的思想为植根于欧洲历史和施动性的普遍"文明"标准，如果能够被"不文明社会"适当地学习和同化，就能提升外围地区的条件。在物质方面，而且只是在一定程度上，外围国家从殖民列强那里得到了一些促进其发展、使落后的民族能够达到"文明标准"的有限承诺。例如，印度或许去除了纺织和钢铁工业，丧失了文化和种族尊严，失去了独立地位，但它确实拥有了铁路，领略了现代理性国家机器和理念。

在"中心-外围"结构的全球国际社会中，欧洲列强尽管拥有压倒性的权力和财富，却被革命的恐惧所困扰。身处中心国家的人们担心迅速展开的现代性变革会触发革命。如上所述，现代性所释放出来的四种进步主义的意识形态，不仅与王朝和宗教传统主义存在矛盾，而且它们之间也存在着矛盾。部分原因是王朝的传统主义者，特别是俄国、普鲁士和奥匈帝国，对民粹主义、民族主义、共和革命——就像1789年推翻法国君主制那样的革命——的恐惧。正如A.J.格兰特（A.J. Grant，1916：12）所言，列强，特别是反动列强，"对法国大革命感到紧张不安"。部分原因是自由资本主义精英对新的阶级动力的恐惧，这种动力被工业主义所释放，并被社会主义信徒动员起来。像1848年发生的那种革命的动荡一样，这让欧洲的精英们坐卧不安。非洲和亚洲殖民地潜在的叛乱也同样使他们忧心忡忡。美洲的独立革命和1857—1858年南亚针对东印度公司的叛乱都显示了这种风险。虽然美洲的叛乱产生了由白人精英领导的国家，但种族主义者担心非白人殖民地的叛乱会让"劣等族群"获得权力。这种想法引发了种族主义"黄祸论"的兴起，以及"让中国沉睡吧"的劝告。

中心国家的这种紧张不安一直挥之不去，即使在其帝国鼎盛时期也是如此，只不过被19世纪末和20世纪初发生于亚洲、非洲、阿拉伯世界，以及其他地区的反殖民运动所掩盖了。

1885年，印度国民大会党（以下称"国大党"）成立，一些人认为这是"在非欧洲帝国兴起的第一个现代民族主义运动"（Marshall，2001：179）。国大党的创始人包括英国公务员艾伦·屋大维·休谟（Allan Octavian Hume）和印度教育家达达拜·瑙罗吉（Dadabhai Naoroji），对于后者，我们将在第二章再次提到。印度和其他地方的反殖民运动根源多种多样，其中包括民族主义的发展。但是，民族主义不只是地方精英们创造的"想象的共同体"（Anderson，2006）。可以肯定的是，安德森提到的一些因素，如中央集权的殖民官僚机构的同质化效应、殖民政权对民族语言的创造和使用，以及印刷媒体的激增，促使不同族群聚集在一起。但殖民世界的民族主义本质上是因抵抗外国统治和占领而出现的，换句话说，民族主义是反殖民抵抗的副产品，而不是起因，尽管两者相伴而行、相辅相成。

尽管安德森的民族主义"克里奥尔式"起源说（"creole" origins）解释

了欧洲的影响和本地精英在国家这个"想象的共同体"发展中的相互作用,但他的观点被批评为把民族主义作为一个普遍的想法,即可被安置到不同的殖民语境,而忽视了"这个故事中次级的复杂地位,特别是那些被纳入殖民统治的'当地人'的地位"(Calhoun,2017)。此外,民族主义的传播及其在殖民地的影响不能被解释为一种普遍的欧洲观念(来自殖民地的、曾在欧洲读书和工作后来回国的精英们"学习"了这些观念)的模式化扩散(Nath and Dutta,2014)。相反,如帕沙·查特吉(Partha Chatterjee,1993)所说,民族主义和反殖斗争的发展有许多形式;虽然地方民族主义者可能采纳了西方现代性的物质方面,但他们在建构民族主义时也坚持了自己的文化和精神信仰。简而言之,非西方世界根据当地的环境和需要,在反殖斗争的背后发展出了各种各样的思想和方法:一种主动的和"构成性本土化"(constitutive localisation)的经典案例(Acharya,2004),而不是当地领导人和社会全盘和被动接受外国思想。

19世纪末和20世纪初,阿拉伯民族主义的兴起既有世俗的根源,又有宗教的渊源,它反对奥斯曼帝国的统治,也反对西方帝国主义的统治,尽管北非的阿拉伯国家更倾向于反对西方的统治。19世纪和20世纪早期,除了摩洛哥,现代中东的大部分地区都处于奥斯曼帝国的统治之下,至少在名义上是这样。长期以来,由于它们共同的宗教信仰以及奥斯曼帝国的权力和权威,阿拉伯人接受了奥斯曼帝国的统治。奥斯曼帝国曾挑战西方,兵临维也纳,并为阿拉伯本土统治者提供在奥斯曼宫廷服务的机会。但随着19世纪奥斯曼帝国的衰落,情况发生了变化。当地针对西方殖民列强的反抗确实发生了,例如19世纪40年代,阿卜杜·卡迪尔(Abd al-Qadir)在阿尔及利亚领导了起义,而更广泛的阿拉伯世界的民族主义开端可追溯到19世纪的"阿拉伯觉醒"(Arab Awakening)(Kramer,1993)。黎巴嫩基督教徒乔治·宰丹(Jorge Zaydân)领导复兴党运动,信仰基督教的自由的阿拉伯人在教育和文学中使用阿拉伯语传播西方现代化,这些都是世俗的方面。阿拉伯民族主义的另一个来源是宗教,阿拉伯穆斯林希望摆脱奥斯曼这一逐渐衰落文化的领导,将阿拉伯文明膏立为伊斯兰教辉煌历史的正统承担者和未来的修复者(Kramer,1993)。阿拉伯民族主义还有一个政治根源,最有力的例证就是1915年麦加的"谢里夫"侯赛因·伊本·阿里（Hussein ibn Ali）与英国达成协议,反抗奥斯曼帝国,以换取英国对独立的马什里克（埃及东部）阿拉伯人的支持。但英国与法国达成了一项协议（1916 年的《赛克斯-皮科协定》）,将该地区一分为二,英国并没有履行其承诺。此外,英国 1917 年发表的《贝尔福宣言》呼吁在巴勒斯坦建立犹太人的民族家园,加剧了人们对英国的猜疑,并助长了阿拉伯人的反殖民主义情绪,而这种情绪在第一次世界大战后得到了更充分的表达。

非洲反殖民主义的显著特点也是战略与途径的多元化,这反映出该大陆的规模和多样性。沿海国家较早（自 15 世纪以来）与欧洲人交往,起初对殖民统治较为迁就；而内陆非基督教社会与欧洲人接触较晚,且缺乏深入交往,并发展出更多的武装斗争。发生在东非和北非的欧洲定居者殖民地（如在欧洲人直接统治的肯尼亚和阿尔及利亚）的反殖斗争比在西海岸的非定居者殖民地（如尼日利亚和喀麦隆）的更为激烈。1884—1885 年柏林会议将非洲在几个欧洲大国之间进行势力划分,之后欧洲对非洲的殖民统治大大扩张。这也激发了反殖斗争,斗争目的既在于防止殖民者对非洲资源的进一步开发,也在于推翻欧洲人的统治。这股反殖斗争的力量中有一部分具有好战的性格。但只有埃塞俄比亚在 1896 年打败了欧洲强国意大利,并在这段时间内保持独立。20 世纪初期的反殖斗争包括 1905 年坦噶尼喀的马及马及起义,1904—1905 年和 1915 年的马达加斯加起义,1900—1904 年的苏丹马赫迪起义,1895—1920 年的索马里兰起义,1918 年尼日利亚的埃格巴起义。[7] 面对强大的欧洲势力,非洲人,特别是在法国、比利时、德国和葡萄牙殖民地的非洲人,有时采取季节性或永久性的大规模移民,离开殖民统治压迫严重之地,进入相对安全的地区。印刷媒体的出现为非洲的反殖民运动提供了助力。

尽管存在分歧和不安全感,全球国际社会 1.0 版确实为我们现在所说的全球治理奠定了基础。如上所述,无论是以国际非政府组织形式存在的全球市民社会,还是以常设性政府间组织形式存在的国家间社会新颖的制度化,在 19 世纪都变得显而易见,并且还把一些外围地区的成员也囊括进来。

# 日本预示了"他者的崛起"

除了东北亚和经济史方面的专业文献外,在国际关系学研究中,第一次世界大战之前的日本通常被边缘化或忽略了。但日本值得被给予特别关注,这不仅是为了纠正这种不平衡,而且因为日本的故事包含了与后面章节相呼应的三个主题。[8]第一个主题是,在第一次世界大战之前,日本是第一批成功实现现代化的国家之一。因此,现代性的前沿不是纯粹的西方事件,日本也是现代化前沿中不可分割的一部分。第二个主题是,在第一次世界大战之前,日本就已经在打破"白人不可战胜"的神话中扮演了重要角色,而"白人不可战胜"的神话是西方-殖民主义全球国际社会的重要支柱之一。第三个主题是,日本在质疑种族主义方面的作用,这种质疑也可侵蚀殖民主义作为国际社会制度的合法性。

## 日本作为首轮全面现代化的一部分

日本是在何时、何地及以何种方式融入19世纪兴起的现代化进程的呢?日本通常被视为一个例外,它是一个非西方国家,但其现代化比其他非西方国家提前了一个世纪,并被其他主要国家视为一个大国。它与亚洲"停滞不前"的农业国家的整体情况不符,那些国家要么被西方列强殖民(例如南亚和东南亚的国家),要么由于处于弱势地位而承受暴力和痛苦的遭遇(比如中国)。日本的模式也不符合西方的叙事,西方人喜欢把稳定的工业现代化的决定性出现视为发生在西欧和北美的事情,无论欧洲从世界其他地区得到了何种输入。关于日本的案例,有一个疑问不断被提出:日本是东方的一部分,还是西方的一部分?

经济史学家指出:日本是中心国家集团中为数不多的在第一次世界大战前成功应对英国的挑战,并实现了持久工业现代化的国家(Bairoch,1982:288;Maddison,2001;R. Baldwin,2016)。尽管日本与法国、德国和美国相比起步较晚,但日本与俄国、意大利、西班牙和奥匈帝国一样,是第一轮现代化运动中的第三批成员。与大多数非西方国家和一些西方国家（特别是东欧和伊比利亚的西方国家）不同，日本拥有相对有利的促进工业现代化转型的国内条件（Maddison，2001：27，38，46）。它拥有发达的商业经济，其阶级结构、人口结构和土地所有权等都有利于实现现代化（Curtin，2000：156—171；Totman，2005：locs. 8028—8056；Allinson and Anievas，2010：479—485）。日本明治维新派实现了传统（天皇和神道教）和现代化的稳定融合，并迅速建立了一个现代理性国家，它可以培育民族主义，追求迅速的工业化和抵制外国掌控（Jansen，2000：chs.11—12；Totman，2005：locs.8198—8429）。

　　日本的现代化进程刚开始，其领导层就迅速行动。他们向国外派出使团，观察西方国家的情况，并从国外大量引进专家，帮助其实现现代化的各个方面。日本人很快就认识到，西方的现代化是新近才出现的，因此，发展差距并不像乍看起来那样巨大或不可逾越（Jansen，2000：locs. 5364—5438）。在 1870 年至 1913 年间，日本的人口增长率、国内生产总值和人均国内生产总值大体上赶上了西欧（Maddison，2001：126）。在此期间，日本的国内生产总值增长了两倍，与德国和俄国相差无几，超过了英国、法国和意大利；人均国内生产总值增长了一倍，略高于西欧（Maddison，2001：129，206，261，264—265）。与其他中心国家一样，日本的预期寿命在此期间也出现了增长，但并未超过其他中心国家（Topik and Wells，2012：602—603；Osterhammel，2014：170—172）。与其他"第三世界"国家不同，在 1800 年至 1913 年间，日本制造业占全球制造业的比重很大（Bairoch，1982：294，296）。同一时期，日本工业化的人均水平（以 1900 年英国为 100 作参照）从 7 上升到 20，从 1820 年到 1913 年，日本在全球国内生产总值中所占的份额相对稳定，约为 3%，保持在工业化前沿（Maddison，2001：127，263）。到 1913 年，按制造业总产出计算，日本排在第八位，是英国的 20%，德国的 17%（Bairoch，1982：284）。

　　以上数据显示，尽管日本在本质上是非西方国家，但它显然跻身 19 世纪中的早期现代化国家之列。如同其他追随英国的国家一样，日本也对现代性新格局这个外部压力作出了反应，并幸运而熟练地掌握和创造了有利于实现现代性追求的国内条件。除了英国以外，它还有其他可供借鉴的模式。日本与第一轮现代化中后发的现代化国家相匹敌，并把那些未能有效应对现代性挑战的欧洲国家甩在了后面。日本融合了自己独特的文化与现代性，成为亚洲发展型国家的样板。日本是第一轮现代化不可或缺的一部分，这一观点是我们理解日本在国际关系中所处地位的基础。在此基础上，日本迅速成为东北亚地区现代化的典范，并得到了中国改革者的认可（Koyama and Buzan，2018）。

## 打破白人不可战胜的"神话"

与当时其他工业化大国一样，日本既追求大国地位，又追求 19 世纪大国的帝国配置。1894—1895 年甲午战争的胜利将日本置于被承认为大国的道路之上，1902 年英日联盟确认了这一点，1904—1905 年日俄战争的胜利巩固了日本的大国地位。在国际关系领域，无论是主流国际关系理论学者（Buzan and Lawson，2014a），还是欧洲中心论的批评者，都很少认识到日本胜利的全球意义。人们更关注日本残暴的殖民主义，而不是它对破坏整个殖民体系的贡献。但后者的重要性在当时的观察家看来是显而易见的。英国学者阿尔弗雷德·齐默恩（Alfred Zimmern）是研究两次世界大战之间国际关系学的领军学者，他曾在牛津大学讲授有关希腊历史的课程，却以这句话开始他的讲述："我认为我必须跟你们谈谈发生过或即将发生的最重要的历史事件，即在我们的有生之年：有色人种取得的对白人的胜利。"（Vitalis，2005：168）这句话既表明了在 20 世纪早期种族的重要性，这种重要性在很大程度上已经被国际关系学遗忘了；这句话也强调了日本在军事上的胜利打破了白人强国不可战胜的"神话"，这个"神话"建立在 19 世纪欧美国家在中国、奥斯曼帝国和非洲多地轻而易举地取得军事胜利的基础上。日本给全世界反殖民和现代化运动带来了希望，并树立了榜样。一个非白人国家确实可以成为一个成功的大国。日本打败俄国引发了"觉醒"。这一"觉醒"体现在伊朗、中国和奥斯曼帝国为摆脱"落后"命运而兴起的民族主义革命之中，也体现在"泛亚洲"的思想流派中，其中主要的代表人物，如孟加拉语诗人泰戈尔，吸引了大量受众（Collins，2011）。青年土耳其党试图使奥斯曼帝国成为"近东的日本"，赞扬日本是"亚洲现代性"的活力和典范（Aydin，2007：78）。20 世纪初，埃塞俄比亚皇帝周围的现代化主义者被称为"日本化主义者"(Westad,2007:253)。

## 种族主义

　　日本的另一个贡献是在 1919 年凡尔赛谈判中,作为唯一的非白人大国,它在种族主义问题上对抗了其他大国。但这种改革殖民国际社会关键制度的尝试主要出于自身利益的考量:这关乎日本人的地位,而非种族主义原则本身。岛津直子(Naoko Shimazu,1998)认为,种族不平等问题威胁到了日本来之不易的大国地位,因为它将日本置于白人强国之下,并将其与殖民地的非白人臣民放在一起。美国、加拿大和澳大利亚的反日和反亚洲移民政策使这种耻辱进一步加深。如果不承认种族平等,日本怎能避免被视为一个二等强国? 正如岛津直子所说,其结果是日本成为一个"傲慢但不安全的大国,它对国际舆论不屑一顾,但又对此敏感异常"(Shimazu,1998:loc.138)。甚至从狭隘的角度来看,当西方列强拒绝接受日本提出的种族平等时,日本打破种族主义这个西方-殖民主义秩序支柱的尝试就失败了(Clark,2007:83—106)。这种耻辱导致了日本政策的反西方转向,为两次世界大战之间的地缘政治争论奠定了基础(Zarakol,2011:166—173)。康拉德·托特曼(Conrad Totman,2005:locs.8960—8982)建立了一种有趣的关联,他认为拒绝向日本提供解决过剩人口问题的出路,为日本建立帝国以不同方式解决这个问题提供了正当理由。尽管日本采取了利己主义的方式并且失败了,但它至少对西方-殖民主义全球国际社会的种族等级制度发起了第一次意义重大的挑战。

# 第一次世界大战

　　1914—1918 年的战争是现代历史上的第一次重大危机。早前曾发生过几次激烈的大国战争(1866 年的普奥战争,1870 年的法德战争,1904—1905 年的俄日战争)都是短暂的和具有决断性的;19 世纪 70 年代还出现过一次严重的经济衰退。但是,第一次世界大战远比上述任何一次战争规模都大,破坏性更强。令人意想不到的是,这场战争的导火索既不是现代性所引发的意识形态紧张,也不是任何迫在眉睫的经济危机。它的主要驱动力是均势。在世纪之交,全球体系已经达到了封闭的程度,即所有易被殖民的领土和民族都已被殖民。马克思主义者和地缘政治分析家指出,这加剧了帝国主义的竞争,因为再分配成为每一个大国扩张其帝国的唯一途径(Lenin,[1916]1975;Mackinder,[1904]1996)。德国、日本和美国等新兴大国都在寻求"阳光下的地盘",而这只能以牺牲现有殖民大国的利益为代价。

欧洲的权力结构已分化为两大集团,但同盟国(德国、奥匈帝国和意大利)和协约国(英国、法国和俄国)都是均势的产物,而不是意识形态上的结盟。日本与英国结盟,美国保持孤立主义,远离欧洲的均势,奥斯曼帝国在战争爆发后与德国结盟。关于第一次世界大战的起因,传统观点强调的是不灵活的联盟、工业军备竞赛、僵化的军事规划和秘密外交。1914年之前,由于德国海军的扩张威胁到英国的海上霸权,英国和德国陷入一场耗资巨大的海军军备竞赛长达十多年(Marder,1961)。德国担心现代化之路上的俄国会在不久的将来改变两国之间的军事平衡。考虑到联盟的结构,为避免两线作战,德国必须在俄国动员起庞大军队之前迅速击败俄国。加入这种"烈性啤酒"的还有一种民族主义的社会达尔文主义意识,即争当头号大国的竞争意识,以及战争作为一种政策工具的合法性和表面上的实用性。19世纪末的大国战争没有为即将遭受的代价和破坏发出任何严重警告,所有大国所准备的都只是一场短暂的猛烈战争。[9]

第一次世界大战显示,工业现代化的后果之一是改变了大国战争的速度、规模和代价。第一次世界大战不仅是一场生产力战争(谁能生产最多的军队和武器),而且是一场技术革新的战争。新技术创造了新的战争形式和条件,使许多传统的战略和军事智慧被淘汰了。虽然在19世纪北美和亚洲的战争中新技术的重要性已初步显露,但在第一次世界大战中,潜艇、飞机、坦克、机枪和化学武器首次发挥主导作用。在陆地上,新的火力在西线制造了一个长期和血腥的僵局,只有发展包括坦克在内的协同作战模式,才能打破这种局面(C.S. Gray, 2012:chs.6—7)。在海上,潜艇的应用几乎为德国赢得了大西洋战役。

无论如何，这场可以被视为工业强国之间的第一次全面现代战争，是一场具有深远破坏性和创伤性的事件。第一次世界大战摧毁了帝国，使大国破产，引发了革命，造成空前的死亡和破坏。对许多人来说，工业战争似乎已经超出了参战国的承受范围，而且威胁到欧洲文明本身。"以战止战"的口号是一种绝望的尝试，它试图将一场持续时间、成本和伤亡人数都远超开战理由的冲突概念化、合理化。第一次世界大战的伤亡人数粗略估算为 1 500 万，约为法国大革命和拿破仑战争的四倍（Clodfelter，2002），考虑到一个世纪以来人口的增长，人均伤亡数量翻了一番（Maddison 2001：241）。除了美国和日本之外，这场战争对所有参战国来说都是一场灾难。尽管赢比输好，但两个帝国（奥斯曼帝国和奥匈帝国）从地图上消失了，第三个帝国（俄国）经历了一场社会革命。"胜利者"行列中的英国和法国遭受了巨大的人员伤亡和经济损失，大量的殖民地军队参与战争也削弱了其帝国的合法性。[10]美国以较少的伤亡获得了经济和政治上的巨大收益。但美国主动放弃了它赢得的国际领导地位，退回到孤立主义。然而，美国参战标志着它不再对均势和大国管理的责任袖手旁观。德国是主要的输家，它经历了政治上的耻辱和混乱、领土割让、经济困厄和社会剧变。

第一次世界大战为国际关系留下了三大持久的遗产。一个是俄国革命，它增强了社会主义意识形态的力量，尽管在大多数参战的国家，民族主义显然压倒了阶级身份。俄国革命在一个强大的国家内嵌入新的社会组织原则，从而影响了其后 70 年国际体系的意识形态构成和两极格局。第二个遗产是奥斯曼帝国的解体。其结果是在土耳其建立起一个民族国家；中东的政治支离破碎，受制于获胜的英国和法国的殖民统治。

第三个遗产是前面所提到的"防御困境"的出现。五年激烈战斗的巨大代价和屠杀使人们产生了对战争和现代武器的恐惧，这种恐惧强大到足以挑战对失败的恐惧，并使战争的合法性和功能性受到质疑。很明显，任何战争都不再类似于之前的战争，新的武器特别是毒气和飞机，将使任何新的战争都具有惊人的破坏性。许多欧洲人开始担心另一场战争会摧毁他们的文明，这预示着几十年后核武器引发的恐惧。战后的德国感到愤怒、怨恨且备受歧视，20 年后，所有人都将为此付出代价。

然而,除了这三个重大影响,第一次世界大战几乎没有改变全球国际社会1.0版的基本结构,在此基础上,布赞和劳森(Buzan and Lawson, 2014a)将其归类为国际关系学的次要基准时间。权力结构仍然是多极的,大国的名单也未发生大的变化。战争加速了英国的衰落,预示着(但并不代表)权力和领导权从欧洲转移到北美。权力分配方面出现了微小的调整,社会组织原则则几乎没有任何改变。除了奥斯曼帝国,外围国家在战争中多是被动的,它们为宗主国提供资源,并可能成为赢家的战利品。全球国际社会1.0版的基本制度,特别是殖民主义/帝国主义和人类不平等,基本上仍然存在。战争加速了曾为合法政府形式的王朝主义的消亡,并加强了民族主义。它削弱了欧洲代表"文明标准"的伪装,但并没有摧毁它。作为社会主义治理典范的大规模战争动员和俄国革命的双重成功(尽管被其在德国的失败所抵消),确实提升了社会主义的地位。但它并没有解决自由主义、社会主义和"科学"种族主义之间的紧张关系,仅是将其推至风口浪尖,留待未来几十年后解决。尽管国际联盟雄心勃勃,但它也只是几十年前就开始的政府间国际组织发展的延续。

# 结　　论

导致第一次世界大战的世纪是一个发生了深刻的转型性变化的世纪。在这期间,有关国际关系的一切几乎都发生了变化,当代国际关系的大部分特征都起源于这一时期。新的强大的思想力量和物质力量开始发挥作用,改变了旧有的生产、破坏、权力和治理。一个紧密依存的世界经济首次建立。但是,在种族歧视和殖民主义依然盛行的情况下,当时的西方-殖民主义全球国际社会反映出的是赤裸裸的"中心-外围"形式。总之,一个现代的、全球性的国际体系和社会第一次形成。

这一时期结束时,一场巨大的战争给这个体系带来了冲击,使它变弱了,但在大多数方面并没有发生根本的改变。第一次世界大战的冲击主要体现在以下两方面。其一是进步主义意识形态固有的矛盾暴露在国际政治的舞台上。19 世纪君主政体和共和政体之间的紧张关系就预示了这一点，但第一次世界大战引发了社会主义、法西斯主义和自由民主政治三种意识形态的竞争，君主政体被推到了幕后。现代性的第一轮政治斗争，即王朝主义与人民主权之间的政治斗争，已基本结束。第二轮政治斗争，即进步主义意识形态内部的斗争，才刚刚开始。其二是大国战争作为政策工具的合法性和可行性遭受质疑。防御困境让人们对诉诸战争解决问题的方式产生了前所未有的恐惧和不安。这一转变对两次世界大战之间的国际关系和国际关系学作为公认的学术学科的建立都产生了重大影响。

## 注　释

1. 更多细节和深入的阐释，请读者参阅布赞和劳森的这本书。

2. 法西斯主义就是民族主义和"科学"种族主义的混合。

3. www.itu.int/online/mm/scripts/gensel8（Accessed 20 January 2013）.

4. www. upu. int/en/the-upu/member-countries. html（Accessed 20 January 2013）.

5. www.pca-cpa.org/showpage.asp?pag_id=1038（Accessed 20 January 2013）.

6. 关于国际社会的扩展的重要文献包括 Bull and Watson，1984b；Gong，1984；Watson，1992；Keene，2002；Buzan and Little，2010；Dunne and Reus-Smit，2017。

7. 布尔战争（1899—1902 年）是在非洲发生的一个白人殖民精英反抗另一个白人殖民精英的不寻常案例。

8. 这一节主要借鉴了小山和布赞的观点（Koyama and Buzan，2018）。

9. 美国内战（1861 年至 1865 年）的战壕、高伤亡、长时间，以及诸如铁甲舰和潜艇等新技术，确实为第一次世界大战埋下伏笔，但它的教训被新近的以速度和机动性为主导的大国战争所掩盖。美国内战动员了一半的美国白人男性，其中三分之一的人失去了生命（Belich，2009：331；亦可参见 C.S. Gray，2012：ch.4）。中国太平天国运动（1850 年至 1971 年）也发出了另一个未被注意的警告。1850 年至 1873 年，中国约有 2 000—3 000 万人、甚至可能多达 6 600 万人死于长期战争，中国人口从 4.1 亿下降到 3.5 亿（Phillips，2011：185；Fenby，2013：19；Schell and Delury，2013：45；Osterhammel，2014：120—121，547—551）。

10. 在第一次世界大战中，印度军队有 100 多万人为英国而战，同样数量的来自白人领地的军人和近 15 万来自其他殖民地的军人也为英国而战（Abernathy，2000：112）。

# 第二章
# 1919 年之前的国际关系研究：奠定基础

## 引　　言

　　1789 年,杰里米·边沁(Jeremy Bentham)创造了"国际"(international)一词,用以指主权国家之间的法律事务。一般认为,当今国际关系学的研究领域或国际关系学学科(观点不一)始于 1919 年,时年首批高校教席与智库建立起来,从此"国际关系学"成为指代这一特定研究领域的标签("国际问题研究""国际政治""世界政治")之一。[1]这一章要解决的问题是,在 1789 年至 1919 年的 130 年里发生了什么? 它们又是如何与第一章中呈现的历史以及 1919 年这一假定的形成时刻联系起来的? 接下来,我们将从以下三个部分进行讨论:第一部分呈现的内容是中心世界的国际关系学的思想和研究,当然这些研究在当时尚未被打上"国际关系学"的标签。基于同样的方法,第二部分在外围世界中寻找"国际关系学之前的'国际关系学'"。第三部分着眼于 1919 年这个创始年份的争议,探究它与之前学术研究之间的关联。

　　本章有两个主要论点。第一个论点是,人们对恐怖的第一次世界大战的特殊反应,并不是 1919 年国际关系学诞生的原因。E.H.卡尔(E.H. Carr, 1946:1—2)对宣传 1919 年创始"神话"负有一定责任,他断言在 1914 年以前,"无论是在大学里还是在更广泛的知识界,都没有人对国际

时事进行有组织的研究……国际政治是外交官的事"。昆西·赖特
(Quincy Wright，1955：26)的观点也有问题，只不过与卡尔相比错误稍
轻，在他看来："不能将国际关系学的诞生完全追溯到第一次世界大战，当
时国际联盟组织世界的努力引起了对诸如国际法、国际政治和国际经济
等有贡献的学科更系统的检验。"我们的观点是，无论是其议题还是相关
主题的理论方法，国际关系学的主要基础都是在 1919 年之前的几十年里
奠定的。19 世纪蓬勃发展的"国际关系学"涵盖了从政治意识形态、国际
法、政府间国际组织和国际贸易，到帝国主义、殖民治理和种族理论，再到
地缘政治和战争研究的广泛领域。奥利·维夫(Ole Wæver，1997：8)敏
锐地观察到："读罢兰克关于大国的文章、克劳塞维茨和边沁的作品，也许
还有科布登和康德的著作，你会发现，除了其形式和科学的外壳，20 世纪
国际关系学中的很多内容难以令人感到惊奇。"

第二个论点是，19 世纪时，几乎所有的"国际关系学"思想都代表了
少数工业化国家(尤其是英国和美国)的观点，这些国家处在现代性的前
沿。19 世纪的国际关系学在很大程度上反映了中心大国的世界观，尽管
我们注意到现代国际关系学思想在西方以外也有一些萌芽。第一次世界
大战的创伤促使国际关系研究以一种更加狭隘和集中的方式重启。1919
年，新的国际关系学创立，它专注研究第一次世界大战的创伤，以及如何
避免此类灾难再次发生。它想研究出这场战争的起因，并寄希望于政府
间国际组织尤其是国际联盟，以及可能作为解决办法的军控和裁军。总
之，新的国际关系学致力于战争与和平这一伟大而崇高的主题，并坚定地
注视着前方。正如我们在第四章中所呈现的那样，这种做法使殖民地世
界继续被排斥在国际关系学之外。


# 中心国家"国际关系学之前的'国际关系学'"

这一节概述的是 19 世纪出现的、今天被视为国际关系学思想的范畴
和类型：以今日概念构建过去，是一种有意识的时代错置的做法。尽管 19

世纪 90 年代,国际关系学作为一门独立学科的意识开始出现(Schmidt,1998a:70—121),并且在第一次世界大战之前和战争期间更加清晰(Olson and Groom,1991:47),但是下文提到的作者一般不认为自己是在"从事国际关系学"研究。他们中的许多人不是当代意义上的学者,而是具有公共知识分子和实践者的双重身份。他们中的大多数都在从事其他事业(经济学、战争研究、法律、政治经济学、政治学、哲学和优生学等),这些研究都已扩散到国际领域。这些作者的思想体系包含了国际关系学理论的要素,既有结构意义上的(世界实际上是如何运转的),又有规范意义上的(世界应该如何运转)。

正如我们将展示的那样,从这段时期开始,这些问题也同样适用于这一时期和以后时期外围地区的国际关系思想。这样,我们的研究路径使我们在先前工作中遇到一些问题:什么是国际关系学? 更特别的是,什么是国际关系学理论? 我们指出:

> 欧洲和美国对"理论"的理解是两分的:严格的实证主义理论主导美国学术界,而在欧洲,更为普遍的是温和的反思主义(Wæver,1998)。许多欧洲人用"理论"这个术语来描述任何有系统地组织一个领域、构造问题并建立一套连贯而严谨的相互关联的概念和范畴的事物。然而,占主导地位的美国传统通常要求用实证主义的术语来定义理论:它以可操作的形式定义术语,然后阐述和解释因果关系。这类理论应该包含——或者能够产生——可检验的因果假设。两种传统的差异被霍利斯和史密斯(Hollis and Smith,1990)视为理解和说明的区别。他们的认识论和本体论在本质上超越了简单的欧美二分法:在美国有支持"欧洲"立场的例证,而"美国"立场也出现在欧洲。在两种模式下,理论都是对日常的事实进行抽象,试图找到一种模式,将这些事件组合成集合与类别(Acharya and Buzan,2010:3—4)

斯坦利·霍夫曼(Stanley Hoffmann,1977:52)援引雷蒙·阿隆(Raymond Aron)的观点,将国际关系领域的理论构建视为一种"不确定的行为",即"除了定义基本概念、分析基本配置、勾勒出一个恒定不变的行为逻辑的持久特征,以使该领域明白易懂之外,几乎别无他用"。同样,我们认为"理论是简化现实的。它从一个假设出发，即在某些相当基本的意义上，虽然每一个事件都不是唯一的，但它可以与其他具有某些重要相似性的事件聚集在一起。"(Acharya and Buzan，2010：4)我们还认为：

> 我们的目的是初步探索亚洲"存在何种"国际关系学思想，将一种理论凌驾于其他理论之上的做法，在很大程度上违背了我们的宗旨。相比狭隘的理论方法，宽泛的理论方法将使我们有更好的机会去发现当地的学术产品，那些持特定观点的人可以自行过滤，分离出对他们有意义（或没有意义）的东西(Acharya and Buzan，2007a：291)。

我们还引入了可以被称作"前理论"(pre-theory)的概念，即"思想的部分不一定是理论，但它们为理论的形成提供了可能的起点"(Acharya and Buzan，2007a：292；亦可参见 Acharya and Buzan，2010)。

这就引出了理论和实践之间的关系。理论和实践相互关联，其紧密程度在国际关系学科的早期阶段尤甚于今。卡尔(Carr，1964：12)写道："现实主义者把政治理论看作政治实践的汇编。"在汉斯·摩根索(Hans Morgenthau，1948：7)看来，在国际政治的研究中，人们不能"把知识和行动分离以及……为了知识本身而追求知识"。霍夫曼(Hoffmann，1977：47)在分析美国的国际关系学科发展时指出："关注美国行为与研究国际关系相融合……研究美国的外交政策就是研究国际体系。研究国际体系使人重新认识美国的作用。"

即使不是现实主义者，人们也能认识到或接受"当代国际关系学都是实践的抽象"的观点。正如我们在导言中所指出的，当代国际关系学理论大部分都只是对西方历史的一种抽象。理论往往遵循实践（现实世界）的发展。因此，无论是在西方还是非西方世界，政治领导人的思想或世界观，都应该算作对国际关系学的思考，或者甚至可以算作国际关系学理论，前提是这些思想或世界观是强大的、有影响力的、足够或易于概括的。每一位决策者都不得不承认的是，他们思考与制定政策都遵循着某种思维范式。正如斯蒂芬·沃尔特(Stephen Walt)所言，"理论的抽象世界与政策的现实世界之间有着不可避免的联系"。"即使是蔑视'理论'的政策制定者，也必须依靠他们自己（通常未阐明的）关于世界如何运转的观点"，并"理解我们日常生活中爆炸的海量信息"(Walt，1998：29)。正是基于这样的理解,我们才得以在中心和外围的空间范围,在这一时期及接下来的时段,探讨所谓的国际关系学思想。

鉴于本书现有的篇幅,我们无法进行系统和详尽的探究。我们的目的在于勾勒19世纪"国际关系学"思想发展的主要轮廓。这样做的理由有三点。第一,本书要证明1919年国际关系学并非凭空产生。与其说这是一次新生,不如说是对长期以来一直进行之事的再包装和重新推出。威廉·奥尔森和A.J.格鲁姆(William Olson and A.J. R. Groom,1991:37—55)认为,从现实主义和自由主义,到和平运动,再到革命主义,现代国际关系学的主要议题都可以追溯到19世纪。卢西恩·阿什沃思(Lucian Ashworth,2014:loc.7)将现代国际关系学与早期的思考进行了很好的区分:"尽管如何与其他群体的陌生人打交道是整个人类历史上长久存在的问题,但直到最近几个世纪,'对外关系'(特别是帝国主义和战争)问题才成为世界范围内所有的社会阶层都关心的紧迫问题。"第二,我们想展示现代国际关系学是如何深入地从中心国家的观念出发的,并在国际关系学中产生了一个明显的分野:一方面是国际社会中的"文明"国家之间的关系,另一方面是"文明"国家与那些"野蛮"和"半开化"的种族、社会之间的殖民关系。第三,我们想在后面的章节中确立一种观点,即1919年后,"新"国际关系学的视野开始缩小。它受到第一次世界大战的影响,研究范围囿于战争与和平的中心问题以及大国之间工业军备竞赛的军事动力。

在理解"国际关系学之前的'国际关系学'"时,试图理解当时的时代背景大有裨益。1919年之前,工业现代化发展极其不平衡:英国首先实现了工业现代化,其他几个西方国家和日本紧随之后,这些中心国家和其他国家之间存在巨大的权力和发展鸿沟。这一差距很难弥合,财富和权力高度集聚于一个很小的中心地区,它很快就主导了全球的外围地区。少数几个处于现代性前沿的社会,为它们新发现的开发和战胜自然的能力,以及对看似无限的财富和权力资源的开发能力,感到欢欣鼓舞。它们认为自己是文明和进步的先锋。"文明者"(主要指白人)与"野蛮者"和"蒙昧者"(包括黄色、棕色或黑色人种)之间的巨大差距带有强烈的种族色彩,无论我们现在看来应该多么受到谴责,但这在那时并不令人惊奇。[2]

将"文明"与"白人"联系在一起既容易又具有政治效力，在这个过程中施加于"低等种族"的文明使命和帝国就合法化了。

对当时思考国际关系的人来说，这种巨大的发展和权力差距使两个问题成为关注的焦点：(1)在一个工业现代化、相互依存和帝国竞争日益加剧的时代，处于领先地位的大国之间应该如何相处的问题；(2)处于先进地位的国家和社会与处于落后地位的"低等种族"应该如何相处的问题。这里的选择范围涵盖种族灭绝、帝国剥削和在文明艺术中某种形式的帝国监护。戴维·朗和布莱恩·施密特(David Long and Brian Schmidt，2005)认为，早期国际关系学的主要争论是关于帝国主义和国际主义之间的紧张关系的。这段国际关系学的形构时代在很大程度上已经从当代国际关系学的意识中消失了，部分原因是 1919 年国际关系学的创始"神话"，也因为在 1914 年——实际上是在 1939 年以前的大部分文献中——根深蒂固的种族主义赫然在册。这就是为什么像保罗·芮恩施(Paul S.Reinsch)这样极其重要的国际关系思想家的作品在很大程度上仍然不为人知。要想理解 19 世纪的国际关系学和当代国际关系学切的巨大连续性，有必要突破 1919 年的界限，同时要面对这样一个现实：种族主义和"文明标准"尽管在很大程度上被遗忘或被抑止了，但它们是国际关系学的基础，其影响至今犹在(Vitalis，2005)。

显然，探究"国际关系学之前的'国际关系学'"需要考察上一章所讨论的四种进步主义的意识形态：自由主义、社会主义、民族主义和"科学"种族主义。虽然"科学"种族主义作为一种明确的国际关系学主流路径已经过时，但其隐含的种族主义并没有从南北关系中消失。自由主义、社会主义和民族主义仍然是国际关系学规范和结构话语中非常明确的部分。这四种意识形态都包含了现代国际关系学思想的结构和规范的主要部分，围绕主导 19 世纪世界政治思想的帝国主义和社会达尔文主义的主题，这些部分常以不同的方式交织在一起。以上四种意识形态是复杂的混合体。在某种程度上，它们是现代性的驱动力，塑造了人们对事物的理解方式；同时它们又是对现代性的回应，试图构建一个业已浮现的新现实。在 19 世纪最后几十年，在作为社会和政治力量的公众舆论和大众媒体的崛起中，这一复杂过程出现了(Buzan and Lawson，2015a)。我们可以将这些国际关系学思想的意识形态分为两对:自由主义和社会主义从许多方面来讲都是世界性的(cosmopolitan),它们对 19 世纪全球化激荡的世界作出了同质性的回应;而民族主义和"科学"则是地方性的(parochial),对全球化作出了不同的回应。但民族主义和"科学"种族主义都在现代理性国家形成过程中,驱动和回应了同时强化的社会和政治一体化水平。

## 自由主义与社会主义

正如弗雷德·哈利迪(Fred Halliday,1999:73—75)所言:"在许多方面,马克思和恩格斯的国际主义观点与 19 世纪上半叶其他自由主义者的观点,几乎没什么不同。"两类思想家都深刻意识到,全球市场经济正在迅速和空前地被创造出来,这就是发生在他们周围的事情,他们也都将之理解为一个世界化和全球化的过程。亚瑟·格林伍德(Arthur Greenwood,1916:77)总结了这段时期结束时的所有变化,指出全球经济体的建立已经取代了前现代时期的各个相对独立的经济体,在自由贸易和保护主义之间生成系统性张力,亟须"一个管控在现代已经成长起来的世界性经济活动的政治组织"。哈利迪(Halliday,1999:80)认为,这种世界主义图景与 20 世纪 70 年代和 80 年代国际关系学辩论中"相互依赖"和"全球化"的图景相似。尽管看起来主要是自由主义的,当代的全球化也把资本主义视为全球范围内的一种同质化力量,日益渗透进国家,使国家陷入困境,并使其边缘化。[3]

哈利迪(Halliday,1999:164—172)注意到 19 世纪自由主义者普遍的世界主义观念,他们希望用人民主权取代王朝主义,以解决战争和重商主义问题。自由主义理解下的经济学崛起,特别是繁荣与和平源于对自由贸易的追求这样的观点,强化了如下观点,即国家内部进行这种政治改革也将有益地转变它们之前的关系。尽管有过度简化之嫌,19 世纪自由主义国际关系学的内容可以被概括为民主和平(与君主国相比,人民主权的国家更不倾向于诉诸战争)和自由贸易(开放全球市场运行的地方将减少出于经济原因夺取领土的激励机制)的有机组合。这些思想体现在一系列经典自由主义著作和直接的政治行动主义中;其中大部分思想集中出现在英国绝非偶然，因为当时英国是工业现代化道路上最先进的国家。从亚当·斯密（Adam Smith，1776）到大卫·李嘉图（David Ricardo，1817），再到 J.S.密尔（J.S. Mill，1848），这些作者为使经济学成为一门现代学科奠定了基础，并提出了国际关系的自由主义观点。他们的思想包括个人主义和"看不见的手"、实用主义、劳动分工、比较优势以及国内和国际市场的相对开放运作。理查德·科布登（Richard Cobden）和约翰·布莱特（John Bright）等政治活动家反对重商主义政策，如英国的《谷物法》（1846 年被废除）；他们支持国际间的自由贸易（L.Ashworth，2014：75—79）。因此，19 世纪的国际关系自由主义理论认为，人民主权和自由贸易大大有助于从世界政治中消除战争之祸。这种观点当然具有很强的世界主义和全球化特点，但它可与国家相容，在某种程度上也与民族主义兼容。

如果说有什么不同的话，那就是社会主义者对世界主义的全球化的接受程度更高，这一立场在一定程度上解释了为何早期马克思主义在当今所理解的国际关系学中处于弱势地位。安德鲁·林克莱特（Andrew Linklater，2001：131—139）对这一现象给出了深刻的解释。在他的描述中，卡尔·马克思和他的追随者们把工业资本主义和它所产生的新的阶级动力放在首位，因此他们偏离了国际关系学的主题——国家和民族主义，并把它们都推到边缘。他们把资本主义看作一种极其强大的世界化和全球化力量，它比以往任何时候都更深刻、更紧密地把世界各国人民联系在一起。在这种框架下，国家和民族主义等传统的和细碎的因素只能是暂时的和相对不重要的。工业资本主义压倒一切同质化的力量将很快把所有人纳入其中，整合起来，并把阶级冲突的强大逻辑强加给所有人，这种阶级冲突的逻辑是马克思主义对资本主义本质的理解。

虽然马克思主义对国家和民族主义重要性的认识被证明有误，因而与国际关系学的主流思想分道扬镳了，但它仍然可以被视为一种早期的、现在称之为国际关系学的全球化理解方面富有洞察力的思想。弗拉基米尔·列宁（Vladimir Lenin，[1916]1975）认为，在让位给一个更加全球化的世界之前，帝国主义是民族主义的最后喘息。他对资本主义动力学的著名解读是：资本主义导致竞争，并进而导致瓜分和重新瓜分世界的领土、民族、资源和市场。列宁本质上将阶级动力与民族主义、国家联系起来，将其视为"资本主义的最高阶段"（即最后阶段），并称之为"帝国主义"，由此来解释第一次世界大战的起因。这种解释和尼古拉·布哈林（Nikolai Bukharin, 1916）提出的资本与国家相融合的观点，与早期马克思主义将其对全球化的理解与对国家间权力政治的更为传统的国际关系学分析联系起来的看法，几乎是一致的。

自由主义和社会主义对国际关系的看法有一些惊人的相似之处，同时它们对"文明"国家和"野蛮"国家关系的态度也无太大差别。二者态度的相似性表明，在殖民国际社会中，基于种族和文化原因对"低等"民族施加深刻的等级观念，是多么普遍（J.M. Hobson, 2012:ch.2）。让我们比较下列文本，前者出自自由主义思想家 J.S.密尔，后者出自马克思和恩格斯的《共产党宣言》。

> 这是一个错误的观点：相同的国际惯例和国际道德规则既可以存在于文明国家之间，又能适用于文明国家和野蛮人之间。没有政治家会犯这种错误，但是那些从安全和不用负责任的立场出发批评政治家的人可能会是这种观点的支持者。

> 诸多原因表明同样的规则在不同的情况下并不通用，其中以下两点原因是最重要的。首先，一般的国际道德的规则意味着互惠（reciprocity），但野蛮人不会回报，不能指望他们遵守任何规则。他们的思想和意志都不足以支撑长期动机影响之下的如此宏大的努力行动。其次，那些野蛮国家还没有超越这样一个时期：在该时期内，他们应当被征服并隶属于外国人，这很有可能对他们有利。独立和国家对于一个进步中的民族实现应有成长和发展是至关重要的，但对他们来说通常都是障碍。文明国家对彼此的独立和国家负有神圣的责任，对那些认为国家和独立是某种罪恶，或至多是一种可疑的善的人来说，是没有约束力的。

> 如果一个人把野蛮民族的任何行为都视为对万国法的违背，只会表明他从未考虑过这个主题。尽管很容易被认为违反伟大的道德原则，但野蛮人并不拥有一个国家所具备的权利，除非在尽早的时期内成为国家才有权享有这样的待遇。文明政府和野蛮政府之间

关系的唯一道德法则是人与人之间普遍的道德准则。（Mill，1874：vol.3，252—253）

正是通过这种方式，自由主义的思想家们才能将他们的个人主义主张与国际关系、帝国的种族主义观点结合起来。

当时马克思主义思想同样以西方为中心，将工业现代性和资本主义视为深刻的进步力量。尽管马克思主义具有革命性的使命，但它是一种从占主导地位的西方中心来看待被动、"野蛮的"外围的世界观。

> 第一，由于在世界各国机器劳动不断降低工业品的价格，旧的工场手工业制度或以手工劳动为基础的工业制度完全被摧毁。所有那些迄今或多或少置身于历史发展之外、工业迄今建立在工场手工业基础上的半野蛮国家，随之也就被迫脱离了它们的闭关自守状态。这些国家购买比较便宜的英国商品，把本国的工场手工业工人置于死地。因此，那些几千年来没有进步的国家，例如印度，都已经进行了完全的革命，甚至中国现在也正走向革命。事情已经发展到这样的地步：今天英国发明的新机器，一年之内就会夺去中国千百万工人的饭碗。这样，大工业便把世界各国人民互相联系起来，把所有地方性的小市场联合成为一个世界市场，到处为文明和进步作好了准备，使各文明国家里发生的一切必然影响到其余各国。（Marx and Engels，[1848] 2010：45）*

与自由主义者一样，马克思和恩格斯通常也把"亚细亚生产方式"和前现代社会视为落后和静止的。马斯尼・莫利纽兹（Maxine Molyneux）和弗雷德・哈利迪（Fred Halliday，1984：18）指出，马克思"强调了资本主义发展在扩大亚非社会生产力方面的进步特征"。查尔斯・布鲁厄（Charles Barone，1985：12—13）认为，马克思认识到了帝国主义的影响既是剥削性的，又是进步性的，因为一方面，资本主义的本质是四处盘剥，另

---

* 原文来源应为弗·恩格斯的《共产主义原理》，本段译文出自[德]马克思、恩格斯：《马克思恩格斯全集》（第四卷），中共中央马克思恩格斯列宁斯大林著作编译局译，人民出版社2016 年版，第 357—374 页。原文给出的《共产党宣言》来源：Marx，Karl and Frederick Engels（[1848] 2010）Manifesto of the Communist Party，www. marxists. org/archive/marx/works/download/pdf/Manifesto.pdf（Accessed 24 May 2017）有误。——译者注

一方面，它也是发展所需的必要的和积极的力量。虽然帝国主义为了自身的利益占领了印度等地，但与此同时，它们也不得不推倒前现代的政治和社会结构，播下现代性的种子。虽然革命需要从先进的工业社会内部产生，但它必须由先进社会强加给前现代社会，否则前现代社会就不会产生革命的潜力。

19世纪中后期，这类观点在西方社会普遍存在，布莱恩·施密特（Brian Schmidt，1998a：125）在描述第一次世界大战前夕美国政治科学学会（American Political Science Association）会议与会者的态度时，强调了在第一次世界大战前的十年里上述关于帝国主义与革命的观念的普遍性：

> 对全球殖民地区的讨论经常被描述为带有当今看来是攻击性和不恰当的语言，不在20世纪初关于主权国家之间关系论述所设定的范围之内。大多数政治科学家认为，殖民地区——世界上的"黑暗"地区、"不文明""落后"或"野蛮"之地——不属于国家社会（the society of states）。殖民地非但没有被视为国际社会（international society）的组成成员，反而被视为落于国家社会（society of nations）之外，是饱受国内无政府状态之苦的地方。

上述观念的流行强烈影响了两种"进步的"意识形态的发展：民族主义和"科学"种族主义。

## 民族主义与"科学"种族主义

基于它们对现代性的世界性解读，自由主义和社会主义更倾向于同质化这个全球化的世界，而民族主义和"科学"种族主义则倾向于分割和区分这个世界。民族主义和"科学"种族主义的根源不同，但仍有一些相似之处，并可能产生强大的协同效应。如第一章所述，民族主义是关于创建基于共同的族性、文化、语言和历史基础的认同群体；而"科学"种族主义则是后来在生物学、科学分类和19世纪末欧洲与亚非地区极不平等遭遇的影响下发展起来的。大量的英国人移民到澳大利亚、加拿大、新西兰和南非，他们创造了白人精英统治的国家，白人精英们自恃生来即比土著人优越，并把种族主义作为殖民国际社会的一种首要制度加以建构。然而,民族主义有一种基于类似于"科学"种族主义的生物学逻辑的种族成分,它们都易受社会达尔文主义"适者生存"思维方式的影响。两者都提供了构建国际关系的路径,19 世纪期间,这两种路径变得越来越有影响力。经济层面的民族主义者以弗里德里希·李斯特(Friedrich List)为代表,他认为,国家和人民需要保护自己的工业化进程,否则,其工业化进程将被那些试图引领工业化和现代文明的国家所淹没(L. Ashworth,2014:79—84)。

在民族主义和种族主义阵营内部都有许多不同的观点,从频谱一端的本质主义零和冲突,经过等级秩序,再到另一端的平等主义秩序。民族主义或许在某种程度上更倾向于平等主义秩序,因为它被用作政治合法性的基础,政治合法性与各国的法律、主权平等相关联。在这个范围内,大国和小国之间的等级制度有一定的空间,与强国和普通国家之间等级制度的空间类似。但是,一旦受到社会达尔文主义、民族主义的影响,无论是种族(如雅利安人)还是公民(如美国人)之间皆可变得更加等级森严,事实上也是如此。"适者生存"逻辑为强大的民族占领和吞并弱小的民族打开了方便之门。F.F.厄克特(F.F. Urquhart,1916:40,52,60)指出,民族主义妨碍了国际和平:"事实证明,民族主义像老国王们一样自信,一样贪婪。""科学"种族主义或许更倾向于等级关系,而且往往倾向于白人处于上层、黑人处于底层的种族等级制度。在极端情况下,它很容易将强者统治或灭绝弱者的行径合理化,尽管种族也可以被构建为不同但平等的。极端的种族民族主义可以被认为是一种"科学"种族主义的更细分形式,它将白人/欧洲人的类目又细分为雅利安人、盎格鲁-撒克逊人、拉丁人和斯拉夫人。

如前所述,种族政治影响了国际关系学的许多早期思想(Schmidt,1998a:125;Vitalis,2005,2010;Bell,2013;J.M.Hobson,2012)。本杰明·德卡瓦略、哈尔瓦德·莱拉和约翰·霍布森(Benjamin de Carvalho,Halvard Leira, John Hobson,2011:750—751)研究了通常被视为自由主义者的关键人物——最著名的是伍德罗·威尔逊(Woodrow Wilson,还可参见 Vitalis,2005:169)——的思想是如何被种族主义所渗透的。罗伯特·维塔利斯(Robert Vitalis,2005:161)认为,在第一次世界大战之前的国际关系学中,"种族和国家是学科形成中最重要的两个分析单元"。他着重论述了国际关系学的制度发展如何反映出种族主义思维观念,认为"1900 年后美国的领土扩张促使一大批新课程、出版物、大众与学术期刊出现",这就是"国际关系学真正的制度化起源可以被发现"的地方而不是传统上所认为的起源于 20 世纪 20 年代或 40 年代(Vitalis,2005:166)。在维塔利斯(Vitalis,2000:333)看来,有一种"规范反对关注"国际关系学的真实历史。

民族主义和种族主义都支持战争和帝国主义的正当性,尤其是在它们的等级形式中,它们与自由主义者和社会主义者的世界全球主义形成了鲜明而有力的对比。在帝国主义问题上,思想家们在种族和世界政治方面存有分歧。有些人认为帝国主义是消除落后种族的一种好方法,另一些人认为这是压制有色人种、推进白人至上事业的好方法。但也有人反对帝国主义:要么认为帝国主义是对其他种族自然发展的不必要干涉,要么认为它通过异族通婚或移民对白人种族的纯正性构成威胁(J.M. Hobson,2010:29—30;2012)。因此,关于对东方施加何种层次的作用,帝国主义的支持者观点各异。有些"防御性种族主义者",如赫伯特·斯宾塞(Herbert Spencer)、威廉·格雷厄姆·萨姆纳(William Graham Sumner)等反对帝国主义,认为它会阻碍东方自发的发展。其他人如詹姆斯·布莱尔(James Blair)和戴维·斯塔尔(David Starr)也反帝国主义,不过不是因为他们认为东方能够独立自主地发展,而是因为东方根本无法发展,他们的种族是低等的,所以文明使命徒劳无益。此外,查尔斯·皮尔森(Charles Pearson)和洛斯罗普·斯托达德(Lothrop Stoddard)等作家更关心保护白人不受野蛮的"黄祸"的侵害,因此他们认为要在东方施加较高层次的作用,尽管这是一种"倒退的"和"掠夺性的"的作用(J.M. Hobson,2012:8)。另一种反帝国主义的种族主义观点是东方可以独立发展,但是要走西方已经划定的发展和进步的道路。东方世界拥有"派生施动性"(derivative agency)(J.M. Hobson,2012:6),但由于可能会受到西方帝国主义的压制而不受欢迎。《种族发展杂志》(*Journal of Race Development*)创刊于 1910 年,是最早的国际关系学期刊之一,其名称也就不足为奇了。

甚至当今世界所熟悉的支持移民的经济政策与反对移民的社会、政治反应之间的紧张关系在 19 世纪就已经建立起来了：

> 移民劳工习惯于较低的生活水平。他们愿意接受比白人工人低得多的工资，被排除在工会之外，通常属于劳动阶级，是最落后的，也是最不易被欧洲人同化的阶级。因此，他们成了白人劳动阶级的一个严重威胁，白人眼看着自己的稳定就业前景被这些陌生人一扫而空，而这一切无非是由于移民劳工能以低得多的标准生活，能够接受低得多的工资。此外，苦力工人与贸易商相伴相随，亚洲贸易商不仅通常工作时间更长，而且可以接受比白人贸易商更少的利润，并对此感到满意，所以更容易保有原先的顾客，还能赢得白人顾客。白人商人和白人劳工都深受其苦。(Kerr，1916：175)

但这四种意识形态并不是 19 世纪唯一的国际关系学思想。与它们交织在一起的还有其他方面：现实主义、地缘政治学、战争与战略研究、殖民治理与帝国主义、国际法与政府间国际组织。

## 现实主义

现实主义一直对其悠久的学术传统有一种迷恋，认为现实主义传统可以追溯到修昔底德。从这个意义上说，现实主义思想家肯定不认为现实主义始于 1919 年。尽管现实主义者确实记得霍布斯和马基雅维利是他们的先辈，但他们往往忘记，现实主义思想部分根源在于 19 世纪德国的现实主义思想家海因里希·冯·特赖奇克（Heinrich von Treitschke，1899—1900 年）和他的学生弗里德里希·迈内克（Friedrich Meinecke，1908 年）（Wæver，1997：8）。特赖奇克认为权力政治是国际关系的基本现实，这种观点带有强烈的社会达尔文主义和种族主义色彩。他的观点把战争美化为国家的使命，并完全致力于德国反对大英帝国的斗争。迈内克身上同样带有种族主义的影子，他信奉德国的扩张主义。[4] 正如迈克尔·威廉斯（Michael Williams，2005）所指出的那样，尽管被国际关系学所忽视，但德国的权力政治（machtpolitik）传统却是 20 世纪现实主义思想的重要源泉，特别是它经由特赖奇克影响到了国际关系学领域的其他学者：弗里德里希·尼采（Friedrich Nietzsche）、马克斯·韦伯（Max Weber)和摩根索。[5]

## 地缘政治学

地缘政治学对权力政治的关注与现实主义非常接近,但在地理驱动因素方面却与现实主义大相径庭。"地缘政治学"一词创造于 1899 年,目的是捕捉一种试图将地理与政治结合起来的新兴思潮,并将世界历史的驱动大幅度地简化为地理位置与世界大国的关联。作为国际关系学理论的地缘政治学对大量的和简单的结构性决定因素的应用,使其在 80 年之后获得了与新现实主义同样的吸引力。地缘政治学与新现实主义的吸引力还有其他相似之处,尤其是它将世界视为单一体系的整体性观点。19世纪 90 年代,新帝国主义实际上已经把世界变成了一个单一体系,所有的部分在某种程度上都是已知的和相互联系的,因而地缘政治学提供了一种及时而有力的视角。古典地缘政治学极为关注大国之间的竞争,因此也与当时流行的社会达尔文民族主义、绝对主义以及白人和西方文明优于所有其他民族和文化的观点密切相关。这一时期的地缘政治思想家普遍不认为国际无政府状态是一个问题,而仅仅把它看作一种需要国家力量才能生存与发展的环境(L. Ashworth,2014:106—107)。就像这一时期大多数国际关系学思想一样,地缘政治学也来自中心世界。

19 世纪晚期,地缘政治学领域的两位关键人物是德国的弗里德里希·拉采尔(Friedrich Ratzel)和英国的哈尔福德·麦金德(Halford Mackinder)(L. Ashworth,2014:98—102),尽管他们的作品在两次世界大战之间的政治影响力都超过了第一次世界大战前夕。拉采尔(Ratzel,1901)的主要贡献是提出了"生存空间"(Lebensraum)思想与有机国家概念(ÓTuathail,1998:4)。他的作品特别关注德国,与德国现实主义者的思考兼容。但"生存空间"与社会达尔文主义世界有着更为广泛的关系,社会达尔文主义世界既是相互竞争的帝国主义列强的世界,也是为争夺领土控制权而竞争的国家和种族的世界,土著居民的权利则不太受关注。

麦金德(Mackinder,[1904]1996)的作品,特别是他的"心脏地带"或"枢纽"学说,更着眼于全球,旨在为大英帝国的战略作出劝诫(ÓTuathail,

1998:4，15—18)。麦金德(Mackinder，1919:194)的名言是：

> 谁统治东欧，谁就能主宰心脏地带；
>
> 谁统治心脏地带，谁就能主宰世界岛；
>
> 谁统治世界岛，谁就能主宰全世界。

这一想法将俄国(可能还有德国)置于世界权力的中心。麦金德的整体观点使他感到，至 19 世纪晚期，国际体系正在走向领土与政治的闭合，"无人认领"的空间("unclaimed" spaces)将不复存在。列宁(Lenin，[1916]1975)后来采纳了这一观点，用来解释帝国主义和重新瓜分领土的必然竞争，认为这是资本主义一个危机阶段。麦金德展示了一种本质上是进攻性帝国主义的、融合了地缘政治学和优生学的种族主义-现实主义理论。用詹姆斯·特纳(James Tyner，1999:58)的话说："地缘政治学和优生学的融合预示着一个危险的世界，在这个世界里，种族接近和领土扩张将导致种族和社会的退化，并可能引发种族战争。"麦金德担心1900 年后，会出现一段东西方之间对峙的时期，因为整个世界已经被殖民，西方列强在扩张领土、阻止东方崛起方面无能为力(J.M. Hobson，2012:124—130)。

另一位英国地缘政治学作者 J.R.西利(J.R. Seeley，1883)在推广"更大的不列颠"(Greater Britain)的理念方面具有影响力(Bell，2007)。这与帝国、大国竞争密切相关。"更大的不列颠"是地缘政治学(相对于美国和俄国等不断崛起的洲级大国，它的影响力达到了临界水平)、种族主义/民族主义(巩固盎格鲁-撒克逊种族)和帝国(将大英帝国巩固为某种更紧密的政体)的混合体。不管他们对种族主义和帝国主义的看法如何，19世纪晚期的地缘政治学思想家皆野心勃勃。然而，他们把注意力几乎完全放在中心国家的大国政治上，几乎不关注外围国家，而只将其视为大国侵占和竞争的对象。

## 战争与战略研究

有些人认为，1945 年以后，古典地缘政治学成为国际关系学领域"战略研究"的根源(Olson and Onuf，1985:12—13)。虽然确有重叠之处，这种重叠或许在阿尔弗雷德·塞耶·马汉(Alfred Thayer Mahan，1890)的研究中最能体现，但战争与战略研究在地缘政治学出现前后皆独立存在。尽管 19 世纪没有发生过世界大战，但这一时期仍有一些关于战争和战略的经典著作问世。正如格兰特（Grant，1916：17—32）所观察到的，那个时代并不如时人所认为的那么和平。1870 年普法战争结束后，尽管经历了 40 年的和平，但欧洲仍有陆上和海上的军备竞赛、海外的殖民竞争，以及更接近本土的巴尔干半岛的竞争。然而，这些近期大事并不是此类经典著作的主要焦点，这些经典著作都可以追溯到 19 世纪，且都是由职业军官撰写的。卡尔·冯·克劳塞维茨（Carl von Clausewitz）的《战争论》（*On War*，1832）和安托万-亨利·若米尼（Antoine-Henri Jomini）的《战争艺术概论》（*The Art of War*，[1838] 1854）主要关注拿破仑战争（参见 C.S. Gray，2012：ch.2）。虽然克劳塞维茨的《战争论》是在军事技术革命爆发之前写的，但他的确捕捉到了法国大革命和民族主义给战争带来的新政治元素，以及现代性目标-手段的合理性（Booth，1975：23—29）。马汉的《海权对历史的影响：1660—1783 年》（*The Influence of Sea Power upon History*，1660—1783[1890]）是以英国航海时代的海上优势地位为出发点的研究。这种回溯式的研究路径并没有记录很多 19 世纪军事技术的巨大变化，但这并不妨碍它们拥有一些经久的品质。

马汉的作品包含了地缘政治学的要素，既把海上力量和陆上力量关联起来，又接受了社会达尔文主义的观点（ÓTuathail，1998：4, 18；L. Ashworth，2014：103—105）。他提倡建立海上力量，包括通过建设强大的海军和战略防御力量来控制海洋，以及控制世界各地的战略咽喉要道。其中一个目的是阻止东方获得任何形式的据点。与麦金德一样，马汉也担心全球相互依存程度的增强或"世界的闭合"（J.M. Hobson，2012：125），因为这会缩小东西方之间的距离。他主张在夏威夷建立一个强大的美国基地，以遏制中国的崛起。在约翰·霍布森（Hobson，2012：124—130）看来，麦金德和马汉提出的解决方案是通过帝国主义和种族主义的侵略计划，将东方的崛起扼杀在萌芽状态。

在世纪之交，只有少数人正确地预见了技术革命对军事能力的影响。这些思想家中最著名的是伊凡·布洛赫（Ivan Bloch，1898）和诺曼·安吉尔（Norman Angell，1909）。布洛赫详细估算了（六卷本之多！）火力增加的影响，他认为在一场全面战争中不可能有胜利者，全面战争很可能会摧毁支持战争的社会（Pearton，1982：137—139）。他预见了"防御困境"，第一次世界大战几乎验证了他的观点。安吉尔提出了当代相互依赖理论的早期版本，即在现代条件下，战争不能再为社会的经济利益服务。对于工业社会来说，战争破坏的财富多于创造的财富，因为战争扰乱了财富和权力赖以生存的全球贸易。这些论点大体上支持自由主义的相互依赖路线。国家再不能如同 17 世纪和 18 世纪那样通过夺取彼此的领土和资源而获得财富（de Wilde，1991：61—90；Howard，1981：70—71；L. Ashworth，2014：116—119）。不足为奇的是，这些研究战争与战略的理论家们又一次聚焦于中心大国之间的关系。

## 帝国主义与殖民治理

19 世纪末西方和日本在亚非地区实行新帝国主义，是这一时期国际关系思想主要的背景事实。从目前的讨论中可以清楚地看出，无论从自由主义、社会主义、民族主义、"科学"种族主义、现实主义，还是从地缘政治学的角度看，帝国和帝国主义都弥散于 19 世纪的国际关系学辩论之中。奥尔森和格鲁姆（Olson and Groom，1991：47）认为"国际关系学科真正始于对帝国主义的研究"。朗和施密特（Long and Schmidt，2005：1—15）同意这一观点，尽管他们认为帝国主义和国际主义是一对孪生概念，关于它们的争论定义了早期国际关系学科的话语。如约翰·霍布森（Hobson，2010：28）所言，包括 J.S.密尔、理查德·科布登、诺曼·安吉尔和 J.A.霍布森在内的许多重量级的自由主义学者都支持帝国主义，理由是西方有必要将落后的文化提升到"文明标准"。一些自由主义者以帝国与自由贸易的对立为理由反对帝国（例如 Bell，1859）。其中最著名的是 J.A.霍布森（Hobson，1902）对帝国主义的自由主义的批判，认为帝国主义既不道德，又缺乏经济效率。霍布森反对帝国主义是基于功能而非道德的理由，他认为帝国主义是西方的负担，注定是要失败的。他还区分了"理智的"和"疯狂的"帝国主义，并乐意支持前者（J.M. Hobson，2012）。大多数观点都存在分歧。"科学"种族主义及其社会达尔文主义的种族等级制，无疑是帝国主义合法化的关键支柱之一。但正如约翰·霍布森

(Hobson,2012:ch.4)所言,当时的种族主义思想也存在着强大的反帝国主义流派,他们希望既要避免"污染性的"种族间接触,又要避免白人之间因帝国主义竞争而引发的战争。社会主义者对帝国主义也同样持二分法,认为它既具有进步性又具有剥削性。帝国和帝国主义竞争也许是19世纪研究国际关系的作者们不得不面对的主要事实:如何解释它? 是反对还是支持它? 以及应该如何最好地管理帝国?

布赞(Buzan,2014:153—156)指出,我们有充分的理由将1945年后对发展的关注,以及发展作为一种全球国际社会制度的出现,视为对第二次世界大战后崩溃的帝国主义/殖民主义制度的直接继承。在19世纪,关于这一问题的争论是国际关系学思想的主题之一,并在殖民治理(colonial administration)的标题下进行。早在19世纪之前,就出现了关于世界性大国应如何与殖民地人民(无论是土著居民还是移民)相处的问题。但是到了19世纪,帝国主义实践发生了重大的变化。在这一时期,特许公司是欧洲殖民统治的先锋队,大多数欧洲列强经由特许公司直接对殖民地进行管理。如上所述,19世纪后期的国际关系思想家对"文明"国家之间的关系以及这些国家与"野蛮"民族之间的关系作出了明确的区分。从19世纪90年代开始,这种区别反映在激增的殖民治理文献中(Schmidt,1998a:136—140)。1904年美国政治学会的第一次会议上,"殖民治理"被指定为政治学的五个基本分支之一(Vitalis,2010)。

有关这个问题的思维定式(以及描述该问题的语言!)的内容,读者可以在P.H.科尔(P.H.Kerr,1916)的《先进民族和落后民族之间的政治关系》(*Political Relations between Advanced and Backward Peoples*)一文中找到。科尔基本主张实行殖民治理的必要性,以解决不同发展水平的种族间接触所带来的问题。他的观点——说明了那个时代的交叉潮流,现在看来是异类——是自由帝国主义和"科学"种族主义的观点混合;鼓吹殖民治理的必要性,外加一种形式的种族隔离以防止种族融合(Kerr,1916:174—179)。

> 文明的商人(the civilized trader)在落后民族中的出现总是伴随着可喜(悲)的结果……从事贸易的个体进入其中并不是为了帮助落后的种族,而是怀着完全正当的目标,即从正常的和物质上有益的商

业交换过程中获利……[这是一条]普遍规律……在两个种族的文明程度存在足够的差异的情况下，更文明者会为维护正义和人类的利益所驱使而介入其中，至少在一段时间内规范两者之间接触的影响……为了文明、自由和进步的利益而干预更为先进的人民，必须引导政府以促成相同的目标。(Kerr，1916：144—145，163，166)

与当时的大多数国际关系学视角一样，科尔在很大程度上是从中心国家出发的。这符合江文汉提出的"文明标准"观点(Gong，1984：24—53，64—93)。江文汉指出，欧洲对通道（贸易、传教、旅游）的需求驱动了欧洲人提出后来被称为"文明标准"的功能性方面，以保护欧洲人在其他国家的生命、自由和财产，如果当地人不能或不愿提供这些通道，欧洲人将提出治外法权和不平等关系的要求(Gong，1984：24—53)。

尽管这种国际关系学思想的确考虑到了外围国家，但它在很大程度上是从中心国家的观点出发的。在研究方法上，它将"文明"国家之间的关系研究与"文明"国家与"野蛮"国家之间的关系研究分隔开来。

## 国际法、政府间国际组织与国际社会

在19世纪后期，国际法是国际关系学思想的主要分支和前身(Schmidt，1998a：45)。关于"万国公法"的想法在欧洲已存在了几个世纪，但在交通和贸易急速发展的压力下，19世纪见证了自然法向实在法（即法由国家之间商定，各国只受它们所同意的规则的约束）的转变。亨利·惠顿(Henry Wheaton，1866)的《万国公法》(*Elements of International Law*)首次出版于1836年。国际实在法的发展与第一章所讨论的政府间国际组织的扩散相辅相成，相互促进。关于政府间国际组织的开拓性文本(Reinsch，1911)早在第一次世界大战之前就已经撰写完毕(Schmidt，1998a：118)。如果国家还想发动战争，它们当然可以去做。但是，如果它们想追求商业与和平，那么一个有关商业、运输和通信国际规则和条例日益密集的领域，将有助于协调国家间的行为(Davies，2013；Koskenniemi，2001)。国际实在法的兴起反映了欧洲主导地位的日益增强，因为实在法就是欧洲法。自然法传统中平等对待（大多数）非欧洲人的倾向被有等级的实在法所取代，这种等级是被"文明标准"所赋予的(Gong，1984：5—

32）。从这个意义上说，实在法具有两种用途：一方面维护中心国家主权平等的秩序，另一方面规范全球中心国家与外围国家之间的"差异"（Shilliam，2013）。从19世纪中叶开始，中国和日本在与欧洲列强的接触中，都借助西方的国际法和外交著作，试图找出应对那些盛气凌人、已经逼上门的列强的最佳方式（Suzuki，2009：69—85；Howard，2016）。

1906年，国际法已经成为一门相当独立的学科，美国国际法学会（American Society of International Law）和《美国国际法杂志》（*American Journal of International Law*）出现了。国际法的关切集中在习惯法的汇编、仲裁、国际法院的设立和多边外交的制度化（Schmidt，1998a：110）。19世纪末，国际法已经成为国际关系实践和思想的一部分。

国际法显而易见地促进了国际社会理念的出现，因为如果存在国际法，就必须反映国际社会的存在，法律，尤其是实在法，不可能存在于社会之外。施密特（Schmidt，1998a：124）认为，19世纪末，美国关于国际关系学的法律和政治思想已经明确了"文明"国家之间存在一个国际社会，并用"国际主义"（internationalism）一词来描述这一点。在其他地方，德国历史学家A.H.L.希伦（A.H.L. Heeren，1834）在国家制度的讨论中提出了国际社会的思想，后来被英国学派的传统思想家所接受（Keene，2002；Little，2008），早在19世纪"国际社会"就已经成为国际法讨论的固有术语（Schwarzenberger，1951）。托布约尔·克努成（Torbjørn Knutsen，2016：2）认为，詹姆斯·洛里默（James Lorimer，1877，1884）毫无疑问发明了"无政府社会"的概念，但他的开创性工作已经被遗忘了。这个由国家构成的社会建立在日益相互依赖和围绕和平、商业、运输和通信的共同利益的基础之上。迅速增加的政府间国际组织和海牙会议是国际主义日益明显的体现，国际主义还鼓励建立某种形式的全球政府间国际组织，以减轻无政府状态的影响。其间也出现了"世界联邦主义"（world federalism）的思考，读者可参见本杰明·特鲁布拉德（Benjamin Trueblood，1899）和雷蒙德·布里奇曼（Raymond Bridgman，1905）的作品（Schmidt，1998a：112）。

如同其他关于国际关系学的思想，以上提到的思想都与帝国主义、种族主义联系在一起，显然仍是来自中心世界的世界观。

## 结语

毫无疑问,在第一次世界大战之前的几十年里,关于国际关系发展的讨论日益丰富和系统。事实上,克努成(Knutsen, 2016)[6]将国际关系的理论思考追溯到了罗马帝国的灭亡。第一个现代国际关系学话语主要集中在英国和美国,并在 19 世纪就有了一些基本的关注点:白人和西方的优越性(或非优越性);如何管理或多或少“文明化了的”民族之间的关系;地缘政治学在塑造国际秩序方面的作用;帝国主义的是非曲直;人民主权和自决权意识的日益增强;自由贸易和保护主义二者与国际冲突的关系;军事技术日益增长的危险和后果;以及国际法和政府间机构减缓战争的能力。19 世纪,国际关系思想如此丰富是不足为奇的。正如本书第一章所示,1840 年到 1914 年的几十年里,世界经历了巨大的转型,这种转型被来自国家和社会两个层面的现代化进程所驱动,也被塑造经济、政治与社会生活主要因素的平衡由国内层面到国际层面的转向所驱动。在 20 世纪的大部分时间里,国际关系学背后的主要驱动力是战争和对战争的恐惧。但是 19 世纪的特点是长期的和平,至少对于中心国家和社会来说是如此,正是在这些中心社会中,国际关系学思想得到了发展。因此,19 世纪国际关系学思想的主要驱动力是现代性的全球政治经济学、新的均势,以及一个新的、高度不平等的、种族主义和殖民主义的全球“中心-外围”国际社会。当时的全球国际社会是由巨大的差距所催生的,即那些进行现代化革命的和被现代性革命抛在后面的国家之间的巨大权力和发展差距所催生的。考克斯认为,19 世纪的国际关系学思想是由中心大国提出的,同时也服务于中心大国,外围社会在很大程度上沦为一个客体。如卡瓦略、莱拉和霍布森(Carvalho, Leira and Hobson, 2011:750)贴上去的俏皮标签,国际关系学是一个“西区故事”。[7]

虽然这些发展还没有融合进国际关系学的学科或领域,但在书籍、期刊和大学课程方面已出现明显的国际关系学制度化迹象。这一时期,“国际关系学”的专著颇多,包括:

亨利·惠顿:《万国公法》(Henry Wheaton[(1836) 1866] *Elements of International Law*)。

詹姆斯·洛里默:《万国法机构:论各政治团体的法律关系》

(James Lorimer［1884］ *The Institutes of the Law of Nations*： *A Treatise on the Jural Relations of Separate Political Communities*)。

阿莱恩·爱尔兰:《热带殖民化:主题研究导论》(Alleyne Ireland ［1899］ *Tropical Colonization*： *An Introduction to the Study of the Subject*)。

本杰明·F.特鲁布拉德:《世界联邦》(Benjamin F. Trueblood ［1899］ *The Federation of the World*)。

保罗·芮恩施:《19 世纪末受东方形势影响的世界政治》(Paul Reinsch［1900］ *World Politics at the End of the Nineteenth Century As Influenced by the Oriental Situation*)。

保罗·芮恩施:《殖民政府:殖民制度研究导论》(Paul Reinsch ［1902］ *Colonial Government*： *An Introduction to the Study of Colonial Institutions*)。

雷蒙德·L.布里奇曼:《世界组织》(Raymond L. Bridgman ［1905］ *World Organization*)。

保罗·芮恩施:《公共国际组织——它们的工作和组织:国际行政法的研究》(Paul Reinsch［1911］ *Public International Unions—Their Work and Organization*： *A Study in International Administrative Law*)。

G.洛斯·迪金森:《欧洲无政府主义》(G. Lowes Dickinson ［1916］ *The European Anarchy*)。

A.F.格兰特、亚瑟·格林伍德,J.D.I.休斯,P.H.科尔和 F.F.厄克特:《国际关系导论》(A. F. Grant, Arthur Greenwood, J. D. I. Hughes, P.H. Kerr and F.F. Urquhart［1916］ *An Introduction to International Relations*)。

大卫·P.希特利:《外交与国际关系研究》(David P. Heatley ［1919］ *Diplomacy and the Study of International Relations*)。

《国际和解》(*International Conciliation*)可以算作第一份国际关系学的专业期刊,它可追溯至 1907 年(Schmidt,1998a:101);《美国国际法杂志》(*American Journal of International Law*)创刊于 1907 年;《种族发展杂志》(*Journal of Race Development*)(1922 年起改名为《外交事务》(*For-*

*eign Affairs*))1910年出版。在英国,最早的国际关系学期刊是《圆桌会议》(*The Roundtable*,1910年),最初的副标题是《大英帝国政治季刊评论》(*A Quarterly Review of the Politics of the British Empire*)。施密特(Schmidt,1998a:54—57,70)认为1880年哥伦比亚大学政治科学学院的创立是国际关系学制度化的里程碑,尽管在他看来第一个可识别的国际关系学课程出现在1899—1900年的威斯康星大学。1898年,华盛顿特区的乔治·华盛顿大学建立了比较法学和外交学院,它经历了多次更迭,包括与政治科学和政府系合并,20世纪60年代它变为"公共和国际事务学院",后又于1988年改为当前的名称——"艾略特国际事务学院"。国际妇女争取和平与自由联盟(Women's International League for Peace and Freedom,WILPF)成立于1915年,是一个游说团体,但在两次世界大战之间,它也成为一群女权主义思想家颇具影响力的关注焦点(L. Ashworth,2017)。这一时期最引人瞩目的缺失是没有出现国际关系学学术会员组织。

# 外围地区"国际关系学之前的'国际关系学'"

尽管此时的国际关系学无可争辩地是一项西方主导并服务于西方的事业,但人们也能在其他地方发现现代国际关系学思想的萌芽,以回应与西方和现代性的遭遇。不论是好是坏,情愿与否,西方殖民时期的国际社会向全球范围的扩展把所有民族和政治体卷入了一种全球经济、全球权力政治体系和全球种族与发展等级体系。全球规模的结合、深入的互动,以及政治的、经济的和种族的等级制度都是新的。处于财富、权力和地位等级底层的国家,发现它们受到现代性同质化力量的压迫。当时,很难将现代化与西化区分开来,因此外围地区的民族与政治组织面临严峻的两难处境,即它们是否为了改善自身在全球等级制度中的地位而不得不失去其文化身份。从这个角度看,外围地区关于现代国际关系学的早期思考,既有反殖民主义的强烈动机,又受到反对西方的地区/种族身份的强烈吸引,就不足为奇了。

## 日本

在第一章中,我们认为日本是第一轮现代化中的一部分且在1902年就成为一个大国。有鉴于此,我们毫不惊讶地发现第一次世界大战前日本与西方的国际关系学的发展有些许类似,即清楚地预示了一个系统的研究领域的出现。正如酒井哲也(Tetsuya Sakai, 2008:234—237)所指出的,日本充分意识到自己部分地处于殖民国际社会的奇怪地位,但又渴望加入西方大国的无政府社会。他注意到,1893年,日本已经有了关于国际关系学的系统文献(Kuga,[1893]1968)。日本的国际法学家积极参与中日战争的外交活动,并出版了有关中日战争的书籍(Ariga, 1896; Takahashi, 1899)。1897年,日本成立了一个国际法协会。美国国际关系学学者保罗·芮恩施(Paul Reinsch, 1900, 1902)的作品很快被翻译成日文,并影响了日本人对帝国主义和殖民治理的思考。福泽谕吉(Yukichi Fukuzawa,[1875]2009)关于比较文明和日本对现代化需求的著作也有了国际关系元素。[8]第一次世界大战前,日本多所大学开设了外交史的课程(Hosoya, 2009:22—23)。在总体的发展过程中,日本迅速赶上了西方的国际关系学的思考,尤其是在国际法方面,并很快形成了自己的特色(Howland, 2016)。

正是由于其早期发展的成功,日本成为第一个面临现代化/西化困境的国家。R.塔格特·墨菲(R. Taggart Murphy, 2014:63)用"文明标准"精辟地总结了日本面临的挑战的程度,进而延伸到所有外围国家和民族。

明治时期的领导人面临三项紧迫而又相互交织的任务。他们一定要建立一支强大到足以威慑西方帝国主义的军队。他们必须聚集所需的资本和技术,把他们的国家变成一个足够先进的工业强国,装备这支军队。他们要建立必要的机构,不仅要完成那些任务,而且要使西方相信,日本已经积累了使它成为必须被认真对待的国家俱乐部成员的先决条件。这不仅意味着拥有可信的军事力量——最好是在弱国发动的帝国主义战争中取得胜利,也意味着拥有议会、法院、银行、一夫一妻制、选举,理想情况下还有基督教堂,更不用说熟悉西式的建筑、服装、性观念和餐桌礼仪。只有以令人信服的现代帝国主义国家领导人的身份执政,他们才能说服西方修改不平等条约,从而从欧洲人手中夺回对本国关税制度和安全机构的控制权。

同时谙熟西方文化和日本文化的日本公共知识分子讨论了国际关系学的相关问题。福泽谕吉在 1885 年的一篇著名社论中指出，日本应该脱离亚洲，加入西方(Jansen，2000：loc.6450；Dreyer，2016：44)。另一位著名的日本学者冈仓天心(aka Kakuzō)充分意识到日本国际地位的讽刺性。他在 1906 年首次出版的《茶之书》(*Book of Tea*)(转引自 Suzuki，2005：137)中对此进行了有力的论述。

> 日本进行和平行动时，西方曾认为它是一个不文明的国家。自日本开始在中国东北的战场上屠杀成千上万的人以来，西方称其为"文明国家"。

冈仓天心还提出了泛亚主义的观点，正如后文所示，这一观点也在南亚引起了共鸣。作为一个成功地迅速跻身世界强国行列的现代化国家，不仅是日本自身，许多其他国家也认为日本是亚洲的天然领导者(Okakura，1903，1904)。无论如何，冈仓天心都认为日本位于亚洲文明之巅，因为它"反映了整个亚洲意识"(Tankha and Thampi，2005)。他从文化的角度提出了对抗西方的泛亚观点。

> 亚洲是一体的。虽然喜马拉雅山从地理上隔开了两个强大的文明，即具有孔子集体主义特质的中国文明和带有吠陀个体主义特质的印度文明。但这座雪山屏障一刻也未曾中断过"终极和普世"(Ultimate and Universal)的博大的爱，这是所有亚洲种族的共同思想遗产，这使他们创造了世界上最伟大的宗教，并把他们同那些地中海和波罗的海的海洋民族区别开来，这些海洋民族沉湎于"特殊"，追求的是生活的手段，而不是目的。(Okakura，1903：1)

在日本之外，这一时期有组织的学术研究较少，与 19 世纪西方当代国际关系学思想(例如自由贸易和反对奴隶制)一样，当时的国际关系思想与公共政策问题、政治学家和公共知识分子的思想紧密地联系在一起。

## 拉丁美洲

拉丁美洲当今"全球南方"中第一个摆脱欧洲殖民主义的地区，域内的国家并不像日本和亚洲、非洲的其他民族与政治实体那样是"非西方的"，也称不上是崛起中的大国。尽管它们在18世纪和19世纪早期取得了去殖民化的成功，并因此成为国际社会的成员，但仍属外围地区，主要原因有二：一是它们越来越处于美国地区霸权的阴影下；二是拉丁美洲在经济上很像殖民地，它们是工业中心国家的商品供应者，而自身并未步入清晰的现代化轨道。它们是所谓的"非正式帝国"的臣民。从这个角度看，在这一时期拉丁美洲的思想毫无意外地主要集中于捍卫主权平等和不干涉原则。这些思想也带有浓厚的泛美区域主义元素，尽管它被两个相互竞争的目的所撕裂。

泛美主义产生于19世纪，最初是为了在西半球各国之间建立合作关系，且由美国领导（Lockey，1920）。泛美主义的起源虽然可追溯至19世纪上半叶，但第一次美洲国家国际会议直到1890年才召开。值得注意的是，这比第一次海牙会议早了将近十年。然而，泛美主义面临一个悖论。一方面，它是一场促进国家间合作的理想主义运动，后来由于其法律结构，还引发了与国际联盟的比较。但在另一方面，它是拉丁美洲国家反对美国霸权和门罗主义的运动。由于运动内部存在霸权，泛美主义不同于其他以反对外部霸权为主的泛民族主义运动；但它与东亚的泛民族主义运动相似，因为日本也是一个内部霸权。从这个意义上说，美洲国家间的关系取决于美国凭借其霸权地位获得的"滥用和不滥用政治的可能性"（Hula，1942：22）。虽然存在这个问题，但泛美主义仍演变成反映"拉丁美洲团结"的概念，它在本质上是反霸权的，类似于全球其他的泛民族主义运动。

虽然主权平等和不干涉的准则在世界各地都很突出，但拉丁美洲早期的贡献尤其重要，因为这些准则是在散布到世界其他地区之前首先在拉美出现的。虽然《威斯特伐利亚和约》（1648年）强调主权，但没有强调不干涉。拉丁美洲最突出的准则之一是依法占有原则，即尊重彼此继承的边界。这一规范尊重西班牙帝国的行政边界，成为了"在本应血腥地从帝国过渡到后继美洲国家的过程中，国内和国际合法性的一个框架"（Dominguez，2007：90）；它还明确支持并促进了全球范围内领土完整的规范，或伊恩·布朗利（Ian Brownlie，[1966]1998）所称的"领土主权的建立和转让"。拉丁美洲的另一项规范是"绝对不干涉半球共同体"，这既是一项抽象原则，又是一种挑战美国门罗主义的手段。这一规范是在泛美主义的旗帜下发展起来的，是对一个区域霸权在处理与其南部邻国时所表现出的伪善作出的反应（Castle，2000；Leonard，2000）。

　　拉丁美洲不干涉思想最突出的例子是卡尔沃主义和德拉戈主义（Calvo and Drago Doctrines），这两个学说都由阿根廷人提出的。卡尔沃主义是由外交家与历史学家卡洛斯·卡尔沃（Carlos Calvo）提出的，他在1868 年指出："解决国际投资争端的权力属于投资所在国的政府。"（Wood，2008：46—47）该学说反对外国势力（欧洲和美国）干涉拉丁美洲国家的内政，并成为拉丁美洲规制和条约的一个主要特点。卡尔沃主义仍然是法律主义的，并被德拉戈主义进一步发展，1902 年，德拉戈主义由阿根廷外交部长路易斯·马丽亚·德拉戈（Luis María Drago）提出，他挑战了美国和欧洲进行干涉的权利和迫使各国履行其主权债务的地位（Dominguez，2007：92）。具体而言，该原则禁止军事干涉。在卡尔沃主义和德拉戈主义的基础上，杰里·辛普森（Gerry Simpson，2004：126—159）指出，在 1907 年第二次海牙和会上，拉丁美洲在捍卫主权平等和反对美国地区霸权方面具有很强的代表性。他认为，这种主张融合了主权平等和主权机制，有助于为 20 世纪政府间国际组织的"大会＋理事会"（Assembly-plus-Council）的折中架构铺平道路。

　　或许更令人惊讶的是，我们也在中国和印度发现了现代国际关系学思想元素的出现，这两个国家既不是第一轮现代化国家，又不属于列强。但是，中国和印度的国际关系学思想实质上都更为分散，尚未出现系统性的研究领域。

## 中国

　　与印度不同，中国没有遭受正式的殖民统治，但受到包括日本在内的外部势力的严重渗透。当时的中国还没有出现可以被认为是国际关系学的系统性学术研究，这主要是由清王朝的衰败与外部压力的加剧所造成的持续动荡所致。但是中国存在零星的泛亚思想元素，而且如第一章所述，19 世纪后期，许多中国的改革者都关注日本，努力思考如何使中国不被外国帝国主义吞并。

　　也许当时中国最著名的"国际关系学"作品是康有为（Kang，[1935]

1958)的《大同书》。康有为与 19 世纪末中国的改革派、现代化运动有着密切的联系。该书的早期版本写于 1884—1885 年，部分出版于 1913 年。康有为的观点把现代性与传统结合起来。《大同书》强调的和谐和无边界的、统一的世界反映了儒家思想，但它关于消除阶级、种族、民族、性别和其他界限的内容，似乎都植根于乌托邦社会主义。

梁启超（Liang，1873—1929）是康有为最著名的追随者之一，他是清末的新闻工作者和知识分子。与康有为一样，他也试图向中国重新诠释儒家思想，但同时又被一种既要效仿西方、又要保持传统文化价值观和身份认同的愿望所困扰。梁启超的目标是当时中国知识分子愿望的缩影，他们希望中国改革和实现现代化，以克服来自日本和西方的民族耻辱和物质威胁，但梁启超未能将民主与中国传统价值观协调起来（Mishra，2012:123—215）。1903 年访美期间，在目睹美国的种族主义、腐败和不平等之后，梁启超对美国民主的幻想破灭了（Shepard，2012）。

孙中山是在日本的中国流亡者之一，他那时正在发展一种"以国家为基础的，反帝国主义的亚洲观"，但在中国知识界还有"植根于不以国家为中心的实践和非民族沙文主义的文化主义"的其他区域主义形式（Karl，1998:1096—1097）。例如"亚洲和亲会"（Asian Solidarity Society），它是一个鲜为人知的组织，该组织于 1907 年由中国知识分子、日本社会主义者、印度人、越南人和菲律宾流亡者在东京建立。这种区域主义的一个有趣方面是，他们盛赞"菲律宾国父"何塞·黎刹（José Rizal，1861—1896），认为他是"中国人和其他亚洲人必须学习的典型的亚洲爱国者"（Karl，1998:1106）。虽然黎刹更出名的身份是马来民族团结的捍卫者，但他的主张被亚洲区域主义中的各种非国家中心主义所利用。本章随后还会提到黎刹的民族主义思想。

## 印度

与许多非西方的殖民地世界一样，印度的国际关系学研究并不系统，但积极的国际关系思想仍存在于公共知识分子之中，既有反殖民的，又有泛亚的。或许最值得注意的是泰戈尔（Tagore）的融合现代性与传统的思想。1913 年，泰戈尔成为亚洲第一位诺贝尔文学奖得主。泰戈尔对国际思想的贡献集中在他对民族主义的严厉批判和否定上，而他的另一种思想则是泛亚主义。他发起了一场反民族主义的泛亚运动，其根源在于佛教，具有讽刺意味的是，他将日本视为亚洲的主导力量。1916 年至 1917 年冬天，泰戈尔访问美国时说："国家的理念是人类发明的最强大的麻醉剂之一……在它的影响下，全体人民可以执行它最强烈的自私自利的制度纲领，而丝毫未察觉其道德堕落。"(Tagore，[1917] 2002：98)当时，民族主义这一全球国际社会的关键制度正在形成当中(Mayall，1990)，所以泰戈尔的反民族主义观点并不是完全偏离中心的。1924 年至 1954 年，时任英国皇家国际事务研究所(查塔姆研究所)研究部主任的英国历史学家阿诺德·汤因比也谴责民族主义："我们现代西方的民族主义……是向部落盲目的自我偶像崇拜的倒退。"(转引自 Brewin，1995：280)

泰戈尔认为，民族主义不仅造成了国际冲突，也造成了对国内或对在他看来是西方社会主要贡献之一的个体的压制。1916 年，泰戈尔在访问日本期间发出了关于国际冲突的警告，民族主义滋生了竞争，或是一种"适者生存"的心态，或是自助原则的极端版本："只顾自己，罔顾他人。"(Tagore，[1917] 2002：33)泰戈尔警告日本不要效仿西方，以免也变得好战和专制。他提醒听众："在民族主义精神盛行的地方，人们从小就要接受各种手段的教育，培养仇恨和野心的教育——通过制造半真半假的历史，通过持续歪曲其他种族，不断增加对邻国和本国以外的其他国家的邪恶的威胁。"(Tagore，[1917] 2002：35)。他认为民族主义无视"在他人身上发现更加真实的自我"的道德法则。而且，"那些通过刻意培养道德上的盲目性实现爱国主义狂热的国家将在一场突然和暴力的死亡中终结"(Tagore，[1917] 2002：34)。泰戈尔在美国之行中指出了民族主义对个人自由的影响："我们不得不承认这样一种悖论，即当西方精神在其自由的旗帜下前进时，西方国家却在锻造其组织的铁链，这是人类历史上所制造的最无情和最牢不可破的铁链。"(Tagore，[1917] 2002：78)

印度也出现了在大英帝国的国际经济中处于被剥削地位的著述，如达达拜·瑙罗吉(Dadabhai Naoroji)提出的"财富外流论"。他的《印度的贫困和非英国式统治》(*Poverty and Un-British Rule in India*)一书于 1901 年出版，瑙罗吉在书中试图从统计学上考查印度国家的净收益，结论是印度的大多数财富被"外流"到英国,原因是英国抑制印度工业的发展以及迫使印度支付大量的维持帝国运转的民事和行政费用(Ganguli,1965)。瑙罗吉并没有投身反殖民运动,他的目的只是从事科学研究。尽管如此,瑙罗吉的理论确实给印度独立运动提供了支持,因为它否定了英国的统治,即使只是在经济方面。

### 其他殖民"地区"的国际关系学思想

分析第一次世界大战前世界不同地区的国际关系学起源时,挑战之一是当时没有当代的"地区"概念。"近东""中东""远东""南亚"和"东南亚"等术语都是殖民主义的产物,是为帝国主义列强,尤其是英国的战略和地缘政治目的而创造的。例如,在西至阿富汗、东至印度尼西亚的广阔地域内,缅甸作为一条分界线将该地区分为南亚和东南亚。然而,在20世纪之初,南亚和东南亚的"地区"概念还没有形成。事实上,东南亚成为一个独特的"地区"理念,是在第二次世界大战期间同盟国建立东南亚司令部之后(Acharya,2013a:38)。该地区在历史上被许多西方学者称为"大印度"(Greater India),20世纪20年代后期,这个术语激励了加尔各答的印度民族主义者在拉宾德拉纳特·泰戈尔的精神鼓舞下建立了一个大印度社会(Keenleyside,1982;S. Bayly,2004)。

在这一时期内,当今被称为"中东"的大部分地区都处于奥斯曼帝国的宗主权之下,有关国际关系学的思考相对较少。直到第一次世界大战,泛阿拉伯主义才出现,但在伊斯兰教的语境中也有一些国际关系学的思想。建立统一的"伊斯兰哈里发"的想法由来已久(Hashmi,2009:172—173)。在古典伊斯兰法律渊源(不是《古兰经》)中,"伊斯兰之地"(Dar al Islam)和"战争之地"(Dar al Harb)之间的划分为思考国际关系提供了基础,尽管这种划分不是在"伊斯兰之地"之内(Tadjbakhsh,2010:176—184)。19世纪末,在奥斯曼帝国内部的反殖民背景下,伊斯兰统一(Islamic unity)的观念被用于对抗欧洲对伊斯兰世界的侵蚀。奥斯曼苏丹阿卜杜勒哈米德二世(Abdülhamid Ⅱ)主张在奥斯曼帝国治下建立某种形式的伊斯兰统一,以抵抗西方,但是这个想法并没有取得任何进展。

　　殖民地世界的许多知识分子受到西方思想（包括自由主义）的启发，将其作为改革社会、反对殖民和/或羞辱的一种方式。但他们发现西方的想法和路径并非全然具有吸引力，或能够适用于他们自己本地的形势。他们试图融合西方现代性与本土价值观、身份认同的努力，有时在政治方面遭遇失败，但对殖民地世界的民族主义运动产生了深刻影响。除了前面提到的中国的梁启超，一位生于波斯的新闻记者和政治活动家——哲马鲁丁·阿富汗尼（Jamal al-Din al-Afghani，1838—1897 年）也进行了类似的努力，提倡用一种现代化了的伊斯兰教来对抗西方的统治（Kedourie，2018）。他在亚洲（印度、埃及和土耳其）和欧洲（伦敦和巴黎）学习、旅行，同时发展和传播泛伊斯兰主义政治思想，这将激励南亚（包括巴基斯坦国父穆罕默德·阿里·真纳［Muhammad Ali Jinnah］）、埃及和土耳其（Mishra，2012：46—123）的下一代伊斯兰民族主义者。

　　如果阿富汗尼被视为现代泛伊斯兰民族主义的创始人，那么上面提到的黎刹，一位受过欧洲教育的眼科专家、作家和政治领袖，可被视为亚洲首位世俗民族主义者或"原初民族主义者"（Chong，2017）。当阿富汗尼试图调和传统（伊斯兰）文明与西方现代化之间的矛盾时，黎刹集中展现了外围地区的革命者与同化民族主义者之间的紧张关系。关于他是同化主义者（改革派）还是革命者，或者两者兼而有之，存在争论。他的两部小说《不许犯我》（Noli Me Tángere）和《起义者》（El filibusterismo）包含武装革命的情节，但在两个案例下的努力都失败了。一些人认为他拒绝武装革命，支持自由改革，这将给菲律宾人民以共和政府、平等和权利，包括政治参与、代表权、新闻和言论自由的权利。黎刹没能做到这一点，他反对西班牙的统治，认为西班牙是"一个对人民毫无同情心的政府，在正直的人民中间变成了一个异类，道理就像有邪恶思想的人不能生活在代表正义的政府之下一样"（Funtecha，2008）。毫无疑问，黎刹是少数几个不接受西班牙殖民统治下的菲律宾为正常状态的菲律宾人之一，他们有勇气站出来反对殖民统治。

　　撒哈拉以南的非洲也属于非西方世界，并且处于殖民统治牢牢的控制之下。与中国和印度相比，除了殖民列强提供的正规高等教育之外，该地区缺乏广泛的制度和传统。然而，1900 年，第一次泛非会议在伦敦举行,受到了相当多的国际关注。在这一阶段,泛非主义受益于它与美国黑人解放运动的联系,以及 W.E.B.杜波依斯(W.E.B. Du Bois)等美国黑人领袖的影响。泛非会议并不囿于反殖民主义或种族歧视,而是支持国际关系中更大的关切和事业。在 1900 年的会议上发表的演讲中,杜波依斯说:

> 让世界在缓慢而坚定的进步中不后退一步,这种缓慢而坚定的进步拒绝让阶级、种姓、特权或出身的精神妨碍奋斗的人类灵魂获得生命、自由和对幸福的追求。不要以肤色或种族特征来区分白人和黑人,而忽视了他们的价值和能力。[9]

这清晰地表明,这次会议支持了一项比黑人权利或种族更广泛的事业,并在国际层面提出了平等和自由的思想。有趣的是,大英帝国主义"财富外流论"的提出者瑙罗吉参加了 1900 年第一次泛非会议。


# 国际关系学的 1919 年创始"神话"

既然在第一次世界大战之前,国际关系学的思考呈现出令人印象深刻的广度和深度,且中心区的制度化和外围区都明显地出现了重要发展,那么我们如何解释人们普遍认为国际关系学诞生于 1919 年呢? 就像每个国家或每门学科一样,国际关系学也有自己的可被理解为"一半虚构一半真实"的"创始神话"(Booth, 1996:328)。而且如同大多数"神话",国际关系学的起源也充满了争议。到目前为止,人们对国际关系学的 1919 年"创始神话"提出了强烈的批评。施密特(1998a:149)以一个类似于上述经验主义的论据作为开场白,直言在 1919 年之前就已有多种形式的"国际关系学"存在:

> 与传统观点相反,国际关系领域的起源或诞生并不是因为第一次世界大战的爆发。占主导的"创始神话"之一是,大多数传统的解释国际关系领域历史的观点认为,国际关系领域是在第一次世界大战结束后才出现的……在过去的二十年里,学者们一直在讨论建立某种能够缓解国际无政府状态的组织结构的益处。

克努成（Knutsen，2016）也作了一个详细的实证案例，卡瓦略、莱拉和霍布森三人（Carvalho，Leira and Hobson，2011）和约翰·霍布森个人（John Hobson，2012：locs.356—394）都坚决反对 1919 年的创始故事，并正确地把重点放在被否定或被完全遗忘的现代国际关系学深厚而坚实的根基上。卡瓦略、莱拉和霍布森三人（Carvalho，Leira and Hobson，2011）以及约翰·霍布森个人（John Hobson，2012）的论点更具政治色彩，他们认为，人们很容易忘记国际关系学与帝国主义、殖民治理、种族主义（可能还有地缘政治）之间的联系，这是 1919 年"神话"具有吸引力的部分原因。这种遗忘无疑影响了主流国际关系学的发展方式，然而，正如在第四章和第六章中所阐明的那样，这种遗忘大多发生在 1945 年之后。

但是，两个实质性的原因可以解释 1919 年"神话"的持久性：制度化进程和第一次世界大战的创伤。显然，在 1914 年之前，国际关系学作为一门学术学科或研究领域，正在走向制度化。但直到 1919 年，这种制度化才真正开始，这种现象在第二次世界大战后又重复出现。最常被引用的事件是：1919 年阿伯里斯特维斯国际政治系和伍德罗·威尔逊国际政治教席的设立；以及这两个国际关系学智库的成立——1920 年伦敦皇家国际事务研究所的出现和 1922 年《国际事务》（International Affairs）期刊的创立，以及 1921 年纽约外交关系委员会成立。在两次世界大战之间，更多的国际关系学教席、系和研究所相继出现，我们将在第四章详细阐述。

然而，这波制度化浪潮在很大程度上是被第一次世界大战的创伤推动的，如果没有那场战争的影响，几乎可以肯定，它不会发生得这么快，也不会以同样的方式发生。现在，第一次世界大战的深远影响仍然可以在阿伯里斯特维斯大学国际政治系的描述中看到：

> 本系成立于 1919 年，以回应第一次世界大战带来的恐惧。在那场战争中，全世界数以百万计的人失去了生命。本系代表了一个规范性的项目，其目的是理解国际政治的动因，以最终超越战争。[10]

第一次世界大战并不是第一次在全球范围内进行的战争：法国大革命和拿破仑战争早有先例。但是，第一次世界大战是第一次涉及所有工业化大国的全面冲突。第一次世界大战中使用的武器不同于早期战争中使用的武器，而且它比预期的花费更高，更有破坏性，作战难度也更大。

一些参战国带着一定程度的社会达尔文主义热情,想要证明谁是世界头号强国,生存下来的参战国大多退出了这场竞赛并深忧会重蹈覆辙。正如我们在第一章中所描述的那样,战争似乎威胁欧洲文明的存在,让人们普遍强烈地感受到战争的恐怖(我们称之为"防御困境")。它对通过外交和允许无休止的军备升级来主导大国间关系的智慧提出了质疑。

正如阿伯里斯特维斯大学的简介所示,正是这些压倒一切的考量所产生的影响,形塑了国际关系学这门新兴学科。詹姆斯·约尔(James Joll,1982)认为,第一次世界大战摧毁了19世纪关于"驯服"战争的全部三种思想:保守派对均势的信任,自由主义者对自由贸易和章程中介效应的信念,以及社会主义者对阶级团结将战胜民族主义的信仰。甚至布洛赫等人的希望也没有实现,他们认为使用破坏性新武器的恐惧会阻止战争(Pearton,1982:137—139)。布赞和劳森(Buzan and Lawson 2015a:62—63)认为:

> 20世纪20年代以降,国际关系学几乎痴迷于关注当前和不久的未来,而这又在很大程度上是由大国关系决定的。这种创始说将国际关系学作为一门现世主义学科,它主要关注两个问题:即大国体系的秩序与失序,以及如何理解可能导致战争或促进和平的条件。在整个20世纪,深刻的意识形态分歧和不断增强的毁灭力量加强了这两个关注点的中心地位。在此情境下,人们很容易忘记1914年前的世界,而只是把它当作讨论战争起因和战争缓和可能性的资料……20世纪最重要的是如何遏制意识形态两极分化的大国之间爆发战争。

# 结 论

尽管国际关系学在这之前就出现了,但第一次世界大战还是或多或少地划出了国际关系学科的一个界线。国际关系学没有回望过去从何而来,而是坚定地凝视着未来,专注于如何防止战争与培育和平的崇高问题。"新"学科压倒一切的首要事项是管理大国关系、军备竞赛和世界经济的国际无政府状态，以防止下一场战争发生。摆在面前的问题比遗留在后面的殖民问题要紧迫得多。19 世纪国际关系学要应对的平衡问题，即应对中心国家之间的关系与"中心-外围"关系的平衡，这在很大程度上让位于对管理中心国家内部关系的关切。亟须予以注意的是，19 世纪中心国家间长期的大国和平已经被战争所推翻。第一次世界大战扰乱了殖民地关系，但它并非迫在眉睫。1919 年的殖民秩序看起来和 1914 年一样稳固，因此可以被推到幕后，在很大程度上与中心国家的国际关系研究分离开来。

## 注　释

1. 关于标签的争论至今仍在继续。有关不同标签的含义，参见 Albert and Buzan，2017，900—901。

2. 同样率先步入现代化阶段的日本，在种族主义议题领域一直都是一个特例。参见 Koyama and Buzan，2018。

3. 现代性革命和全球变革对 19 世纪众多作者产生了影响，关于这些影响的优秀评论，参见 Deudney，2007：chs.7—8。

4. 对德国现实主义的一个简短总结，参见 Deudney，2007：70—73。关于达尔文主义对政治影响的总结，参见 Carr，1946：46—50。

5. 摩根索（Morgenthau，1967）没有提到特赖奇克和迈内克。华尔兹（Waltz，1979）仅将迈内克一笔带过。米尔斯海默（Mearsheimer，2001）也都没有提到二者。在主要的现实主义文本中，只有卡尔（Carr，1946：14—15，49，88—89）对二者都给予了公正的评价。唐纳利（Donnelly，2000）和迈克尔·威廉姆斯（Michael Williams，2005）都只对迈内克作了简要的介绍。

6. 较简练的版本见 Olson and Groom，1991：1—15 和 Dougherty and Pfalzgraff，1997：6—11。

7. 有人可能会说，国际关系学在 19 世纪末进入学术空间是由于新兴的社会学未能有效地处理战争问题（Tiryakian，1999；Joas，2003）。

8. 我们非常感谢井上隆（Takashi Inoguchi）和小山瞳（Hitomi Koyama）关于这些资料来源的建议。我们之所以把日本放在外围国家的讨论中，是因为只有在这一阶段末期，在击败中国和俄国之后，日本才被明确地接受为中心国家的成员。

9. "To the Nations of the World"，www.blackpast.org/1900-w-e-b-du-bois-nations-world（Accessed 27 May 2018）。

10. www.aber.ac.uk/en/interpol/about/（Accessed 28 May 2017）。

# 第三章
# 1919—1945 年的世界：
# 依然是全球国际社会 1.0 版

## 引　言

　　第一次世界大战或许可以被看作全球范围内第一轮现代性的系统性危机。后面几章中将提到的后续几轮现代性危机（第二次世界大战、冷战和去殖民化运动，以及"他者的崛起"）占据了 20 世纪的大部分时间。正如第一章所论述的那样，第一次世界大战被普遍认为根源于现代性所引起的大国关系不稳定，特别是民族主义和工业军备竞赛的动力造成的军事关系的不稳定。有关政府形式的意识形态冲突，或现代性引发的经济危机，尽管二者都是战争的重要后果，但都不是这场战争爆发的主要原因。这一章涵盖了两次世界大战之间和第二次世界大战的历史：在两次世界大战之间，中心国家曾试图恢复和改善 1914 年以前的国际社会，但是其努力失败了，而第二次世界大战就是这种努力失败的后果。

　　下一节延续第一章的主要内容，讨论该时段与 1914 年之前世界的连续性和非连续性。我们认为，第一次世界大战只是现代社会的部分危机，虽然其在某些方面产生严重后果，但它并没有彻底改变 1.0 版国际社会的结构。而以下几节主要关注两次世界大战之间的国际政治和第二次世界大战，表明这是一场比第一次世界大战影响更为重大的全球危机。本书认为：事实上，第一次、第二次世界大战和冷战以及去殖民化并非孤立事件，而是一场更为整体的危机的不同阶段，这场危机的起因是现代性革命在 19 世纪引发的国际关系的大规模变革（Buzan and Lawson，2015b）。

# 1914 年之前世界的连续性和非连续性

这一节接续第一章的主要论题，明晰这些议题是如何推进到（或者未推进到）这一时期：现代性在物质和观念层面的影响；1.0 版本的西方-殖民主义全球国际社会；日本介于西方和其他国家之间、但并不属于其中任何一方的独特故事。

就物质层面的影响而言，现代性革命持续带来民用和军用技术变革，而且往往两者兼而有之。蒸汽船、铁路和电报等技术在 19 世纪首次缩短了地球的空间距离，而后（20 世纪）这些技术在速度、可靠性、成本效益和全球覆盖范围方面仍在不断改进。随着互动能力的增强，地球继续急速缩小。人们此时可以乘飞机到达很多地方，或者用飞机轰炸来控制偏远殖民地叛乱部落，这成为一种简单易行的方式。无线电或多或少地实现了全球通信的即时性，也开辟了一种强大的新型大众传媒。内燃机、电力和化工成为工业主义的前沿。在互动能力方面的早期突破还包括汽车、飞机和无线电的大规模生产和广泛使用。军事部门同样把改进和创新结合起来。像潜艇、航空母舰、毒气、坦克、战斗机、轰炸机和声呐等都得到了极大的改进以及创新，例如雷达这类新生事物开始被应用。19 世纪开始的军事革命始终延续没有中断。

与此（物质发展）相反，观念层面仍然被 19 世纪出现的四种进步主义意识形态所主导。这些（思想）虽与时俱进，但没有本质上的更新。第一次世界大战并不是由有关政府形式的意识形态竞争所引起的，尽管民族主义是政府形式（改变）的重要推动者之一，它确实加速了作为政治合法性主要形式王朝主义的灭亡。但是战争没有处理或解决进步主义意识形态之间的矛盾。它腐蚀了帝国，尤其是在欧洲内部，但在海外就没那么严重了。法西斯主义出现在 20 世纪 20 年代,它虽看起来像是一种新的意识形态,但事实上并非如此。它只不过是"科学"种族主义和民族主义的结合,形成了一种社会达尔文主义的极端形式。

然而,尽管第一次世界大战在解决现代性的意识形态矛盾方面几乎没有起到什么作用,它却在很大程度上使这些矛盾成为世人更为关注的焦点,并通过将它们与中心国家的国家权力联系起来,使它们成为大国关系中的一个关键因素。1914 年之前,诸种进步主义意识形态的进步在定义大国之间的关系中并没有发挥多大作用,某种程度上是因为王朝主义仍然很有影响力。1919 年后,进步主义意识形态成为大国关系的核心因素,这一点毋庸置疑。民族主义无处不在,取代了王朝主义,成为国家的主要基础。各种形式的自由主义已经在英国、美国和法国掌权,这种意识形态上的亲密关系在战争期间发挥了一定作用。向自由主义及其崛起发起第一次挑战的是 1917 年俄国的十月革命(Bolshevik revolution)。这一举动不仅使俄国退出了第一次世界大战,而且使其成为现代性政治经济普遍主义思想的一种替代方案的代表。苏联把集权主义国家/社会、计划经济与西方个人主义的、自由的、民主的资本主义对立起来。随着法西斯主义者在 20 世纪 20 年代控制了意大利,在 30 年代控制了德国、西班牙和日本,法西斯主义使意识形态的二元论很快就变成了三元论。[1]法西斯主义也提供了另一种现代性政治经济学的观点,但其是褊狭的且非普遍主义的,将集权主义国家/社会与国家资本主义相结合,并加入了大量的种族主义的社会达尔文主义。因此在两次世界大战之间,大国间关系除了受均势影响之外,还被这两种对立的意识形态竞争及其与极端狭隘的民族主义竞争所驱动。

这些进步主义意识形态也开始以一种更缓慢、更微妙的方式渗入并腐蚀殖民体系下全球国际社会的"中心-外围"结构。威尔逊总统推行的关于人民主权的民族主义思想对殖民统治的合法性提出了质疑。个人人权、民族自决和市场自由也是如此。种族主义思想可以被用来构建等级制度,在这个制度下,日本人、中国人、非洲人和其他人取代了处于顶层的白人。社会主义思想不仅为反对资本主义提供了革命工具,而且也为推翻帝国主义政府提供了革命工具。因此,在两次世界大战之间,外围地区的反殖民运动不断兴起。

拉丁美洲(不包括加勒比地区)虽然已经正式独立,但在 20 世纪经历了反殖民主义复兴。因为料想到 1945 年后的去殖民化将会更广泛地发展,所以这次反殖民主义更多地被重新定义为经济和政治依赖的结束,而非要求正式独立。秘鲁民族主义者何塞·卡洛斯·马里亚特吉(José Carlos Mariátegui)深受圣雄甘地(Mahatma Gandhi)、列夫·托洛茨基(Leon Trotsky)、列宁和安东尼奥·葛兰西(Antonio Gramsci)以及爱尔兰革命家的影响。印度的反殖民运动可能是这一时期这些运动中基础最广泛以及跨国影响最大的,但印度的反殖民运动并非单次运动。其中占主导地位的一个分支是由甘地领导的。1915 年,甘地在领导了反抗南非白人种族主义的非暴力运动(*Satyagraha*,或"热爱真理")后回到印度。他的非暴力主义激励了纳尔逊·曼德拉(Nelson Mandela)和马丁·路德·金(Martin Luther King)。但是,尽管甘地对印度产生了巨大的影响,印度的反殖民思想和方法却不是单一的。其他的方法都是革命性的,尤其是旁遮普邦(巴辛格[Bhagat Singh])和西孟加拉邦(阿罗频多·高士[Aurobindo Ghosh])(被英国人称为"恐怖分子")以及印度教民族主义者(由 V.D.萨瓦尔卡(V.D.Savarkar)创立于 20 世纪 20 年代的"印度教特性"[Hindutva]运动所支持)。此外,苏巴哈·钱德拉·鲍斯(Subhas Chandra Bose)为了挑战尼赫鲁(Nehru),主张与法西斯势力合作,加快印度的独立进程。至少一些外围地区开始率先在中心国家的权力平衡中发挥作用。

在非洲,反殖民抵抗的范围从抵制殖民地产品贸易到公然的武装斗争。在非洲英语国家——加纳、尼日利亚、肯尼亚、乌干达、坦桑尼亚和南非——虽然反殖民运动在 20 世纪 20 年代就开始了,但是直到第二次世界大战之后才变得声势浩大起来。非洲法语国家的情况则不同。英国人认为他们的殖民地是分立的、低等文明的,需要采取直接和间接的混合统治方式;与英国人不同,法国人认为他们的殖民地是法国文明的一部分,并采取使其正式同化的政策,使其融入本国。非洲法语国家的反殖民运动分为两部分,一部分接受法国文化身份但要求正式平等,而另一部分拒绝被同化并支持独立、认同非洲本土文化和价值观。其中大部分(去殖民化运动)发生在法国本土,而不是殖民地,这种情况直到 1945 年后才改变

(Goebel,2015;Elam,2017)。1935 年至 1936 年,墨索里尼的军队侵占了埃塞俄比亚,在助长非洲民族主义方面起到了推波助澜的作用。1896年,埃塞俄比亚击败意大利的入侵,成为非洲反抗殖民主义的象征。

在两次世界大战之间的时期,阿拉伯民族主义具有更为决然地反对西方的特征,这与 19 世纪的"阿拉伯觉醒"形成了鲜明对比。"阿拉伯觉醒"在政治上反对奥斯曼帝国的统治,但在文化上寻求向西方学习(至少基本是在阿拉伯基督徒的领导下)。这在很大程度上与第一次世界大战结束后,国际联盟(授权)下的英法两国的委任统治有关,英国对伊拉克、巴勒斯坦和外约旦实施委任统治,法国对黎巴嫩和叙利亚实施委任统治。这些授权摧毁了阿拉伯独立的任何希望,同时设想建立犹太家园的英国《贝尔福宣言》引起了阿拉伯对西方殖民主义的进一步反对。

然而,这些发展并没有在这一时期产生足够的要求独立的压力,威胁到西方和日本在海外的帝国统治结构。所以从全球国际社会来看,两次世界大战之间大部分延续了 19 世纪建立的西方-殖民主义秩序 1.0 版。(大国)为恢复和加强这一秩序,特别是恢复全球经济、谋求军备控制和建立全球政府间国际组织的常设机构作出了相当大的努力。但是,大国之间的分歧破坏了这些努力,部分是由于意识形态的原因,部分是由于复仇主义和领导不力。下一节将对此进行详细讨论。

这里要说明的关键一点是,第一次世界大战并没有对全球国际社会的结构造成非常大的影响。如前所述,它的主要影响是将意识形态分歧推到影响大国关系的重要位置。它还通过摧毁奥匈帝国和奥斯曼帝国、降低德国的国际地位、削弱英国和法国(的国家实力)、加强美国和日本而改变了权力的分配。但除此之外,1.0 版"西方-殖民主义"全球国际社会的主要功能仍然完好无损。"中心-外围"结构以及殖民主义制度,虽然受到了更多的质疑,但仍然是合法的。种族主义制度(人类的不平等)也是如此,它支持殖民主义,被法西斯国家所接受,作为一种信条来支持其帝国抱负。权力分配的变化总体上仍然保留多极结构。尽管在多极结构中出现了一些地位上的变化,欧洲仍然是大国政治的中心焦点,日本和美国仍然处于外围。全球国际社会的组织原则没有产生实质性的变化。主权分割、领土权、民族主义、均势、国际法和战争基本上没有发生改变。即使是国际联盟也只是在雄心的规模上具有创新性,政府间国际组织的想法并不新颖,创建国际联盟只是现有做法的延续而非一个新的开始(Reus-Smit,1999:145—149)。

日本在两次世界大战之间的故事延续了1914年以前的发展,一直在相当平稳地向前推进。[2]日本打了一场轻松而有利的战争。后来,尽管日本仍作为一个正常的大国俱乐部成员发挥作用,但在1919年其并未能在种族平等方面获得西方国家的承认。这种羞辱导致了日本政策的反西方转向,为两次世界大战中(日本)与英国和美国的地缘政治竞争奠定了基础(Zarakol,2011:166—173)。随着日本国内政治的变化,日本不再与英国结盟,而是更加自力更生,并最终与德国和意大利结盟。在1921—1922年的华盛顿会议(Washington Naval Conference)上,日本超越法国和意大利,成为第三大海军强国。它继续在东北亚建立自己的帝国,旨在建立一个能够抵抗西方的地区堡垒。为此,它在1931年进攻中国东北,并在那里建立了伪满洲国(Duara,2003)。它在1937年全面入侵中国,尽管取得了许多军事上的胜利,却无法打败中国,陷入了一场漫长而残酷的战争。在第二次世界大战前夕,日本和其他几个大国一样,退出了国际联盟。

以当时的标准来看,日本的行为与其他大国并无明显不同。其他大国也利用机会和意识形态结盟,寻求建立自给自足的帝国领地。然而,作为一个两次世界大战之间的殖民大国,日本的不同寻常之处在于,它为殖民地的现代化付出了大量努力,将自己的明治维新强加于殖民地。正如简·扬森(Jan Jansen)和于尔根·奥斯特哈默(Jürgen Osterhammel)(Jan Jansen and Jürgen Osterhammel,2017:61)所述:"1945年之前,日本是唯一一个在帝国外围有计划的工业化进程中看到了加强宗主国机会的殖民大国。"布鲁斯·康明斯(Bruce Cumings,1984:12—13)同意这一观点:1945年以前,日本是"少数几个在其殖民地建造现代重工业的帝国主义列强之一:在朝鲜和满洲设立钢铁、化工和水电设施工业,还在满洲进行汽车生产……"。到1945年,朝鲜的工业基础设施虽然严重偏向宗主国的利益集团,但朝鲜仍是第三世界最发达的国家之一。阿图尔·科里(Atul Kohli,2004:25—61)详细展示了日本殖民统治如何远比英国和法国更具渗透力和现代化，如何重塑朝鲜农业，如何改变阶级和政治结构，如何废除奴隶制，以及如何创建一个以出口为导向、拥有大量工业部门的现代经济。杜赞奇（Prasenjit Duara）（Duara，2003）讲述了一个相似的关于满洲的故事，它揭示了自 19 世纪 90 年代以来从中国关内到满洲的大规模移民在日本占领期间持续快速发展。虽然一些中国人抵抗日本的接管，但也有许多人被不断增多的经济机会和逃离军阀混战的机会所吸引。虽然这些（朝鲜和满洲）无疑是受到强制和压迫的殖民地国家，但日本成功地拉拢了其社会的重要阶层，尤其是在朝鲜（Tudor，2012：19）。台湾也得到了重要的交通基础设施（建设）和工业发展。日本像对待朝鲜一样对待台湾，在很多方面都是把台湾当作自己的一部分，包括将自己的大众教育体系推广给民众（J.Gray，2002：456）。日本对其殖民地的剥削，以及试图凌驾于其文化和身份之上的做法，理所当然地招致了反对，但是在日本对朝鲜和满洲的殖民化和现代化过程中，朝鲜人仍然发挥了重要作用；1910 年至 1940 年间，朝鲜和台湾的平均国内生产总值增长率均高于日本的 3.36%，朝鲜的制造业产能以每年 10% 的速度增长（Cumings，1984：2）。

尽管日本也曾奉行殖民政策，并且最终成为战败国，但它在 1941—1942 年间对美国、英国、法国和荷兰的早期胜利再次打破了白人强权在亚洲不可战胜（White power）的神话。

# 两次世界大战之间国际关系的重要主题

本节将更详细地介绍，尽管各国在控制军备和战争、重振全球经济和建立更广泛的全球政府间国际组织方面作出了努力，恢复和稳定全球国际社会的努力是如何以及为何会失败的。这是一个在国际关系学中耳熟能详的故事，在这里只需要简单描述一下。它分为两个相当明确的阶段：在 20 世纪 20 年代试图重建一个更好的战后秩序，在 20 世纪 30 年代这个秩序逐渐崩溃。在这两个阶段，中心国家几乎是整个故事的主角，它们在经济、政治、社会和军事上都受到了战争的破坏。尽管中心国家遭到了破坏，但在这一时期，外围地区对"中心-外围"的殖民秩序并没有构成本质上的威胁，不过如前所述，这为后来更强烈的抵抗奠定了基础。反殖民主义在越南、印度、印度尼西亚和中东的许多地方变得更加有组织，殖民列强不仅要应对一定程度上被威尔逊自决权的花言巧语煽动起来的知识分子和政治上的反对势力，而且有时还要应对激烈的抗议和叛乱（Jansen and Osterhammel，2017：35—70）。但在两次世界大战之间，殖民列强的担忧更多地集中在地缘政治层面，即大国之间为重新瓜分殖民战利品而展开竞争，英国、法国和美国是维持现状的大国，德国、意大利、日本，以及在某种程度上的苏联是修正主义国家。殖民列强在权力和发展方面仍然比外围地区享有巨大优势，在某种程度上，在全球国际社会规范的范围内，它们仍是合法权威。在中心国家，殖民主义仍然是全球国际社会一个完全合法的制度。

第一次世界大战后，恢复和加强全球国际社会的努力主要集中在建立一个全球政府间国际组织体系来恢复全球经济、控制军备竞赛和禁止战争。在所有这些领域都取得了一些显著的成功。

国际联盟及其相关的功能性政府间国际组织首次在全球范围内建立了一个永久性多边论坛。尽管国内政治阻止美国加入其总统伍德罗·威尔逊创建的国际联盟，但在全球国际社会的核心，国际联盟仍将多边外交制度化。它希望以一种集体安全体系取代不可信的均势。它（国际联盟）为公众舆论提供了空间，旨在建立法律框架来维持世界和平。与第一章中提到的早期政府间国际组织一样，国际联盟的成员不仅包括主要大国，还有许多非西方国家，其中一些国家仍处于殖民统治之下。创始成员国包括中国、印度、利比里亚、波斯/伊朗和暹罗/泰国，后来加入的有阿比西尼亚/埃塞俄比亚（1924年）、土耳其（1932年）、伊拉克（1932年）、阿富汗（1934年）和埃及（1937年）。在一些大国，尤其是英国，公众对国际联盟有着强烈的支持和期待。英国的国际联盟协会（LN Union）聚集了40多万名成员，是民主舆论在促进和维护和平方面发挥重大作用理念的主要体现。

在20世纪20年代，重振全球经济的尝试取得了一些成功。战后，世界贸易有所恢复，重新建立作为全球金融机制基础的金本位制，但效果一般。这个 19 世纪的机制在第一次世界大战期间崩溃，但到了 20 世纪 20 年代末，许多国家又恢复了它。

军备控制方面的主要成就是，《华盛顿海军条约》（Washington Naval Treaty，1922 年）和《日内瓦议定书》（Geneva Protocol，1928 年）禁止在战争中使用化学和生物武器。这两项决议都涉及第一次世界大战所产生的问题：发生的战前并要为战争负部分责任的海军军备竞赛问题，以及战争期间使用化学武器的问题。《华盛顿海军条约》规定了 5 个主要海军强国之间的主力舰比例，允许大规模报废现有战舰，并在很大程度上遏制了在第一次世界大战后依然保持势头且野心勃勃的海军建设计划。《日内瓦议定书》有效地恢复了战前海牙和平会议首次确立的一项禁令。在 20 世纪 20 年代，还为国际裁军会议进行了筹备工作，以执行《凡尔赛条约》（Treaty of Versailles）所作出的承诺。1925 年，《洛迦诺公约》（Treaties of Locarno）在一定程度上实现了与德国的关系正常化，并确认了战争的领土解决方案。1928 年签署的《凯洛格-白里安公约》（Kellogg-Briand Pact）禁止把战争作为国家政策的合法手段，从而赢得国际社会广泛支持，同年还签署了《和平解决国际争端总议定书》（General Act for the Pacific Settlement of International Disputes）。即使在当时，这也被视为理想主义。但它确实反映了第一次世界大战造成的创伤以及对这种事件重演的恐惧，它的确为后来的战争法和战争罪奠定了基础。

在 20 世纪 30 年代，这种加强全球国际社会的努力的关键因素基本上崩溃了。国际联盟从一开始就被削弱了，主要是因为美国的孤立主义者否决了美国的成员国资格，也因为对德国的惩罚性和平政策（punitive peace），德国直到 1926 年才加入国际联盟。20 世纪 20 年代和 30 年代，几个拉丁美洲国家退出了该组织。法西斯列强在 20 世纪 30 年代退出国际联盟：1933 年，日本因其他国家拒绝承认伪满洲国（作为）其附庸国而退出；1933 年，德国退出国际联盟，表面上是因为国际联盟裁军会议的失败；而 1937 年，意大利退出是因为入侵埃塞俄比亚而受到制裁。1939 年，苏联因入侵芬兰而被驱逐出（国际联盟）。部分由于大国领导的软弱和分裂，部分由于不切实际的期望和薄弱的执行能力，国际联盟未能作为一种领导集体安全的机制被建立起来。公众舆论并不像人们希望的那样普遍支持和平主义，在一些国家，舆论支持激进的民族主义政策。各大国之间的利益分歧迅速破坏了为谋求集体安全而达成共识的任何机会。

美国的缺席困扰了国际联盟，也影响了世界经济。英国在经济上被战争削弱到无法恢复金融和贸易的领导地位，而美国的经济和工业虽然通过战争大大加强，但在政治上美国不愿意承担领导角色（Kindleberger，1973:28，292）。1929 年美国的市场崩溃迅速引发了保护主义以及世界贸易和金本位制度的崩溃，甚至英国也在 1931 年被迫退出金本位，1932 年放弃自由贸易（W.Ashworth，1975：chs.8—9；Foreman-Peck，1982：chs.7—8；Gilpin，1987:127—131）。

军控和禁止战争的势头在 20 世纪 30 年代逐渐耗尽。最终世界裁军会议于 1932 年召开，并在 1933 年迅速解散，部分原因是进攻性武器和防御性武器之间的区别很复杂，部分原因是当其他国家拒绝裁军到德国的水平时，后者拒绝接受不断增长的军事限制和次等地位。柏林的新纳粹政府开始重新武装，其他国家也纷纷效仿。对武器数量和种类的限制被放弃，一场类似于第一次世界大战之前的军备竞赛开始了。虽然守成国对战争的恐惧仍然强烈，但对失败的恐惧释放了工业武器在质量和数量上全速提升的动力。对战争的禁令仅仅使意大利和日本等国在侵略他国时放弃宣战。当西班牙内战等事件迫使许多社会主义和平主义者在和平主义和反法西斯主义之间作出选择时，英国等地强大的和平主义运动遭到了破坏。

总之，到 20 世纪 30 年代中期，重建战前秩序的努力完全失败。国际联盟显然未能阻止大国入侵其他国家。德国正在打破《凡尔赛条约》对它施加的限制和惩罚。世界经济已经崩溃，金本位制被抛弃，关税壁垒几乎随处可见。越来越多的大国都进入了试图建立自给自足经济集团的零和博弈。限制军备动力的努力正在失败，各大国一个接一个地开始重整军备计划。战争可以被禁止的想法看起来天真得无可救药，在法西斯列强中，战争越来越被视为国家的命运而被颂扬。

全球国际社会领导力的软弱在一定程度上解释了这种崩溃，但大国关系中意识形态的引入与工业武装力量无尽的压力之间的强大协同作用也可以解释这种崩溃。三种意识形态的分野使对权力平衡、威胁平衡的评估变得十分棘手和复杂。自由民主主义是受到共产主义的威胁更大，还是受到法西斯主义的威胁更大？法西斯主义是受到共产主义的威胁更大，还是受到自由民主主义的威胁更大？共产主义是受到法西斯主义的威胁更大，还是受到自由民主国家的威胁更大？在这种情况下，敌人的敌人能成为我的朋友吗？这些问题没有明确的答案，无法轻易达成共识。德国、日本和俄国重整军备造成军事平衡的迅速变化，以及法国、英国和美国对这些变化的反应，让计算变得更为复杂。这些变化不仅是数量上的(有多少飞机、船只、坦克、军队)，也是质量上的。新一代武器比老一代更有效，一些全新的东西，如雷达，可以彻底改变战争。

雪上加霜的是全球经济的崩溃，以及各国竞相构建自给自足的经济集团。这种本质上是重商主义的举动，有力地重构了经济繁荣与领土控制之间的联系。这样做加剧了中心国家中守成国与修正国之间的紧张关系。现有大国如英国、法国、美国，是早期的现代化国家，它们已经拥有可以转变为经济集团的势力范围或帝国。德国、意大利、日本和苏联等后发大国，即后发的现代化国家，为了不被排挤出去，它们需要去获取(在德国和俄国的情况下是重新获得)自己的帝国。在这种情况下，集体安全是不可能的。因此，一些地缘政治分析人士用来解释第一次世界大战体系闭合的逻辑，在第二次世界大战之前运行得更为严密。到了20世纪30年代，这种结合引发了一场由中心大国重新划分殖民地外围地区的竞争性帝国主义，这些大国坚定地将世界引上了第二次世界大战之路。

# 第二次世界大战

如引言所述，从某种意义上，第二次世界大战可以恰当地被视为由第一次世界大战开启的第二轮现代性危机。这两场战争加起来可以被看作一种欧洲内战(Preston，2000：153—154)。两次战争有许多延续性和相似性。德国再次成为欧洲问题的中心。第一次世界大战既没有解决德国在欧洲中心的权力问题,又没有解决德国对其在全球国际社会中的地位的不满。事实上,凡尔赛和会(对德国)严苛的处理方式使后者的形势恶化了,并为复仇性的法西斯主义在德国的崛起铺平了道路。第二次世界大战的阵营与第一次世界大战时非常相似,英国、法国、苏联,最终美国加入联盟与德国、意大利以及奥匈帝国的各种残余势力对抗。20世纪20年代加强全球国际社会努力的失败释放了(和第一次世界大战前)同样的发展和军备动力,这种动力在第一次世界大战之前曾破坏了大国关系的稳定。苏联、德国和日本迅速增强了工业和军事实力,诸如轰炸机这类新型武器预示着一场与第一次世界大战截然不同的新战争。和第一次世界大战一样,第二次世界大战也是中心国家的大事,外围地区主要是供给来源,包括大量军队,也是大国之间竞争的对象。社会达尔文主义和民族主义仍然对国际关系的行为和合理化有着强大的影响,而法西斯主义甚至采取了比1914年之前更为极端的形式。

结盟上稍有不同。日本加入轴心国而非与英国结盟,土耳其则保持中立,而意大利在战争初期没有背叛德国。但是与意识形态和规模这两个因素相比,这种结盟的差异相对较小。第一次世界大战主要是一场关于大国之间权力平衡和民族主义的直接斗争,而第二次世界大战最终是一场关于意识形态的战争:哪种关于现代性的政治经济学将拥有未来?虽然民族主义几乎在所有地方都取得了胜利,但19世纪其他三种进步主义意识形态所固有的矛盾并没有得到解决。社会主义、自由主义和法西斯主义都是现代性革命的合法继承者。到了20世纪30年代,所有这些意识形态已被深深地卷入大国之间的竞争中,它们之间的问题需要通过战争来解决。一方面是狭隘的法西斯主义意识形态,它威胁要把种族和帝国统治的殖民等级制度带到中心国家。另一方面是两种普遍主义意识形态,即自由资本主义和集权共产主义,这两种意识形态承诺了不同的愿景,即人类作为一个整体如何被组织起来以推动现代化。这种结盟几乎是偶然发生的。1939年,日本试图进攻苏联,但被打败,遂与苏联和解,并转向南方,最终对抗美国。1941年,希特勒撕毁了与斯大林的条约,不仅入侵苏联,而且对美国宣战。

第二次世界大战的规模和强度比第一次世界大战大得多。实际上,这是两场地区性战争的结合：一场发生在欧洲，是第一次世界大战的第二回合；另一场发生在东北亚。后者的发生是由于日本在两次世界大战之间疏远了美国和英国，并试图在东亚建立一个能够承受西方压力的地区堡垒。这场东亚战争始于 1937 年日本全面侵华战争，并与 1941 年日本进攻美国、希特勒乘机对美国宣战的欧洲战争相结合。尽管第二次世界大战融合了全球性质，但它仍然以欧洲为中心。德国比日本强大得多，也更具威胁性，因为它有可能统一整个欧洲的工业核心，成为一个全球性超级大国。日本既没有入侵美国的意图，也没有能力入侵美国，主要是威胁要把亚洲和太平洋地区脆弱的西方殖民地重新分配给自己。

然而，两场地区性战争的合并，却促成了一场真正意义上的全球性世界大战，牵涉更为重大的帝国主义利害关系。在第一次世界大战期间，不管德国有多么渴望把英国人赶出印度，双方只在中东进行了激烈的争夺。在其他地方，就像在非洲和东亚，对德国殖民地的清剿是一件相对次要的事情。但在第二次世界大战期间，不仅中东和北非处于危险之中，南亚和东南亚的殖民帝国也处于危险之中。有一段时间，德国和意大利威胁英国在地中海和埃及的地位，日本控制东南亚并威胁印度。新的和改进的武器扩大了军事行动的范围，而且，除了美国以外，各国国内都卷入了更加激烈的前线冲突中，最显著的是对城市的猛烈轰炸。从伤亡数字的比较中可以看出，第一次世界大战的伤亡人数约为 1 500 万，第二次世界大战的伤亡人数约为 4 100 万（Clodfelter，2002）。

鉴于这些差异，第二次世界大战的后果也比第一次世界大战的后果大得多。正如布赞和劳森（Buzan and Lawson，2014a）所论证的，第二次世界大战期间发生的一系列事件应该作为国际关系学的主要基准时间，而第一次世界大战只是次要基准时间。第一次世界大战对全球国际社会的物质结构和规范结构的改变相对较小，而第二次世界大战则发生了很大的变化。1919 年以后，全球国际社会 1.0 版仍在运行。但 1945 年之后，这些变化之大，足以让我们有理由称之为全球国际社会 1.1 版。第二次世界大战的主要后果有：

- 法国、德国、意大利、日本，以及稍晚一点的英国不再是世界上最强大的国家。

- 美国和苏联升级为超级大国,从意识形态和物质上的多极结构转变为两极结构,两极结构体现在权力分配以及驱动世界政治的意识形态对抗缩减为两种普遍主义:自由民主的资本主义和集权的共产主义。

- 欧洲从中心国家降级为两个超级大国争夺的主要对象。

- 美国孤立主义的终结,以及美国国内从英国手中接过经济和政治领导权的意愿。由此产生的一个必然结果是,国际组织向多边外交和重建一套更完善的全球政府间组织的方向发生了重大转变。虽然有两个超级大国,但实际上美国在财富和物质能力上远远领先于苏联。苏联只能在军事能力和意识形态渗透上进行激烈的竞争。

- 新中国作为一个独立的国家在共产主义而非民族主义统治下建立。

- 取消种族主义和人类不平等作为全球国际社会首要制度的地位,并以人类平等和人权取而代之。由此产生的必然结果是,法西斯主义作为现代政府的一种形式丧失了合法性,理由是它将以前留用于外围地区的种族主义和不受限制地使用武力转移到了中心国家。

- 取消殖民主义/帝国主义作为全球国际社会首要制度的地位,以发展取代殖民主义/帝国主义。这样做的一个必然结果是迅速放弃正式分割的主权,代之以普遍的主权平等,并开始大幅度增加全球国际社会的成员。虽然这终结了全球国际社会1.0版的"中心-外围"政治结构,但却让这一结构的经济方面保持了稳固。

- 核武器的出现,以及随之而来的防御困境(对战争的恐惧超过对失败的恐惧)强化形式的回归。1945年达到的军事技术水平促使人们相信,战争是非理性的,因为不可能区分赢家和输家。核武器首次制造了人类灭绝的可能性。和第一次世界大战之后一样,反战的看法出现且变得更加有力,即人们认为新的战争将威胁人类文明的存在,以及人类面临的问题不在于如何打这样一场战争,而在于如何阻止战争的发生。

# 结　论

第二次世界大战的结果确立了直到 20 世纪 80 年代末一直主导国际关系的主要特征：

- 两个超级大国之间激烈的、全球性的意识形态和物质竞争。
- 中国成为权力和意识形态大博弈中的"第三方"（third wheel）。
- 在很大程度上不受约束的军备增长，将持续向国际体系注入新的、改进的武器，造成超级大国关系的持续不稳定。
- 一个重要的问题：如何应对核武器对战争目的和实践的巨大影响。
- 如何适应殖民主义的解体，以及全球国际社会成员迅速增加两倍的情况，即大多数新成员在政治和经济上都处于弱势，而且在国内事务中内化和稳定现代性革命还有很长的一段路要走。在殖民主义非法化之后，1.1 版全球国际社会仍然是高度不平等的"中心-外围"的经济现实，那么如何在新的发展体制下管理国际社会？

**注　释**

1. 日本更像是一个军政府加上一个神权皇帝，而不是西方风格的法西斯（Sims，2001：179—185；Totman，2005：chs.15—16），但在其他方面符合法西斯的模式，并与德国和意大利在 1940 年形成轴心国联盟。

2. 这个论点很大程度上借鉴了以下观点：Koyama and Buzan，2018。

# 第四章
# 国际关系学（1919—1945年）:
# 学科的第一次创立

## 引　言

　　我们在第二章中说过,在整个19世纪和第一次世界大战期间,按照今天的标准,有很多的思想和理论可以被称为国际关系学。这些思想和理论大部分集中在中心国家,反映了这些国家的看法和关切,包括国际社会内"文明"国家和民族之间的关系,以及"文明"民族和它们所殖民的民族之间的关系之间的巨大区别。从种族和发展的等级制角度进行的思考,在很多"国际关系学之前的'国际关系学'"中发挥了核心作用。在书籍、期刊和大学课程方面出现了一些制度化的早期迹象,其中多数是在第一次世界大战前的一二十年才发展起来的,而且只在少数中心国家和日本出现。在外围地区也有国际关系学思想,大部分是由反殖民主义和反(白人)种族主义驱动的,多半尚未呈现出学术形式。这种"国际关系学之前的'国际关系学'"还没有一个集体的标签,但是所涉及的思想涵盖了当代国际关系学的大部分议程。我们的结论是,1919年的创始"神话"充其量只是半真半假。的确,从1919年开始,国际关系学成为一个自觉的研究领域,并在相当程度上实现了制度化。同样正确的是,第一次世界大战的创伤将中心国家的优先考虑重新聚焦于一个新领域,即在一个意识形态严重分歧的世界里大国之间的战争与和平问题。因此,关于现代国际关系学的系统思考和理论研究始于 1919 年是不真实的。

　　如第三章所述,第一次世界大战虽然破坏了许多东西,但它并没有破坏殖民体系下的全球国际社会的结构,也没有破坏支撑它的种族和发展的等级制度。由于国际关系的现实仍停留在西方-殖民主义全球国际社会 1.0 版中,(这段时间内的)国际关系学的主要差异在于其制度化,以及中心国家对大国之间的战争与和平的问题的困扰。实际上,战争的创伤进一步弱化了人们对"中心-外围"在国际关系现实中和国际关系学研究中的关注。因此,两次世界大战期间(的国际关系学),与 1914 年前国际关系学思想的议程有相当大的连续性,无论是在中心国家还是在外围地区都是如此。因此,我们可以在这一章中使用与第二章相同的一般性结构,先讨论中心国家的国际关系学思想,然后讨论外围地区的国际关系学思想。但首先我们来考察这个学科在全球范围内的制度化,这是宣称国际关系学科创始于 1919 年的精髓。

# 国际关系学的制度化

　　我们首先讨论一下中心国家国际关系学的制度化,这一部分著作颇丰;然后再看外围地区国际关系学制度化的开端,这方面的著作要少得多。

## 中心国家

　　毫无疑问,第一次世界大战引发了国际关系学研究的阶段性变化,标志着国际关系学已经作为一个正式的、公认的研究领域,甚至是学科出现(关于这个问题,观点各异,一直存在着狭义和广义的不同解释)。它的建立和制度化不仅发生在一场破坏性巨大、代价高昂的战争的背景下,而且伴随凡尔赛和会和国际联盟的建立。因此,国际关系学的建立与反战情绪和对新国联作为世界和平的保障者的希望交织在一起,并最终凝结成了一种强大的理想主义形式。19 世纪末以来,公众舆论和大众传媒的兴起在国际关系和国际关系学中发挥了越来越大的作用,特别是 1919 年后,是世界和平与集体安全的"乌托邦"计划中的重要因素(Seton-Watson, 1972)。直到第一次世界大战后,才出现了一种将国际关系学从职业外交官手中剥离出来的愿望。卡尔(Carr, 1964:2)注意到(大众)情绪的变化,即出现了大众反对秘密条约的"躁动",这是"人们开始有了国际政治大众化要求的初次征兆,因而预示着一门新学科诞生"。迈克尔·班克斯(Michael Banks, 1985:10)和埃克哈特·克里彭多夫(Ekkehart Krippendorff, 1989:34)都赞同人们熟悉的观点,即战争(第一次世界大战)、1919 年的巴黎和会和国际联盟的创立与国际关系学作为一门新学科的出现密切相关。

正如第二章所指出的那样,国际关系学制度化具有象征意义的第一步就是 1919 年在阿伯里斯特威斯(Aberystwyth)设立伍德罗·威尔逊教席(Booth, 1996:328, 330)。成立新院系的目的是"修复破碎的国际大家庭"[1]并为国际联盟提供支持。有很多证据支持这样一种观点,即对于现代国际关系学的诞生来说,英国与美国是同等重要的,如果不是更重要的话。在阿伯里斯特威斯国际政治学院成立后,皇家国际事务研究所(简称"查塔姆研究所"),于 1920 年成立(Olson, 1972),并于 1922 年开始出版期刊《国际事务》(*International Affairs*)。1924 年,伦敦政治经济学院(London School of Economics)成立欧内斯特·卡塞尔国际关系教席(Ernest Cassel Chair),菲利普·诺埃尔-贝克(Philip Noel-Baker)是首位国际关系学系主任。随后在 1927 年,学院设立了一个完整的国际关系学系,卡塞尔教席从 1936 年转变为蒙塔古·伯顿教席(Montague Burton Chair)。[2] 1930 年,牛津大学设立蒙塔古·伯顿国际关系教席。

在两次世界大战之间,美国国际关系学的制度化程度比英国更高,设立了与国际关系学有关的院系、研究所和智库。

1918 年,自由国家联盟(League of Free Nations Association)成立,以支持威尔逊的"公正和平"理想。它的创始人包括约翰·福斯特·杜勒斯(John Foster Dulles)和埃莉诺·罗斯福(Eleanor Roosevelt)。1921 年,外交关系委员会(Council on Foreign Relations, CFR)成立,其宗旨是"通过召集治国、金融、工业、教育和科学方面的专家,就影响美国的国际问题召开连续会议"。[3]外交关系委员会是伦敦查塔姆研究所的"姐妹机构",同样也是一个以政策为导向的智库(Olson,1972:13)。1923 年,自由国家联盟被重新组建为外交政策协会(Foreign Policy Association),该协会是相当进步主义的,提供了保守派外交关系委员会之外的另一种选择(Vitalis,2005:175)。该协会主要的外交政策分析出版物包括《外交政策报告》(*Foreign Policy Reports*)、《外交政策公报》(*Foreign Policy Bulletin*)和《头条连载》(*Headlines Series*)。

大学也在追随研究机构的脚步。1919 年,乔治城大学开办了埃德蒙·A.沃尔什外交学院(Edmund A.Walsh School of Foreign Service);1928 年昆西·赖特(Quincy Wright)和汉斯·摩根索(Hans Morgenthau)共同创立了芝加哥大学国际关系学委员会(University of Chicago's Committee on International Relations),并称这是美国"历史最悠久的国际事务研究生项目"。[4]1930 年,普林斯顿大学追随前者的脚步,成立了公共与国际事务学院(在 1948 年又以伍德罗·威尔逊的名字命名)。塔夫茨大学弗莱彻法律与外交学院(Fletcher School of Law and Diplomacy)成立于 1933 年。1935 年,尼古拉斯·斯派克曼(Nicholas Spykman)和弗雷德里克·邓恩(Frederick Dunn)[5]领导的耶鲁大学国际问题研究所(Yale Institute of International Studies)成立。1936 年,哈佛大学公共管理研究生院(Graduate School of Public Administration)成立。高级国际研究学院(School of Advanced International Studies)于 1943 年在华盛顿特区成立(1950 年成为约翰霍普金斯大学的一部分)。施密特(Schmidt,1998a:155—157)指出,到 20 世纪 30 年代初,美国大学共有 204 门国际关系学的课程、67 门国际组织的课程、196 门国际法的课程,以及一些国际关系教科书可供选择。

另一个里程碑是 1925 年在檀香山成立的太平洋关系研究所(Institute of Pacific Relations, IPR),这是"美国第一个正式的区域研究中心"(Vitalis,2005:177)。与外交关系委员会不同,太平洋关系研究所寻求成为一个更具包容性的组织。它由太平洋各国的国家委员会组成,但实际上由美国国家委员会(即美国太平洋关系研究所)主导。它在日本(1929 年)和中国(1931 年)举行了会议。威尔逊的理想主义影响巨大,反映在其旗舰期刊《太平洋事务》(*Pacific Affairs*)上。1926 年,社会科学研究理事会成立了第一个国际关系咨询委员会。

虽然国际关系学制度化主要发生在英国和美国,但在其他地方也有更广泛的发展,但多半发展很薄弱。查塔姆研究所及其期刊《国际事务》在欧洲部分地区(最早出现在 1921 年和 1923 年的德国,然后出现在匈牙利、波兰、丹麦和捷克斯洛伐克),以及在大英帝国的其他部分(澳大利亚、南非、印度和新西兰)被广泛模仿(Riemens,2011:914—916)。1927 年,高级国际研究院在日内瓦成立。

两次世界大战之间,国际关系学的学术会员组织并没有制度化,尽管这种制度化在第二次世界大战后成为该领域的一个特征。相反,主要的重点是通过设在巴黎的国际智力合作研究所(International Institute for Intellectual Coorperation,IIIC),成立多种有关国际关系学的协调委员会,主要是欧洲和美国的协调委员会。国际智力合作研究所由法国赞助,但与国际联盟有联系。在 1928 年至第二次世界大战期间,它为年度国际研究大会(International Studies Conference,ISC)提供了便利,大会审议了各种主题并出版了会议记录。一开始,它被称为国际关系科学研究机构会议(Conference of Institutions for the Studies of International Relations),更准确地解释了组织的组成和目的。会议的代表来自许多国家,与会人数超过 100 人。国际研究大会(ISC)花了很多时间试图确定新学科的范围和内容。国际研究大会在第二次世界大战期间暂停,但后来短暂恢复,于 1954 年终止(Long,2006;Riemens,2011)。国际研究大会是20 世纪 50 年代兴起的国际关系学制度化的先驱,主要是关于美国/欧洲/白人主导的事务,成员是国家机构。但来自印度、中国、埃及、日本和土耳其的代表也参加了会议(Riemens,2011:920)。

一个有趣的转折是,美国的基金会在资助国际关系学的早期制度化过程中所扮演的角色(Kuru,2017)。这些基金会有着广泛的自由国际主义观点,反对美国的孤立主义,并希望在社会科学领域推广一种实用的"工程方法"(engineering approach)(Kuru,2017:50—53)。洛克菲勒和卡内基资助了国际研究大会的各种会议:卡内基资助了 20 世纪 20 年代中期在柏林和巴黎的国际关系学教席,1923 年洛克菲勒在汉堡资助了一个外交政策研究所，1935 年又资助了耶鲁国际研究所。因此，在美国政治偏离国际责任的时候，美国的资本主义基金会却在做相反的事情。

尽管进行了这种制度化，但该领域的名称仍未达成一致。阿伯里斯特威斯的教席是"国际政治"，而不是"国际关系"。卡尔和摩根索等人也使用了"国际政治"一词，"国际研究"一词也在其中发挥了重要作用。其中，国际关系学被认为是政治学的一个分支，在美国最为明显（Schmidt，1998a：55；L. Ashworth，2014：13；Kuru，2017：46），"国际政治"或"世界政治"可能是更明显的标签。早期的一些著作确实在书名中加入了"国际关系"一词，如格兰特等人的《国际关系研究导论》（*An Introduction to the Study of International Relations*，1916）、D.P.希特利（D.P.Heatley）的《外交与国际关系研究》（*Diplomacy and the Study of International Relations*，1919）和埃蒙德·沃尔什（Edmund Walsh）的《国际关系的历史与本质》（*The History and Nature of International Relations*，1922）。这些书涉及不同的主题，包括经济、历史和法律，但特别侧重于外交。1925 年，美国学者雷蒙德·莱斯利·布埃尔（Raymond Leslie Buell）写了一本名为《国际关系》（*International Relations*）的书。当时，它是"最畅销的美国教科书，致力于新的国际关系政治学"（Vitalis，2005：159）。而弗雷德里克·舒曼（Frederick Schuman）1933 年的著作却以《国际政治》（*International Politics*）为标题（Schmidt，1998a：213）。

## 外围地区

我们还没有在拉丁美洲、非洲或中东找到国际关系学制度化的证据，但这对其他人来说可能是一个研究机会。而日本有了重大的发展，印度和中国也有较小程度的发展，其他地方也可能有。我们注意到，来自印度、中国、埃及、日本和土耳其的代表参加了国际研究大会，这一事实表明，这些国家至少已经初步实现了国际关系学的制度化。同样的逻辑也适用于 1929 年在日本和 1931 年在中国举行的太平洋关系研究所的会议。迈克尔·雷蒙斯（Michael Riemens，2011：925）引用了一项国际联盟的研究，在国际关系学研究的质量、深度和制度化方面，日本排在第二梯队（排在处于第一梯队的英国和美国之后，与澳大利亚、法国、意大利和加

拿大并列);印度排在第三梯队,在日本和中国之间;中国排在第四梯队,
这意味着一些独立的国际关系学专家很活跃,但很少或没有被制度化。

在日本,也有教授"国际政治"的机构,如东京大学(当时被称为东京
帝国大学)于1924年成立的国际关系系和教席,以及于1932年开设这门
课程的早稻田大学(Kawata and Ninomiya,1964:193—194)。在印度,第
一个致力于国际关系学研究的机构是印度国际事务研究所(India Council
of World Affairs,ICWA),由英国政府在20世纪30年代成立。然而,
这个研究所是由殖民当局的成员设立和组成的。印度知识界的反应是
在1943年成立了一个智库,即印度世界事务委员会(Indian Council of
World Affairs,ICWA),正如我们在第六章中将讨论的,这在很多方面是
印度国际关系学领域发展的起源。

在两次世界大战之间,中国的国际关系学是充满争议和有待深入研
究的。在中国,大多数追溯国际关系学科史的学者以1949年为起点
(Song,2001;Zhang F.,2012)。然而,他们忽视了中国在社会主义时期
之前就已经存在国际关系学的事实。中国学者大多尚未认识到这一遗产。
1949年革命后,中国的政治发展淹没了二战前国际关系学的发展。鲁鹏
(Lu Peng,2014)认为,在民国政府时期,在西方培养的学者的帮助下,中国
已经很好地建立起国际研究领域,但在1949年革命之后,学者们放弃了这
种传统。1949年之前,(中国)国际关系学遵循的主题和方法(研究)如国际
法和组织,这些在西方都是常见的研究内容,像清华大学(当时称国立清华
大学)、北京大学和上海的圣约翰大学(1879年由美国传教士创办,但在
1952年被政府关闭)在这些领域的研究中处于领先地位。在这些大学里,
研究中国在世界上的地位和中国与世界的关系是一个明确的重点,尽管该
学科被设置在政治学系,但仍然与中国国内政治研究区别开来(Lu,2014)。


# 中心国家的国际关系学思想

盎格鲁圈在国际关系制度化中占据主导地位是有代价的。正如施密

特(Schmidt,1998a:13)指出的:"国际关系的学术研究以英国,尤其是以美国的地区主义(parochialism)为特征。"⁶从这种教区制度中产生了另一个基本的国际关系学的"迷思",即在两次世界大战之间,现实主义和理想主义之间的"大辩论"。任何这样的辩论都是在两个不相容的立场之间进行零和博弈,这一点已经基本被揭穿了(Schmidt,1998a;Wilson,1998;L. Ashworth,2014:134—137)。施密特对普遍存在的将两次世界大战之间的国际关系学的发展描述为理想主义主导的说法提出了质疑。他指出,在两次世界大战期间,欧洲和北美的观点和视角是多元主义的。例如,G.洛维斯·迪金森(G.Lowes Dickinson)虽然被视为一个理想主义者,但他认为,"和新现实主义者一样,引起战争最重要的原因就是,独立主权国家不承认有高于它们自己的权威存在"(Schmidt,1998b:444)。"乌托邦主义者"完全意识到了权力政治是国际关系研究的一方面,并试图找到控制和管理它的方法(Long and Wilson,1995;Wilson,1998;L. Ashworth,2002)。然而,彼得·威尔逊(Peter Wilson,1998)的著作表明,尽管卡尔的《二十年危机》在1939年首次出版时受到了强烈批评,但它在当时和1945年后都是一场强有力的论战,并产生巨大影响。就像所有这些"迷思"一样,理想主义者和现实主义者之间的争论并非没有结果或价值。正如斯科特·伯奇尔(Scott Burchill)和安德鲁·林克莱特(Andrew Linklater,2013:9)所言:"现实主义者和理想主义者之间一场伟大辩论的'迷思',在第二次世界大战后的几年里赋予了该学科以身份。"因此,第一次大辩论更多地建构了1945年后的国际关系学,而非说明了两次世界大战期间发生的事情(L.Ashworth,2014:134—137)。

在理解"第一次大辩论"时,再次考虑国际关系和国际关系学之间的联系是很重要的。在第一次世界大战的灾难之后,国际关系的新领域出现了,这场灾难颠覆了帝国,使国家破产,断送了青年一代的大好前程。这场战争(最终)是英国和美国打着"以战止战"的旗号进行的,而新的国际关系学实质上就是受到这一目标的推动。它试图通过秘密外交、军备竞赛和均势来理解第一次世界大战的起因。在两次世界大战之间的时期,有两个半场的博弈(见第三章),上半场主要是对国际联盟抱有希望,即战争问题可以通过军备控制、消息灵通的公众舆论和政府间机构来解决。在下半场,当这些希望破灭时,强权政治的现实再次出现。虽然在这段时期里没有"大辩论",但对于如何处理第一次世界大战后的无政府状态问题,有各种各样的意见。这些观点从希望公众舆论成为反对战争的新力量,到希望更强大的政府间机构能够调解战争,再到仍要寻求均势,尽管它在 1914 年失败了。在 20 世纪 20 年代,自由主义者(以及一定程度上的社会主义者)在国际关系学中占据了主导地位。[7]正如阿尔弗雷德·齐默恩爵士(Sir Alfred Zimmern)——阿伯里斯特威斯学院伍德罗·威尔逊(Woodrow Wilson)教席的首任执掌人,也是卡尔批评的主要对象——的回顾所指出的:

> 1919 年,位于阿伯里斯特威斯的威尔士大学学院(University College of Wales)设立了伍德罗·威尔逊国际政治学教席,这是世界上首个国际政治学教席。它生动地显示了战争刚结束时的乐观主义和勇敢的新世界理想主义如何聚焦于1919年巴黎和会上成立的新的国际联盟。教席以威尔逊的名字命名反映了这样一个事实,实际上(建立)国际联盟的想法在很大程度上是(来自)英美的。(Morgan,2012)

齐默恩是一个很好的例子,说明了国际关系思想家与那些提倡和推动国际联盟的人之间往往有着深刻的相互影响。在 20 世纪 30 年代,现实主义的声音变得更加强烈。卡尔的抨击将整个自由主义阵营捆绑在一起,贴上了"乌托邦"和"理想主义者"的标签,正如彼得·威尔逊(Wilson,1998:1)所观察到的,这无异于"一种现实主义的滥用"。

卡尔的著作在 1945 年后的影响要大于两次世界大战之间的那些年,它在很大程度上确立了现实主义的观点,即控制战争的"乌托邦"计划是愚蠢和危险的。但在某种程度上,"第一次大辩论"的理念确实抓住了新的国际关系学的特征,因为它在应对第一次世界大战所暴露的问题,即工业化使战争成本过高、破坏性太强,无法成为大国政策的正常工具。国际关系学的建立发生在精英和公众都强烈感觉到世界(或者更准确地说西方文明)处于危机之中的时候,要么发生灾难,要么建立一个新的世界秩序(L.Ashworth,2014:138)。关于卡尔对乌托邦主义的批判(及其各种错误/解释)有太多的文章,因此没有必要在这里详细讨论它(M.Cox,

2001)。把卡尔作为公开承认的现实主义者这一定位本身就受到了挑战。卡尔有时对现实主义的批判不亚于其对理想主义的批判,他认为"从第一个十年(1919—1929 年)充满幻想的希望突然下降到第二个十年(1929—1939 年)残酷的绝望,标志着'从一个几乎不考虑现实的乌托邦,到一个乌托邦的所有要素都被严格排除在外的现实'的转变"(Carr,[1939] 2016:207)。

在他对乌托邦的批判中,卡尔特别把矛头指向了"利益和谐",即当时以国际联盟为代表的自由贸易主义和国际制度,及其背后的集体安全主义。他认为,通过诺曼·安杰尔等"乌托邦主义者"的著作,已经过时的自由放任主义在第一次世界大战之后以"利益和谐"的形式被重新引入(Carr,[1939] 2016:49),尤其是在美国。他认为这是不切实际的,甚至是危险的。卡尔强调现实主义是另一种选择。虽然他的作品主要是对威尔逊理想主义的批判,而威尔逊的理想主义为两次世界大战之间国际关系学的发展奠定了基础,但他认为政治是权力与道德的结合。理想主义和现实主义之间的差异程度可能被夸大了:这种差异并不意味着世界观的根本差异。在最近解读/再解读中,阿尔弗雷德·齐默恩爵士被重塑为"谨慎的理想主义者",他不同意并批评更极端的空想主义者和社会主义者,如哈罗德·拉斯基(Harold Laski),他并没有否认权力和大国至上的重要性,并且承认了国际联盟的局限性和失败(Rich,1995)。

卡尔关于乌托邦主义谬误和现实主义逻辑的大多数例子都来自欧洲的经验。他认为早期的国际关系学理论是理想主义的,部分原因是它产生于从未从战争中"获利"的英语国家(美国和英国)(Carr,[1939] 2016:50),对于西方以外的人来说,这似乎是令人反感的。西方殖民主义的受害者认为,英国以及欧洲其他殖民列强从殖民战争中获得了巨大的利益。

在一种如何处理大国战争问题的执念中,1914 年以前所有被认为是国际关系学的主题和方法都在继续发挥作用。考虑到 1914 年前国际关系学的许多关键人物在两次世界大战期间仍然活跃,如 J.A.霍布森、麦金德、安杰尔等人(L.Ashworth,2014:137),这并不令人惊讶。从某种程度上说,"理想主义"本质上是自由主义,正如卡尔对天然的"利益和谐"论的抨击所表明的那样,当时的"大辩论"是关于全球化的自由主义与现实主义存在理由之间持续不断的紧张关系。第一次世界大战后，现实主义逻辑被更多地视为问题而非解决方案，让自由主义思维占据了 10 年的主导地位。但在 20 世纪 30 年代，随着战争的走向变得更加明显，这些立场发生了逆转，卡尔的论战达到了高潮。

20 世纪 20 年代，自由"理想主义"背后的推动力，使国际组织成为一个独特的国际关系学子领域，正如它在两次世界大战之间的美国和英国所发展的那样。国际组织的工作以理想主义和规范的语言表述，经常涉及对国际组织的工作和职能的深入研究和分析，国际联盟是主要的重点。事实上，皮特曼・B.波特(Pitman B.Potter，1922)在他的《国际组织研究导论》(*An Introduction to the Study of International Organization* )一书中指出，国际组织被定义为"促进各国之间的国际和谐与协调的程序"，它之所以与国际政治或国际法不同，是因为它的理想主义倾向(Schmidt，1998b:449—452)。检视"国际政府"的前景，同时间接呼求建立"国际政府"的书籍的数量，证明了国际组织中的理想主义特性，这些书籍包括 J.A.霍布森的《走向国际政府》(*Towards International Government*，1915)、伦纳德・沃尔夫(Leonard Woolf)的《国际政府》(*International Government*，1916)和克莱德・伊格敦(Clyde Eagleton)的《国际政府》(*International Government*，1932)。同样，国际社会的概念也在这期间保持强势。其中包括 T.J.劳伦斯(T.J.Lawrence)的《国家社会：过去、现在和可能的未来》(*The Society of Nations：Its Past，Present and Possible Future*，1919)、菲利普・马歇尔・布朗(Philip Marshall Brown)的《国际社会：性质与利益》(*International Society：Its Nature and Interests*，1923)、S.H.贝来(S.H.Bailey)的《国际社会的结构》(*The Framework of International Society*，1932)、菲利克斯・摩利(Felix Morley)的《国家社会：组织与宪政发展》(*The Society of Nations：Its Organization and Constitutional Development*，1932)；阿尔弗雷德・齐默恩的《国际联盟与法治》(*The League of Nations and the Rule of Law*，1936)。

在对"大辩论"的描述中，尽管"科学"种族主义、民族主义和地缘政治学在某种程度上被忽略了，但它们都参与其中，而且主要是站在现实主义强权政治的一边。1914 年以前的种族主义和地缘政治学往往是相辅相成的。"科学"种族主义在这个时期达到了顶峰，特别是在法西斯国家，它与极端民族主义融合在一起。1914 年以前，种族等级制度被定义成中心和外围地区之间的关系，这种态度在很大程度上并没有改变。新的发展是中心国家种族政治的加剧，白人被划分为雅利安人、拉丁人和斯拉夫人等种族等级。洛斯罗普·斯托达德(Lothrop Stoddard，1923：12)等研究种族和世界政治的作家，提出了第一章提及的观点，即日本 1905 年战胜俄国，意味着"白人不可战胜的传奇破灭了，堕落的偶像跌落神坛"。正如维塔利斯(Vitalis，2005：159—160)所指出的那样，"20 世纪 20 年代出现了大量关于种族和种族战争的新著作和辩论"。杜波依斯——我们在第二章中曾经论及——是泛非主义的倡导者，他研究了关于国际关系中的种族问题(如发表在《外交事务》上的文章)(Vitalis，2005：172—173)。杜波依斯对当时种族主义的无处不在提出了一个有趣的见解。作为一名哈佛的学生，他后来写道："在白人(学术)机构和欧洲意识形态的熏陶下学习国际事务的学生，很难了解在某种程度上处于隐蔽状态的国际阴谋的真相，这种阴谋正在把殖民帝国变成武装竞争市场、廉价材料和廉价劳动力的祸根。在当前的宣传中，殖民地仍然意味着宗教和社会的提升。"(Du Bois，[1940] 1992：232)

地缘政治学仍然对帝国主义思想有影响，从 1919 年之前一直到第二次世界大战结束(L.Ashworth，2013；Guzzini，2013)。在德国，卡尔·豪斯霍费尔(Karl Haushofer)借鉴并融合了 1914 年前麦金德和拉采尔在心脏地带论(heart-land theory)和生存空间(Lebensraum)方面的著作。1924 年，他创立了《地缘政治学杂志》(*Zeitschrift für Geopolitik*)，对希特勒德国大战略的思考产生了一定影响(Ó Tuathail，1998：4，19—27；J.M. Hobson，2012：154—159；L.Ashworth，2014：203—206)。麦金德依然活跃，在其 1919 年出版的著作《民主的理想与现实》(*Democratic Ideals and Reality*)中，地理决定论色彩变弱了。在美国艾赛亚·鲍曼(Isaiah Bowman)1921 年出版的影响深远的著作《新世界：政治地理学中的若干问题》(*The New World：Problems in Political Geography*)中，在理解世界政治方面，物质因素和观念因素也相互融合。鲍曼和德温特·惠特尔西(Derwent Whittlesey)建立了一个更加开放的地缘政治学来对抗德国的版本，并为 1945 年后更加全球主义的美国大战略铺平道路(L.Ashworth，2014：141—147，206—209)。也是在美国，尼古拉斯·斯派克曼(Nicholas Spykman，1942)用地理决定论和陆地主题与麦金德和马汉的海权主张相抗衡，认为应以"边缘地带"学说(Rimland Geopolitics)代替大陆主义学者的"心脏地带"学说，因此美国不应该在第二次世界大战后回到孤立主义(L.Ashworth 2014：206—213)。斯派克曼和豪斯霍费尔都受到 1914 年前地缘政治和"科学"种族主义思想的影响，这些思想包括保护白人种族，以及利用帝国遏制阻止"黄祸"占领西方。其他人没有看到麦金德和马汉所说的来自东方的威胁。泰纳(Tyner，1999：58)将豪斯霍费尔、拉采尔和鲁道夫·契伦(Rudolf Kjellén)等地缘政治学者描述为提出"有机国家理论"(organic-state theory)的人，因为他们强调国家生存所需的空间，而不是麦金德和马汉的"优生学"理论。

伍德罗·威尔逊是种族主义影响广泛的另一个例子。传统的国际关系学发展观把威尔逊描绘成理想主义、自决和自由价值观的拥护者。尽管威尔逊有自由主义的资历，但是他在国内和国际上都是种族政治和白人至上主义的积极倡导者(Vitalis，2005：168)。保罗·拉赫(Paul Rahe，2013)和 J.M.霍布森(J.M. Hobson，2012：167—175)认为威尔逊并不像国际关系史学著作所描述的那样进步，事实上他反而是一个极端的种族主义者。威尔逊式自决是表达"在原始东方进行西方帝国文明使命必要性"的另一种方式(J. M. Hobson，2012：168)。像威尔逊这样的自由主义者不希望改革，而是希望维持现状，这反映在国际联盟的设计和运作上。国际联盟的托管制基本上是另一种名称的殖民主义。威尔逊在国际层面上的种族主义表现得最明显的是，他坚持不懈地拒绝在巴黎和会上加入日本的种族平等条款。在国内，威尔逊试图为南方白人的种族主义活动辩护，其中包括三 K 党(Ku Klux Klan)，他说，由于"黑人突然和全面的解放"(J.M.Hobson，2012：171)，他们别无选择。泰纳(Tyner，1999)指出了美国(包括威尔逊总统在内)是如何因种族差异而将菲律宾人排除在移民之外的。威尔逊还为菲律宾的殖民统治进行了辩护，认为美国人可以教菲律宾人如何治理，(美国人)将保留(菲律宾)自治权，直到(菲律宾人)接受了这种西方优越的治理方式的指导(J.M.Hobson，2012：172—173)。

国际关系研究方法的"大辩论"没能认识到在两次世界大战之间的时期，"科学"种族主义和地缘政治学延续了 1914 年前国际关系学的模式，既有影响力，又相互加强。此外，两者都在国际关系学的普遍欧洲中心主义框架内，并受其约束。约翰·霍布森（John Hobson，2012）认为，所有的国际关系学理论，不管学者站在争论的哪一边，都聚焦于保护和传播西方的思想和价值观。这种西方中心主义很容易接受种族主义内容。霍布森把"科学"种族主义学者和地缘政治学者看作"1914 年之前国际理论和其在两次世界大战之间的继承者"的"重要延续"的一部分，这是非常正确的（J.M.Hobson，2012：15）。

社会主义——1917 年后体现为一个大国——是另一个被"大辩论"忽视的部分。正如卢西安·阿什沃思（Lucian Ashworth，2014：7）所指出的，"20 世纪 30 年代，国际关系学就资本主义作为战争原因的作用展开了激烈的辩论"。在这一时期，许多社会主义者拒绝为资本主义战斗，并形成了和平主义的反战阵线。事实上，左翼在对待国际联盟的态度上很分散，一些人反对将国际联盟作为资本主义的工具，一些人反对任何一个关于国际警察或军队的想法，然而，还有一些人想要改革和加强它，以帮助驯化国际政治（L.Ashworth 2014：159—171）。斯大林的外交政策目标在一定程度上影响了左翼的思想，从这个意义上说，国际关系现实和国际关系学之间也存在另一种联系。斯大林的外交政策是防止日本和德国结盟对抗苏联。为了做到这一点，他鼓励法国和英国联合起来反对德国，同时让日本陷入中国的泥潭，与美国相争（Paine，2012：loc.5672，2017：149—156）。

还有一种关于战争和战略研究的独特文献延续下来。与 1914 年前一样，这些文献的作者主要是军事专家。不同之处在于，在两次世界大战之间的那些年，人们更多地关注坦克和飞机等新技术，把它们作为恢复战争机动性的手段。巴兹尔·李德·哈特（Basil Liddell Hart，1946）提倡联合作战（combined arms warfare），J.F.C.富勒（Fuller，1945）探索装甲战争（armoured warfare）（两者都被德国人而不是英国人用作"闪电战"）。朱里奥·杜黑（Giulio Douhet，［1921］1998）在他的经典著作《制空权》（*The Command of The air*）中对空军进行了论述。在 1945 年之后，出现一种迹象（Buzan and Hansen，2009），这一领域也有了民间研究；不仅是和平组织大量的政治宣传，而且是学术著作，例如，菲利普·诺尔·贝克关于裁军和武器贸易的研究(Buzan，1973)。

关于两次世界大战之间的国际关系学，值得指出的另一点是它把国际政治和国际经济紧密联系在一起。正如卢西恩·阿什沃思(Lucian Ashworth，2014:253—254)所观察到的，这种融合在很大程度上是自然和无意识的，并从1914年以前的国际关系研究中延续下来。这在诺曼·安杰尔、卡尔·波兰尼、戴维·米特兰尼和阿尔伯特·O.赫希曼等作家的作品中得到了体现。

一个在第一次世界大战之前国际关系学中没有出现的新思路，在两次世界大战之间的那些年里出现了——女性主义。这也许可以追溯到海伦娜·斯旺尼克1915年为民主控制联盟(Union of Democratic Control)写的小册子《妇女与战争》(L.Ashworth，2008；2014:125—126)。卢西恩·阿什沃思(Lucian Ashworth，2017)认为，在国际关系学中存在一个有影响力的早期女权运动，其中心是国际和平与自由妇女联盟(WILPF)。与该联盟有关的女性作家对战争和集体安全形成了一种"母性"的观点，她们认为，作为生命的给予者，女性在这些问题上的观点与男性不同。这个观点被当时的国际关系学界所接受，并具有影响力。由于女性主义在国际关系中的早期发展已经被遗忘，这使得国际关系中的女性主义似乎处在了一个比它本身(应有的)相比更新的发展阶段。

尽管有许多不同之处，两次世界大战之间的国际关系思想家在处理帝国主义问题上，大体仍是相似的，不是把帝国主义作为国际关系的中心问题，而是把帝国主义作为次要问题来处理，只是部分地或有条件地放弃了帝国主义。这是"大辩论"关于理解两次世界大战之间国际关系学研究的另一个盲区。卡尔对乌托邦主义的尖锐批评确实触及了帝国主义，但从时代的角度来看，他并不认为这是一个核心问题。卡尔认为帝国主义主要是乌托邦式的极端主义，或者是对唯心主义"利益和谐"论的批判，而不是把帝国主义本身看作一种道德罪恶。他认为:"'利益和谐'正是通过牺牲'弱势'的非洲人和亚洲人而实现的。"(Carr，1964:49)然而，殖民角度并不是他反对乌托邦主义的中心，只是处于边缘地位。许多左翼学者，例如H.N.布雷斯福德(H.N.Brailsford)和一些自由主义者反对帝国主义，但考虑到第一次世界大战的巨大阴影,他们一方面更关注资本主义之间的关系,另一方面更关注战争和法西斯主义,而不是关注帝国主义(L. Ashworth,2014:213—221)。鉴于两次世界大战之间的国际关系学中"科学"种族主义和地缘政治学的影响,以及两者与帝国主义的联系,维塔利斯(Vitalis,2005,2015)在一定程度上驳斥了这样一种观点,即在这段时期国际关系学忽略了帝国主义。他认为种族关系和殖民治理是美国国际关系学者关注的核心问题。与1914年以前一样,殖民治理仍然是一个重要的研究分支,但与1914年以前一样,它不被认为是国际关系学的一部分,而是一个独立的领域。例如,亚瑟·贝利戴尔·基斯(Arthur Berriedale Keith,1924)研究了大英帝国内部法律和政治权力的层次,包括印度在内的自治领对各种政府间组织的参与;英国与其殖民地之间关于提供和支付国防费用的谈判;白人殖民者的要求与帝国发展原住民走向文明的责任之间的紧张关系;以及帝国内部由于非白人移民进入白人殖民者的地盘而导致的紧张关系。但是,虽然帝国主义存在于两次世界大战之间的国际关系学中,但它在很大程度上是一种来自中心国家的观点,并在很大程度上延续了1914年前的做法,即不把殖民关系视为国际关系学的一部分。

## 结　　语

综上所述,人们普遍认为国际关系学诞生于两次世界大战之间,其具体目的是防止另一场大规模、毁灭性和使人精疲力竭的世界大战的爆发。在这个背景下,国际关系学在其创立之初的规范宗旨是避免战争和改善世界各地人民的生存条件。这一观点体现在现实主义/理想主义辩论的"神话"中。这两种"神话"都不是真的。两次世界大战之间的国际关系学比"大辩论"的表述要复杂得多,涉及的领域也更广,跨学科的特性更为突出。而且,正如施密特(Schmidt,1998b)和卢西恩·阿什沃思(Lucian Ashworth,2014)详细描述的那样,"理想主义"和"现实主义"阵营之间的

两极分化也不那么明显。把理想主义设定为"稻草人"在很大程度上是
1945年后现实主义者的一个成功策略(Kahler,1997:27)。两次世界大
战之间的国际关系学与1914年以前的国际关系学有着许多连续性,其中
最显著的背景假设是西方中心主义、帝国主义、地缘政治学、国际政治经
济学和种族等级制度,这些基本没有改变。在经历了第一次世界大战的
创伤之后,随着国际联盟的伟大实验摆在它们面前,两次世界大战之间的
国际关系学对政府间组织表现出了特别的兴趣,将其作为治理无政府问
题的一种可能方式也就不足为奇。因此,国际关系学既有黑暗的传统
和根源,也有理解战争、追求和平的无私精神。国际关系学,以及广义上
的"国际理论",与促进和保护西方和西方思想的计划密不可分,往好了说
是欧洲中心主义,往坏了说是地缘政治学和"科学"种族主义。从规范的
角度和被压迫的角度对种族主义和帝国主义进行的批判,主要来自殖民
地的民族主义领袖和思想家。这些贡献是本书讨论的全球国际关系学项
目的原始基础。

# 外围地区的国际关系学思想

中心国家的基础国际关系学著作在很大程度上忽视了非西方世界的
国际关系学的思想和争论。卡尔简略地承认古代中国是试图创建"政治
学"的两个地点之一,另一个是古希腊(Carr,1964:6)。在他看来,"当前
的国际关系理论……几乎完全来自英语国家"(Carr,1964:52)。非西方
国家(欧洲和美国之外的国家)对两次世界大战期间的国际关系研究的贡
献严重不足。然而,在两次世界大战之间的这段时期,西方世界之外出现
了许多重要的思想,这些思想不仅会塑造第二次世界大战后非西方国家
的对外政策,而且会对整个世界政治产生重大影响。

正如第二章所述,本书采取了作者在之前著作中建立的关于国际关
系学范围的广泛标准。由于第一次世界大战所造成的极端环境,在两次
世界大战之间的时期,甚至在中心国家,理论和实践之间的联系尤为紧

密。要理解理想主义和现实主义辩论的起源和后果，不去看围绕威尔逊的"十四点计划"、国际联盟、《凯洛格-白里安公约》和裁军努力等问题展开的政策辩论，是不可能的。现实主义者对理想主义的批判是在对国际联盟的期望和失败的批判中形成的。齐默恩不仅是一本关于国际联盟的重要著作的作者，他还作为英国政府官员和一个倡导团体的成员，深入地参与推进国际联盟的理念。在非西方国家也是如此。民族主义领导人的思想及其所激发的运动和体制同样受到他们所看到的充满希望和黑暗的国际生活现实的影响。两次世界大战之间的民族主义和反殖民主义思想和运动，也为 1945 年后冷战和去殖民化时代的外交政策行为以及全球和区域互动留下了丰富和长期的遗产。事实上，它们塑造并继续塑造中国和印度等新兴大国的外交政策信念和实践。如果有什么不同的话，那就是随着这些国家在世界舞台上变得更加强大和有影响力，它们正在卷土重来。

不结盟运动（Non-Aligned Mouement，NAM）于 1961 年在贝尔格莱德正式创建，它产生于 1955 年在万隆召开的亚非会议，而 1927 年在布鲁塞尔举行的第一次反帝国主义和殖民主义国际大会对不结盟运动产生了影响（Prasad，1962：79—99）。印度的贾瓦哈拉尔·尼赫鲁（Jawaharlal Nehru）是布鲁塞尔、万隆和贝尔格莱德这三次大会的关键参与者。像非洲统一组织（Organization of African Unity，OAU）这样的区域组织从 20 世纪初包括两次世界大战之间的泛非洲理想和运动中得到灵感。两次世界大战之间，外围地区的国际关系思想不仅是反殖民主义的，还包含国际主义、世界秩序、国际发展、合作与正义的思想。它远远超出了反帝国主义的范畴，尽管反帝国主义往往是一个核心的组织主题。两次世界大战之间的国际关系学有多个全球性的起源，而不仅仅是西方的起源，这对于理解国际关系学是如何发展到现在的形式，以及它的发展方向很重要。和我们在第二章中所做的一样，我们从主要国家和地区的角度来探讨外围地区的国际关系学的思考。

## 日本

在这一时期，日本究竟处于中心还是外围是一个棘手的问题。我们把它归入外围，一部分原因是日本的发展轨迹与西方不同；它在第一次世界大战中获得了相当可观的利益，但主要因为日本仍不得不与西方对其施加给它的种族问题作斗争。日本的国际关系学思想是从 1914 年前的根源演变而来的(Kawata and Ninomiya，1964：190；Sakai，2008：237—244)。日本两次世界大战之间的国际思想受到德国国家学(Staatslehre)和马克思主义传统的强烈影响(Inoguchi，2007)。日本早期的国际关系研究与日本国力的崛起相适应，试图了解日本在世界上的地位，但并非完全以日本为中心。其著作有关于世界政治的(Royama，1928，1938)，也有关于殖民治理的(Yanaihara，[1926] 1963)。与西方相似，这一时期的日本学者研究了国际法、国际组织、外交史、区域一体化和国际政治经济学(Kawata and Ninomiya，1964；Inoguchi，2007)。猪口孝(Takashi Inoguchi，2007：379—380)甚至认为西田几多郎(Nishida Kitaro)是"天生的建构主义者"，因为他对身份的关注。日本在国际法律体系中也有一席之地，例如国际法律学者安达峰一郎(Mineichiro Adachi)，他曾是外交官，后来成为海牙常设国际法院的首席法官，还写过关于国际联盟的文章(Adachi and De Visscher，1923)。日本仍然不得不面对西方种族主义"黄祸"反应的问题，并以京都学派的"后白人权力"(post-white power)哲学作为回应(D.Williams，2004；Shimizu，2015)。"黄祸"种族主义既反对日本移民到美洲，又反对日本被接纳为大国俱乐部的新成员(Shimazu，1998)。

20 世纪 30 年代，随着日本退出国际联盟，开始追求日本主导的"大东亚共荣圈"(Acharya，2017：6—7)，研究重点转向"霸权区域主义"。亚洲的崛起在当时等同于日本的崛起。日本信奉泛亚洲主义，以对抗西方的主导地位，但在这个过程中，作为亚洲唯一的现代国家，日本声称拥有自己的中心地位和帝国(Koyama and Buzan，2018)。这些帝国政策日趋占据主导地位，最终阻碍了国际关系学的学术成长，国际关系学研究被当局压制了(Kawata and Ninomiya，1964：194)。

## 中国

尽管国际关系从 20 世纪 90 年代开始在中国蓬勃发展，但如上所述，中国的国际关系学者对于承认 1949 年以前中国国际关系学发展的遗产一直保持沉默。根据目前的创始"神话"，中国的国际关系研究被认为始于 20 世纪 60 年代中期。例如，张峰将中国的国际关系研究历史分为四个阶段。第一个阶段是从 1949 年到 1963 年，当时国际关系学还不是一门学术学科，学术研究是被禁止的。"国际研究在很大程度上等同于政策分析，以带注释的政策报告或建议的形式出现。"（Zhang F., 2012a：69）20 世纪 50 年代中断中国国际关系研究发展的特定的"权力-知识互动模式"（Lu, 2014：133）对非西方世界来说并不特殊，尽管中国革命的政治转型和"文化大革命"的影响，以及对中国学术界持续的政治限制，可能对中国国际关系研究如何以及为何一直拒绝承认它们 1949 年以前的起源有着特殊的影响。正如鲁鹏（Lu, 2014：149）所述，中国战前国际关系学"沉默的记忆"，是出于政治原因，现在也是如此，它证明了非西方国际关系学总体框架的存在，但并不明显，这说明本土情况可能是（产生这种现象的）一个关键因素，而不仅仅是国际因素的或西方国际关系霸权决定的。这还说明非西方国际关系学的发展是由两个来源塑造的：本土观念（尤其是民族主义领导人）和受过西方培训的学者。

在不那么正式的意义上，孙中山是中国国际思想的一个重要来源。孙中山的国际主义是世界性的，也是以中国为中心的。他支持与日本和亚洲其他国家的合作，但强调了中国治国传统的优越性。孙中山强调了亚洲过去的辉煌，并谈到"不仅中国和日本，而且东亚各国人民……联合起来恢复亚洲的昔日地位"（Sun, 1941：144）。然而，要实现这一点，亚洲各国必须首先摆脱殖民枷锁，获得独立。孙中山（Sun, 1941：144）看到了"亚洲民族主义思想进步的具体证据"，他对此充满希望。然而，孙中山的泛亚主义，就像日本的泛亚主义一样，也是等级制的。孙中山（Sun, 1941：146）援引朝贡制度，回顾了"弱国……将中国尊为它们的上级，并每年自愿向中国进贡，认为被允许这样做是一种荣誉"。孙中山强调朝贡关系的自愿性，认为中国的统治是基于"王道"（Right），即友好互惠的良好原则，而不是"霸道"（Might）。

孙中山泛亚主义更广泛的目的是"结束亚洲人民的苦难……抵抗欧洲强国的侵略"（Sun, 1941：151），展现了强烈的反殖民主义，这是贯穿非西方世界国际思想的一条共同主线。孙中山(Sun，1941：151)的著作肯定包括了日本，事实上，有人可能会说，目标就是日本，尽管这个国家已经"习得了西方霸道的文明"。孙中山(Sun，1941：151)认为，它"保留了东方王道的特点"，是确保泛亚洲运动取得成果的关键。孙中山确实谈到了亚洲的美德，但同时也提到了欧洲和日本的殖民主义。他敦促日本不要通过帝国主义发展泛亚主义，而要通过伦理、正义和仁爱等亚洲美德发展泛亚主义。他还将欧洲的唯物主义和军国主义(霸权的方式)与亚洲的这些美德进行了对比。但是，1930年在中国发行的《新亚细亚》(*New Asia*)杂志的第一期认为："中国的复兴是亚洲民族复兴的起点。"(引自Tankha and Thampi，2005：108)它声称孙中山是唯一能够拯救亚洲人民的领导人。孙中山是泛亚洲主义的坚定支持者，但他渴望继续保持中国的至上地位。然而，无论是中国内部还是亚洲其他国家，都存在相互竞争的泛亚洲主义理念(Acharya，2017)。

此外，埃里克·赫莱纳(Eric Helleiner，2014：376—378)认为，孙中山是国际发展理念的创始人。在分析国际发展合作的起源时，赫莱纳反驳了一种普遍的观点，即国际发展学起源于美国总统哈里·杜鲁门(Harry Truman)1949年的一次演讲。他把这归功于孙中山——追溯至1918年，孙中山在1922年出版的《中国的国际发展》(*The International Development of China*)一书中阐述了这一点。在这本书中，孙中山描述了一个"国际发展组织"，并认为其可以帮助中国发展。虽然他的思想确实是以中国为中心的，即旨在发展中国，但这些思想可能影响了布雷顿森林体系(的产生)。

## 印度

印度国际关系理论的标志性成就可能是贝诺·库马尔·萨卡尔(Benoy Kumar Sarkar)(M.J. Bayly，2017a)。1919年，他在《美国政治学评论》(*American Political Science Review*)上发表了《国际关系的印度教理论》(Hindu Theory of International Relations)。他分析了若干印度的概念，包括势力范围(Mandala)和世界主权(Sarva-Bhauma)，借鉴了考底利耶(Kautilya)、摩奴(Manu)和肖卡拉(Shookra)等古典作家的作品，以及《摩诃婆罗多》的文本。在此基础上，他声称：

"外部"主权的概念在印度国家哲学中得到了很好的确立。印度教的思想家不仅分析出主权与单一国家的组成要素有关。他们还认识到,除非主权既是外部的,又是内部的,也就是说,除非国家能够不受其他国家的阻碍,独立地行使其内部权力,否则主权是不完整的。(Sarkar,1919:400)

萨卡尔(Sarkar,1921)在《政治科学季刊》上发表了另一篇文章《印度教的国家理论》(*Hindu Theory of the State*),文中他比较了印度的"自然状态"概念与欧洲政治哲学家的"自然状态"概念,发现它们在这种意义上是相似的,即它们都呼吁在能够施加制裁和惩罚的更高权威的帮助下来镇压冲突。萨卡尔(Sarkar,1916)还写了一篇题为《印度教文化作为世界强国的开端》(*The Beginning of Hindu Culture As World-Power*)的文章,这篇文章研究了古印度的国际的,特别是泛亚洲的联系,包括商业、征服和思想的流动。这些出版物的出版时间与国际关系学作为一个领域的最初阶段是平行的,而且借鉴了印度的传统,实质上独立于西方的辩论之外。它们可能是印度人对国际关系学的第一次重大贡献,也是发展本土非西方国际关系理论的第一次现代努力之一。

正如马丁·贝利(Martin Bayly,2017b)所言,一些印度国际关系学者也参与了西方国际关系学的研究。查特基(M. N. Chatterjee,1916)"将包括诺曼·安杰尔、维克多·雨果(Victor Hugo)、约翰·布莱特(John Bright)、科布登(Cobden)和康德(Kant)在内的'西方'和平研究的主体转向了所谓的'文明'交战的欧洲列强"(M.J.Bayly,2017b:22)。S.V.庞塔贝卡(S.V. Puntambekar,1939)与卡尔同时阐述了现实主义、理想主义和乌托邦的国际关系学思想路线。

在不那么学术的方面,泰戈尔的作品有很多继承者,我们在第二章中讨论过。印度国大党(Indian National Congress)迅速崛起的领导人尼赫鲁在强烈支持国际主义的同时,也支持反殖民主义。一些印度思想家采取了相对主义的立场,强调了西方和东方思想的不同,一些人甚至断言后者更具有相对的包容性。和其他亚洲人一样,他们把东方唯心论和西方唯物论区分开来。有一种观点认为,世界需要东方的思想和方法,甚至统治,来消除竞争和战争的祸害。1936 年,在印度立法会的辩论中,潘迪特·克里希纳·康德·马拉维亚(Pandit Krishna Kant Malaviya)说,"东方的统治"
是"解决这个世界所有问题的唯一灵丹妙药"。"我们对和平、唯心论和对
万物的善意,能带给这个地球的只有和平"(引自 Keenleyside,1982:211)。
但其他人则较为温和,主张东西方协同。1933 年,牛津大学教授、印度哲学
家后来的印度总统萨瓦帕利·拉达克里希南(Sarvepalli Radhakrishnan)认
为,亚洲人"在传统和气质上是和平的",能够"为西方实用的民族主义提
供必要的补充和解毒剂"(Keenleyside,1982:211)。1940 年,尼赫鲁提
出,战后秩序应该结合"东方和西方最好的元素",在这其中,西方的科学
将会被印中"限制性影响力和文化背景"所调和(引自 Keenleyside,1982:
212)。1924 年,甘地在印度全国代表大会上发表的主席演讲中也体现了
这种西方的乌托邦思想。他说:"世界上更有智慧的人不希望绝对独立的
国家彼此交战,而是希望建立一个友好、相互依赖的国家联盟。"(引自
Prabhu,2017)

但在两次世界大战之间的印度,理想主义并不是占主导地位的,甚至
不是国际思想的主要因素。有趣的是,甚至在卡尔攻击乌托邦主义之前,
也就是在印度民族主义者宣扬抵制西方殖民主义和世界团结的时候,印
度的政治学家们就在利用最近《政事论》(Arthasastra)的发现来制定一套
现实政治学说。例如,萨卡尔从印度经典文献中阐述了国际关系的主要
思想。印度教的"大鱼吃小鱼"概念(鱼的逻辑)包含在几个印度文本中,
无论是世俗的还是宗教的,包括史诗《摩诃婆罗多》《政事论》《摩奴法典》
和《罗摩衍那》,解释了从自然状态去创造国家。《摩诃婆罗多》认为,如果
没有一个国家或统治者拥有惩罚的权力,社会将被鱼的逻辑所统治,"强
者会像'大鱼吃小鱼'那样吞噬弱者"(引自 Sarkar,1921:80)。同样的逻
辑也适用于国际关系。

印度对国际关系的思考有几个方面很突出。第一,它代表了一种试
图确定和阐述国际关系概念的努力,这些概念既涉及国内政治,又涉及国
际领域,以解释各国如何相互关联。第二,它包含了多种立场,即使与西
方意义上的乌托邦主义或理想主义和现实主义不完全相同,也是相容的。
第三,一些印度学者和领导人经常将这些问题与西方思想进行比较。萨
卡尔不仅经常将古典西方政治思想和国际思想(包括古希腊和国际现代

思想)相提并论,甚至称印度思想有助于理解当代西方语境。他将"大鱼
吃小鱼"的逻辑与霍布斯、斯宾诺莎和密尔的观点进行了比较,认为"印度
人的答案与欧洲人的一致"(Sarkar,1921:79)。同样,在国际领域,"印度
政治哲学家们所设想的外交壮举几乎可以通过欧洲和亚洲历史上的无数
事例得到证实"(Sarkar,1919:407)。这种对欧洲思想和背景的借鉴,预
示着在国际关系学的后期发展中会有广泛的实践,在那里,非西方学者往
往通过援引西方的思想,并把它们作为参照点,来强调和验证本土的概念
和实践,从而开始他们对国际关系学的研究。虽然这可能阻碍了纯粹的
本土理论的发展,但它在原则上——虽然在实践中没有——提供了关于
国际关系理论全球对话的基础。

尼赫鲁对待国际关系的态度的一个重要陈述可以从他1944年在监
狱里写的《印度的发现》中找到。在书中,在"现实主义与地缘政治:世界
征服还是世界联合?"标题下,尼赫鲁强烈批评了斯派克曼和沃尔特·李
普曼(Walter Lippmann)(也得到温斯顿·丘吉尔的支持)提出的想法,即
战后世界秩序应在大国"轨道"下围绕区域安全体系而构建。尼赫鲁将其
描述为"这是更大规模的强权政治的延续……很难看出他(李普曼)如何
能看到世界和平或合作从中浮现出来"(Nehru,[1946]2003:539)。除了
拒绝强权政治,这也表明尼赫鲁渴望和希望更广泛的国际合作,不是以反
映强权政治的军事联盟的形式,而是以"国家联合体"或"世界联盟"的形
式。很重要的是,这是在第二次世界大战结束之前写的。

两年后,在1946年9月7日的一次讲话中,他进一步阐述了他的规
范信念:

> 我们建议,尽可能远离相互对立集团的强权政治,这些集团在过
> 去导致了世界大战,并可能再次导致规模更大的灾难。我们认为,和
> 平与自由是不可分割的,任何地方对自由的剥夺都必然会危及其他
> 地方的自由,并导致冲突和战争。我们致力于解放殖民地和附属领
> 土及人民,并在理论和实践上承认所有人民享有平等的机会……我
> 们不谋求对其他民族的统治,我们不要求对其他民族享有特权地
> 位……世界尽管存在竞争、仇恨和内部冲突,但不可避免地会走向更
> 密切的合作和建立一个联邦的世界。在这个自由的世界里,印度将

会成功,在这个世界里,自由的人民自由合作,没有阶级和集团剥削他人。(引自 Mani,2004:66)

然而,尼赫鲁的批判并没有在理想主义与现实主义或现实主义与自由主义之争的文本中拥有一席之地。

## 拉丁美洲

我们在第二章中指出了 19 世纪拉丁美洲对区域主义、主权平等和不干涉的独特贡献。在两次世界大战之间的那些年里,其他主要的概念——现在是国际关系学的主要概念——起源于泛美运动。其中最重要的是包含在 1933 年蒙得维的亚泛美会议《关于各国权利和义务的蒙得维的亚公约》(Montevideo Convention on the Rights and Duties of States)中的声明性国家地位的概念。这项公约也许是第一次在国际法中定义了国家在国际关系中的组成部分:人口、领土、政府和承认。拉丁美洲的主张最终使美国在 1933 年正式放弃了门罗主义,并将不干涉作为与该地区关系的基本原则,尽管在实践中并非总是如此。在最初的孕育期之后,不干涉原则不仅在拉丁美洲变得强大,而且在去殖民化之后传播到世界其他地区,尤其是亚洲。

虽然拉丁美洲以发展依附理论而在第二次世界大战后闻名于世,但埃里克·赫莱纳和安东里奥·罗萨莱斯(Eric Helleiner and Antulio Rosales,2017)强调了在两次世界大战之间,该地区在有关欧洲中心主义、帝国主义、依附性和区域合作方面作出的前期和整体的贡献。两位秘鲁思想家维克多·劳尔·阿亚·德·拉·托雷(Víctor Raúl Haya de la Torre,1895—1979 年)和何塞·卡洛斯·马里亚特吉·拉·奇拉(José Carlos Mariátegui La Chira,1894—1930 年)的著作尤为重要。阿亚认为,拉丁美洲的政治思想是从欧洲借鉴来的,而没有考虑到拉丁美洲(或他所说的"印度美洲"Indoamerican)的背景和条件。他拒绝接受这样的观点,即欧洲的思想,包括他所信仰的马克思主义,如其拥护者所宣称的那样具有普世性;世界各地发展了不同的世界观,反映了当地的历史和条件。因此,"我们必须认识到,将欧洲的学说和解释准则在全球范围内简单化地应用于我们的环境,(这件事)应该进行深层次地修改"(引自 Helleiner and Rosales，2017:673）。阿亚的思想是区域主义的，呼吁"印度美洲"的经济民族主义，将边缘化的土著人纳入其中。此外，他还挑战列宁关于帝国主义是资本主义最高阶段的理论。虽然在欧洲可能是这样，但对拉丁美洲来说，这是第一个阶段。然而，这一观点受到了马里亚特吉的挑战，他接受了列宁的立场。两人都发展了早期的依附理论，但马里亚特吉尤其担心秘鲁严重依赖由外国利益集团控制的大宗商品出口以及由此而来的易受商品价格波动影响的脆弱性。马里亚特吉比阿亚走得更远，他认为，该地区的社会主义发展思想应纳入该地区土著人民的价值观，从而为拉丁美洲的发展概念增加更多的地方背景和施动性。但是马里亚特吉反对阿亚主张革命者和小资产阶级组成"统一战线"来反抗帝国主义。马里亚特吉的立场与来自印度的国际马克思主义思想家和活动家马纳本德拉·纳特·罗易（Manabendra Nath Roy，1887—1954 年）的立场相类似，他是墨西哥共产党的创始人，此前他曾挑战列宁在 1920 年提出的建立广泛反帝国主义联盟的立场。这些想法和争论是后来拉丁美洲国际关系思想发展的先驱，包括但不限于依附理论。正如赫莱纳和罗萨莱斯（Helleiner and Rosales，2017:671）所指出的，阿亚对欧洲"一元论"普遍主义的排斥，以及他对区域变化和适应的敏感性，是全球国际关系学中我们关于本地化和多元普遍主义思想强有力的先驱。

在拉丁美洲，国际发展的概念也是以具体形式出现的。20 世纪 30 年代，拉丁美洲国家提出了发展的想法，并设法建立一个泛美银行（IAB），以便美国为这些国家的发展提供资金。虽然泛美银行计划胎死腹中，但其提议无疑影响了美国最初关于布雷顿森林体系机构——国际货币基金组织（IMF）和世界银行（World Bank）的草案（Helleiner，2014）。事实上，赫莱纳向我们展示了拉丁美洲国家以及中国和印度是如何在 1944 年的布雷顿森林会议上作出重要贡献的。

拉丁美洲对国际关系的另一个贡献领域是人权。在讨论拉丁美洲对人权贡献的关键里程碑时，凯瑟琳·辛金克（Kathryn Sikkink，2016:122—133）提到了 1945 年由 19 个拉丁美洲国家参加在墨西哥城举行的美洲战争与和平问题会议。三年后，包括美国在内的 21 个国家于 1948 年 4 月在哥伦比亚波哥大签署了《美洲人的权利和义务宣言》（American

Declaration of Rights and Duties of Man)，该宣言比 1948 年 12 月 10 日
通过《世界人权宣言》早了 7 个月。虽然这些拉丁美洲的首创始于 1945
年到 1948 年，先后成为 1945 年起草《联合国宪章》和 1948 年《世界人权
宣言》的先导，但是帕奥罗·卡罗萨(Paolo Carozza，2003：282、311)认
为，它们反映了该地区"人权观念长远深厚的传统"，这传统是通过这个地
区反对西班牙征服的斗争、美洲大陆的自由共和革命以及特别强调社会
和经济权利的 1917 年的墨西哥宪法发展而来。卡罗萨(Carozza，2003：
311—312)进一步认为，拉丁美洲不断发展的人权思想"其取向具有很强
的普遍性，建立在所有人平等尊严的基础上"。拉丁美洲国家"产生了一
种强烈热爱自由和平等的宪法权利语言"。

## 中东

　　在两次世界大战之间，泛伊斯兰主义和泛阿拉伯主义是中东的两个
主要"主义"或思潮，它们与民族主义密切相关，塑造了阿拉伯世界的国际
思想和行动。泛阿拉伯主义和泛伊斯兰主义在推进非殖民化方面可能有
着相似的目标，但泛阿拉伯主义是一种更为世俗的现象。阿拉伯人作为
一个国家的观念，无论是在文化上还是在政治上，主要出现在第一次世界
大战期间，当时发生了阿拉伯起义(Arab Revolt)来反抗奥斯曼帝国。当
时最著名的支持者之一是麦加的谢里夫侯赛因·伊本·阿里(Hussein
ibn Ali)，英国支持他对抗奥斯曼帝国，支持他建立"一个从阿勒颇到亚丁
的统一的阿拉伯国家"。[8]但由于依赖英国的支持，阿里淡化了泛阿拉伯主
义中宗教的方面。泛阿拉伯主义表现出与西方世俗民族主义的密切联
系。黎巴嫩和叙利亚的知识分子在发展泛阿拉伯主义方面发挥了重要作
用，他们受到西方思想和西方制度——叙利亚新教学院(后来的贝鲁特美
国大学)——的影响(Antonius，[1938] 2001)。20 世纪 30 年代，泛阿拉伯
主义受到马克思主义的影响，获得了更多的知识力量。20 世纪 40 年代，
米歇尔·阿弗拉克(Michel Aflaq)和萨拉赫丁·比塔尔(Salah al-Din
al-Bitar)创建了阿拉伯复兴社会党(Baath)，这是泛阿拉伯运动的另一个
高潮，尽管它没有十分有效地发挥作用。有趣的是，尽管埃及作为阿拉伯
世界的一个知识和政治中心具有历史重要性，但埃及对泛阿拉伯主义的

兴趣一直很低。埃及的民族主义，而不是泛阿拉伯主义，是 20 世纪三四十年代埃及的民族主义的主流。然而，在贾迈勒·阿卜杜勒·纳赛尔（Gamal Abdel Nasser）的领导下，埃及在第二次世界大战后成为一种更激进、更国际化的泛阿拉伯主义的源头。

西方对泛阿拉伯主义及其世俗倾向的影响被泛伊斯兰主义所排斥，而泛伊斯兰主义则把自己呈现为另一种选择。泛伊斯兰主义由于身份基础的不同而一般站在民族主义的对立面。1923 年土耳其废除哈里发制，在谁将继承这一头衔的问题上产生了政治分裂，与奥斯曼帝国时代相比弱化了泛伊斯兰主义（Hashmi, 2009:181—186）。与泛阿拉伯主义相反，泛伊斯兰主义担心伊斯兰价值观的侵蚀，反对西方化和世俗主义。埃及人哈桑·班纳（Hassan Al-Banna）于 1928 年创建了穆斯林兄弟会（Muslim Brotherhood），这是泛伊斯兰主义演变过程中的一个高潮。

泛阿拉伯主义和泛伊斯兰主义的共同目标是反对威斯特伐利亚式的民族国家。这将导致第二次世界大战后重大政治斗争和区域冲突，塑造中东的国际思想和路径，尽管民族国家的概念将保持弹性，并在泛阿拉伯和泛伊斯兰主义潮流中占据上风（Barnett, 1995）。

### 非洲和加勒比（国家）

泛非主义与其他泛民族主义运动的不同之处在于，如第二章所述，最初的推动力不是来自非洲大陆的领导人，而是来自美国和加勒比地区的非裔美国人。威廉·爱德华·伯格哈特·杜波依斯（W.E.B.Du Bois）仍然是一个重要的人物。杜波依斯关注的是"肤色界线问题"，这不仅是美国的内部问题，而且是整个世界的一个更大的问题，包括在非洲的非洲人。20 世纪 20 年代的泛非领导人，如牙买加出生的马库斯·加维（Marcus Garvey，1887—1940 年），强调了大西洋两岸黑人的集体历史和共同经历。加维拥护黑人国家主义和泛非主义，认为共产主义对白人的好处大于对黑人的好处。他创立的"世界黑人促进协会"（The Universal Negro Improvement Association）和"非洲共同体联盟"（African Communities League）成为推动这种思想走向国际舞台的组织（Kuryla, 2016）。在两次世界大战之间召开了至少四次泛非大会，从 1919 年在巴黎开始，到1927年在纽约结束。并非所有这些(行动)都有效,但它们促使非洲人社会化,并将火炬从外部传递给非洲人。随着运动的进展,运动中心从非洲裔美国人转移到非洲国家的非洲人。这些会议强烈反对殖民主义,通过了呼吁去殖民化和独立的决议,同时仍把重点放在种族歧视上。[9]泛非运动也赞同这一意见,即发展不足和国际上为解决这一问题所作的努力不足。杜波依斯在提倡"黑人资本主义"观点还是提倡更多的社会主义,以及马克思主义导向的黑人与白人发展的制度化差异的思想之间摇摆不定。

非洲、加勒比海地区美国黑人民族主义运动的活动家和思想家们在人和知识方面的密切联系也体现在来自特立尼达的C.L.R.詹姆斯(C.L.R.James)开创性著作中。他的小册子《西印度自治案例》(*The Case for West-Indian Self Government*)(James,1933)是英属西印度群岛第一个呼吁民族独立的重要宣言(Fraser,1989)。《世界革命》(*World Revolution*)(James,[1937]2017)分析了共产国际的历史,重点是其内部的争论。尽管他同情并参与托洛茨基运动,但他将挑战托洛茨基的主张,呼吁黑人解放运动独立于托洛茨基党先锋队。詹姆斯的《黑人雅各宾派》(*The Black Jacobins*)(James,[1938]1989)仍然是马克思主义研究18世纪90年代海地奴隶革命的经典著作。这一时期的另一部重要著作是艾里克·威廉斯(Eric Williams)的《资本主义与奴隶制度》(*Capitalism and Slavery*)(Eric Williams,[1944]1994),他在1962年至1981年间担任特立尼达和多巴哥的首任总理。《资本主义与奴隶制》研究了奴隶制是如何促成英国资本主义的大规模积累和工业革命的,并认为1807年英国最终废除大西洋奴隶贸易和奴隶制不是出于人道主义的考虑,而是出于经济上的原因,因为英国工业经济对雇佣劳工的日益依赖,使奴隶制在经济上变得低效和冗余。

# 结　　语

反殖民主义是许多外围地区国际关系研究思想的共同主题和动机。在那些仍被西方列强殖民或高度渗透的地区,情况尤其如此。这些地区常常与地区主义和泛民族主义交织在一起，而后者通常可能与民族主义存在微妙的关系。泛民族主义可以为反殖民主义提供一个支持框架，以补充更狭隘的民族主义运动。但是，即使存在某种种族（如非洲）、民族（如阿拉伯世界）或文化（如拉丁美洲、伊斯兰世界）同质性，泛民族主义和民族国家也可能陷入紧张状态。泛亚主义不包含任何明显的同质化因素，除了一个巨大而多样的共享地理范围，以及摆脱西方统治的愿望。这些泛民族和区域主义运动，就像两次世界大战之间的大多数西方国际关系研究一样，是规范性的/理想主义的。但是它们反对帝国主义，而不是强权战争。在两次世界大战之间的那些年里，帝国主义在殖民地知识分子中所占的地位，与战争问题在西方国际关系研究中所占的地位是一样的。两次世界大战之间的泛民族主义不仅关乎解放，而且关乎如何组织世界。即使在这个早期阶段，也开始出现对发展的关切，正如前述拉丁美洲和中国那样。不出所料，两次世界大战期间及以前的非西方国家的思想家们对国际发展的观点有很多话要说，其中一些观点早于西方对这一问题的思考。来自非西方世界的思想并不总是与西方思想一致，事实上，它们常常是与西方思想对立的。这在一定程度上是因为这些思想在本质上和起源上基本上都是反殖民的。这些运动包含了各种立场，包括理想主义和现实主义。它们经常强调要逃离西方文化以及代替西方文化。但有时，最明显的是日本的泛亚主义——在某种程度上是中国的泛亚主义——提出地区霸权是对抗西方统治的必要手段。拉美国家对主权平等、不干涉、人权和反霸权主义的长期兴趣，可以被视为外围地区反殖民主义自然的后续立场。在 1945 年后的去殖民化之后，这种兴趣变得更为普遍。

当前西方关于国际关系的文献大多忽略了这些地区和泛民族主义思想作为国际关系学的来源。有趣的是，我们注意到在两次世界大战之间广泛使用的一篇布埃尔（Buell，1925:91）的文章中对这些观点的态度，这篇文章将这些观点等同于种族主义，或"种族民族主义"，因此认为它们是反动的或种族中心主义的。这种承认种族在国际关系中是一股重要力量的观点，以及对第一次世界大战前和两次世界大战之间的思考，都很重要。这表明，国际关系学不仅产生于西方的理想主义与现实主义的分裂，而且还产生于西方与其他国家之间种族、经济和政治的分歧。有趣的是,布埃尔几乎没有区分欧洲的这些运动,如泛德运动或泛斯拉夫人运动、雅利安人、日耳曼人和北欧霸权主义,以及非西方世界的泛民族主义,如亚洲、非洲、拉丁美洲和阿拉伯世界。他没有区分他们各自的反动动机和解放动机。实际上,在大多数泛民族主义运动中,既有反动的,又有解放的。甚至自 19 世纪末以来,日本就以泛亚主义(以及亚洲人的亚洲)为幌子,发展了前一种动机更极端的版本,也发展了一种以冈仓天心等人为代表的更解放的观点。布埃尔(Buell,1925:92)认为西方的泛民族主义运动是冲突的根源,比纯粹由经济或政治原因引发的冲突更重要,因此预见了亨廷顿式的"文明冲突"。关于泛民族主义的"世界有色人种运动",其中包括泛非洲、泛伊斯兰、泛阿拉伯、泛图拉尼亚(土耳其)和泛亚洲运动,虽然种族对这些运动的产生很重要,但这些运动除了共同的"对欧洲和美国帝国主义的怨恨,以及对白人的剥削的怨恨"(Buell,1925:93)之外,几乎没有什么能够支撑它们自己。他认为,一旦帝国主义和统治地位等外部因素消失,这些运动就会消失。虽然布埃尔正确地指出帝国主义是这些泛民族主义运动的主要来源,但实际上,这些运动的动力因素和影响比他预期的更为多方面和持久。这些运动不仅包含了组织世界和该地区的愿景,还为制定后殖民时代国际关系的行为准则提供了基础,并为后来开创具有全球影响力的运动提供了思想支撑,如 1955 年的万隆会议和 20 世纪 60 年代的不结盟运动(Acharya,2009,2011a)。

# 结　　论

在两次世界大战之间,国际关系学作为一门学术科目被显著地制度化,主要在西方,特别是在盎格鲁圈中,但某种程度上也在更大的全球范围内。尽管如此,它与 19 世纪的国际关系学前身保持了许多连续性。与国际关系的实际实践相一致,中心国家的国际关系与外围地区的国际关系之间存在着相当明显的分离,在中心国家,国际关系学主要集中在中心国家的视角和问题上，而外围地区的国际关系思想主要是由反殖民主义驱动的。国际关系研究的主题、方法和理论的主要类型也有很多连续性，包括中心国家的自由主义、社会主义、现实主义、"科学"种族主义、民族主义、国际组织、国际政治经济学和地缘政治学，以及外围地区的反殖民主义和区域主义。殖民治理/发展仍然是中心国家和外围地区的共同主题，尽管角度不同。1945 年后构成国际关系学的大多数主要主题和理论已经就位，其中一些——尤其是女权主义和国际政治经济学——已经充分发挥了作用，但直到 20 世纪 70 年代才重新出现在 1945 年后的国际关系学中。此外，在中心国家和外围地区，尽管学术制度化，但仍然有非常大量的非学术因素参与了关于国际关系学的辩论，包括公共知识分子、倡导组织和政治话语。

在两次世界大战之间，国际关系学的常规讨论不仅夸大了理想主义的主导地位，而且夸大了理想主义者和现实主义者之间的差异，同时掩盖了每个阵营内部的差异（Long，1995:302—303；L.Ashworth，2014）。这些论述也偏向中心国家，而在很大程度上忽视了外围地区的国际关系思想。将后者纳入讨论范围，表明国际关系学的起源更加多样和复杂。在某些情况下，非西方的贡献遵循了西方的主导趋势，而在另一些情况下，它们又是独立发展的。例如，泰戈尔对民族主义和帝国主义的批评早于汤因比和 J.A.霍布森的帝国主义理论。两次大战之间的时期为依附论和后殖民方法进入国际关系学奠定了基础，即一旦去殖民化开始打破中心与外围的分离，并开始消除中心国家在国际关系现实和国际关系学中对外围地区的排斥，依附论和后殖民方法就能设法进入中心国家的国际关系学中。

一项关于国际关系理论起源的全球调查显示，该领域现有文献，包括那些试图质疑第一次大辩论想法的文献，都没有捕捉到国际关系学的多样性和复杂性。首先，诸如理想主义——现实主义辩论或理想主义、乌托邦主义和现实主义等分类过于简化，无法适应可以合理构成国际关系学来源的多种多样的思想和方法，也无法轻易地适应革命的或后殖民的分类，因为它们是第二次世界大战后在本领域的研究中逐渐为人所知。尼赫鲁在西方被普遍视为理想主义者（一个他拒绝的标签），甚至是自由国际主义者,他曾受马克思主义的吸引,并对大国联盟不屑一顾。

两次世界大战之间的国际思想超越了理想主义与现实主义的争论。虽然许多非西方思想家和领导人同意西方"理想主义者"关于战争的道德厌恶和有形危害的观点,但是他们也认同那些持有下述观点的现实主义者,即在非西方世界的殖民主义问题上西方的自由主义/理想主义是虚伪的。他们不接受卡尔所批判的"利益和谐"观点。他们也不承认两次世界大战之间的理想主义观点——即使不去努力根除殖民主义,也可以通过相互依存和国际机制来避免战争。西方理想主义者和现实主义者更关心的是西方国家之间的战争、国际无政府主义问题,帝国主义只是其附带关注的领域。但非西方世界的思想家主要关注帝国主义和殖民主义。这并不意味着他们不担心世界和平,但他们不相信仅仅通过消除欧洲列强之间的战争就能实现世界和平或秩序。这还需要解决帝国主义问题,在某些情况下还需要解决民族主义问题。

## 注 释

1. www.aber.ac.uk/en/interpol/about/history/(Accessed 29 September 2017).

2. http://blogs.lse.ac.uk/internationalrelations/2017/04/26/foundation-and-history-of-the-international-relations-department/(Accessed 29 September 2017).

3. www.cfr.org/who-we-are(Accessed 29 September 2017).

4. https://cir.uchicago.edu/content/about(Accessed 29 September 2017).

5. 该学院因与耶鲁新校长发生冲突,大批教员投奔普林斯顿大学,随后关闭。

6. 奥尔森和格鲁姆(Olson and Groom, 1991:74—75)提出了一个很好的观点:"……在专制国家中,对国际关系或外交政策的研究只能作为对国家政策的解释和辩解而存在。"这为盎格鲁圈和民主国家在国际关系研究中占据主导地位提供了解释,而且这也与后文所论述的日本、苏联和中国的内容相关。

7. 正如卢西安·阿什沃思(Lucian Ashworth, 2014:147—171)指出,对于国际联盟的态度比起简单的左右分立要复杂得多。许多保守派都是国际联盟的坚定支持者,许多左翼反对它。从当时的现实政治中简单地提炼现实主义/理想主义分歧是不可能的。

8. "The Two 'isms' of the Middle East", *Aljazeera News*, www.aljazeera.com/focus/arabunity/2008/02/200852518534468346.html(Accessed 5 October 2018).

9. "Anticolonial Movements, Africa", http://what-when-how.com/western-colonialism/anticolonial-movements-africa/(Accessed 27 May 2018).

# 第五章
# 1945 年以后的世界：
# 冷战与去殖民化的时代

## 引　言

　　本章将接续第三章遗留下来的国际关系史写作的故事线索，从第二次世界大战结束开始讲起。我们认为，不管是在规范层面还是在物质层面，第二次世界大战均给当时的全球国际社会（GIS）带来了诸多重大变革；这场大战完全可以被视为从 19 世纪以来建立并延续到第一次世界大战结束后的、以"西方-殖民"（Western-colonial）为特征的全球国际社会 1.0 版，向 1945 年以后的以"西方-全球"（Western-global）为特征的 1.1 版的全球国际社会转换的标志。之所以称其为 1.1 版而非 2.0 版，是由于这类繁多且重大的变革发生在原体系/社会之内，而不是该体系/社会自身的变革。国际关系仍是一套以国家为基本单位构成的体系，而此前的诸多首要制度仍然在发挥作用。

　　下一节将简要总结 1945 年以来的全球国际社会对此前国际社会之间的连续性与非连续性，而再接下来的一节则将更为详细地阐述在 1945—1989 年间 1.1 版全球国际社会的主要议题：冷战与去殖民化的时代。

# 1945年以前世界的连续性与非连续性

如第三章所述，两次世界大战之间的这段时期与1914年之前有着很强的连续性（continutity）。而非连续性（discontinuity）主要来自第一次世界大战本身，其所造成的死亡、破坏和损失的规模形成了强大的冲击波；这一冲击波在相当程度上放大了防御困境，促使人们质疑大国战争的可行性。相比之下，第二次世界大战给全球国际社会的物质与观念的结构带来了诸多重大变革（Buzan and Lawson，2014a）。第二次世界大战不仅在死亡、破坏和损失的规模方面远远超出了第一次世界大战，而且还增加了核武器幽灵；核武器极大加剧了人们对于战争的恐惧，也向全世界清楚地表明人类种群自我灭绝的可能性。如果说第一次世界大战预示着新的世界大战有可能摧毁西方文明，核武器的出现则表明人类种群有可能走向灭绝。冷战时期与两次世界大战之间的时期最大的连续性恐怕体现在防御困境的进一步强化上，否则这段故事也只不过是全球国际社会结构内部的变革。

1945年以后迅速出现的冷战秩序通常用两极一词来概括，在某些方面，这样说是有道理的[1]。美国和苏联是第二次世界大战的大赢家，并迅速成为军事力量和意识形态竞争的两个主导核心。它们在欧洲和东北亚之间的停火线成为划定新世界秩序的分界线。这是一场"东-西"之间的对立，是自由-民主-资本主义与集权-共产主义-计划经济之间的全球意识形态竞争，决定谁将主导现代性的未来。大型核武库与洲际远程运载系统的发展，迅速将这两个"超级大国"与其他大国区分开来。传统的几个大国都跌落到二流的普通大国地位，甚至更糟。德国和日本被占领、解除武装，并从属于两个超级大国。这两个国家尽管很快恢复了经济实力，但它们既在很大程度上丧失了参与传统国际竞争的政治意愿和国际合法性，又丧失了作为自主完备的大国应有的政治独立。德国问题通过把国家分裂成分别隶属于苏联阵营与美国阵营的两个部分而获得了解决。英国也在赢家之列,并在短时间内扮演了第三个超级大国的角色,但由于经济的疲软和帝国的失落,英国很快沦为了普通的大国。法国在平复它曾经的失败与重塑大国地位的过程中步履蹒跚。欧洲从世界政治与均势实践的中心堕落为超级大国之间竞争的战利品。其他西欧国家的主要注意力从维持全球帝国转向寻找地区一体化的道路,以及如何将美国留在北大西洋公约组织(NATO),以便保护它们。日本则成为美国在西太平洋地区的附属盟友和前沿基地。

尽管两极故事是主流,但这并不是定义这个时代的唯一话语;从长远的历史角度来看,两极故事甚至可能还算不上主流。另一个重大故事是"南-北"关系背景下的去殖民化。两极定义了两个超级大国阵营、两种对立的现代化方向和两种意识形态,去殖民化则定义了第三世界,并在两极结构之外确立了不结盟的立场。两极故事的主角是中心地区的大国,这些国家享有特权,而外围地区的国家则被边缘化。这与始自两次世界大战之间的大国故事是连续的,它主要关注大国之间的竞争,而持续存在的殖民主义让外围国家基本上被排除在国际关系之外。但是从 1945 年开始,去殖民化从根本上改变了 1.0 版以"西方-殖民"为特征的全球国际社会的面貌。作为全球国际社会的制度,种族主义和殖民主义丧失了的合法性,随着主要来自非洲和亚洲的 100 多个新主权国家的加入,全球国际社会的成员增加了两倍。以"西方-殖民"为特征的全球国际社会 1.0 版转变为了 1.1 版以"西方-全球"为特征的全球国际社会:就经济地位的主导和从属方面来看,国际社会依然维持着"中心-外围"的格局,但外围国家如今已经有了自己的政治立场和发言权。世界政治经济形势出现了双重分裂:东-西分裂和南-北分裂。以往,"文明的"中心国家之间发生的国际关系、宗主国中心和殖民地外围之间的殖民关系存在清晰的划分,1945年后,这一分野被打破,中心地区的国际关系和中心-外围的殖民关系两种要素日益融合为一个单一的故事。

尽管"东-西"故事与"南-北"故事所讲述的大不相同,各有其动力与结果,但其间也有相互关联之处。两个超级大国及其盟友为了在第三世界扩展影响力和拉拢盟友而相互竞争,而这类竞争的成败也成为两大意识形态斗争成败的参照。从另一个方向看,第三世界国家挑动超级大国之间鹬蚌相争,以最大限度地获取经济和军事资源。中国在东-西和南-北两种故事中处在一种尴尬的位置。尽管中国是一个发展中国家,但对于第三世界而言,它表现得更像是一个大国而非第三世界的一员;在意识形态与权力的两极结构中,中国越来越成为一个第三者(the third wheel)。

# 全球国际社会 1.1 版:1945—1989 年间国际关系的主题

为了把握冷战期间国际关系的主题,我们不仅需要详细了解两极结构,而且需要关注"中心-外围"结构的转型和去殖民化所带来的关系。因此,本节关注中心地区、外围地区和两者之间的关系的核心主题。如同之前的日本,中国的故事需要单独讲述,中国的故事在某种程度上既与这个框架相脱离,但又关联在一起。

## 中心地区

两个关键性的主题主导着 1945 年至 1989 年间的中心地区国际关系的发展走向,并将之与两次世界大战之间的国际关系区分开来,即权力分配格局从多极转向两极,和由核武器所引发的军事领域的革命。

亚力克西斯·德·托克维尔在其著作《论美国的民主》中明确断言,尽管俄国和美国所选择的发展道路不同,它们作为正在崛起的大国,迟早有一天会主宰世界(Tocqueville,[1835]2006)。到 1945 年,他的地缘政治预言成为现实。战争损毁了所有其他传统强国的地位。德国和日本被击败、粉碎并被占领;英国、法国和意大利遭受了重创,资源枯竭、濒临破产。美国安然无恙,在金融、工业、军事和政治上都处于主导地位。苏联的经济严重受损,伤亡惨重,但仍保持着强大的军事和政治实力。它长期占领了东欧和东德。

这种极性的转变以"超级大国"这个新术语为标志,但"两极"的含义远不止一种新的物质上的权力配置。尽管美苏两国在意识形态上存在巨大分歧,两国最终还是携手战胜了法西斯主义。这一合作的成功将两次世界大战之间的意识形态三分局面转变为一种更简单也更激烈的二元对立关系:一边是民主资本主义,另一边是集权主义的指令性经济。问题仍然是政治经济现代化的道路之争,但此时已经减少为两种针锋相对的选项。法西斯主义的湮灭也使狭隘的、种族主义的现代性模式从竞争序列中消失。尽管美国和苏联分别代表了两种完全对立的意识形态,但与法西斯主义不同的是,美苏都代表着普世主义的意识形态。原则上,任何人都可以接受它们的生活方式和政治经济模式,并被纳入其中,二者都认为自己代表现代性的未来。这使美苏彼此之间的竞争成了激烈的零和博弈,这不仅迅速表现为两个超级大国的两极化,也迅速发展为中心地区的两极化,出现了两个联盟(北约对华约)和两大经济体(经济合作与发展组织、关税及贸易总协定、国际货币基金组织对经济互助委员会的局面)。

尽管俄罗斯曾长期占领中亚,且在第二次世界大战后斯大林仍试图在土耳其、伊朗和利比亚立足(Westad,2007:57—66),但苏联仍在意识形态上占有优势,第三世界国家并没有将其现代性模式与殖民主义联系起来。相反,西方资本主义在第三世界普遍被认为是殖民不平等和剥削的直接延续,是对第三世界国家新近获得的主权的威胁。然而,两个超级大国都以自己的方式反对殖民主义,都反对欧洲列强与日本曾奉行的旧式帝国主义,这意味着与两次世界大战之间的时期相比,中心地区的主导大国在角色和观念方面发生了重大的意识形态转向。美国于1946年给予其殖民地菲律宾独立。但从两个超级大国都寻求建立非正式帝国、培植或建立代理人、基地和保护国的方面来考虑,它们的反殖立场是相当虚伪的。特别是苏联,1945年后它对东欧进行了几乎不加掩饰的帝国主义性质的军事和政治占领。但这种反对殖民主义言论很重要,因为它是推翻全球国际社会中殖民主义与种族主义制度的几种力量之一。

如上所述,尽管"两极"这一概念具有引人注目的简洁性和表面上的适用性,但它始终是界定中心地区结构的一种不太准确的说法。它不仅没有考虑到一群虽非"超级"(super)但也依然"强大"(great)的老牌大国(比如西欧国家和日本),而且排除了一个崛起中的、在外观和行为上越来越像体系中第三个"极"的中国。随着德国和日本经济的重建,它们开始对苏联形成竞争（就日本而言，经济上甚至超越了苏联），"强大"和"超级"之间的区别也开始动摇。德国和日本成为了经济体量巨大的"平民大国"（civilian powers）（Maull，1990）；英国和法国都拥有了核武器，且有能力在全球范围内展开军事行动。两极概念同样也忽视了欧洲经济共同体（EEC）作为一种新兴力量在世界舞台上的稳步崛起。

即使就美国和苏联之间的关系而言，两者都作为超级大国所暗含的平等地位也经不起仔细推敲（Dibb，1986）。只有在用来描述军事方面时，两极概念才可能是最合理的。苏联尽管在技术上常常落后于美国，但它竭力争取并维持军事实力的对等。起初，苏联在战后仍然保持战争动员，而美国很快遣散了大规模的战时部队，转而依靠对核武器的垄断。苏联在1949年进行了自己的核武器试验，在20世纪50年代的一段时间内甚至还取得了导弹运载系统方面的领先地位。朝鲜战争（1950—1953年）迫使美国重新动员，从那时起，两国在常规武器、核武器和核武器运载系统领域展开了全方位的军备竞赛。到20世纪70年代，苏联成功实现了与美国核力量的对等。在整个冷战期间，苏联地面部队的规模均超过了西方，但尽管其海军扩张，苏联始终未能取得可以与美国相匹敌的全球海军力量。苏联必须竭尽全力才能维持住军事上的对等地位。公道地说，当美国拥有军工复合体时，苏联或多或少自身就是军工复合体（Buzan and Hansen，2009：76—77）。除了基础商品之外，苏联经济基本不生产其他产品，而且它不得不花费其较少的国内生产总值中的较大比例用于国防开销，来紧跟美国的步伐。[2]

在经济领域，苏联宣称的超级大国地位最为薄弱。在20世纪50年代和60年代的一段时间里，苏联的道路看起来还不错。战后的复苏带来了强劲的增长率，在钢铁和能源生产等方面，指令性经济看起来是西方资本主义一个有可能成功的挑战者。20世纪60年代初访问美国时，尼基塔·赫鲁晓夫（Nikita Khrushchev）曾夸口说："我们将埋葬你们。"这句名言所指的不是军事威胁，而是消费品生产。这句话的可信性不仅来自苏联在军事技术和生产上取得的成就，也源于其在太空竞赛中的早期成功，成功的标志是1957年人造卫星斯普特尼克（Sputnik）的发射。但到了20世纪70年代，赫鲁晓夫自吹自擂的空洞性变得越来越明显。苏联经济在消费品生产方面的表现不佳,在军事领域以外它也未能有所创新,以跟上其他地区技术进步的步伐。到20世纪70年代末,日本已经成为世界第二大经济体,[3]它在电子消费品、摩托车、汽车、高速列车和生产技术方面的创新震惊了世界。在20世纪80年代的一小段时间里,日本甚至有可能超过美国成为世界上最大的经济体(Vogel,1980)。相比之下,苏联摩托车工业仍在生产名为乌拉尔(廉价但质量低劣)的20世纪40年代宝马(BMW)仿制品,其设计和设备都是战后从德国工厂掠夺来的。苏联的国内生产总值在1970年略低于美国的一半,到1980年又下降到了三分之一;20世纪80年代苏联经济陷入停滞,到1990年下降到了不到美国的七分之一。[4]当中国在20世纪70年代末放弃计划经济模式转而拥抱市场经济时,不祥之兆已经出现。苏联的经济模式虽然使其取得了军事领域的成功,但在财富、消费品生产和创新方面却明显跟不上资本主义经济的步伐。到20世纪80年代末,资本主义在争夺现代性的经济前景的斗争中显然成为了赢家。

政治领域的情况也与此类似。起初苏联做得很好,看起来很强大。它赢得了许多赞誉,它既是反法西斯战争的胜利者,又在挑战美国经济和技术领先地位方面取得了早期的成功。其威权式发展的指令性经济模式吸引了许多第三世界国家领导人,同样吸引他们的还有苏联对资本主义和西方的反对,而这都与殖民主义和剥削有着密切的联系。苏联把中国、印度、越南、埃及和古巴发展成它的主要伙伴,其革命主义、社会主义和发展主义在非洲的大部分地区和部分中东地区也很受欢迎。马克思主义政党在西欧的许多地方都很强大,而受马克思主义启发的革命运动在拉丁美洲也曾普遍盛行。

但苏联最初的政治光环很快开始褪色。它1956年对波兰和匈牙利,1968年对捷克斯洛伐克的残酷镇压,使它看起来更像是一个帝国,而不是意识形态鼓舞的源泉。20世纪50年代末,苏联转向与中国对抗,又分裂了全世界对共产党的忠诚。从20世纪70年代开始,其相对较差的经济表现变得越来越明显,削弱了其现代性未来的主张。其领导的继任者是一群令人沮丧的老朽的党内官僚,1979年对阿富汗的入侵,以及随后长达10年的战争,再一次使其在第三世界的许多人眼中,看起来像一个帝国主义强权。与资本主义社会的流行文化、时尚、大众娱乐、公开辩论和丰富的消费主义相比，除了在体育和高雅文化方面取得了一些显著的成就外，苏联社会显得灰暗而沉闷。一旦米哈伊尔·戈巴乔夫（Mikhail Gorbachev）解除了干涉的威胁，苏联在东欧的帝国迅速瓦解了，这对苏联的政治合理性而言是致命的一击，随后苏联自身也迅速解体。

20 世纪 80 年代中期，苏联已经输掉冷战的迹象变得越来越明显，换句话说，资本主义所代表的政治经济模式正在赢得冷战。渐渐地，庞大的核武库以及与美国总体核力量的对等，成为支撑苏联作为超级大国仅剩的基础。

与苏联相比，美国实际上是一个全方位的超级大国。它的所有武装部队，而不仅仅是其核武器，都具有真正的全球投放能力。美国在第二次世界大战期间大规模展示了这种实力，在欧洲和日本的军事部署，以及在韩国和越南进行的远距离战争中再次证明了这一能力。凭借其遍布全球的基地网络，在多个大洋中的舰队部署以及巨量的海运和空投能力，美国能够且经常在第三世界国家和共产主义阵营的周边地区开展军事行动。在经济上，美国是一个包括所有主要资本主义经济体在内的金融和贸易体系的核心，而这个体系深深渗透进第三世界国家。如上文所述，经济合作与发展组织、关税及贸易总协定和国际货币基金组织可以被看作西方经济集团的工具，也许更应该被看作共产主义集团选择将自身排除在外的全球经济的若干制度。随着苏联经济的衰落，西方经济体系的全球性变得更加明显。

那些在第三世界寻求减轻经济剥削并改善自身发展的人意识到他们仍处在中心-外围的世界经济运行之中，并且处在依附的不利地位上。它们抱怨工业化中心地区与供应原材料的外围地区之间的贸易条件，使其陷入困扰资本主义体系各种各样的不稳定和危机之中（石油和债务）。许多第三世界国家受到了 20 世纪 70 年代石油价格上涨的恶劣影响，特别是拉丁美洲受到 20 世纪 80 年代债务危机的严重影响。尽管也出现了动荡和国内发展的起起落落，美国经济在整个冷战期间仍在根本上保持住了强劲、创新与繁荣。随着欧洲和日本在 20 世纪 50 年代和 60 年代的复苏，美国失去了 1945 年那种相当极端的经济主导地位，但它仍然是维系自由主义国际经济秩序的核心。随着亚洲"四小龙"的发展和繁荣,反观20世纪80年代的苏联,美国仍然有底气宣称自己的道路代表了现代性的未来。

美国还享有一种吸引了许多人的意识形态和社会。与苏联一样,美国也作为击败法西斯主义的主力军而获得巨大信誉。随着战后世界迅速两极分化,为一场意识形态间的零和之战,美国将自身定位为所谓"自由世界"(free world)的堡垒和捍卫者。在意识形态上,美国提出个人主义、资本主义、民主和人权,以反对共产主义集团提出的集体主义、计划经济、极权主义和党/国家至上主义。作为一种社会,美国提供了社会流动性的理念;个人应该而且能够根据他们自己的才能和努力工作,而不是基于出身或意识形态上的忠诚而获得成功的权利。尽管美国社会始终存在种族歧视,但这一理念吸引了数百万移民到美国追求"美国梦"。尽管美国的外交政策经常在西方和第三世界国家引发强烈抵制,美国社会始终保持着吸引力。人们可能一方面示威反对越南战争和美国的其他干涉行动,或反对美国的核武器和威慑,另一方面又依旧穿着美国运动衫,仰慕约翰·肯尼迪和马丁·路德·金等鼓舞人心的美国领袖,并时常想要移民到美国。

就中心地区而言,两极分化是真实存在但又不均衡的,甚至除了军事领域,其他方面愈加严重。伊恩·克拉克(Ian Clark,2011:123—146)很好地捕捉到这一图景。他认为美国只在西方国家内部拥有总体上的霸权地位,在此范围内它才能提供安全保障、控制核扩散并创造自由的经济秩序。尽管如此,美国还是以全球和普世主义的术语展示了其霸权,并在某种程度上成功地使人们接受了这一观点。在相当大的程度上,美国创建了多边惯例和制度,限制自己的权力,足以使让美国的主张看起来真实可信,即使美国的领导地位一直受到共产主义阵营和许多第三世界国家的挑战。从这个角度很容易看出,20世纪90年代,单极如何成为两极的后继术语,用以描述体系的基本结构,我们将在第七章回到这个话题。

这一时期中心地区国际关系的第二个关键主题是由核武器所促成的军事革命。从1945年的第一次核试验开始,武器本身及其运载系统的技术发展就非常迅速。与19世纪晚期海军技术的快速变化一样,这种工

业/科学/军事的动力动摇了主要大国之间的关系。部分原因是这类技术
已经成熟，有条件快速发展；另一部分原因是超级大国和其他国家在其中
投入了大量资源。军用核弹头的爆炸当量从数千吨 TNT（trinitrotoluene，
三硝基甲苯）跃升至数百万吨，很快超过了任何人所能想到在军事用途上
爆炸当量的极值。发射准确度的提高使得大型的弹头失去了实用价值。
到 20 世纪 60 年代，这类武器可以通过导弹在 30 分钟内投掷到地球上的
任何地方。到 20 世纪 70 年代，导弹的精确程度已经从 50 年代的几千米
精确到几米。超级大国所部署的核弹头数量飙升至数万枚，其破坏力可
能达致史上"难得"的、可以轻易改变地球气候并消灭所有更高级生命形
态的水平。

　　核武器无与伦比的潜力对这一时期中心地区的国际关系造成了两个
方面的冲击。首先，它极大地放大了防御困境的逻辑和避免大国战争的
势在必行，这种势在必行在第一次世界大战之后就已经开始了。其次，这
种局面使得两个超级大国放下其他方面的深刻分歧，一起努力防止核武
器从少数几个大国圈子扩散出去。即便没有核武器的出现，第二次世界
大战造成的大规模死亡、破坏和损失也足以加剧防御困境。第二次世界
大战的战败国要比第一次世界大战的输家损失更大，许多战胜国也损失
惨重。但战胜国在一定程度上依然获益颇多，而有些国家，如美国，获益
巨大。即使最早的思想家（如 Brodie，1946），也清楚地认识到核武器的
重要性，即任何一场在超级大国间爆发的、使用了大量核武器的全面战争
将不会产生任何真正的赢家。核革命带来的难题是，如何在避免这样一
场战争的同时，还能寻求在一场谁将塑造现代性未来的意识形态零和博
弈中取胜。这道难题的解法是威慑，或者说追求一场"冷的"而不是"热
的"战争。

　　威慑是超级大国核关系的基本逻辑。其目的是让对方相信，在任何
情况下，谁先发动攻击，谁就要做好遭到毁灭性还击的准备。这一原则本
身很简单，但在相关技术变化迅速、生死攸关的决策可能必须在几分钟内
作出的情况下，要实现这一原则是很不容易的。关于挑衅和反应的
"如果-那么"推理链条的复杂性催生了大量与威慑逻辑相关的文献（对此
内容的评述请见 Buzan and Hansen，2009：66—100）。为了应付所有紧

急情况,两个超级大国构建起存量巨大且多样的核武器库。除了昂贵得可怕之外,这种威慑体系也存在某些切实的风险,无论事故(来袭导弹的虚假雷达读数)还是误判(一方逻辑搞错,或者以为第一次打击可能奏效的弱点)都有可能引发核战争。就事论事,"恐怖平衡"(balance of terror)确实奏效了,虽然有几次遭遇了危险而严峻的考验,最著名的例子就是1962年的古巴导弹危机,当时世界在核深渊的边缘徘徊了好几天。

通过防止超级大国间的核战争,威慑为美国和苏联开辟了另一条道路,使它们可以通过其他方式进行斗争:经济竞争;在世界各地拉拢朋友和盟友;尽可能颠覆对方的朋友、代理人和盟友;有时以地区冲突为契机发动有限战争。由于两极是不平衡的,冷战被建构成一场遏制博弈,在这场博弈中,美国试图阻止苏联进一步侵入西方-全球国际社会。在苏联方面,它试图打破遏制,并在任何可能的地方提升其意识形态影响。核僵局使得美国任何试图以重大的军事手段迫使苏联从其势力范围退却的行动都变得非常危险。威慑在很大程度上保留了1945年以来的停火线,将超级大国的竞争转移到了其他领域。

正如之前提到的,美国及其盟友最终赢得了经济竞争,并在这个过程中破坏了苏联意识形态事业的合法性。双方在寻求朋友、代理人和盟友方面都取得了成功,尽管在整个冷战期间美国取得了更大的成功。西方联盟体系更倾向于达成共识而非强迫,而苏联体系则倾向于相反的做法。苏联很快失去了中国,但却成功地维持了与印度的基于共识的友谊。苏联解体后,美国联盟的继续存在,证实了美国联盟共识的分量。两个超级大国都未能在代理人战争中取得重大的成功。20世纪70年代,美国在越南陷入了代价高昂的泥潭,并在此屈辱地战败了,1975年被迫撤出。20世纪80年代,苏联在阿富汗也陷入了代价高昂的泥潭,也在此处耻辱战败,并被迫于1988年至1989年期间撤军。两个超级大国都花费巨资来支持中东的代理人,但却未能对各自代理人的表现施加多大的影响。1979年,美国眼睁睁地看着把伊朗作为主要盟友的投资打了水漂;1973年后,苏联失去了埃及。它们对非洲地区内战的干涉加剧了当地的流血冲突,但没有能够牢固地重塑这个地区,使其对自己一方有利。即使苏联非常成功地把革命后的古巴纳入其阵营,随之引发了1962年令人极度紧张的导弹危机,此后古巴成了苏联沉重的负担。超级大国在第三世界国家的干涉和竞争也威胁到了中心地区威慑关系的稳定。人们担心代理人之间、尤其是中东地区的冲突,可能会走向失控,将超级大国拖入一场不必要的直接对抗。对这一问题的担心使其成为威慑思想的一部分,即如何控制冲突从低到高的逐步升级,这种升级可能导致不可阻挡的使用核武器的压力。

在有关防御困境和避免战争的问题中,有一个问题是如何阻止核武器的传播/扩散("扩散"是选定的术语)。遏制核扩散的紧迫性在一定程度上与超级大国的地位有关,因为大型核武库是象征这种地位的一个关键指标。超级大国容忍、甚至在一定程度上帮助了少数几个主要盟友,如英国、法国和中国就借此获得了核武器。这些二流拥核国家(NWSs)将其武库保持在较小的水平,因此使得超级大国能够将大型武库作为其地位的标志。除此之外,超级大国一般反对核扩散,并在 20 世纪 60 年代共同建立了一个核不扩散制度。通过控制核技术和贸易,将军事与民用核技术分开,这一制度旨在使较小的国家难以获得核武器。此外,超级大国,特别是美国,利用向其盟国提供"核保护伞"("延伸威慑")的技术性手段,来减弱其代理人和盟国获取自己的核武器的动机。

核不扩散在一定程度上是出于超级大国的利益,一方面是为了维护它们的特殊地位,另一方面是为了避免核武器扩散对它们之间本已十分复杂和微妙的核威慑关系的稳定造成更复杂的影响。但核不扩散在一定程度上也与无核国家(NNWSs)的利益有关。人们普遍认可这样一种观点,即能扣动扳机的手指越多,不管是出于蓄意还是偶然,核武器被使用的可能性就越大。核战争显然不符合任何人的利益,因此核武器只是某种力量的证明,既然在《核不扩散条约》(Non-Proliferation Treaty)中正式规定了拥核国和无核国之间的区别,那么核武器的合法性就要面对长期的压力。该条约要求各个拥核国要尽量裁减核武器,它们只是在口头上应付差事,从未认真履行过。许多无核国家也接受了核不扩散机制,因为它们不希望在其邻国可能拥有核武器的情况下,不得不承担获得核武器的费用和风险。这个机制运作得并不完美。一些二流拥核国将技术泄露给了第三方。随着时间的推移,一些发展中国家(印度、巴西、阿根廷、南非、朝鲜、伊朗)都有能力培养自己的核专业人员。不过通过提高成本和减少刺激的措施,基本可以肯定核不扩散制度显著减缓了核武器的扩散。它使德国和日本更容易接受无核国家的地位,使瑞典、瑞士、韩国等国家决定不寻求拥有核武器。[5]

## 外围地区

外围地区国际关系的核心主题是去殖民化。在 1945 年以后的三十年间,广大的殖民世界获得了政治独立,前几章所讨论的反殖民运动也显现出来。这一进程以暴力和和平的多种形式持续到 1975 年,殖民主义作为一种中心与外围地区间不平等的正式政治结构走向了终结。第二次世界大战后,阿拉伯民族主义呈现出更加好战的特性,其大部分都是针对新成立的以色列。马丁·克雷默(Kramer,1993:184)指出:"阿拉伯民族主义,在 1920 年后成为'反帝国主义',到 1948 年后又成为'革命'。"然而在亚洲,反殖斗争的形势更为复杂,印度尼西亚、越南和缅甸(特别是在大战期间)爆发了武装斗争,而马来亚民族主义者则采取了更为温和的外交解决方式。1947 年印度的独立有力地推动了其他民族通过政治和外交途径取得独立。随着许多亚洲国家,包括印度和巴基斯坦(1947 年)、锡兰(1948 年)、缅甸(1948 年)和印度尼西亚(1945 年宣布独立,但到 1949 年才被荷兰人承认),在第二次世界大战后立即获得独立,非洲成为了反殖斗争的中心舞台,第一个撒哈拉以南的国家加纳在 1957 年获得了独立。促成非洲反殖民运动的因素包括:1941 年的《大西洋宪章》承认支持同盟国的国家拥有民族自决的权利(美国希望普遍实行这一点);欧洲殖民列强的衰弱;20 世纪 40 年代亚洲国家独立的刺激和影响;联合国大会所施加的外交压力;以及国际公众舆论、人权和自决的规范等。

在反殖民主义运动形成的过程中,民族主义、反殖民主义和区域主义思想也在齐头并进。在第二次世界大战后的西欧,区域主义被视为打破造成两次世界大战的民族主义魔咒的必要手段。但整个 20 世纪非西方世界的领导者却以截然相反的方式看待区域主义,他们认为这是帮助他们收回丧失于西方的独立与主权的有效手段。这也就解释了欧洲经济共同体/欧洲联盟(欧盟)的区域主义模式与包括 1945 年成立的阿拉伯国家联盟、1963 年成立的非洲统一组织和 1967 年成立的东南亚国家联盟(东盟)在内的第三世界国家模式之间的根本差异。许多民族主义领导人视区域主义为一种不仅能推进本国的,而且也能在全世界促进去殖民化的途径。这一种联系尤其明显地体现在泛非主义与非洲和加勒比地区反殖斗争的关系上。它也非常明显地体现在 1949 年新德里第二次亚洲关系会议上印度对印度尼西亚独立的支持,以及 1955 年亚非万隆会议,这次会议强有力地推动了殖民主义残余势力的终结,尤其是在非洲。与欧共体类似,第三世界的区域主义关注的是减少地区冲突,提高本地区在世界政治中的地位。与欧共体有所不同的是,这类第三世界的地区组织强化了民族主义、主权观念和不干涉的意识。

扬森和奥斯特哈默(Jansen and Osterhammel,2017:1)所观察到的,去殖民化是一场对建构了直至 1945 年国际关系的"西方-殖民"全球国际社会 1.0 版的大规模的理念和行为的转变:它是帝国作为一种政治形态的消失,到种族等级制作为一种被广泛接受的政治意识形态和世界秩序的建构原则的终结。在以西方-全球为特征的全球国际社会 1.1 版中,前殖民地世界演变成为冷战两极格局中的新的"第三世界"。马克思(Marx,[1852]1963:1)的著名论断指出,这些国家虽然不能选择自身所处的环境,但如今却得到了以自己的方式参与世界国际政治的政治自由。第三世界国家的领导人和人民赢得了或被给予了政治独立,但他们的国家大多贫穷落后,经济太过脆弱且仍旧严重依赖原来的宗主国。这些国家的国内政局往往动荡不安,曾经推动其赢得独立斗争的民族主义与自决的思想,却往往使这些多族群且多文化的继承国家陷入动荡。大多数国家都保持着殖民时期的边界,而此类边界的划定很少包含对民族的考虑,这种情况在非洲尤其明显。扬森和奥斯特哈默(Jansen and Oster-hammel,2017:177)指出:"在今天所有国际边界的总长中,几乎有 40% 最早是由英国和法国划定的。"缺乏一种统一的民众和由此产生的分离主义问题,以及(或)不同集团为夺取国家控制权而进行的斗争,都是当地普遍的。虽然这些国家不再是遥远大国之间殖民竞赛的奖品,但它们在发展模式和政治结盟方面却从属于超级大国的全球意识形态和军事竞争。文安立(Odd Arne Westad,2007:5)对此指出,冷战可被视为"欧洲人控制世界的最后阶段之一"。

因此,当第三世界的领导人最终以主权平等的身份坐在全球国际社会的牌桌前时,他们手里却没有几张好牌。在某种角度上,他们正在参与熟悉的"中心-外围"博弈,在这场博弈中,他们至少拥有了独立的发言权。但在另外的角度上,这场博弈是全新的情形,两极分化和冷战带来了与殖民时代截然不同的一系列挑战和机遇。第三世界国家的领导人和人民不得不在多条战线上多重博弈。

在国内层面,这些领导人不得不努力巩固和稳定新生的国家,找到能够尽快通向现代化的政治方向和发展战略,以满足民众和领导人对财富和权力的期望(Westad, 2007:90)。两个超级大国提出的资本主义和社会主义发展模式(无论是支持还是反对)截然不同:选择资本主义能得到来自西方的援助,但也很容易与可恨的殖民剥削联系在一起;社会主义似乎符合许多第三世界国家领导人对简单、快速和威权发展道路的愿望(Westad, 2007:91—93)。由于民众的碎片化是许多后殖民国家的政治遗产,对于许多这类国家的领导人来说,面临内部挑战的政权安全相比于担忧来自邻国的威胁一样或更成问题。第三世界国家中不管是一般国家还是大国,大多是虚弱的,一般没有能力对其邻国进行军事威胁。这些国家在去殖民化斗争中磨炼出来的打游击的能力,已经足以对任何有能力威胁入侵的邻国造成威慑。但也有一些例外,最明显的是在中东和南亚,许多新生国家确实遇到了它们的邻国对其构成的事关生死存亡的军事和政治威胁。

在区域层面上,第三世界国家必须与新独立的邻国建立经济、政治和安全关系,并制定能够在本地区推行的发展政策。这往往远非易事。许多新生地区产生于冲突之中(Buzan and Wæver, 2003)。例如,南亚不得不从一个大英帝国统一的中心转变为了一个被宗教和历史所撕裂的难以驾驭的地区安全复合体。中东地区脱离了奥斯曼帝国的控制,在第一次世界大战后被划分为欧洲国家的殖民地和托管地,变成一片具有高度冲突性的地区安全复合体,并沿着不同的宗教、族群和政治界限割裂开来。一个区域内的前殖民地往往没有多少经济关系能使它们享有共同的利益,而更多的是政治、宗教、文化和边界争端使它们彼此对立。讽刺的是,维持原殖民时期的边界不变作为一项应对国内和区域层面挑战的策略被广泛接受。第三世界国家往往在联合国体系的支持下，组成了许多区域性、次区域性和超区域性质的政府间国际组织，这些不仅包括上文提到的政府间国际组织，还包括美洲国家组织（1948 年）、伊斯兰合作组织（1969年）、西非国家经济共同体（1975 年）、海湾合作理事会（1981 年）和南亚区域合作联盟（1985 年）。

在全球层面上，新生的第三世界国家也必须参与到此时由两个超级大国主导的世界政治博弈中来。在这个层面，政府间国际组织同样也发挥了至关重要的作用，一方面使第三世界国家能够在外交上发挥积极作用，另一方面至少为第三世界国家提供了一些方式，使它们能够利用自身数量上的优势来弥补经济上的弱点。从这个意义上说，在全球国际社会1.1 版中存在一种协同作用，一方面美国致力于促进多边外交和政府间国际组织的发展，另一方面第三世界国家参与全球政治博弈并试图加以影响的需求。当然，美国对扩大其在第三世界的影响没有直接兴趣。它希望建立一个稳定的秩序，并继续它反对共产主义的斗争。无论能否实现这一目标，美国都准备在一定程度上将自己的权力束缚在制度中。然而，联合国体系提供了一个论坛和一个道德框架，第三世界国家可以发表它们的意见。联合国大会至少也为它们提供了一个论坛，它们的数量在这个论坛上对于赢得选票至关重要。

建立一个包容性的政府间国际组织体系对于全球国际社会 1.1 版的功能来讲至关重要，这种重要性并非当下可见。巴里·布赞和理查德·利特尔（Buzan and Little，2010:317—318）认为，去殖民化带来的国家数量的大幅增长给标准的双边外交实践带来了一些危机。特别是对于某些较贫穷的国家而言，由于成本和缺乏足够训练有素的人员，并非每个国家都能在所有其他国家的首都设立大使馆。因此，区域和全球政府间国际组织不仅是讨论共同问题的有用论坛，而且也是一种使贫穷国家仍能充分发挥作用的开展集中外交的重要机制。

然而，许多第三世界国家逐渐将某些国际机制视为北方国家手中的强制手段，它们加深了国际体系中的权力不平等，并与美国的战略目标相适应。一个显而易见的例子是国际货币基金组织不顾巨大的人力和政治成本，在非洲实施结构性调整。罗伯特·考克斯对国际机制的评价具有提示意义，特别是从第三世界国家的角度来看更是如此。"国际组织的设立如今可以被重新定义为霸权制度化的过程。国际制度使适用于维护世界权力结构的规范普世化了，权力结构正是通过对这些制度的支持来维持自身。从这个意义上说，制度是现状的稳定器。"（R.W.Cox，1980：377）作为回应，第三世界国家寻求创立更加有利于其利益和愿望的机构。在全球层面，它们发起了三大机构。七十七国集团（G77，1964 年）巩固了其在政府间国际组织和全球多边谈判如海洋法和核武器扩散等问题上的投票权。联合国贸易和发展会议（UNCTAD，1964 年）对西方在全球金融机构（国际货币基金组织、世界银行、关税及贸易总协定）中的主导地位构成了制衡和挑战。不结盟运动（NAM，1961 年）试图在超级大国的意识形态两极之外创造政治空间。

在 20 世纪 70 年代，一小群石油输出国发现并利用了一种可以用来对抗西方的强大经济杠杆。通过限制供应，它们能够利用石油输出国组织（OPEC）大幅度提高石油价格。超级大国之间的竞争所开辟的政治和安全空间使它们能够置身事外。然而，它们的成功被证明是一次性的。其他商品出口国未能构建起类似成功的卡特尔（cartels），高油价极大地损害了那些必须进口但又无法像富裕国家那样能够轻易承受较高价格的其他发展中国家。

更成功之处在于，第三世界国家利用了在联合国系统内的宪法文件和宗旨声明中嵌入的规范框架打道德牌。只要去殖民化仍未完成，它们就会不遗余力地推动下去。与此同时，它们孜孜不倦地反对种族主义，特别是反对南非的种族隔离制度，并指责以色列对巴勒斯坦人实行了殖民主义和种族主义。第三世界游说团体还将援助和发展作为一项权利进行宣传，并反对新旧形式的干涉主义，维护新获得的主权。

尽管处于冷战之中，第三世界国家仍然成功地为自己开辟了重要的政治空间。尽管它们深受冷战时期超级大国竞争的影响，但它们也利用两极对立为自己在从援助到反种族主义等所有问题上争取到了讨价还价的筹码。冷战可能是"欧洲人全球控制的最后阶段之一"，但与西方殖民时期相比，这个时期则是一种巨大解放。大多数第三世界国家最关心的

是求得现代化和发展,不过就这一点而言,它们想要实现去殖民化的强烈
渴望往往大多变成了苦涩的失望。无论宗主国还是前殖民地的许多人都
设想,独立加援助的方案将能相当快地解决欠发展问题。结果,只有少数
类似亚洲"四小龙"(韩国、中国台湾、中国香港和新加坡)这样的国家和地
区才成功地开启了全面的工业现代化。大多数社会主义、自给自足和/或
"进口替代"发展战略的试验都以代价高昂的失败告终。

　　在非洲、亚洲和拉丁美洲的大部分地区,发展因为各种交织在一起的
冲突、盗贼统治、误入歧途的意识形态、官僚主义、腐败、弱势政府、糟糕的
教育和健康状况等因素而陷入了停滞。面对世界经济中金融和生产的全
球化,第三世界中的弱国难以维持其独立。它们发现自己不仅要与强大
的北方大国和强国,还要与强大的跨国金融机构,以及它们基本上无法驾
驭与控制的全球贸易和金融体制展开不平等的斗争。[6]这段时期最引人注
目的不是第三世界国家发展的成功,而是那些遭受战争破坏的前工业化
国家恢复得是多么迅速和彻底。日本和德国很快又成为了现代工业巨
人,整个西方也繁荣起来(Westad, 2007:91)。发达国家和发展中国家之
间的差距非但没有缩小,反而在许多地方和许多方面都在扩大。

　　重建一个已经现代化的社会要比发展一个尚未现代化的社会容易得
多,两者之间的任何类比都是错误的。正如一些研究殖民主义的思想家
所认为的那样,也如国际联盟托管制度所呈现的那样,并不是所有获得独
立的国家或地区都在现代世界政治高度渗透性和苛刻的条件下为自治做
好了准备。同前几个时期一样,发展需要经历现代性革命,同时还要保持
政治稳定,而从殖民统治向独立的转变并没有使这项任务的难度减少几
分。殖民列强提升殖民地以达到"文明标准"的使命,变成了一种提供援
助和促进发展的责任。但此类事例和条件的涉及面非常之广,并且发展
竞赛中极度不均衡的起点和极为不平衡的成功程度是相匹配的。频谱的
一端是亚洲"四小龙",比如韩国和中国台湾,在日本殖民时期,它们的社
会被日本强行但有效地现代化了。包括新加坡在内的少数几个国家,尽
管多数是在威权体制下,也切实成功地实现了快速发展。位于这一频谱
中间的是印度这样的国家,它们有比较有效的政府,以及工业化和现代化
的一些因素。这些案例都是成功与失败的复杂组合,它们在现代化方面

取得了一些进展，但速度缓慢且参差不齐。在印度和其他地方，大部分农村地区仍然主要处于农业和前现代化状态。频谱的另一端则是许多非洲国家，意料之外的去殖民化突如其来地发生了，而其殖民时期遗留下来的边界问题尤为棘手，还通常缺乏现代国家运作所必需的教育、社会、官僚和财政资源。其中一些国家相较殖民时期甚至出现了发展上的倒退，政治秩序短缺，投资条件恶化，且无法维护例如铁路这样的一些继承下来的基础设施。即使在发展方面取得了一些成功，例如改善了卫生保健和疾病控制，但结果是产生了人口增长率高的问题。

去殖民化并没有解决当初殖民地管理者所面临的问题，即如何找到一种公平、稳定、进步的方式，将强大的工业经济与弱小、落后的经济联系起来。这是一项漫长而艰巨的任务。虽然可以想象，在这段时期结束时，全世界都将变得同等的发达，但却很难或不可能想象这样的情形会迅速且均衡地发生。充其量这将是一个漫长且费力的过程，在这个过程中，少数国家将跨越发展中国家和发达国家的边界，而这些国家将在中间地带逗留很长时间。表达这样的思想在政治上是极不正确的，但所有去殖民化/冷战时期的经验都指向了这一点。

### 重组"中心-外围"关系

在第二次世界大战结束后的几十年里，中心地区与外围地区都出现了新变化。中心地区转向激烈的两极对抗，大国战争由于核"防御困境"的出现而被排除在考虑之外。外围地区国家从殖民状态走向了独立，在多种多样的起始条件下通过集体或是独立的摸索找寻可行的发展途径。这些故事是有因果关系的。随着殖民地成为国家，帝国也必须成为国家。在某种程度上，第二次世界大战通过削弱或摧毁欧洲列强与日本，创造了超级大国，而正是削弱主要帝国势力，促进了去殖民化。但这两个故事各有其独特的推动力。正如托克维尔指出，美国和苏联的崛起酝酿了很长一段时间。去殖民化也是如此，它的根源可以追溯到19世纪地方的抵抗、地方的文化和宗教，以及自由主义、社会主义和民族主义的意识形态。文安立（Westad，2007:86—97）指出，虽然可能是第二次世界大战摧毁了殖民主义，第一次世界大战却在外围地区激发并开启了对殖民主义的抵抗。

　　冷战和去殖民化同时发生,并在诸多方面交互影响着。在我们看来,最重要的一点也许是,正是在这种相互作用中,国际关系首次真正具有了全球性。去殖民化一方面逐步消解了宗主国与外围地区之间殖民关系和"文明"国家之间"国际"关系之间的分离状态,而这种分离状态正是全球国际社会 1.0 版的鲜明特征。1945 年至 1975 年,去殖民化的速度和规模出人意料,将"西方-殖民"全球国际社会 1.0 版转换成"西方-全球"的全球国际社会 1.1 版。尽管权力和财富的关系,以及现代化方面的发展水平仍然高度不平等,但以主权平等为基础的法律和政治关系实际上已有效地普及了。前一个世纪或更久远时期以来形式上不平等的关系,如今在形式上变得平等,虽然其中还留存着大量实质上的不平等。种族主义从形式上,也在相当程度上在实质上,作为政治和法律关系的基础被消除了。

　　正是在这个基础上,超级大国间冷战对抗进入了新生的第三世界国家。对于美国和苏联来说,第三世界成为它们开展斗争的主要竞技场。它们提供了截然不同的现代化战略,它们在第三世界吸引代理人和盟友的能力,以及塑造现代化的政治经济的能力,都是它们全面竞争如何表现的重要标记。超级大国的这些利益与第三世界许多国家内部及国家之间的断层线交织在一起,导致了竞争性的干涉,表现为援助、军火供应,乃至有时对一方或另一方直接的政治与军事支持。除了意识形态上相互得分外,两个超级大国也对更为实际的利益所在表示关注,如资源的获取(如中东和非洲的石油,前比利时属刚果的铀)和军事基地建设(如菲律宾、古巴、海湾地区、黎凡特地区和印度洋)。在冷战的条件下,第三世界国家很难避免超级大国对其国内和地区关系的渗透。每个超级大国都倾向于从其超级大国竞争对手的阴谋诡计来看待所发生的一些事件,而不是依据当地原因来解读第三世界。当超级大国直接介入第三世界的冲突时,就像美国在越南和苏联在阿富汗那样,另一方就会通过支持和鼓励任何和所有形式的地区性的反抗,使对方尽可能得困难和痛苦。冷战之"冷"意味着美国和苏联不冒直接交战的风险。在北方,"冷"意味着军备竞赛,并在欧洲和东北亚制造军事和政治僵局。在南方,"冷"意味着在军事、政治和经济领域开展广泛的竞争,以及介入代理人战争的意愿。

　　由此,冷战把宗主国提升殖民地至"文明标准"的殖民责任,转变成一场哪条现代化和发展道路是最好的和最快的全球性意识形态斗争。1945年以前,殖民责任执行得好与坏(或根本没有执行)存在很大差异,实际上在任何地方都没有真正做好。冷战使发展议题政治化,既增加了可用的援助资源,也加剧了与这些资源如何利用有关的争吵、冲突和混乱。第三世界国家对实现发展的执念与超级大国在重塑政府间组织在世界政治中作用方面的意识形态得分交织在一起。尽管国际联盟曾试图通过集体安全来管理大国关系,但冷战很快使联合国失去了这一职能。相反,随着去殖民化,联合国体系成为南北政治势力在发展、核扩散、全球经济管理和一系列其他问题上对话的主要平台。对于第三世界国家来说,联合国体系是首选的平台,因为对于第三世界国家来说,这里是其能够发挥政治和道德实力的地方。

在这段时期内,外围地区仍然在很大程度上处于弱势并依附于中心地区。无论走哪条路,发展都比预期的更慢、更困难、更不稳定。只有少数地区比如亚洲"四小龙"完全跃入现代化。到冷战结束时,除了中国大陆和"四小龙"之外,发达国家和发展中国家(地区)之间的差距仍然和冷战开始时一样大。虽然中心地区受到战争破坏的国家迅速进行了重建,但第三世界的大多数国家在经济上仍然处于依附状态。新的第三世界国家在很大程度上,尤其是在转变政府间国际组织的主要目的和职能方面重塑了国际政治。在此期间,国际关系真正具有了全球性质,因为所有民族——更准确地说,所有政府——如今都能独立地参与到国际关系之中。但全球国际社会仍然由西方主导,而第三世界国家在"中心-外围"模式下的全球经济中仍然处于弱势地位。随着苏联的解体,第三世界国家对西方的重要性下降了。

这一发展的另一个特征不仅与冷战时期有关,也与冷战之前和之后的时期相关。这就是北方和南方的人们对历史如何记忆或遗忘的不同方式。北方国家的大多数民众和官方基本上将这段时期视为"冷战时期",并认为去殖民化(如果他们对此有所思考的话)只不过是陪衬。再往深处看,他们完全不记得有过殖民时代,以及其间他们国家的所作所为。如果他们还记得,主要是对过去的荣耀和遗产感到自豪。[7]除了少数历史学家和左派人士,他们基本上已经忘记了他们自己的国家和社会在种族主义问题上是怎样串通一气的，以及帝国的做法是多么暴力和血腥。相反，大多数南方的人民和政府，特别是非洲和亚洲的人民和政府，主要把这段时期当作去殖民化和解放的时期。他们对早期殖民主义和种族主义及其对他们造成的暴力和侮辱的记忆仍然深刻，并经常对此进行积极的教育和复制。南北之间持续的经济不平等促长了这种复制，第三世界各国的政府需要找到他人而不是自己来为它们未能实现快速发展担责。前宗主国的遗忘与外围地区对后殖民主义怨恨的耿耿于怀之间的脱节，形成了冷战时期全球政治的一个重要特征，并在援助和贸易条件、人权和维和、不干涉和恐怖主义等一系列问题上强烈地反映出来。

### 作为神秘局外人的中国

中国难以归入到这个故事中的任何一方。中国不是一个超级大国，但却在物质和意识形态上独立参与了超级大国之间的博弈。中国是一个发展中国家，对西方、俄罗斯和日本带来的"百年屈辱"深恶痛绝。因此，中国也有着第三世界共同具有的反帝国主义和反种族主义的情绪。中国也和第三世界国家一样，急于发现一条快速实现现代化的道路，以恢复曾经的财富和权力。然而，中国本身并不是一个前殖民地。与其他第三世界国家一样，它坚持自己作为发展中国家的称号和身份；但与大多数国家不同的是，尽管暂时处于弱势地位，它也把自己视为一个大国。中国和印度一样，都是把这两种身份结合在一起的国家。但中国文明和国家传统历史悠久、民族更有凝聚力、中央政府的管控有力，使其与所有其他第三世界国家严格地区分开来，包括印度。

1949 年国内战争结束后，中国曾短暂地与苏联结盟，并接受了苏联的援助和苏联的发展模式。它曾在朝鲜半岛与美国发生正面冲突，并认定正是美国保护了退到台湾的国民党（KMT）残余势力，阻碍了中国的最终统一。尽管一直感受到美国的威胁，毛泽东领导下的国家政权还是在 20 世纪 50 年代末与苏联决裂，在苏联集团内部和第三世界国家推行自己的理念，并探索自己加快发展的道路。它开始独立地扮演同时反对和挑战两个超级大国的角色。中国在 1955 年万隆会议上发挥了重要作用，而 1962 年中印边界战争是对第三世界国家凝聚力的重大打击（Westad，2007：107）。

20 世纪 70 年代,中国与美国建立了对抗苏联的战略伙伴关系,但在 20 世纪 90 年代,苏联威胁一经消退,中国放弃了这一战略伙伴关系。

毛泽东领导下的国家政权取得了一些引人注目的成就,尤其是在经历了几十年毁灭性的国内外战争之后,中国共产党统一了国家,并迅速获得了自己的核武器。

然而,正如 20 世纪 50 年代末所做的那样,20 世纪 70 年代末中国又一次打破了一个时代形成的既有模式,开始实施邓小平的改革开放政策。实际上,中国共产党在转变社会主义发展模式的同时,保留了原有的政治制度。从短期来看,这一戏剧性的转变敲响了苏联对西方的现代化未来所发起的挑战的丧钟,冷战即将结束。只十多年后,苏联解体,中国进入了出口导向型快速增长的轨道。从长远来看,这标志着对西方更深层次的挑战,因为中国共产党正致力于创造一种稳定的政权形式。在追求这一目标的过程中,中国共产党开始复兴和重新使儒家思想合法化,从中寻求那些可以支持这种第三条道路发展模式的元素。"中国特色"一词开始成为中国共产党为了稳定这一模式而将传统与现代融合的做法的指称。

在冷战和去殖民化所形成的涉及面更广的格局中,中国被划定为一个神秘的局外人,其主要原因之一是其外交政策的跨度极大。如上所述,它在与超级大国发展战略伙伴关系的同时,也在寻求成为独立的力量。尽管贫穷,中国向许多第三世界国家提供了慷慨的援助(Fenby,2013:423)。

回顾过去,放眼未来,中国改革开放的重要性已经开始超过了苏联解体这样的事件。


# 冷战与去殖民化的结束

冷战于 20 世纪 80 年代末至 1991 年之间结束,始于戈尔巴乔夫尝试推行自己版本的改革开放的失败。苏联帝国先是在东欧瓦解,最终自身解体成了 15 个新国家。去殖民化到底是在何时结束,是发生在 20 世纪 70 年代中期(葡萄牙在非洲殖民地的独立),还是 90 年代中期(南非),这是一个有争议的问题(Jansen and Osterhammel，2017)。无论如何，苏联及其意识形态显然是冷战的大输家。从某种意义上说，西方和日本，尤其是美国赢得了冷战。苏联在争夺现代性未来的战争中失败了，第三世界国家独立的代价是不仅要采取西方的主权、领土划界、民族国家等政治形式，而且还要作为外围国家参与西方主导的全球经济。然而，更具体而言，最大的赢家是观念性质的:资本主义和民族主义(Buzan and Lawson，2015a:280—291)。就解决19世纪释放出来的观念紧张局势而言，民族主义几乎成为国家合法性的普遍基础，而资本主义则成为公认的最佳发展道路，进而也成了通往财富和权力的最佳道路。然而，在赢得冷战的过程中，资本主义既分化出多种变体，又与民主政治脱了钩。

冷战结束使两极格局和核防御困境戛然而止，美国似乎成为唯一的超级大国。冷战结束还淡化了东西方阵营之间紧张的意识形态和军事形势，各方不仅减少了核武库的数量，也使其从一触即发的戒备状态，转向了核武库升级或使用可能性微乎其微的状态。后冷战时期似乎呈现出单极格局，美国主导的新自由资本主义和经济全球化没有受到太大的抵制。第三世界大体上没有解决发展和依附的问题，它失去了两极格局开创的政治空间和杠杆，也失去了一种发展模式选择。这个问题我们将在第七章继续展开论述。

# 结　　论

从长远的历史角度来看，去殖民化很可能被认为是这一时期的主要特征，其次是资本主义(虽然不是民主)的胜利。冷战可能越来越成为不断变化的大国政治万花筒中的一段插曲。两极本身可能看起来并不特别重要，冷战引人关注可能是基于以下两个原因。第一，它自身意义重大，自19世纪以来就开始了如何选择对于现代政治经济而言具有前景的意识形态的博弈，而冷战正是这一博弈的决定性阶段。资本主义将推动现代性向前发展，但如果中国人成功了，就证明了还有其他道路可以选择。

第二，这是人类第一次面临自我毁灭的威胁，可能是运气较好，我们这个物种经受住了第一次考验。

注　释

1. 也有些人反对使用两极这一措辞。极性理论只是把大国和他者区分开来。它没有区分大国和超级大国，可以说，正是这一分化给全球国际社会的运行造成了相当大的影响。按照这个思路，冷战期间的全球国际社会的成员中包括了两个超级大国和几个大国，后者包括中国、欧共体，再勉强算上日本。在苏联解体后，类似的错误又重现了，单极的说法无处不在，但实际的格局是由一个超级大国和四个大国组成的。一个仅有单一的超级大国和少数或地区性强国的体系，与一个有若干大国站在超级大国和其他国家之间的体系，存在着巨大的结构性差异。见布赞的著作（Buzan，2004a）。

2. 由于苏联对机密的保护程度很高，它所公开的数据又难以解读，这在如何计算苏联的国内生产总值和军事开支方面产生了诸多疑义。国家战略研究所给出的数据（International Institute for Strategic Studies，1971：62）表明 1951 年到 1970 年间，美国在国防开销上长期超出苏联四分之一到三分之一。斯德哥尔摩国际和平研究所指出差距更可能在三分之一到一半之间，在国防开销方面苏联一般要比美国多占用 1% 到 3% 的国内生产总值（Stockholm International Peace Research Institute，1979：36—39）。

3. 联合国各国主要项目统计数据库，各国家全时段（http://unstats.un.org/unsd/snaama/dnllist.asp，登录时间 2017 年 7 月 5 日）。

4. 联合国各国主要项目统计数据库，各国家全时段（http://unstats.un.org/unsd/snaama/dnllist.asp，登录时间 2017 年 7 月 5 日）。

5. 在核扩散方面有着全面而持续跟进的文献描述。欲知大概，见格林伍德、费维森和泰勒；萨根和华尔兹；布赞和汉森等人的作品（Greenwood，Feiverson and Taylor，1977；Sagan and Waltz，1995；Buzan and Hansen，2009：114—117）。

6. 这段时期世界经济发展状况的有益总结，参见 Gilpin，1987；Hurrell and Woods，1995；Stubbs and Underhill，1994。

7. 美国多少算是个例外，因为在 1945 年以前它是一个相对小的殖民列强。由于大量进口非洲黑奴，它的"殖民"经历基本上是内部性质的。这关系到种族主义，以及持续至今的如何处理美国国内政治中的种族问题。

# 第六章
# 国际关系学（1945—1989 年）：
# 学科的二次创立

## 引　言

　　本章我们从第四章中断的地方延续国际关系学科发展的故事。我们大体上使用相同的中心和外围地区的结构来考察国际关系思想，勾勒出国际关系学在中心和外围的制度化过程。我们注意到了存在的连续性，不过正如本章的副标题所示，我们更关注它们之间的差异性。克里彭多夫（Krippendorff，1989：34）认为，1945 年是国际关系学作为一门学科的第二次创立，并且是比 1919 年的那次创立"更为认真"。我们对此表示认同。而且鉴于我们的整体观点是国际关系学反映国际关系，这样的观点并不令人奇怪，正如我们在第五章中谈到的，第二次世界大战标志着国际关系从最早在 19 世纪建立的全球国际社会 1.0 版到 1.1 版的重大转变。1.1 版中出现的重要变化体现在：

- 从由数个大国组成的多极体系，转向仅由两个宣扬互相对立的普世主义意识形态的超级大国组成的两极体系。
- 核武器和洲际运载系统的面世，极大加剧了防御困境和对战争的担忧。
- 随着去殖民化把前殖民地作为新外围地区的第三世界"发展中国

家"带进来,种族主义和殖民主义非法化了。

前两个变化将美国推到了国际关系学的前沿,这既是因为它从孤立主义转向了全球参与,又是因为它成为领先的核武器大国。激烈的、意识形态驱动的、全球范围的两极竞争,与足以毁灭世界的核武器因素结合到了一起,加剧了中心国家对国际关系学的痴迷。国际关系学在两次世界大战之间就已经建立了,并与大国关系和战争联系在一起。去殖民化是中心地区和外围地区政治关系一次非常激进的变革,然而它并未对中心地区的国际关系学思想所涉及的大国问题产生太大冲击。正如阿琳·蒂克纳和奥利·维夫(Tickner and Wæver,2009b:7)所指出的,对东-西关系的关注主导着这个期间的国际关系学,将对南-北关系和南-南关系的关切推到了边缘。去殖民化削弱了外围地区国际关系思想中的反殖民主义和反种族主义主题,但程度不深。相反,反对的声音转向了经济不平等的新殖民主义,以及许多西方国际关系学科思想中的欧洲中心主义和隐藏的种族主义。

国际关系学在1945年后实现了"二次创立"的观点建立在以下几个方面发展的基础之上,我们在此详细探讨如下:

- 制度化在教学、研究和出版方面的大规模拓展。
- 以国际联盟为中心而运行的国际研究大会(ISC)走向消亡,作为独立学术机构的各类国际关系协会兴起。
- 学科明显变得更为专业化、理论化、学术化,不再是一门涉及面很广的智识性和政治性学科,这在中心地区体现得尤为明显(L.Ashworth,2014:256)。
- 一次忘却和忽略这个学科过往历史的实践。
- 新的子领域迅速崛起,尤其是把关注重点放在核武器带来的独特问题上的战略研究。
- 中心地区的学者开始承认来自外围地区的国际关系学思想。

这些变化中的大部分可以用国际关系学和国际关系现实的重心向美国转移这一理由来解释。作为一个全球介入的超级大国和西方世界的领导者,美国迫切地需要对国际关系有更多的了解。早在两次世界大战之间,美国的国际关系学就打下了坚实的基础,而到了这时它也有动力、人力、财力去放手干了。美国社会科学中长期存在的实用主义传统也顺应了这一新的需求，在数量方面，以及一定程度上在质量方面，美国迅速成为目前这个学科领域最为多产和有影响力的国家。克里彭多夫(Krippendorf，1989:33)认为，国际关系学在美国作为一门起源于政府倡议的学科，不仅是为了开展与政策相关的研究，而且也是为了培养高素质的政府人员，他们的任务是了解外部世界。英国远远落在第二的位置，而德国和日本则处于从属地位并受美国的影响。苏联的国际关系研究对其集团以外的国际关系学思想几乎没有什么影响，沦为了现实的牺牲品，正如第四章所指的："在威权主义国家，国际关系或者对外政策的研究仅可以作为对国家政策的解释和辩护而存在。"(Olson and Groom，1991:74—75；亦可参见 Sergounin，2009)有趣的是，毛泽东时期的中国在一定程度上成了这一规则的例外。

从某种意义上说，1945 年以后国际关系学科的重心转移到美国，不过是延长并巩固了本学科中盎格鲁圈的既有主导地位，这种主导地位是从两次世界大战之间延续下来的。这虽然带来了许多好处，比如美国为外国的国际关系学者提供基金支持也把美国的某些特性推到了舞台的中央。如前所述，美国的国际关系学和政治学紧密地绑定在一起(Schmidt，1998a:55；L.Ashworth，2014:13；Kuru，2017:46)，在其作为一门学科的早期，国际关系学通常是设置在政治学系里的一个专业(Richardson，1989:287—288)。这一特性在整个冷战时期都很普遍，至今仍是如此。这种联系带来的一个重大的后果是，美国的国际关系学不仅专注狭隘，把本学科理解为政治领域的一个分支，还极其倾向于使用正式的"科学"方法。国际关系学与政治学之间的这种紧密联系在世界上的其他地方通常并不存在。英国的国际关系学主要源于历史学、国际法和政治理论，而在欧洲大陆，国际关系学则与社会学有着紧密的联系。

霍夫曼称国际关系学为一门"美国的社会科学"，这一说法流传甚广。霍夫曼(Hoffman，1977)认定了三个使国际关系学科带有明显美国印记的"制度性因素"，但是三个制度性因素"在其他地方并不存在，肯定并不同时存在。"第一个因素是"学术世界和权力世界之间最直接、最明显的纽带：政府的'内外'体系，它不仅把学者和研究人员置于权力的走廊，而且把他们置于权力的厨房"。第二个相关的因素是"权力厨房和学术沙龙之间的轮换",或者说是学界和政策界之间的紧密联系。大学构成了第三个制度性因素,即"灵活性";因为它们自身的多样性,确保了竞争和专业化,并表现出"公共规范约束的几乎完全缺失,准封建传统、财政依赖和知识常规的束缚,这些经常使战后欧洲大学瘫痪"(Hoffman,1977:49—50)。

1945 年以后,美国的主导地位实质上将其标准强加给了该学科的其他领域。正如蒂克纳和维夫为此所言(Tickner and Wæver,2009c:329):"美式的国际关系学既是该领域一个独有的地方性实例,又是所有其他人思想世界的一个不可或缺的组成部分。"然而,虽然美国因其相对规模以及对各种资源(金融、学术组织、顶级期刊)的掌控为全球国际关系学科设定了学科标准,但是在美国国际关系学中越来越占主导地位的理性选择和定量方法"在世界其他地区几乎完全不存在;令人惊讶的是,目前主导美国国际关系学科的模式并没有传播开来"(Tickner and Wæver,2009a:5,339;Maliniak et al.,2018)。以美国标准衡量的国际关系学的学术专业化,也加剧了外围地区非学术性国际关系学被排除在中心地区的学科争论之外:"非中心地区的学术贡献很少被承认为思考国际政治的合理方式。"(Tickner and Wæver,2009b:3)

美国在国际关系学的主导地位,恐怕也与发生在学科内的重大遗忘有关。虽然就拥有不同的主题关切和多学科的取向而言,第二次世界大战前的国际关系学带有某种程度的与生俱来的多样性,但第二次世界大战后的国际关系学明显地变得视野更加狭窄,跨学科特性减弱。地缘政治学在 19 世纪和两次世界大战之间蓬勃发展,但在第二次世界大战之后,地缘政治学由于与法西斯主义的关联而沉沦,丧失了合法性,西方其他国家很容易就忘记了地缘政治学也是先前国际关系学遗产的一部分。这种决裂是如此之深,以至于地缘政治学(主要以批判性地缘政治学的形式)直到 20 世纪 90 年代才开始重新在盎格鲁-美国的国际关系研究中出现(Ó Tuathail,1996;Ó Tuathail Darby and Routledge,1998;Guzzini,2013)。同样,在两次世界大战之间开辟的女权主义思潮,直到 20 世纪 90 年代才重新出现。除了纯粹是非西方观点的依附论(下文还将详述),国际政治经济学从 1945 年以后重点关注冷战时期安全问题的国际关系学中被撤了下来,直到 20 世纪七八十年代的石油和金融危机对美国造成冲击的时候才重新出现在学科中。美国政治学对国际关系学的整体吸收,以及摩根索在国际关系研究中将政治领域作为分散焦点间隔开来的做法,成为国际政治经济学沉寂三十年的关键举措。随着老式帝国在 1945 年后的 20 年间迅速消失,国际关系学与殖民主义的联系也中断了。殖民治理的后继议题——发展——在国际关系学中并不是一个主要问题。出现这种情况的部分原因是这类研究被其他学科(发展经济学、比较政治学)拿去了,部分原因是这类研究是南北议题中的一个,而南北议题是从属东西议题的。国际关系学的种族主义根源也被遗忘了,尤其是在美国(Vitalis,2005:161—165),但这并不是说在大部分国际关系思想中不那么明显的种族主义就不再发挥重大作用了(J.M.Hobson,2012)。此外,这门学科的 19 世纪根源或多或少地被遗忘了。第四章提到的主要构建于 1945 年之后的第一次"大辩论",是抹去两次世界大战之间国际关系学的一种方式。这一时期的国际关系学把主要注意力集中于基本上是乌托邦的国联身上,与 20 世纪 40 年代末期开始的冷战的现实主义世界格格不入。

# 国际关系学的制度化

1945 年后国际关系学"二次创立"的一个关键特征既体现为大学、智库、教科书和期刊方面的学术制度化大幅度扩展,又体现为大量旨在取代国际研究大会的全国性、学术性的国际关系(或用更为通行而广泛的说法"国际研究")协会的创立。这些新的发展变化主要发生在北美和西欧,不过在这段时期,我们把日本和韩国从外围地区归入了中心地区。就像在两次世界大战之间的那段时期一样,依然没有对如何称呼这个学科达成共识,几种标签都有人采用。

## 中心地区

中心地区国际关系学的制度化在诸多方面都延续了两次世界大战之

间的模式。在那些国际关系学已经或即将建立的国家,教学地点的数量、期刊和智库的数量、从事国际关系教学与研究的人数以及成立学术性国际关系研究协会的数量均得到了普遍的增长。这样的扩张在那些两次世界大战之间及更早的时期国际关系学已经发展起来的地方体现得最为明显,也扩展到了其他国家。美国因其自身的体量、财富和全新的全球角色,引领着这些变化发展,而且无疑在多数方面规模也是最大的。

第四章所讨论美国大学和智库中国际关系学的重大发展,在战后这段时期得到了持续并积聚了更大的动力。正如诺曼·帕尔默(Norman Palmer,1980:348)所指出的那样,"国际关系课程……在美国的学院和大学里大幅度增长","国际关系作为一个研究领域的认知度和接受度越来越高"。他估计,对比 20 世纪 30 年代,到 1980 年,"国际关系课程在数量上增加了五倍"。值得注意的是,本科和研究生层次的课程都出现了激增。除了政治学系,大学里的历史学、经济学、区域研究系和研究生项目都开设了国际关系研究或与其相关的课程,其他学科如法律和商学也是如此。独立的国际关系学院出现了,如哥伦比亚大学国际与公共事务学院(成立于 1946 年)、美利坚大学国际服务学院(1957 年)和丹佛大学一所类似的学院(1964 年的国际研究研究生学院)。作为大学院系和课程增长的必然结果,美国国际关系学的教材、协会和期刊大量出现,比其他任何国家都多。世界各地国际关系学科所有层次的学生所使用的国际关系学教科书大部分都出版于美国。[1]

尼尔·理查德森提出了美国大学本科生对国际关系学兴趣激增的几个原因:罗纳德·里根"高调"的外交政策;雇主希望招到具有国际事务知识的大学毕业生;以及国际关系学课程体系内容的千变万化(Richardson,1989:288—289)。国际关系专业博士研究生数量的增长,还必须考虑到那种吸引研究生兴趣项目的质量特征,这些项目必须"在寻求学术严谨与实用的平衡方面是独一无二的,职业培训适应公共与私立部门的多种职业需要"(Richardson,1989:290)。

类似的制度化扩展也发生在其他地方,尽管主要还是在盎格鲁圈,以及像斯堪的纳维亚这样英语作为第二语言非常流行的地方。在英国,国际关系学迅速蔓延到多数大学,城市大学、圣安德鲁斯大学、华威大学、基尔大学和布拉德福特大学(和平研究)都设有专门的院系。类似的扩展也发生在澳大利亚(以澳大利亚国立大学为中心)、加拿大(主要在政治学系)和新西兰(Cox and Nossal,2009:295—301)。斯堪的纳维亚半岛在国际关系学中占据了一个强势地位,特别重视和平研究(Friedrichs and Wæver,2009)。和平研究也是当时德国国际关系学的主导力量。国际关系学的教学在日本和韩国得到了扩展,包括对和平研究的重视,但由于日本的大学没有政治学系,国际关系学的制度化处于分散和薄弱的状态。智库在这一时期也蓬勃发展。这段时期西欧成立了 19 家国际关系学智库,美国成立了 18 家,日本成立了 3 家。[2]

这种情况的自然结果是,更多的人参与到了国际关系学的学术研究中来,这与第二次世界大战后的一次重大制度转变有关:国际研究大会消失了,由独立的学术协会取而代之,这些协会大多是以国家为单位组织起来的。国际研究大会于 1954 年解散,当时的美国的基金会和学术界将兴趣转向了由联合国教科文组织于 1949 年成立的国际政治科学协会(IPSA)(Long,2006:607—612)。国际研究大会解散后不久,几个全国性的国际关系协会相继成立了:1956 年成立了日本国际关系协会(JAIR)和韩国国际关系协会;1959 年成立了(美国)国际研究协会(ISA);1975 年成立了英国国际研究协会(BISA)。[3]这些协会在形式和目的上非常相似,与其他学科建立的协会也很相似。一般来说,它们是独立的专业化会员制组织。它们的主要任务是举办学术会议、支持专家工作组、[4]出版一种或多种期刊和颁奖,并在本学科成员中普遍培养认同感和参与感。它们通过会费、会议盈利、基金会支持和期刊收入来为自己提供资金。这些组织是随着大学中作为教学和研究科目的国际关系学的普遍扩张而发展起来的,它们很快突破了国际研究大会那种相对较小的成员规模。到 20 世纪90 年代末,日本国际关系协会已经拥有了超过 2 000 名会员;到 2006 年,英国国际研究协会的成员超过了 1 000 名;国际研究协会的成员从 1959 年的 200 人增加到冷战结束时的 2 000 多人。[5]

毫无疑问,国际研究协会是这类国际关系协会中规模最大、最富有并最具影响力的,其详细的发展沿革可参考亨利·陶恩(Teune,1982)、奥利·霍尔斯蒂(Holsti,2014)和迈克尔·哈斯(Haas,2016)等人的著作。

国际研究协会寻求超越政治学,吸收一定程度的跨学科性,因此在某种意义上挑战了美国国际关系学和政治学之间长期和密切的制度性(更不用说认识论和方法论方面的)关联。国际研究协会的规模也引发了长期存在的国际化问题。与大多数其他国际关系协会不同,国际研究协会的名称并没有表现出国家属性,这就为它曾是或将成为一个全球性组织留下了可能性。当然,美国人对这种普遍主义的模棱两可有一定的偏好——例如,"世界职业棒球大赛"(World Series)基本上就是美国棒球比赛。国际研究协会允许加拿大人,后来也允许欧洲人作为其成员,并从 20 世纪70 年代起(准确时间还不清楚)接受了非北美国家会员的加入。当时通信技术的相对不发达可能妨碍了全球南方的学者在国际研究协会的早期参与(全球南方的学者参与国际研究学会大会的信息极为稀少)。到了 20世纪 80 年代末,国际研究协会开始进军欧洲,激起了反对,特别是来自英国的反对,反过来又引发了国际关系学协会制度格局的重大重塑,我们将在第八章中再次谈及此事。

国际研究协会相对(庞大的)规模、财富和参与的开放性可能支持迈克尔·哈斯(Haas,2016:10)的论点,即"美国国际研究协会的学者们发起了一个真正意义上的国际领域"。但正如上文所提到的,国际研究协会在国际关系学中对美式方法的推广,特别是在 20 世纪 60 年代"科学"的行为主义革命进行期间,并没能成功传播到世界的其他地方。正如哈斯(Hass,2016:10)所论证的那样,国际研究协会的创立者们:

> 探求元理论或范式的经验研究,包括命题测试(中观理论),以低层次假设的形式将衍生自宏观理论命题的概念付诸实施。他们以"行为主义者"闻名于世,人们在密歇根大学、西北大学、斯坦福大学和耶鲁大学都可能发现他们的身影。他们试图取代传统的国际关系研究,并提供基于科学研究的政策指导。

虽然国际研究协会作为一个组织为美国对国际关系学"科学化"的独特追求注入强大的动力,并有助于学科内部的"行为"主义革命,但这种意愿和专注却没能得到欧洲和其他发展中地区的认同。这在布尔(Bull,1966)和莫顿·卡普兰(Kaplan,1966)两人之间的辩论中表现得非常明显(亦可参见 Tickner and Wæver,2009a)。因此,早期的国际研究协会可以说进一步加深了"美国社会科学"与世界其他地区(包括全球南方)的学科发展之间的鸿沟。

伴随这些出现的还有国际关系学期刊数量的大幅增长(Palmer,1980:349—350),其中有许多设在美国,但还有很多设立在欧洲以及盎格鲁圈的其他地方。一些期刊与大学院系或研究机构有关(《国际事务》[*Journal of International Affairs*,哥伦比亚,1947 年];《世界政治》[*World Politics*,普林斯顿,1948 年];《梅森国际研究综述》[*Mershon International Studies Review*,俄亥俄州,1957 年];《国际关系》[*International Relations*,阿伯里斯特维斯大学,1960 年];《亚洲调查》[*Asian Survey*,加州大学东亚研究所,伯克利,1961 年];《千禧年》[*Millennium*,伦敦政治经济学院,1971年];《国际安全》[*International Security*,哈佛大学,1976 年];《剑桥国际事务评论》[*Cambridge Review of International Affairs*,剑桥大学,1986年])。一些期刊则附属于智库和独立研究机构(《澳大利亚国际事务杂志》,[*Australian Journal of International Affairs*,原名《澳大利亚展望》,澳大利亚国际事务研究所,1946 年];《国际期刊》[*International Journal*,加拿大国际理事会和比尔·格雷厄姆当代国际历史中心,1946 年];《冲突解决杂志》[*Journal of Conflict Resolution*,和平科学会,1957 年];《奥比斯》[*Orbis*,外交政策研究所,1957 年];《生存》[*Survival*,国际战略研究所,1959 年];《和平研究杂志》[*Journal of Peace Research*,奥斯陆国际和平研究所,1964 年];《安全对话》[*Security Dialogue*,奥斯陆和平研究所,1970 年];《外交政策》[*Foreign Policy*,卡内基国际和平研究院,1970年])。一些期刊由新成立的学术性国际关系协会所创立(《国际政治》[*Kokusai Seiji*,JAIR,1957 年];《国际问题研究季刊》[*International Studies Quarterly*,国际研究协会,1959 年];《合作与冲突》[*Cooperation and Conflict*,北欧国际研究协会,1965 年];《英国国际研究杂志》[*British Journal of International Studies*,英国国际研究协会,1975 年])。此外,还有一些独立期刊(《国际组织》[*International Organization*,1947 年];《国际政治》[*International Politics*,原名为 *Co-Existence:A Journal of East-West Studies*,1963 年/2000 年];《战略研究杂志》[*Journal of Strategic Studies*,1978 年];《当代安全政策》[*Contemporary Security Policy*,1980 年])。

在两次世界大战之间的那段时期,美国的基金会沿用同样的模式,是长期以来国际关系学有影响力的资助者。福特基金会从 20 世纪 50 年代初开始资助巴黎政治学院的国际关系研究中心。洛克菲勒和福特资助了柏林自由大学。洛克菲勒资助了英国委员会,国际政治科学协会得到福特基金会的资助(Kuru,2017:56—58)。在资助第三世界的国际关系学科的发展方面,美国的基金会也发挥了相当大的作用(Tickner and Wæver,2009a:232)。

在冷战时期,苏联-东欧地区国际关系学的发展与中心和外围地区都有相似性,当然也有差别。苏联的国际关系既被区域研究(Area Studies)所塑造,又受到国内因素的制约,这些国内因素的制约与一些亚洲及外围地区其他部分国家的情况相类似。成立于 1924 年的世界经济与世界政治研究所(Institute of World Economic and World Politics),在 1947 年被苏联政府关闭,因为其研究带头人指出资本主义将继续存活的作品让当局感到了挑战。莫斯科国立大学于 1943 年成立了国际关系学院,其课程侧重于外交史,与西欧国际关系学肇始期间的发展情况相类似(Lebedeva,2004:263)。苏联的智库也经历了蓬勃发展。1956 年,苏联科学院设立了世界经济与国际关系研究所,它引领世界事务中的重大问题研究;同时苏联科学院还设立了一大批区域研究机构来研究世界的不同区域,包括非洲研究所(1959 年)、拉丁美洲研究所(1961 年)、远东研究所(1966 年)、美国和加拿大研究所(1967 年)。世界社会主义经济体系研究所(1960 年)则负责开展对其他共产主义国家的经济和政治研究(Lebedeva,2004:264—265)。这表明了苏联国际关系学发展过程中明确的鲜明的区域研究导向,一些发展中国家也是如此,尤其是印度。但与印度不同的是,苏联的国际关系研究还受到官方对于来自西方的英语文本的禁令、官方审查、与西方学者缺少来往等因素的限制,这些都极大地影响了苏联学者的国际关系理论研究。中东欧国家国际关系学的发展面临相似的资源和意识形态束缚,其研究导向多为实证而非理论性质的,总体上没有发展起来(Drulak,Karlas and Königová,2009:243)。在某些方面,中东欧国家的国际关系研究还受到了德国模式的影响,这种模式在学术出版方面赋予机构负责人和资深教授以很大的权威(Drulak,Karlas and

Königová，2009：257）。

在 1945—1989 年期间，苏联国际关系学的所有理论基础都是马克思列宁主义和"现实主义"的混合物。有些人将现实主义视为绝对的主流，因为它是以国家为中心的。如果是这样，以国家为中心也是整个外围地区国际关系学的一个特征。但是在苏联，现实主义是在没有受到西方现实主义和新现实主义学者的直接影响的情况下发展起来的，因为在那里完全接触不到西方的学术著作（Lebedeva，2004：268）。这一潜在的现实主义视角能够解释后苏联时期俄罗斯国际关系学中地缘政治学的兴起，即使俄罗斯的学术研究已经变得更加理论化，理论方法也更为多样化了。

## 外围地区

外围地区国际关系学的制度化发展历程追溯起来要更为困难，我们所能找到的相关资料远远没有中心地区那样多。在教学和研究方面，土耳其(安卡拉大学)于 20 世纪 50 年代开设了国际关系课程，1984 年中东技术大学(Middle East Technical University)设立了国际关系学系。以色列的希伯来大学从 1946 年开始颁发国际关系学学位，1969 年又创立了一个独立的国际关系学系。在印度，第四章所谈到的发展推动了 1955 年印度国际研究学院(Indian School of International Studies)的成立，这个学院在 1959 年创办了《国际研究》杂志，是最早在亚洲和第三世界致力于国际关系学的英语学术刊物之一（政策导向更为明显的《印度季刊》，则于 1954 年在印度世界事务委员会的赞助下开始发行）。1969 年，印度国际研究学院并入了新成立的贾瓦哈拉尔·尼赫鲁大学(Jawaharlal Nehru University)，成为该文学的国际研究学院（Batabyal，2015：137—163）。在中国，1952 年的教育改革使政治学从课程中被取消，国际关系作为一个连贯的学科被拆解了。1963 年，中国加强对国际关系的研究，并在北京大学、中国人民大学和复旦大学设立了国际关系学系，但这些学院主要是服务于中国对外政策的需要，中国的国际关系学也基本上是在马克思主义意识形态框架内构建起来的(Lu，2014：133—134，144—149)。1977 年，尼日利亚伊费大学(the Nigerian University of Ife)设立了非洲首个国际关系讲席(Ofuho，2009)。智库的表现稍好一些，1 个在非洲，1 个在拉丁美洲，3 个在中东，3 个在南亚，10 个在东亚，大部分在中国。

外围地区的国际关系学术研究还没有足够的一致性和规模来追随中心地区的制度化模式。国际关系协会数量很少，不过有一个引人注目的例外，即 1967 年墨西哥国际研究协会(Asociaciòn Mexicana de Estudios Internacionales)的成立。也有几家期刊设立在大学(《国际问题研究》[International Studies，尼赫鲁大学，1963 年])或研究所之中(《当代东南亚》[Contemporary Southeast Asia，新加坡东南亚研究所，1979 年])。

## 中心地区的国际关系思想

第二章和第四章中所讲述的国际关系学在第一次世界大战以前以及两次世界大战之间的发展变化，在国际关系学界并非众所周知。但是这段时期国际关系学的理论发展、"范式"交锋和数次"大辩论"的故事，已经成为任何一种学科导论不可或缺的一个标准部分，此处无需赘言。许多导论性以及反思性的国际关系教材中都能找到类似的内容。因此在本节中，我们主要考虑的是将这些熟悉的故事与我们的主题关联起来。

● 国际关系学的发展在多大程度以及通过何种方式反映了现实世界中国际关系主要的发展变化？

● 国际关系学是否会继续代表中心地区的利益和观点，且将外围地区边缘化？

如上所述，此时国际关系的重大发展，一方面是两极体系、冷战与核武器，另一方面是去殖民化。前者无论对国际关系还是对中心地区的国际关系学都产生了重大影响，后者则影响甚微。下一节中我们将提到，去殖民化对外围地区的国际关系学产生了强烈的影响。我们还将探究上文提到的矛盾之处，即一方面美国在国际关系学和国际关系中都占有霸权地位，另一方面中心地区国际关系思想的多样化和差异化。我们先从考察中心地区学科的多样化和差异化开始，接下来的小节再考察霍夫曼提出的国际关系学是一门美国社会科学的论断。再接下来的一系列小节将简要考察现实主义、战略研究与和平研究、自由主义、马克思主义，以及重建的国际关系学中的新面孔——英国学派等主流的发展。如前所述，重建的国际关系学科已经遗忘或撇开1939年之前该领域内的许多组成部分。

## 中心地区国际关系学的多样化和差异化

中心地区国际关系学的多样化和差异化是相当可观的。尽管当时乃至现在都没有太多人提及,但却是向着我们在第八章和第十章讨论的全球国际关系学(Global IR)方向发展的重要先声。虽然中心地区内部的制度化过程有着极大的相似之处,但在学术联系或方法方面并不是那么相似,在主题和路径方面也存在重大区别。韩国、加拿大以及(一定程度上的)德国效仿美国,将国际关系学建立在政治学的框架之内,但这在其他地方并不普遍。在法国和德国,国际关系学与社会学的联系更为紧密。在英国和除加拿大以外的盎格鲁圈的其他地区,国际关系学通常是植根于历史、国际法和政治理论而自发形成的。在日本,没有政治学的院系,国际关系学也没有能够作为独立的院系发展起来(Inoguchi,2009:94)。居尔克·弗里德里希和奥利·维夫指出,这一时期中心地区国际关系学的思想状况是:"所有西欧的国际关系学共同体都与美国的主流处于一种'中心-外围'关系之中。"(Friedrichs and Wæver,2009:262)如上所述,欧洲和日本学界对于美国的"科学"方法几乎不感兴趣,韦恩·考克斯和金·理查德·诺萨尔也认为,包括加拿大在内的其他盎格鲁圈国家也是美国国际关系学所青睐的实证主义、理性主义方法的主要挑战者(Cox and Nossal,2009:303)。为了应对自身在"中心-外围"关系中的边缘地位,欧洲的国际关系学者们发展出了三种不同的应对策略:学术上的自力更生(法国)、甘于处在边缘地位(意大利和西班牙)和多层次的研究合作(北欧国家和荷兰语和德语区)(Friedrichs and Wæver,2009:262)。令人好奇的是,依照蒂克纳和维夫所指出的劳动分工——中心地区构建理论,而外围地区不做理论研究——日本国际关系学界的深描法更符合外围地区的学术风格(Tickner and Wæver,2009c:335)。欧洲和盎格鲁圈的其他地区的学者也做理论,但并不总是和美国人推崇同样的理论。

美国和欧洲之间围绕"大辩论"存在某种程度的统一,而且在有关现实主义、自由主义和马克思主义的主要"范式"方面也存在相当的共性。

换句话说，日本学者对"大辩论"不感兴趣，并且在思考国际关系很大程度上都是在自说自话，法国也是如此（Inoguchi，2009：90；Friedrichs and Wæver，2009：263—264，267—268）。鉴于中心地区的国际关系学重点关注的是东-西关系以及核安全问题，安全议题及其理论（战略研究）为中心国家的国际关系研究提供了共同的基础就不足为奇了；不过，和平研究作为解决安全问题的一种路径在欧洲和日本要比在美国更为突出。作为国际关系思考方式的马克思主义在欧洲和日本也要比在美国表现更为突出。在盎格鲁核心区（Anglo-core）还发展出了"英国学派"或国际关系理论中的"国际社会"路径，这是一种与美国主流的物质现实主义和自由主义方法不同的社会方法。无论欧洲还是日本都未出现美国博士渗透的情况，而韩国恰恰相反，其国际关系学是更多地按照美国国际关系学的政治学模式和正规的方法路径构建起来的（Cox and Nossal，2009：300—301；Inoguchi，2009：95—97）。尽管美国以及盎格鲁核心区向其他地区输出博士，但美国与其他盎格鲁核心区，以及美国与日本之间交叉输出的博士并不多（韩国例外）。维夫在很早以前就说过，尽管美国的国际关系思想在中心地区得到了广泛的传播，但美国相对来说却不受欧洲、日本当然还有外围地区国际关系思想的影响（Wæver，1998）。虽然人们很容易就指责美国的霸权和褊狭自大，但这两点还是不能准确反映造成这种局面的原因。美国霸权地位的主要原因在于其占据了国际关系学全球总量相当大的一部分。但无论在认识论还是实体论的意义上，美国都不是霸权。美国的学术虽然相对褊狭，但并不比日本、法国和意大利的国际关系学更褊狭。厌恶美国学术褊狭的人多数是基于其相对规模而不是出于原则。

## 美国权力，美国的社会科学？

鉴于美国在国际关系与国际关系学中举足轻重的地位，霍夫曼断言国际关系学是"一门美国的社会科学"；从美国的角度来看，这是对学科状况的准确看法，但在美国以外的中心地区引起了争议。美国国际关系学的褊狭性，以及美国作为新晋西方世界的领袖所要面对的重大意识形态和军事挑战构成的当务之急，必然使这种观点在美国长期存在。冷战是美国外交政策关注的焦点，支撑着美国国际关系学的理论发展。这一时

期的其他重大故事——去殖民化、第三世界的出现、后殖民地区区域主义
的发展，以及"中心-外围"关系——在西方国际关系学和国际关系理论的
发展中扮演着相对次要的角色。

霍夫曼声称国际关系学在美国"诞生并成长"(Hoffmann，1977：50)。
这显然忽略了国际关系学的英国起源，霍夫曼承认 E.H.卡尔在他的《二
十年危机》中所作出的贡献，即"第一次"科学地"对待现代世界政治"；但
即使如此，霍夫曼坚持认为，在美国而不是在英格兰，卡尔的现实主义批
评影响最大(Hoffmann，1977：43)。卡尔不仅影响了尼古拉斯·斯派克
曼的《美国在世界政治中的战略》，更重要的是，他的作品也使摩根索成为
美国国际关系学的"创始人"。显而易见的是，摩根索就像他之前的卡尔
一样，致力于创建一种他认为是科学的国际关系学说；他所指的"科学"不
是接下来的 20 世纪 60 年代在国际关系学中出现的行为主义或理性主义
方法论方面的"科学"，而是与乌托邦或理想主义区别开来的"科学"。霍
夫曼几乎没有注意到其他地区国际关系学术的发展，只提到了澳大利亚
学者赫德利·布尔(Hedley Bull)和法国学者皮埃尔·哈斯纳(Pierre
Hassner)的"杰出的个人贡献"，在他看来这种个人贡献不能"创建一门学
科"(Hoffmann，1977：49)。对于霍夫曼来说，美国的崛起表现为国内经
济的快速增长和对外政策在国外取得的成功，是支撑国际关系学的兴起
和美国在该领域主导地位的基础力量："对美国在世界舞台上行为的关注
同国际关系研究联系在一起……研究美国的对外政策就是在研究国际体
系。研究国际体系一定会使人回到美国的作用上来。"(Hoffmann，1977：
47)

摩根索(Morgenthau，1948：8)同我们分享了这样一个体悟："时近 20
世纪中叶，要反思美国的国际政治，就要反思美国的对外政策在我们所处
的这个时代所面临的问题。"通过它和政治学的联系，美国的国际关系学
还受到了作为一门科学的经济学的成功的影响，并且寻求效仿经济学，以
期变得更为"专业"。霍夫曼还指出了美国国际关系学中其他一些值得注
意的趋势，例如对确定性的追求、现在主义(presentism，对历史的恐惧)以
及由于专注于两极而对弱者的忽视。

美国的国际关系学处于主导地位，因其规模庞大、资源丰富，并在西

方居于领导地位。毫无疑问,美国样式的现实主义、自由主义和战略研究通常引领着中心其他地区大部分国际关系学的思想方式。但美国的国际关系学在认识论上并没有占据霸权地位,因为很少有人像美国人那样痴迷于被理解为实证主义方法的"科学"。在国际关系研究路径方面,它更不具备普遍接受的霸权,因为它遭到了来自"英国学派"与和平研究的挑战。[6]

## 现实主义

对世界政治观察家来说,现实主义在第二次世界大战刚结束后的时期独领风骚,令人困惑不说,也相当具有讽刺意味。讽刺意味在于,第二次世界大战期间(1939 年至 1945 年)正是全球性机构密集建设的时期,其中包括国际货币基金组织和世界银行,高潮是在 1945 年的旧金山会议上起草《联合国宪章》。所有这一切本该把战后早期塑造成国际关系理论的一个"自由主义时刻",因为自由主义理论为战后"自由主义国际秩序"的理念贡献良多(Deudney and Ikenberry,1999;Ikenberry,2011)。这一"自由主义国际秩序"是在美国的倡议和指导下创建的多边制度体系,提供安全、稳定和经济开放等方面的全球公共产品。卢西恩·阿什沃思(Ashworth,2014:237—239)观察到,现实主义在 1945 年之后的美国国际关系学界并没有立即占据主导地位,它的主导地位是 20 世纪 40 年代末和 50 年代(即冷战开端)的人为结果。在两次世界大战之间的所谓"大辩论"中,现实主义者并没有赢得明显的"胜利"。如果说第二次世界大战期间及其刚刚结束的那段时期的国际关系思想有什么特征的话,尤其是在美国,那就是再一次指望通过国际制度来促进和平的理想主义。迈克尔·威廉斯(Williams,2013)认为,美国现实主义的许多重要人物,如摩根索、尼布尔、李普曼和赫兹,实际上想要通过一种折中的做法来应对卡尔提出的现实主义、乌托邦主义两者兼而有之和二选一的问题(亦可参见 Hacke and Puglierin,2007)。他们想要将自由主义从乌托邦主义中拯救出来,把现实主义从美国政治学方法论的束缚中解救出来,他们认为若不这样做就无法开展政治领域不可或缺的规范研究。

但联合国在维持和平方面明显的局限性,冷战的爆发、升级和接下来监管方面的两极化,以及威慑和危机管理(特别是古巴导弹危机之后),助长了一种更加唯物主义类型的现实主义及以后新现实主义的崛起。冷战期间现实主义的突出地位也就不难理解了。20 世纪 40 年代末以来的国际关系学的核心主题不是多边制度和自由秩序,而是两极和超级大国之间的竞争。冷战似乎证明了现实主义的核心假设,即无政府状态,或在国家之上别无任何更高形式的权力,才是国际体系的基本特征;国际关系是一场零和博弈,国际制度在其中扮演边缘角色。相反,维持实力的平衡才是维持国际秩序的关键,"实力"的定义主要在经济与军事层面。在 1954 年出版的《国家间政治》(*Politics Among Nations*)的第二版中,摩根索增加了一个题为"政治现实主义六原则"的小节被视为对现实政治(realpolitik)[7]的明确表述。在冷战愈演愈烈的背景下,不管摩根索的初衷如何,他的作品一般被解读为在国际关系实践与国际关系学中支持权力政治的方法。

尽管摩根索的古典现实主义影响很大,但在新现实主义出现之前,现实主义并不是冷战或两极——美国国际关系学的核心主题——的主导理论。这与新现实主义的出现有不可分割的原因。20 世纪 70 年代肯尼思·华尔兹(Kenneth Waltz)率先提出了这一版本的现实主义观点,强调国际体系结构特征的重要性,尤其是作为冲突与秩序的主要决定因素的权力分配(又称极性)的重要性。新现实主义既淡化了(古典现实主义者所强调的)人性的影响,又淡化了国内和地区政治在国际关系中的影响。由于系统结构的概念是指各单位之间的能力分配,因此只有那些占据权力矩阵上层的单位才能通过其冲突或合作行为影响系统结构。极端物质主义简化了极性,将两个超级大国置于国际关系理论的中心,并将其他所有国家边缘化。不仅第三世界,就连欧洲和日本,也都成了两个超级大国在意识形态和权力上进行零和博弈的战场。围绕极性理论以及两极体系和多极体系的相对稳定性(或不稳定性),曾出现过大规模但非总结性的争论(Rosecrance, 1969;Deutsch and Singer, 1969;Gilpin, 1981;Levy, 1989;Gaddis, 1992/1993)。但很明显的是,新现实主义及其论争忽略了第三世界的安全困境和地方动力学,在很大程度上把这两者简单地视为超级大国竞争的产物。支持双方论点的历史论据来自欧洲国家体系的演进。这些体系层面的概括忽略了去殖民化的后果,以及第三世界的出现对维持国际秩序的影响。实际上,新现实主义忽视了作为体系秩序动因的南-北关系,坚持将外围地区排除在主流国际关系学关注之外,这也是自 19 世纪以来国际关系学的一个特征。在华尔兹的理论看来,第三世界频繁发生的冷战冲突并没有对两极国际体系的根本稳定构成挑战,只要两个超级大国能够维持平衡且其战略性的欧洲中心地区能够保持无战争状态即可。少数学者试图重申区域层次的重要性及其对全球两极体制的自主性(Ayoob,1986;Buzan,1983),但新现实主义的宏大简化基本上席卷了一切。

## 战略研究与和平研究

超级大国两极竞争的观点主宰了当时的世界,再加上核武器的出现,毫无疑问地使人们加大了对军备和大国战争的关切,这是两次世界大战之间的国际关系学的主要标志。对"下一场战争"世界末日般的恐惧也困扰着两次世界大战之间的岁月,但是随着核武器的部署,下一场战争不仅会摧毁文明,而且也使人类灭绝的恐惧变得非常真实。国际关系学中的现实主义者们以务实的方式对此作出了回应,即试图理性地制定一种既能将核武器纳入超级大国战略,又能将爆发大规模核战争的风险降至最低的方案。这一方案的核心是威慑理论,促成了战略研究这一新的子领域的兴起。尽管像克劳塞维茨这样的经典战略家仍然很有影响力,但战略研究主要是由平民完成的,这点足以令人称叹。[8]核战争与以往的任何一种战争形式都截然不同,没有这方面的军事传统和先例可以提供智慧和指导。在整个冷战时期,威慑理论的思考内容必须要能跟上核武器及其运载系统的相关技术快速且无休止的发展步伐。明显与战略研究反其道而行之的是和平研究,它的基本观点是核武器给人类生存带来了不可承受的危险,应该被彻底清除。战略研究主要为纳入核武器的国防政策提供信息和改进措施,而和平研究则更多地与希望消除核武器的流行的积极分子运动联系在一起。在大多数从事和平研究的人员看来,核武器本身所构成的威胁比敌对的超级大国还要大。战略研究在拥有核武器的国家占据主流(比如美国、盎格鲁圈的其他国家和法国[法国人向来我行我素]),而和平研究则在有可能成为超级大国核战争的前线国家中占主导地位(比如斯堪的纳维亚、德国和日本)。[9]鉴于日本宪法规定放弃战争，和平主义成了日本国际关系研究的一个重要内容特征，也与综合安全(后来的人类安全)的思想有关联。但这些观点并没有能够结合在一起，形成一种独特的日本国际关系研究的路径。

威慑理论的关注点几乎完全放在了东-西关系上，但也有两个引入南-北维度的例外。一个是对第三世界的冲突会牵涉超级大国并触发可能导致全球核战争的冲突升级的担忧。这种担忧在中东问题上尤甚，也是中心地区国际关系学惯性思维的一部分，把外围地区主要视为超级大国竞争的竞技场。[10]另一个例外是核扩散，以及两个超级大国都希望将核俱乐部维持在尽可能小的规模上。核不扩散的部分对象是有制造核武器能力的中心地区国家(主要是德国、日本、瑞典、瑞士)，但主要对象还是第三世界国家。核不扩散一方面服务于超级大国，使其成为一个特殊俱乐部，凌驾于他国之上的地位需求，另一方面它们也可以令人信服地宣称核扩散将增加使用核武器的机会。更多的手指放在更多的扳机上，就意味着发生核战争的可能性更高。中心地区对核不扩散的支持也有偏见的成分：威慑理论得以成立的一个关键因素是要求那些控制核武器的人能够理性思考使用和不使用核武器，而核不扩散背后的思考链是建立在这样的假设上，即许多第三世界国家的领导或政府还没有能达到这样标准的素质。不仅许多西方核战略理论家持有这一观点，而且如休·古斯特森(Gusterson，1999)对劳伦斯·利弗莫尔实验室的人种学研究所证实的，美国核科学家和武器设计师也多有认同。印度战略家 K.苏布拉马尼亚姆将其称为"种族主义"倾向(Subrahmanyam，1993)。

战略研究文献牵扯到的另一个南北关联是北方在南方进行的战争，以及中心国家对南方国家更普遍意义上的干涉。这类文献大部分是工具性的，采取的是超级大国在第三世界展开竞争背景下的北方视角。这类文献讲述的都是游击战及其应对策略，关于超级大国支持敌对双方带来冲突升级的危险，关于有限战争，即对武器和战术进行全方位限制(而不是更为全面、更不受约束的第二次世界大战风格的战争)这样一些内容。在这些文本中，外围地区基本上只是超级大国之间全方位斗争的客体。

## 自由主义

随着冷战开启,自由主义国际关系理论专注于全球政府间国际组织的范围严重受限。因此,战后大量自由主义理论会聚焦于区域一体化或许也在意料之中(Nye,1988:239)。这类理论最重要的参照范例是欧洲经济共同体,它是第二次世界大战后出现的区域一体化和安全共同体中最成功的案例。其他案例包括加拿大和美国、欧洲和北美、美国和日本。相比之下,除了东盟(ASEAN)和拉丁美洲的南锥体(Southern Cone)之外,第三世界基本上不存在这样的共同体。

以戴维·米特兰尼(David Mitrany)的功能主义为代表的区域一体化理论在一定程度上是从两次世界大战之间到1945年后这段时期国际关系研究的一种过渡形式(L.Ashworth,2014:221—225)。卷帙浩繁的区域一体化理论文献(E.Hass,1964,1973;Hansen,1969;Lindberg and Scheingold,1971;Puchala,1984;Mace,1986)大部分都是关于厄恩斯特·哈斯(Ernst Haas)领导的颇具影响的新功能主义学派(school of Neofunctionalism)的,以及较小程度上关于沟通主义(transactionalism)的,后者主要的智识支持者是卡尔·多伊奇(Puchala,1984:186)。但“对因变量(一体化)如何定义,或者说它是一个过程还是一个条件,几乎没有一致意见”(Hodges,1978:237)。

虽然两种研究路径都从国家主权逐步稀释的假定出发,但新功能主义路径设想,从“低政治”或政治敏感性较低(如贸易和资源管理)的议题开始,各国之间的交流与合作会产生“溢出效应”,最终导向更为广泛和更多的政治与安全合作。沟通主义路径侧重于社会交往的增长导致的“安全共同体”的出现,共同体内部的关系是以“成员之间是否存在为战争或大规模暴力活动而进行的重大且有组织的准备”为标志的(Deutsch,1961:99;亦可参见Yalem,1979:217)。安全共同体既可以通过其参与单位正式的政治合并“混合而成”(amalgamated),也可以保持“多元”(pluralistic),在这种情形下其成员仍会保持正式的独立。尽管沟通主义忽视了制度在政治一体化中的作用,但对于新功能主义者来说,制度是至关重要的。

尽管一些第三世界的次区域集团,如东非共同体和中美洲共同市场等,最初试图仿效欧洲经济共同体,但它们远远未能达到目标。虽然新功能主义者设想经济一体化会"溢出"至政治和安全合作,但第三世界的经验却恰恰相反;政治理解与合作才是经济一体化的先决条件(Axline,1977:103)。一般来说,第三世界的区域经济一体化被证明"比欧洲的相比更初级,目标更模糊且内容更不确定"(Gordon, 1961:245),因此人们对区域一体化理论在第三世界的适用性提出了质疑(Duffy and Feld,1980:497)。厄恩斯特·哈斯承认"将(他的新功能主义模型)应用于第三世界时……只足以精确预见区域一体化的困难与失败,然而在欧洲的例子里一些成功的积极预测已经实现了"(Haas, 1973:117)。

通过广泛研究拉丁美洲和非洲地区的区域一体化,约瑟夫·奈得出的结论是,第三世界一体化的失败很大程度上要归因于国内条件:家长式领导;官僚和政治体制薄弱,易被军方接管;经济不平等;缺乏有组织的利益集团;城乡之间的文化差距;缺乏足够的训练有素的人力(Nye,1968:381—382)。但是,也许欧共体式的区域一体化在第三世界没能取得成功的真正原因,是后殖民时代的领导人对保持主权不被稀释的规范性偏好。当西欧区域主义试图将区域国际政治置于民族国家之上时,在经历了几个世纪的殖民统治后,非西方区域主义的倡导者寻求的是创建和巩固人为构想出来的民族国家,尽管是人为构想(artificially conceived)出来的。因此与欧洲经济共同体不同,非洲统一组织和阿拉伯联盟的功能更多的是作为"民族独立的工具,而不是区域一体化的工具"(Miller, 1973:58),并接受了不干涉原则的扩展版。

从 20 世纪 70 年代中期开始,自由主义国际关系理论的重心明显转向了新自由制度主义和相互依赖。厄恩斯特·哈斯坦承,面对在范围和影响上日益走向全球的、不断扩大的经济联系,区域一体化正变得"过时"(Haas, 1975:6)。从 20 世纪 70 年代开始,由于相互依赖的话语取代了区域一体化范式,新自由制度主义及其流行分支——机制理论——日益对现实主义/新现实主义范式的传统主导地位构成了挑战。与古典自由主义对人性的善意理解不同,新自由制度主义接受了现实主义的前提,即国际体系是无政府状态的,国家是国际关系中的主要行为体(如果不是唯一的话)。但它不同意新现实主义对国际制度的摒弃。新自由主义者坚持认为，国际制度——广义的来说包括机制和正式组织——可以通过降低交易成本、促进信息共享、防止欺诈以及为和平解决冲突提供途径等方式来规范国家行为并促进合作（Keohane，1984：15；1989：10）。

新自由制度主义对霸权稳定论（HST）提出了挑战。霸权稳定论产生于查尔斯·金德尔伯格的作品（Kindleberger，1973），由斯蒂芬·克拉斯纳（Krasner，1976）、罗伯特·吉尔平（Gilpin，1987）和罗伯特·基欧汉本人（Keohane，1984）做出进一步的完善和修改，这也导致了国际政治经济学子领域的出现。霸权稳定论以英国在第一次世界大战之前和美国在1945年之后支持（尤其是海洋方面的）自由贸易和安全、提供国际公共产品为案例。简而言之，霸权稳定论者坚信，秩序与合作需要一个优势大国或霸权的主动性。而世界近代史上两个这样的角色就是19世纪的英国和第二次世界大战后的美国（Grunberg，1990：431）。一个这样的大国创造经济与安全制度和机制来为其利益服务，同时为他者提供福利或国际公共产品。这种秩序的存续取决于霸权国优越的物质（经济和军事）实力和强制能力，以及缔造意识形态共识和同意的能力。霸权国的统治寻找防止欺骗行为，并鼓励其他国家分担维护体系的成本。

但霸权稳定论不仅因为其解释世界政治的秩序与变革的能力有限（Sindal，1985），还因其种族中心主义而遭到批评（Grunberg，1990：444—448）。基欧汉背离了霸权稳定论，认为国际制度会在美国霸权衰落后依然存在，因为国际制度继续提供诸如信息共享和降低交易成本等好处；因为在一个"霸权之后"的世界里创建新的制度比改革旧制度要难得多（Keohane，1984）。尽管区域一体化理论可能被指责为具有欧洲中心主义性质，那么新自由制度主义则以美国为中心。基欧汉承认"国际关系领域已经被打上了鲜明的美国印记"，并承认这如何塑造了他自己的理论贡献。正如他在"世界政治理论"一章的脚注中所承认的那样：

> 本章一个令人遗憾的局限是其范围仅限于英文出版的著作，主要都是在美国出版的。我认识我意识到这反映了美国学术界的美国中心主义，并对此感到遗憾。但对于其他地方的出版物，我的阅读量还不够，难以作出明智的评论（Keohane，1989：67，note 1）。

制度主义理论很少谈及外围地区作为多边主义增长，以及支撑这种增长的理念贡献者的作用。自由主义思想忽视了第三世界的能动性,对于多边主义和全球治理更为一般的理解也是如此。例如,在一本在多边主义方面最具影响力的书(Ruggie,1993)中,没有一章谈及第三世界的多边主义,而是把多边主义视为组织全球国际社会的一种特有的美国方式。

尽管关于国际相互依赖和机制相关的作品在 20 世纪 80 年代激增,但它们主要关注的还是西方国家之间的关系。罗伯特·考克斯如此评论道:

> 机制理论在七国集团(G7)成员国之间经济合作以及有关其他发达资本主义国家集团面临的共同问题方面进行了大量阐释。相应地,在改变世界经济结构的尝试方面,例如在第三世界要求建立国际经济新秩序(NIEO)方面说得不多。的确,正如基欧汉在他的著作中强调的那样,机制被设计出来是为了稳定世界经济,并具有抑制和阻止国家发起对正统经济的激进背离的效果,例如通过社会主义(R.W.Cox,1992a:173)。

自由制度主义理论家很少关注冷战时期第三世界的主要合作制度,即不结盟运动(NAM)。[11]而且,这些理论往往是"假设而不是建立一种善意、自愿、合作和合法的机制"(Keeley,1990:90)。考虑到在第三世界国家看来某些机制的排他本性,以及某些多边制度的强制作用时,如第五章所述,这是一种非常可疑假设。但是,自由主义对美国霸权及其提供自由贸易、国际制度和集体安全等公共产品等福利的关注,为一种良性的全球自由主义霸权秩序的观点奠定了基础,这种观点在冷战结束后广为流行(将在第八章讨论)。

20 世纪 80 年代见证了新现实主义和新自由主义之间的一场辩论。辩论的主要观点得到了很好的概括(D.Baldwin,1993:4—8;S.Smith,2000:381),这里不需要进一步阐述。一般来说,虽然双方都坚信无政府状态,但新现实主义者更加严肃地看待无政府状态对国家行为施加的约束,而轻视新自由主义所认同的基于国家自身利益的国际合作的可能性以及国际制度与机制的影响。因此,新现实主义者强调关注相对收益比关注绝对收益更重要。尽管两方都认识到了经济与安全之间相互作用的重要性,但新现实主义者更重视国家安全问题,而新自由主义者则更强调经济福利。对新现实主义者来说，物质能力及其分配状况要比意图、利益和信息更为重要。然而这场辩论中双方的差异在于各自对无政府状态和合作的坚信程度，这是可以通过概念把戏来调和的。这一共同立场体现为所谓的"新新合流"（"Neo-Neo" synthesis）。正如，维夫解释的："双方共享一种'理性主义'的研究计划，一种科学概念和一种共同的在无政府状态前提下动作（华尔兹），并探讨合作与演变制度是否重要的意愿（基欧汉）。"（Wæver，1996：163）。

## 国际政治经济学

20世纪70年代和80年代国际关系中最重要的发展是国际政治经济学（IPE）日渐流行。与偏重东西方取向的战略研究不同，国际政治经济学是带有强烈的南-北关系维度出现的。这在一定程度上与马克思主义和依附论有关。从更为现实的角度看，这也与国际政治经济学起源于20世纪70年代石油危机有关，石油输出国组织（OPEC）第三世界成员的抵制暴露了美国和西方国家经济的脆弱性，引起了对于经济安全和相互依赖的担忧。在美国和英国，这一分支学科相对独立地发展，罗伯特·吉尔平（Gilpin，1987）和苏珊·斯特兰奇（Strange，1988）对第三世界进行了合理的定位，国际政治经济学可能是中心地区国际关系研究路径中对第三世界最为关注的。

一些相互依赖理论方面的学者，特别是奈和基欧汉，对美国国际政治经济学的兴起作出了贡献。以克拉斯纳和吉尔平为代表的现实主义学者也积极参与到国际政治经济学中。在1975年的书中，吉尔平将国际政治经济学定义为"对财富和对权力的追求的相互作用与动态互动"（Gilpin，1975：43）。他后来撰写的作品还成为国际政治经济学领域使用最为广泛的教材（Gilpin，1987）。吉尔平将国际政治经济学理论划分为民族主义、自由主义和马克思主义三大类，这种划分至今具有影响力——正如他自己后来所说，吉尔平延续的是以国家为中心的现实主义路径。（Gilpin，2001）。在英国和加拿大等其他地方也出现了与美国不同的研究路径。与美国国际政治经济学思想的主流相比，斯特兰奇对全球经济的运行提出了更具批判性的观点，强调国际金融资本的波动性（Strange，1986）以及全球市场兴起给国家权威带来的挑战(Strange，1988)。加拿大的罗伯特·考克斯(Cox，1987)和斯蒂芬·吉尔(Gill and Law，1988；亦可参见Gill，1991)则发展出了国际政治经济学新马克思主义与葛兰西主义路径。

## 马克思主义

苏联集团的国际关系思想对西方中心国家和日本造成的影响微乎其微。但马克思主义是社会科学的一种基本的思想框架，包括国际关系学，经常以批判理论的形式出现(参见第八章"批判理论")。至少到20世纪60年代，马克思主义一直是日本国际关系学重要的组成部分(Inoguchi，2009：88—90)。在英国，苏塞克斯大学(University of Sussex)形成了马克思主义国际关系学的传统，主流国际关系学者如罗伯特·麦金莱和理查德·利特尔(McKinlay and Little，1986)围绕自由主义、社会主义和现实主义的世界秩序模型，构建了一种范式性质的国际关系研究路径。受马克思主义影响的学者，如E. H.卡尔、罗伯特·考克斯、韩礼德(Fred Halliday)和伊曼纽尔·沃勒斯坦(Immanuel Wallerstein)等，都是国际关系学界的重量级人物。国际关系学的介绍性读物和教科书，特别是国际政治经济学方面的，一般都包括马克思主义路径的讨论：例如利特尔和史密斯(Little and Smith，1980)与吉尔平(Gilpin，1987)的作品。马克思主义的思想框架继续受到国家地位边缘化的影响。但它有关资本主义与剥削(因此也包括新殖民主义)的见解仍有值得称道之处，并且在原则上以及在一定程度的实践中，马克思主义在第三世界的问题和视角方面，都比现实主义和自由主义更为开放。

平心而论，马克思主义对国际关系学科最重大的影响都是间接的，即通过依附论、世界体系论和新葛兰西主义论著，以及较小程度上的国际关系学后殖民主义路径体现出来的。这可能与一些学者所惋惜的传统马克思主义思想中的"地缘政治缺陷"(Teschke，2008：166)或"对政治的矛盾心理——否定同时又保留"(Davenport，2011：42)有关。但是，马克思主义和列宁主义思想的主要元素，特别是经济力量在塑造政治和安全方面的作用，对不平等、不公正和支配等概念的定位，以及对世界政治中守旧与变革前景的展望,已经被纳入世界政治的各种不同的概念建构之中。马克思主义在挑战主流国际关系理论中的国家中心观念,以及自由主义对资本主义相互依赖的美化(Davenport,2011:35)方面极具影响力,特别是通过强制与同意提供了关于霸权的另一种概念(R.W.Cox,1987)。此外,受马克思主义和葛兰西主义启发的学术思想影响了认识论方面的辩论,罗伯特·考克斯的那句名言"理论总是为某些人和某些目的服务的"以及他对"问题解决理论"与"批判理论"("problem-solvin" and "critical" theory)作出的区分就是最重要的例子之一(R.W.Cox, 1981:128—130)。问题解决理论包括现实主义、自由主义、英国学派(以及某些版本的建构主义),这类理论认同当前的秩序并在其现有的界限内寻求改良和变革,并"将现行的社会和权力关系以及制度因素纳入他们的理论建构"(R.W. Cox,1981:128)。相比之下,批判理论则对现有秩序及其制度提出了质疑。它关注的是现有秩序及制度从何而来,以及"它们是如何以及是否身处这一过程之中"(R.W.Cox, 1981:129),从而寻求这些制度的根本转变。问题解决理论有助于将"一个不公和极度邪恶的体系合法化",而批判理论则"试图通过揭示、分析、并在可能的情况下协助潜在导向解放性变革的社会进程来挑战当前的秩序"(Hobden and Wyn Jones,2008:151)。我们在探讨了考克斯对自由制度主义的批判之后,将在本章后面部分继续讨论依附论与世界体系理论。

## 英国学派

英国学派是在 20 世纪 50 年代后期洛克菲勒基金会资助英国国际政治理论委员会举办会议的时候开始形成的。从早期阶段起,英国学派与美国正在发展中的国际关系思想走的就不是一条路。差异的本质在于,美国思想主要关注国际体系(international system)的概念,无论现实主义还是自由主义都是如此,而英国学派则主要围绕着国际社会(international society)的概念发展起来。[12]体系的思维方式本质上用的是唯物主义和机械的术语来表达国际关系,比如均势、极性、相互依赖等;而国际社会思想则意味着运用更具社会性、更符合社会学的术语来表达国际关系,比如构成国家组成的社会的共同规则、价值观和制度。从这个意义上讲,英国学派预见了建构主义的形成(并影响了其领军人物亚历山大·温特)。与美国的主流国际关系理论相比,英国学派整体上具有一种更为明确的规范路径。英国学派并不是要成为现实主义和自由主义分析的对立面,而是要采取一种整体主义的路径,把国际关系看作秩序的必要性(以英国学派中的多元主义一方为代表)与正义的必要性(以连带主义一方为代表)之间的一场持续且不断变化的辩论。这种观点并不意味着任何一方都应该赢得这场辩论,而是说关键在于两方之间的平衡,以便在时代允许的条件下营造最优的环境。与前文讨论的美国早期的现实主义者类似,英国学派可以被理解为一种超越卡尔在现实主义和乌托邦主义之间非此即彼对立困境的尝试。英国学派排除了目的论,接受国际社会的伸缩以及持续的演化。

不过英国学派也包含一种强大的结构方法(Bull,1977;Holsti,2004;Buzan,2004b)。它将首要制度(一套随时间演变而变化的长期规范和实践)视为国际社会的社会性结构。在这一时期的英国学派经典著作中,主要谈及的首要制度有:主权、领土、均势、战争、外交、国际法和大国管理。19世纪民族主义的出现则是由詹姆斯·梅奥尔添加到首要制度当中(Mayall,1990)。这些首要制度既能被理解为国际社会的组成部分(主权+领土权+民族主义=现代国家),也能被理解为该社会内部的合法行为(有关国家如何沟通、管理体系和相互交战的规则)的构成要素。首要制度可以根据出现、演变、不时的衰败和淘汰来加以追踪。英国学派区分了由国家构成的社会(国际社会)与更为观念化的,但在规范上重要的由人类全体构成的世界社会。

与其他同时期的国际关系主流理论相比,英国学派明显更关注历史。它尤其关注的是,伴随着非殖民化而出现的全球国际社会是如何从一个最初的欧洲国际社会进化和扩展而来的,而后者本身又是从欧洲中世纪时期一路演变,从1648年开始以现代形式出现的(Wight,1977;Bull and Watson,1984a;Watson,1992)。这种历史路径在很大程度上将英国学派与新现实主义(置历史的重要性于权力政治的普遍性之下)和自由主义(没有太多历史,也不想重提两次世界大战之间所谓的"乌托邦式"失败)区别开来。但在与第三世界的关系上,英国学派与同时期的其他西方国际关系理论持有大致相同的欧洲中心立场。经典的英国学派思想在三个方面将第三世界边缘化。首先，它将当时强加给世界其他地区的欧洲的国际社解释为一种原始开发。从殖民化和去殖民化的进程来看，存在着某种力量，但英国学派的经典叙事却基本上忽略了在其形成阶段世界其他地区向欧洲的输入。其次，与新现实主义一样，英国学派的经典著作也采用了国家的"相似单位"观点，视它们在形式上、功能上和主权平等上都是相似的，除非以权力的标准将大国与其他国家区别开来，否则不会对它们进行区分。这就造成了对第三世界国家的双重歧视：由于第三世界无大国，也就退出了大国管理；它忽略了国内和国际政治的巨大差别，这种差别源自这些国家是殖民时代以后的，并且经常是人为设计的国家，而这些国家大部分又是贫穷和欠发达的。第三，英国学派经典学者对去殖民化的主要反应是担心国际社会由于许多新兴国家的加入而被弱化，这些国家脆弱，贫穷并且不认同西方文化。布尔关于反西方叛乱的分析至少承认了那里反殖民情绪的力量，并打开了第三世界正义诉求的大门（Bull，1984）。但英国学派通常还是将非殖民化视为一个问题，因为它通过侵蚀西方文化的一致性削弱了已经建立起来的秩序。

# 国际关系学的辩论再起

与两次世界大战之间的时期一样，冷战时期中心地区的国际关系学也爆发了另一场"大辩论"。第二次"大辩论"实际上发生在 20 世纪 50 年代后期和 60 年代。这场发生在 20 世纪 50 和 60 年代行为主义革命背景之下，在很大程度上塑造了美国国际关系学的大辩论，在布尔和卡普兰之间上文提到的交锋中进行了总结（Bull，1966；Kaplan，1966），恰如其分地象征着美国国际关系学的方法论痴迷与中心地区大部分其他国家却对此路径热情不高之间日趋增长的裂痕。布尔希望用"经典路径"即基于哲学、历史和法律而构成的阐释性框架来寻求对世界政治的理解。相反，行为主义者如卡普兰要求的是"科学路径"，即采用基于实证主义的解释性框架通过产生基于假设-演绎模型的常规知识，来寻求对世界政治进行说明(Bull，1966：361—362)。[13]第二次辩论"关注的是方法论，而不是理论或理论创新的根源"(Kahler，1997：30)。上文提到，一些现实主义者加入布尔一边，反对科学方法在美国国际关系学中的使用。迈尔斯·卡勒(Miles Kahler)指出，国际关系领域的现实主义中坚分子如摩根索"完全站在了行为主义的反对者一边，对拉斯韦尔(Lasswell)和卡普兰的作品发起了猛烈的攻击"(Kahler，1997：30；亦可参见 M.Williams，2013)。第二次辩论并不像第一次大辩论那样是由第一次世界大战这种灾难性事件引发的。但它促成了后来美国国际关系学中的"科学认同"(Schmidt，2002：11)。可以说行为主义者在美国赢得了这场辩论，但在中心地区的其他国家并非如此。虽然证据不足，但第二次辩论对外围地区几乎没有产生直接影响，毕竟当时外围地区的国际关系学术研究还处于起步阶段。但根据我们对外围地区国际关系学发展的考察，我们有理由推断，相比于科学路径，外围地区国际关系学更倾向于走经典路径。

# 外围地区的国际关系思想

正如第四章所讨论的，两次世界大战之间外围地区的国际关系思想是学术作品与公共知识分子和领导人思想的混合体，而且强烈地偏向后者。一种解释是，在大多数外围地区，作为学术新领域的国际关系学的制度化程度较低或者根本不存在。在冷战和非殖民化期间，这种基本模式保持不变。尽管国际关系学在学术的制度化方面有所加强，但总体上还很薄弱，即便有，也往往偏重于政策和国家人事的需要。蓬勃发展的西方国际关系学的知识霸权十分强大。正如蒂克娜和维夫所论，出现了中心和外围之间的某种分工：中心做国际关系理论，而外围地区不做(Tickner and Wæver，2009c：335)。即便是在中国，毛泽东去世后国际关系学发展的大门再次敞开并开始迅速成长，但在考虑国际关系学中国学派的可能性之前，还是花费了几十年的时间用以吸收和掌握西方的国际关系学作品（Qin，2010，2012a）。多数外围国家的国际关系学术研究人员资源匮乏，主要工作是教学/培训而不是研究。资源的限制也意味着在很大程度上他们直接参与新的西方和日本国际关系协会组织会议环路被切断了，即使这些协会组织向更广泛的参与者敞开了大门。

外围国家国际关系学术界的薄、弱、新，为有影响力的政治领袖引导国际关系思想留出了空间。去殖民化给予外围地区政治领导人以更响亮的声音，更大的行动空间。其中一些领导人还就地区和国际秩序提出了看法。例如，缅甸的昂山（Aung San）最初与日本人合作，后来却否定了把大国集团（如日本的"大东亚共荣圈"）作为实现地区和平与福祉的手段的想法。他主张在主权平等和相互依赖的基础上开展区域合作，既呼应了外围地区国际关系思想的原有主题，又预见了第二次世界大战后大部分外围地区将要出现的区域主义原则，包括那些为 1967 年成立的东盟所发展起来的原则。20 世纪 60 年代，印度尼西亚的苏加诺阐述了关于南-北冲突的一个激进概念，认为世界的分裂并非来自冷战，而是由"旧有势力"（Old Established Forces，OLDEFOS）和"新兴势力"（New Emerging Forces，NEFOS）之间的斗争造成的。旧有势力由西方殖民列强组成，仍然通过军事基地和经济剥削威胁新独立的国家。新兴势力则是一致反对殖民主义和新殖民主义的势力，其中就包括由印度尼西亚、柬埔寨、北越南、中华人民共和国和朝鲜组成的"反帝国主义轴心"（Weinstein，［1976］2007：167）。还有一些关于主权、平等和经济自主在内的区域主义思想在各区域间传播的例子。克瓦米·恩克鲁玛虽然因加纳英国殖民统治者的阻止而未能参加 1955 年的万隆会议，但他接受了万隆会议的原则（如退出由超级大国领导的地区集团和经济上自力更生），并将它应用到了 1958 年 4 月 15—22 日在阿克拉举办的新独立的非洲国家的首次正式会议——非洲独立国家会议——的组织过程中。随后于 1960 年在亚的斯亚贝巴举行的后续会议进一步发展了去殖民化、军备控制和控制自然资源的原则，为 1963 年 5 月非洲统一组织的建立奠定了一定的基础。

从 20 世纪 40 年代末至 70 年代中期，至少去殖民化的事业仍未完成，这些领导人还可以沿着自两次世界大战之间甚至更早时期开始的反殖民和反种族主义的主题继续进行下去。随着正式的殖民主义成为历史,言辞更多地转向反对新殖民主义,特别是反对经济和发展方面的不平等,这些不平等在大多数民族都获得政治独立之后又延续了很长时间。反种族主义仍然是一个强有力的主题,尤其是反对南非种族隔离制度和反对以色列,南非和以色列都被许多第三世界国家视为殖民国家。在中东,纳赛尔拾起了两次世界大战之间出现的泛阿拉伯主题,并为之注入活力。在印度,尼赫鲁关于不结盟和非排他性区域主义的思想对第三世界的外交政策选择产生了实质性影响,最显著的体现是不结盟运动,尽管没有在中心国家的国际关系理论辩论中引起什么关注(Behera,2009:143)。甘地的非暴力不合作思想在世界范围内产生了实践和知识上的影响,激励了马丁·路德·金和纳尔逊·曼德拉。自 20 世纪 70 年代中期起,毛泽东的"三个世界理论"既成为反对两个超级大国(第一世界)霸权的政治纲要,也是理解世界政治整体动态的一种方式(Garver,2016:327—328)。[14]毛泽东与切·格瓦拉(Che Guevara)、雷吉斯·德布雷(Régis Debray)等人一道发展、完善并实践了游击战的理念,游击战是军事上较弱一方对抗较强一方的有用战略,也就是如今所谓的"非对称战争"(asymmetric warfare)。

综上所述,中心地区的主流国际关系理论依然专注于两极、西方所遇到的问题和大国关系。即使去殖民化是定义 1945 年之后国际关系关键进展之一,但中心和外围之间关系变化中的动态并没有被国际关系理论重视。正如我们在第四章中所暗示的,情况发生改变的主要标志在于外围地区出现了两种国际关系研究的视角,对中心地区的辩论形成了挑战:就是依附论(dependencia)与后殖民主义。依附论诞生于拉丁美洲,那里去殖民化历程的开启要比亚洲、非洲和中东早得多。而后面这些地区,特别是亚洲,可以说是另一种非西方国际关系理论——后殖民主义诞生的舞台。虽然学者们普遍认为后殖民主义的产生于依附论之后,但它的思想和实践根源却可以被认为是早于这个时期就奠定下来的。依附论和后殖民主义有着相似的源点,因为两者都在消极的意义上把殖民地与前殖民列强联系起来。[15]

## 后殖民主义

后殖民主义根植于整个欧洲长达500年的海外扩张以及所建立的帝国之中。其不仅是一种统治和反殖斗争的过程，而且也是文化遭遇和相互重塑的过程。[16]后殖民主义作为国际关系思想中的学术路径，大体是1989年以后才基本出现，但其中某些重要开端在冷战时期就出现了。早期后殖民主义思想的发端在很大程度上与国际关系领域实践者与国际关系学术界之间的互动，以及学术界对1955年在万隆举办的亚非会议的重新评判有关。穆斯塔法·卡迈勒·帕夏（Mustapha Kamal Pasha）指出，万隆会议虽然没能实现其宣告的所有政治与经济目标，但它的确标志着"按照国际关系学要求讲述的普遍叙事中的一个间断（discontinuoust）时刻（Pasha，2013：146）。

万隆会议是1947年和1949年在新德里举行的两次亚洲关系会议（ARC）的产物。1947年会议的议程涉及八个议题：争取自由独立运动、种族问题、亚洲内部移民、从殖民地经济向国民经济的过渡、农业重建和工业发展、劳工问题和社会服务、文化问题和妇女地位与妇女运动（Appadorai，1979）。第二次亚洲关系会议与印度尼西亚在荷兰的统治下寻求独立的要求密切相关（Acharya，2009：34—35）。万隆会议超越了两次亚洲关系会议，它的目的不仅在于"将继续斗争直到实现完全的民族独立"，还要"制定和确立当今国际关系的某些行为规范以及实际应用这些规范"（Abdulghani，1964：72，103）。万隆会议的目标是就国际事务中的行为达成"一般性原则"（League of Arab States，1955：23）。它标志着从反对殖民主义向在全球国际社会中为第三世界占有一席之地的转变。万隆会议的与会者将《世界和平宣言》看作一项"最重要的决议"，因为它明确了"规范彼此之间及至整个世界关系的原则"（League of Arab States，1955：151）。

万隆会议之后，第三世界国家的意识不断增强，对在全球国际社会中更大的参与权和发言权的要求，伴随着1961年不结盟运动的兴起，以及随后建立国际政治经济新秩序的呼吁和七十七国集团的成立，在20世纪60年代和70年代达到了巅峰。越南战争以及美国在其他地区尤其是拉丁美洲的干预行动，在整个20世纪60年代和70年代引发了美国是否一个新帝国主义国家的质疑(Viotti and Kauppi，2011:211)。20世纪70年代，南北双方加强接触与合作的希望遭到了破坏，加深了人们对国际资本主义经济不公平和不公正的看法(Darby，2004:2)。上述事件成为激发后殖民主义国际关系理论的一个因素。

后殖民主义学者，如弗朗兹·法农(Franz Fanon)、爱德华·萨义德(Edward Said)、加耶特里·查克拉沃蒂·斯皮瓦克(Gayatri Chakravorty Spivak)、霍米·巴巴(Homi Bhabha)、恩古齐·瓦·提安哥(Ngugi Wa Thiong'o)等来自多种专业和学科，他们在那些将后殖民视角引入国际关系学科的作品中具有影响力。如下是后殖民主义的部分重要论断：艾米·塞泽尔(Aimé Césaire)拒绝承认殖民主义声称的"文明使命"(civilising mission)(Césaire，1955)；法农关于殖民主义的"非人性化效果"(dehumanising effect)的研究(Fanon，1965)；萨义德对"东方主义"，或西方文学作品对被殖民者低等、外来、专制和神秘刻画的揭露(Said，1978)。法农《全世界受苦的人》探讨了殖民主义如何使其臣民产生一种依赖感，以及政治、心理、经济和社会的自卑感，这种自卑感是如此之深，以至于只有通过诉诸暴力才能够纠正过来(Fanon，1965)。萨义德的《东方主义》力图证明，在很大程度上正在形成并已经为人所知的"西方"，是由"东方"的"他者化"(othering)衍生出来的("西方"就是东方不是，也不可能是一切，并通过帝国主义寻求确保这个预言的实现)(Said，1978)。

由于后殖民主义思想由于吸纳了各种各样的观点——文本、马克思主义、葛兰西主义和一系列后现代思想家的观点，被批评为"理论混杂"(Kennedy，1996:347—348)。由于受到像萨义德和斯皮瓦克这种文学学者的巨大影响，在传统的国际关系学者看来，后殖民主义与国际关系学的联系还是有些脆弱，尽管后殖民主义国际关系学者努力将后殖民主义牢固地置于国际关系辩论之中。与依附论不同，由于后殖民主义起源于文学研究，通常关注塑造社会的观念力量而非物质力量。依附论"主要是一种欠发达状态下的经济理论，不便用来分析种族、文化、语言和身份等问题"(Tikly，2001:251)。而这些问题恰恰是后殖民主义的核心关切之一，它们中部分源于前殖民地文学中的身份主题，部分源于区域研究中后殖民主义；在一定意义上，后殖民主义成了它的继承者(Harootunian，2002)。

后殖民主义作为一种政治理念,认为现代意义上的国际体系并非起源于 1648 年的《威斯特伐利亚和约》,而是 1498 年哥伦布对新大陆的"发现"。后殖民主义提出,既然与国际秩序和世界体系有关的知识,基本上都是在西方殖民扩张和统治时期产生的,那么这一知识的产生一定是有问题且令人生疑的(Grovogui,2013:249)。因此后殖民主义者对于殖民时期的人种论和人类学,以及包括资本主义和马克思主义在内的所有来自西方的普世主义,至少都采取了怀疑的态度(Chibber,2013)。后殖民主义者尤为关注的是,在国际关系理论中这样一套流行的知识是如何不经充分的批判整理就被接受的。

## 依附论

依附论建立在对国际经济结构的物质性理解之上,强调发达的西方经济体与欠发达或发展中的第三世界经济体之间的不平等。依附论认为国际经济结构"中心"和"外围"的划分使得后者依赖于前者,使"外围"的贸易条件长期处于劣势的状态。

早在依附论成为国际政治议题之前,与其相关的经济方面的核心思想就已由阿根廷经济学家劳尔·普雷维什(Raúl Prebisch)在 20 世纪 30 年代和 40 年代提出来了。普雷维什的思想在国际舞台上尤其有影响力,由于他曾经在 1948 年拉丁美洲经济委员会成立时期担任过负责人,并将这一机构变成了传播他思想的平台。此后,普雷维什又担任了联合国贸易和发展会议的第一任总干事,带头呼吁建设国际经济新秩序(NIEO)(*The Economist*,2009)。后来依附论的发展,特别是费尔南多·卡多佐和恩佐·法莱托的作品(Cardoso and Faletto,1972),稍微将焦点从纯粹的经济问题转移到了政治经济学的轨道。从这个意义上说,依附论预示着 20 世纪 70 年代和 80 年代西方主流国际关系研究中国际政治经济学的复兴。依附理论,特别是在其后来的著作中,有着明显的马克思主义倾向,尽管带有更大的自由主义倾向,其中一些作品在国际政治经济学主流研究中颇具影响力。卡多佐和法莱托认为,发达、欠发达和依附既是国际经济结构也是国际政治结构的结果。卡多佐和法莱托撇开了纯粹的经济学争论,认为有必要对社会力量和意识形态进行分析。除了先前提到的来自拉丁美洲的学者-实践者外,依附论的其他主要贡献者还包括专注于马克思主义政治经济学的安德烈·冈德·弗兰克(Frank,1966,1971);以及萨米尔·阿明(Amin,1972),一位埃及-法国双重国籍的马克思主义学者,他分析了非洲与其他地区的关系。与依附论相关的还有约翰·加尔通(Galtung,1971)的帝国主义结构理论。加尔通试图强调国际层次上"中心"与"外围"之间的不平等,也强调国家内部"中心"与"外围"之间的不平等。加尔通将帝国主义定义为"一种体系,这种体系将整体分割开来,并将某些利益和谐关系中的部分相互联系起来,也将利益失和或利益冲突部分相互联系起来"(Galtung,1971:81,强调原初的)。加尔通发展这一理论的目的是从"结构性暴力"中获得"解放"。

依附论最初的关注点非常狭窄,只是放在经济方面的依附上。根据拉丁美洲、特别是阿根廷的经验,普雷维什认为"外围"地区永远无法得到发展,因为它们依赖原材料出口作为收入来源,而"中心"地区则依赖于制造业。在强制实行自由贸易的西方自由主义秩序下,拉丁美洲经济所面临的这种相对劣势很难得到改变。普雷维什主张通过采取进口替代的工业化政策来保护"外围"地区国家的民族经济。赫莱纳指出,普雷维什相信"外围"国家"有必要使自身远离工业化国家发出的强力冲击,并制定政策方案以促进本国支持的工业化和经济发展"(Helleiner,2017:89)。这要求保护新兴的工业,以使本地区的工业化得以可能。普雷维什从他的观察中得出了如下结论,即"相比于工业制成品(这体现了更高的生产率),初级产品的价格有相对下降的趋势,因此工业化国家相比发展中国家从贸易中获取了更多的利益"(*The Economist*,2009)。因此,经济发展需要结构性调整。德国出生的英国经济学家汉斯·辛格独立地得出了同样的结论,他们的观点被称为"普雷维什-辛格"命题(Toye and Toye,2003),从这个意义上说,依附论是对现代化理论的批判。

当发展中国家对去殖民化后经济发展乏力存在着普遍焦虑时,依附论便在国际关系学中地位凸显。20 世纪 70 年代和 80 年代,许多第三世界国家都面临着国际货币基金组织和世界银行的债务问题,尤其是在非洲,而这两家机构苛刻的条件又加剧了上述的焦虑。依附论理论家将这一现象归结为结构性问题,前殖民列强通过经济依赖而不是直接的殖民统治,实行了一种新殖民主义的模式。依附论对于国际事务的最大影响就是 1974 年在联合国贸发会议的大力推动下,联合国大会通过了《建立新的国际经济秩序宣言》。虽然《宣言》就其条款的落实而言没有取得成功,但它表达了发展中世界对强加的自由贸易不良影响的担忧,这是非常重要的。

在 70 年代达到了最初热情的顶峰之后,依附论过渡到世界体系论,后者几乎具有前者的所有理论属性,但两者也有重要的区别。世界体系论与伊曼纽尔·沃勒斯坦(Wallerstein,1974,1979,1983,1984)的作品紧密地联系在一起。它围绕着核心、半边缘和边缘的动态相互作用,形成了一个宏大的、结构性的国际政治经济学主题。它与国际政治经济学中马克思主义和自由主义的路径交相呼应,成为一种横跨社会科学和历史学的重量级理论。它与依附论广泛兼容,但却涵盖了更大的历史和理论范畴。世界体系论是结构化和唯物主义性质的,关注的焦点是"中心"和"外围"。依附论主要关注的是第三世界尤其是拉丁美洲所受到的短期影响,而世界体系论则从真正的全球意义上建立了国际经济关系和结构的理论。

人们对依附论的主要批评之一是它过度地甚至是排他性地关注经济议题。它的唯物主义使它无法把种族和性别问题纳入其中。因此,虽然该理论关注的是世界上被边缘化的国家或地区,但并不适用于分析其他类型的边缘化现象,如国家内部的边缘化社群。依附论的结构主义关注点不允许其对外围国家内部精英的角色进行理论化,特别是他们在维护与西方中心地区之间不平等经济关系上的利益和行动。另一种批评指出依附论存在理论与实践之间的脱节。尽管《建立新的国际经济秩序宣言》在 20 世纪 70 年代确实赢得了极大的关注和动力,但其条款却被证明是不切实际的,无法强制执行的。卡多佐当上巴西总统之后就背离了自己的理论,转而实施的是与他具有社会主义倾向的著作相矛盾的政策(Viotti and Kauppi,2011:202)。也许最为严重的批评是,依附论只关注历史上的特定时期和世界上的特定地区的经济结构,这阻碍了依附论的普遍化。举例来说,当东亚各经济体 20 世纪 70 年代以降开始崛起,并在 20 世纪 80 年代和 90 年代初经历了高速增长时,并非基于进口替代,而是出口促进。这种现象使依附论失去了大部分相关性。

从20世纪80年代开始,大部分对非西方世界进行理论化的动力转向了世界体系论和后殖民主义。尽管如此,依附论还是产生了重大影响。它似乎是首个进入中心地区并引发讨论的外围地区国际关系理论。它预示了世界体系理论的出现和后来在中心地区国际关系学中的回归,并被加尔通这样的中心地区的重量级学者所接受。班克斯认为,包括帝国主义在内的结构主义,在其形成期总是"被笼罩在国际关系学的阴影之下"(Banks,1985:18)。我们在第二章和第四章中谈到,"中心"地区的国际关系学实际将结构主义边缘化了。但20世纪60年代和70年代,依附理论家的著作又最终使结构主义在中心地区的国际关系学中"重见天日"。依附论与后殖民主义之间存在着一定的分工。埃兰·卡普尔(Ilan Kapoor)指出,依附论采用的是结构主义和社会经济的视角,视帝国主义和发展与资本主义的拓展息息相关,而后殖民主义理论倾向于采用后结构主义和文化的视角,将帝国主义和施动性与话语和代表政治联系起来(Kapoor,2002:647—648)。第八章将更为详尽地讨论后殖民主义。

## 区域的国际关系思想

由于多数外围国家的国际关系学的制度化水平普遍较低(前文讨论过),学术工作所受到的政治限制以及由此造成的信息匮乏等缘故,要想系统地追溯各个非西方地区国际关系学科的发展是很困难的。虽然是在后冷战时期,世界范围内的国际关系研究才开始走向成熟,并开始明确地表达核心概念,但重要的概念基础在冷战期间就已经奠定下来了。

## 亚洲

研究亚洲国际关系学的演进也要受到某些其他地区存在的区域内多样性和变化等问题的影响,虽然该地区在一个更高的尺度上,特别是由于这样的事实——日本、印度和中国等三大国际关系研究强国已经以各自不同和独特的方式开发了这个领域(Alagappa,2011),并且彼此之间有联系。另外,日本在更大程度上处于国际关系学的中心而非外围地区。在这些国家,国际关系学的发展也是一个动态的过程,是对一个国家所面临的国内政治和地缘政治趋势的转移所作出的回应。

印度国际关系的"主导叙事"是不结盟，尽管后来也引入了传统意义上的安全诉求（Alagappa，2011：204）。在中国，这种叙事呈现的是中国作为一个将自身定位为发展中世界的社会主义国家地位。具有讽刺意味的是，印度虽然是不结盟运动的一个创始国和第三世界团结的拥护者，但其国际关系学界却没有能够建构不结盟的概念，作为非西方世界对国际关系学强有力的理论贡献（Mallavarapu，2009）。这与中国形成了鲜明的对照，在中国，毛泽东的"三个世界"理论（前文解释过）就可以被认定为中国对国际关系学的贡献（Alagappa，2011）。

虽然在中国和印度，一些西方理论尤其是古典现实主义颇有影响，但是后殖民主义和受庶民研究启发的各种研究路径在印度广受欢迎，这可能是印度对国际关系理论最重要的贡献。然而，一些著名的印度国际关系学者不认为存在任何独特的国际关系研究的印度路径（Mallavarapu，2009：166；Behera，2010：92）。

在冷战期间，印度思想家/学者从印度本身的经验出发，对全球秩序和正义的思想作出了贡献。但这些贡献并没能构成一种对全球秩序单一整体的理解。如果只是将西西尔·古普塔（Sisir Gupta）描述为一个"坚定的现实主义者"，将 A.阿帕杜莱（A.Appadorai）描述为有着自由主义倾向的国际主义者，将尼赫鲁描述为兼具自由思想的现实主义者，将阿希斯·南迪（Ashis Nandy）描述为后殖民主义者，这都有过度简化的风险。西陀特·马拉瓦拉普（Siddharth Mallavarapu）发现，"在印度国际关系思想的框架内对秩序进行理论化时，存在着相当的折中主义……把源于印度的政治秩序归结和加强于任何单一的本质主义或整体的观点都是错误的"（Mallavarapu，2018：169—170）。此外，他还发现这些印度人作出的贡献都有一个共同特点，那就是强烈的规范精神（Mallavarapu，2018：170）。纳夫尼塔·查达·别赫拉（Navnita Chadha Behera）倡导利用不同的视角来创建知识构建的新场所，作为构建新的国际关系学的一种方式；这一构想就需要注重后实证主义对文化和身份的强调（Behera，2007：355）。

## 拉丁美洲

在 20 世纪 70 年代和 80 年代,拉美学界对依附论的兴趣让位给了自主(autonomy),从古典现实主义中汲取了其关于政治精英角色和权力角色的思想。正如阿琳·蒂克纳所解释的那样,自主"被视作国家内部发展和成功的外交政策战略的先决条件,⋯⋯被视为一种防范依附对地方产生有害影响的机制,被视为一种由内而外的在国际体系中维护地区利益的工具"(Tickner, 2009:33)。巴西人的认识思维在发展自主概念的过程中影响尤大。和其他地区国际关系学界同行一样,拉丁美洲的国际关系学者发现外来的国际关系理论在解释本地区现状方面能力不足,但并没有完全抛弃它们,而是将外来的国际关系理论本土化了。这导致了蒂克纳所说的拉丁美洲的"杂糅"(hybrid)模式的出现(A.B.Tickner, 2009:33)。埃里奥·雅瓜里贝(Helio Jaguaribe)和胡安·卡洛斯·普伊格(Juan Carlos Puig)的作品体现了这种综合或"杂糅"(hybridisation),或传统国际关系学原则"创造性地结合"进国际关系的地区分析当中,导致"依附论、现实主义和相互依赖等概念的融合⋯⋯成为拉丁美洲许多国家分析全球问题的基础"(A.B.Tickner, 2003a:331)。

## 非洲[17]

与其他地区一样,非洲的国际关系学也采用和借鉴了西方国际关系的概念和理论。撒哈拉以南非洲(SSA)的国际关系学者一直都对西方国际关系学的主导派别(如新新合流)持批判态度。一种观点认为,"新新合流不仅未能解释撒哈拉以南非洲的政治现实,反而纵容了对撒哈拉以南非洲的剥削",甚至还"通过强调权力政治来使剥削合法化"(Claassen, 2011:182)。非洲国际关系学者将现代化、依附和国家主义的视角结合在一起。阿西斯·马拉基亚斯(Assis Malaquias)反对现代国际关系理论的国家中心本质,建议将民族国家和次国家行为体而不是威斯特伐利亚意义上的国家作为非洲国际关系学研究的基本单位(Malaquias, 2001:27)。

以西方文化为基础的普世主义框架与以非洲文化为基础的语境主义(contextualist)框架的支持者之间出现了分歧,这也是非洲地区国际关系研究的特征(Ofuho, 2009:74)。非洲国际关系学界从一开始就更适应非洲大陆所面临的挑战，如"族群与冲突、难民危机、不安全状态、腐败和不良治理、民主缺位、军国主义与政变、贫困与欠发达、饥荒与粮食风险、艾滋病毒/艾滋病（HIV/AIDS）问题、国际援助与债务危机、性别和环境问题、恐怖主义、基础设施荒废和严重侵犯人权"等（Ofuho，2009：76）。非洲和其他地区一样，基于西方的国际关系理论的实用性是国际关系学者们关注的一个主要的问题。

与外围部分的其他地区类似，非洲国际关系学界关注的第二个问题是强调泛非团结和行动的区域主义思想。按照托马斯·库瓦西·贴库（Thomas Kwasi Tieku）的说法，人们可能会把这个思想归于非洲统治者的信念，即正确的行为系于"对其他非洲人的认同感和对他们的支持，至少在公共场合是如此"（Tieku，2013：15）。尽管强调民族主义和领土完整规范的重要性，但非洲的国际关系著作也倾向于强调集体主义的世界观，这点在西方写的关于非洲的著作中经常被忽视（Tieku，2013：16）。这种世界观产生了对和平与安全的设想，恩克鲁玛呼吁成立非洲高级司令部，以确保在没有外部援助和干涉的情况下非洲的和平与安全（Adebajo and Landsberg，2001）。

阿里·马兹瑞（Ali Mazrui）是冷战后期非洲国际关系思想的主要贡献者，他可以被描述为非洲伟大的概念集成者和杂糅主义思想家，因此在这里我们把他单独拿出来讨论。有些人认为他的思想应该归于上文所讨论的后殖民主义的范畴。受到泛非主义的影响（Mazrui，1967），马兹瑞强调了非洲的三重遗产：非洲土著文化、伊斯兰教和基督教（Mazrui，1986）。在意识形态方面，马兹瑞游离于马克思主义和资本主义之外。与阿尔及利亚的艾哈迈德·本·贝拉（Ahmed Ben Bela）和坦桑尼亚的朱利叶斯·尼雷尔（Julius Nyerere）等非洲第一批后殖民时代的统治者不同，他并不认为社会主义是代替资本主义发展的更好选择。但是马兹瑞也认识到了资本主义的弊端，在一场反对圭亚那知识分子和泛非主义者沃尔特·罗德尼（Walter Rodney）的著名辩论中，他呼吁自由资本主义和非洲价值观的结合（Rajab，2014）。这种出于"杂糅"思想的信念或许足以解释为何他要支持尼雷尔的"家庭"（Ujamaa）计划，一个将社会主义原则与非洲价值观结合起来的概念。作为对以色列的坚定批评者，马兹瑞提出

了"阿非大陆"(Afrabia)的概念,即非洲和阿拉伯世界的融合(Rajab,
2014)。马兹瑞的著作,以其对文化和文明多样性的认可以及对意识形态、
身份和发展路径的多元理解,已经使一部分学者将之视为全球国际关系学
思想的先驱(Adem, 2017:247),而全球国际关系学正是本书的主题。

## 中东

冷战期间整个中东的国际关系学的发展在理论上仍然处于薄弱状
态,更多地关注于实践/政策问题和外交官的培养。土耳其的国际关系研
究是在成立于 1859 年的"宫廷学校"(Mekteb-i Mülkiye,或政府学院)的指
导下开展起来,1950 年这一机构与安卡拉大学合并,重点放在了外交史和
国际法领域(Aydinli and Mathews, 2008)。现实主义被用于分析实际问题,
它主导了所有理论建构的尝试。对此卡里姆·马克迪西(Karim Makdisi)
说到,在阿拉伯世界,国际关系研究被当成"紧迫的当前事务和短期公共
政策关切的混合"(Makdisi, 2009:183)。在 1979 年的霍梅尼革命之前,
伊朗的国际关系学在理论上和方法论上都不严谨,其中现实主义占主导。
但在革命之后,伊朗人尤其是年轻一代不仅越来越多地关注理论和方法,
还采用相互竞争的概念框架来理解他们国家的外交政策,既有自由主义
和现实主义的取向,也兼顾了意识形态和非意识形态(实证、经验、综合)
的方法(Sariolghalam, 2009:160—161)。以色列一直与欧美国际关系学
紧密融合,因此可以说是中心地区而不是外围地区的一部分。这种状况
不会改变,也许是因为以色列与西方的国际关系学界有着更多的接触和
密切的交流,因此它缺乏在国际政治研究中构建一套独特路径的潜力
(Kacowicz, 2009)。

# 结　　论

随着冷战的终结,国际关系学开始从中心向外围地区传播更多的学
术路径,外围地区的国际关系学也日益变成一门更为正式的学科。但这

门学科仍然由西方全面主导,原因在于中心国家的实力和对两极格局和核武器的关切依然占据优势,同时也与其他一系列因素有关,如外国地区国际关系学者资源的限制、理论和方法兴趣的缺乏和大部分研究的政策和经济取向,等等(将在第十章中进行讨论)。

然而,由于依附论和世界体系论的出现、中心地区的反应,以及它们对国际政治经济学和发展研究的影响,中心地区和外围地区之间国际关系学开始衔接在一起了。不过这一时期,后殖民主义仍然基本上是外围地区志同道合的学者之间的对话。即使西方国际关系理论也并不是铁板一块,在20世纪80年代,现实主义、自由主义及其各自的变体已经开始遭到女权主义和其他批判理论的挑战(以上内容我们将在第八章讨论,后两者在20世纪90年代才真正形成自己的理论),国际关系理论基本上是在西方经验的基础之上、运用普世主义的措辞构建起来的。尽管去殖民化是国际关系的重大转变,也是全球国际社会从1.0版到1.1版转换的关键组成部分,但在这个起始阶段,不管是在国际关系实践还是国际关系学之中,去殖民化基本上依然处于被边缘化的地位。当然,外围地区获得了独立地位和更大的政治话语权,但它在物质方面既没有财富又缺少实力。从中心地区的立场来看,外围地区远不及冷战时期意识形态和核竞争的巨大零和博弈重要。这种局面已经开始改变,外围地区的某些国际关系思想开始在中心地区安营扎寨,这种趋势在20世纪90年代及其后明显加快。此时国际关系学的研究焦点从意识形态竞争和核武器转向了相互依赖、全球化、人权和国际政治经济学。

## 注 释

1. 有关1945年后的教科书的评述,参见桑多尔的著作(Sandole,1985)。

2. 此类协会和智库的详细情况,参见 McGann,2018;www.wiscnetwork.net/about-wisc/members;www.isanet.org/ISA/Partners(Accessed 14 February 2018)。

3. 不过至少英国国际研究协会与国际研究大会有所关联,后者下属的英国协调委员会举办了1960年起开始运行的贝利会议,而贝利会议是英国国际研究协会的前身(Long,2006:619)。

4. 英国国际研究协会与国际研究协会的对比,参见 Cox and Nossal,2009:293—294。

5. www. isanet. org/ISA/About-ISA/Data/Membership ( Accessed 18

September 2017)。

6. 在欧洲,和平研究在规范层面对战略研究构成了挑战。不过和平研究又常常采用在美国流行的实证定量的方法,这在斯堪的纳维亚尤为典型(参考《和平研究杂志》)。上述方法在欧洲其他地区的国际关系学界基本上被拒之门外。

7. 尤其是第4条原则:"现实主义认为,普遍的道德原则不能以其抽象的、一成不变的公式,应用于国家行动之中;必须经过时间、地点等具体条件的过滤。"以及第5条原则:"政治现实主义认为某个特定国家的道德抱负同天下膺服的普遍道德规范不能相提并论。"上文引自该书的第四版(Morgenthau,1967:9—10)。1954年第二版的前言中提到了新增的题为"国际政治的现实主义理论"的章节,这篇前言也是摩根索后来追加的(Morgenthau,1967:xxi)。(译文摘自北京大学出版社1990年版。——译者注)

8. 平民战略思想家在早期并非不为人熟知,著名的有安吉尔(Angell,1909)和布洛赫(Bloch,1898)。

9. 其实在这一分野的两边都能找到和平研究的从事者和战略理论家,对这类文献及其沿革的全面考察,参见 Buzan and Hansen,2009。

10. 甚至第三世界自身也无权参与其中。由辛格和斯莫尔牵头的密歇根大学的"战争关联"(correlates of war)项目在其用以界定战争的标准中剔除了帝国主义战争和殖民战争。按照瓦斯克斯的说法,结果是根据项目得出的数据,从1816年至彼时(1972年)由"民族国家"卷入其中的国家间战争都是有据可查的,而对于"体系外战争"(如帝国主义战争和殖民战争)则出现了"非国家实体往往是这段历史时期的受害者……遗憾的是却无法全部查清"的情况(Vasquez,1993:27)。

11. 威利茨除外(Willetts,1978)。

12. 对英国学派历史、观点和文献的全面回顾,参见 Dunne,1998;Vigezzi,2005;Buzan,2014。

13. 理解与说明之间的区别,参见 Hollis and Smith,1990。

14. 毛泽东对三个世界的类型学划分与标准的不同,后者认为西方发达国家是第一世界,社会主义阵营是第二世界,而欠发达国家组成了第三世界。毛泽东的设想在对第三世界的区分上与一般理解一致,但他认为发达国家组成了第二世界,其中不包括超级大国。

15. 想要获得对外围地区国际关系思想回顾更为详细的评述的读者,应该参考 Tickner and Wæver,2009a,以及 Tickner and Blaney,2012,2013。

16. 其中就包括美国黑人的故事。他们遭受的奴役与殖民主义及种族主义有关,如前面章节所述,他们的解放斗争与泛非主义联系在一起。

17. 我们意识到这样一个事实:我们关于非洲的资料主要是后冷战时代的,大量有关非洲国际关系学术的研究也都是最近才出现的,尤其是与拉美和亚洲相比。但是与近期出现的其他地区的国际关系学术研究的资料和讨论一样,它们确实涵盖了冷战期间发展起来的国际关系学的一些重要主题。

# 第七章

# 1989 年后的世界:"单极性"、 全球化与他者的崛起

## 引　　言

本章内容涵盖了从冷战结束,中经 2008 年开始的经济危机,到本书写作的这段时期(2017—2018 年)。这一时期的第一个 20 年,即 20 世纪 90 年代和 21 世纪头十年的大部分时间,标志着第二次世界大战后开始的全球国际社会 1.1 版的高潮。第三个 10 年,青春期(the teens)即 2010 年代见证了以"西方—全球"结构为特征的全球国际社会 1.1 版向以后西方结构为特征的全球国际社会 1.2 版转变的开启。接下来的部分将简要总结自冷战/去殖民化起全球国际社会的连续性与非连续性,再接下来的部分则将对全球国际社会 1.1 版的主题以及它们如何在向以后西方为特征的全球国际社会 1.2 版转变中发挥作用的。

## 1989 年前的世界:连续性与非连续性

如第五章所言,冷战的结束似乎标志着西方民主新自由资本主义对

苏联集权主义指令性经济现代性模式的胜利。在某种程度上,这也是新自由资本主义对更为社会民主的、凯恩斯式资本主义的胜利,如斯堪的纳维亚半岛、欧洲大陆国家和日本的资本主义模式。在 20 世纪 90 年代初期,美国及其主要盟国看起来都很强大。冷战期间将它们团结在一起的共同的苏联意识形态和军事威胁消亡之后,它们的伙伴关系仍然完好无损,从而显示出真正的深度。美国通过在 1990 年到 1991 年间击败萨达姆·侯赛因并将其军队赶出科威特,令人信服地展示了其军事实力。美国经济也从 20 世纪 80 年代的低迷中复苏,并且看上去很强劲。

与美国类似,欧盟似乎也在重获新生。1987 年的《单一欧洲法案》,以及 1992 年的改革方案和整合产生了真实的进步感。1993 年的《马斯特里赫特条约》承诺在 10 年内建成货币同盟,而 1995 年的《申根条约》则取消了欧洲的内部边界。在深化合作的同时,欧盟的地理范围也在扩大:西班牙和葡萄牙于 1986 年加入欧洲经济共同体;德国在 1990 年重新统一,并把前东德地区纳入欧洲经济共同体;瑞典、芬兰和奥地利于 1995 年加入欧盟;波罗的海国家和东欧国家脱离了苏联的控制,这进一步打开了欧盟东扩的前景。这种发展势头还体现在 1993 年欧洲经济共同体向欧盟的转变。至少在 20 世纪 90 年代早期,美国的另一个核心伙伴日本,还正在享受长期经济繁荣的势头,并被某些人视为美国可能的挑战者(Huntington,1991:8;Layne,1993:42—43,51;Waltz,1993:55—70;Spruyt,1998)。日本在东亚快速发展的经济体"雁行模式"的形成过程中居于领导地位(Cumings,1984),并在中国新释放的"市场社会主义"(market socialism)的现代化与扩张中起到了重要作用(Yahuda,2014:locs.627,2258;S.A.Smith,2015:35—36;Kokubun et al.,2017:95—121)。随着 20 世纪 90 年代的到来,资本主义,以及更确切地说是自由民主与人权,似乎在全球国际社会中占据主导地位。

至少一开始,获胜的西方没有强大的挑战者。苏联解体后,俄罗斯陷入了军事、政治和经济的急速衰退中,勉强支撑着大国地位。波罗的海三国及苏联的东欧卫星国都迅速倒向西方,其中大多数国家在 2004 年之前都加入了欧盟与北约。中国在 20 世纪 70 年代末放弃了计划经济转而采取市场经济,并在 20 世纪 80 年代的经济改革中表现出色。遵循邓小平

"韬光养晦"的指导,中国抓住了时机,以能争取到的最佳条件加入了世界贸易组织。另一个可能的挑战者是印度,但直到 20 世纪 90 年代末,印度似乎仍深陷缓慢增长与内向型政治的泥潭之中。

鉴于以上种种,1989 年之后结构性转变通常被概括为两个简单化的大概念就不足为奇了:单极性(unipolarity)和全球化(globalisation)。自由资本主义民主制似乎大获全胜,以至于弗朗西斯·福山(Fukuyama,1992)敢于大胆地宣告"历史的终结"。

在美国及其他国家学术和政策圈都具有影响力的新现实主义系统阐释中,两极性已转变为单极性(Huntington,1999;Kapstein and Mastanduno,1999;Wohlforth,1999,2009)。1945 年开始的有 3 个超级大国的世界,在 1947 年到 1989 年间超级大国的数目减少为 2 个,之后又减少为 1 个。从 1990 年起,美国成为唯一的超级大国。它在 1990—1991 年间对萨达姆军队的毁灭性打击似乎表明其具备不受其他大国竞争或约束的军事干涉能力。随着后苏联时期计划经济的崩溃,中国转向了市场经济,新自由主义似乎成为现代性唯一的意识形态旗手,开启了资本主义世界经济全面全球化的道路。此外,笼罩在冷战世界一触即发的核战争威胁以惊人的速度消失了。美俄都降低了冷战 40 年来形成的高度军事戒备和敏感性,双方都开始消减各自囤积的庞大的核武库和运载系统。甚至核扩散似乎也得到了控制,俄罗斯从一些苏联加盟共和国特别是乌克兰那里收回多余的核武库,南非也拆除了种族隔离政权建立的小型核武库。以美国为中心的单极化随着日本经济泡沫的破裂而得到了进一步加强,流行于一时的日本可能超越美国的猜测消失在历史的垃圾箱里了。

单极性的国家中心主义与全球化的关系有些奇怪,后者成为看待后冷战世界的另一种流行方式(Hirst and Thompson,1996;Clark,1997;Armstrong,1998;Held et al.,1999)。全球化一般不单纯地把国际关系理解为一种国家体系,而是倾向于将其视为一种包括国家在内的多种类型行为体流动体系。全球化的本质是探究全球范围内国家和人民之间日益增加的联系与相互依赖,由于经济学一直是研究这种联系与依存的主导领域,所以全球化视角更倾向于经济动态而非政治动态。它倾向于认为国家和人民之间愈益陷入由跨国公司和政府间国际组织编织起来的经济相互依赖的网络之中。这些经济联系,再加上诸如环境和全球疾病等共同命运问题,以及越来越多的国际非政府组织为了各种各样的目的跨越国界把人们联系在一起,指向了一种非领土化的世界秩序。在这种世界秩序中,国家与政策问题的范围关系不大,世界政治也转向全球治理(Held et al., 1999; Weiss, 2013)。

即使人们认为全球化是一个长期过程,但似乎无可争辩的是,由于20世纪90年代的单极性是由一个自由主义大国领导的,因此赋予它比以往任何时候都更为自由的统治。资本现在可以在受规则约束的体系内得到释放,生产在全球范围内得到整合,加深世界金融与贸易体系内所有各方的相互依赖。纵使全球化弱化了国家的国内控制和领土权,但是居领导地位的自由主义国家仍然推动了经济全球化(尽管更多的是资本和商品而不是劳动力的全球化)。这种交易(bargain)是以放弃经济上的闭关自守(economic autarchy)来换取全球市场和更高的增长率,这种交易甚至被中国共产党接受了。将全球化和单极性联系在一起的观点是霸权稳定论,该理论认为,当存在一个领先的自由主义大国强大到足以掌控局势,提供安全保障,促进并支持必要的制度以治理世界贸易和金融,从而使全球经济保持稳定时,自由的全球经济会运行得最好(Kindleberger, 1973; Gilpin, 1981, 1987)。全球化在带来财富增长的同时也促进了相互依赖,同时导致战争和军事实力作用的相对下降(Keohane and Nye, 1977)。不那么明显的是,全球化指向了共同命运的产生,这是世界政治中日益重要的因素。其中最显而易见的共同命运,是所有人都被卷入全球资本主义经济,并且依赖其财富和福利的平稳运行。其次是,这个狭小星球正在承受的人口数量增长和生活标准提升的要求所产生的日趋沉重的压力。

单极性和全球化都是逢迎美国的,因此在那里广受欢迎。它们在其他地方也被广泛接受,尽管并不总是充满热情,并且经常是遭到反对的,对于这两个概念的关注,使人们的注意力从去殖民化时代已经终结这一事实上转移开来。有些人把苏联解体,俄罗斯及其他14个继承国的出现,及苏联在东欧的6个卫星国的自由化,视为去殖民化的最后一轮进程。还有些人尽管承认第三世界和后苏联时期的去殖民化都使外来统治的行为非法化,但苏联的案例还是与那些帝国的解体情形有所不同,在这些帝国中,中心地区的宗主国控制第三世界外围地区(Jansen and Oster-hammel,2017:13—22)。随着所谓的"第二世界"在 1989 年之后的崩溃,全球国际社会被更明确地划分为两部分:一个由先进工业经济体组成的第一世界中心地区,和一个由发展中国家组成的第三世界外围地区。

在这由一个自由主义超级大国及其盟友(欧盟和日本)的联盟所主宰的中心-外围框架中,"文明标准"在 1990 年以后的重新出现就不令人意外了,尽管不再使用殖民时代的话语,"文明标准"摇身一变成了诸如人权、"善"(例如民主的)治以及制约性这类更加文雅的自由主义式术语。多位学者注意到人权概念如何已经变成了新的"文明标准"(Gong,1984:90—93;2002;Donnelly,1998;Jackson,2000:287—293;Keene,2002:122—123,147—148;Clark,2007:183;Bowden,2009)。2008 年金融危机之前,那些与推广"华盛顿共识"相关的实践,也反映了"文明标准"的态度。同样的观点也在 20 世纪 90 年代和 21 世纪头 10 年的美国占据主导地位,即认为民主国家"联盟"(league)或"协调"(concert)应该对国际社会行使管理责任(Ikenberry and Slaughter,2006;Geis,2013)。这不仅反映了长期以来美国对外政策的传统,而且反映了后冷战时代由比尔·克林顿政府发起,由乔治·W.布什政府以更进攻性的方式推进的扩张民主范围的政策(Bouchet,2013;Lynch,2013)。

但是,一开始看似要实现自由目的论的开端,很快就变成了某种更具复杂性、挑战性的东西。在东西方之间的意识形态斗争结束后,那种在全球无处不在的、主导了全球国际社会半个世纪的集权共产主义与民主的自由主义之间的紧张关系消解了。取而代之的是民族主义、宗教、文明主义与身份政治的复兴。这种任性的混合(heady brew)经常掺杂着后殖民时代(前殖民地人们)的怨恨,并不时伴有极端的暴力。在某些方面和某些地方,伊斯兰教取代共产主义成为自由主义的意识形态对手。在其他地方,最明显的如俄罗斯,资本主义被接纳了而民主制度却没有,再次在资本主义世界中制造了威权与民主的分化。中国财富和权力的迅速崛起开始对西方的主导地位发出质疑,这种质疑比先前日本崛起所构成的挑战更为深刻。西方与俄罗斯期望中的和解迅速变为泡影,同时崛起中的大国开始声称反对西方主导。福山的自由主义妄言——"历史的终结"——很快就被证明是错误的。

# 全球国际社会 1.1 版的巅峰及其向 1.2 版的转换:1989 至 2017 年间国际关系的主题

本节我们运用与第五章相同的结构,考察中心地区、外围地区及两者间的相互作用,重拾我们留下的线索。本章与第五章的一点重要不同在于,此时中国基本上已成为中心地区的一部分,因此我们将在这里讨论它,而不是将其视为无关的局外人。

## 中心地区

在冷战时期,中心地区被超级大国的两极对抗以及核武器的迅速演变所主导。1989 年以后,对大国核武器与核战争的关注逐渐成为背景,而对其他国家核扩散的关注依然强烈(Buzan and Hansen,2009:239—243)。"两极"让位于"单极",但正如我们在第五章所论证的那样,"两极"概念不能很好地把握冷战期间全球国际社会的结构,"单极"概念也从来不是对后冷战时期的国际结构的准确描述。在大国和所有其他国家之间进行简单区分的观点漏洞太多,对 1989 年以后的全球国际体系更好的描述是一个超级大国(美国)、几个大国(欧盟、中国、俄罗斯,放宽了说还有日本与印度)和相当多的地区性强国(如巴西、印度尼西亚、伊朗、尼日利亚、巴基斯坦、南非、土耳其)(Layne,1993,2006;Huntington,1999;Buzan and Wæver,2003;Buzan,2004a)。如果世界上只有美国一个超级大国没有其他大国,只有地区强国的话,那么相对来说美国确实是不受约束的。然而当一群大国参与其中,其中之一就是中国又正在快速崛起时,美国只能说处于主导而非主宰的地位。当然,在 20 世纪 90 年代资本主义阵营取得冷战胜利的余晖之下,单极理论颇具可信性。它支持了自由主义的希望和扩大自由-民主范围的计划,并为美国走向单边主义的致命转变奠定了基础。在小布什政府(2001—2009年)的领导下,美国的单边主义得到了充分的权力。

类似单极化的东西确实在发挥作用,这能够从俄罗斯、中国、法国、伊朗、印度及其他反对美国主导地位的国家,呼吁一个更为"多极化"世界秩序的言辞中得到证实(Ahrari, 2001; Ambrosio, 2001)。这些大国追求多极世界的诉求各不相同,却没有一个肯费心说清楚它们想要的是什么样的全球国际社会。这些诉求的共同之处是它们为自己和所在地区在全球国际社会中要求拥有更多的自主权,和/或更高的地位和话语权。某些国家特别是俄罗斯、中国、伊朗和印度的潜台词是,它们希望在自己所在区域内享有更多影响力,而不那么屈从于美国的规则和干预。虽然以单极性定义全球国际社会结构的特征带来的困惑多于澄清的事实,但至少在2008年以前,对所有大国来说它们与美国的关系远远重于它们彼此之间的关系,却是事实。基于这种情况,很有必要在接下来的小节中简要回顾这些大国与美国间的双边关系。这样的回顾不仅能揭示单极化论断背后的实质,而且还能揭示其背后正在销蚀的机制。我们先从那些最为反对美国的大国(俄罗斯和中国)开始,再考察那些美国的紧密盟友(欧盟和日本),最后到印度,一个长期以来一直试图固守更为中立路线的崛起中的大国。

## 俄罗斯

俄美关系的故事是两个半场的比赛。上半场涵盖的是1991年苏联解体后俄罗斯的衰弱时期,下半场以俄罗斯在21世纪头10年的复苏为中心。在20世纪90年代,俄罗斯处在政治与经济的失序状态,试图发现从共产主义过渡到某种民主与资本主义转换的道路。它的经济和军事力量崩溃了,政治领导力也很弱。与美国正在进行的核裁军谈判维持了俄罗斯前超级大国地位的幻象,但俄罗斯已软弱到了连它拥有的武器都维持不起的地步。1989年苏联失去了它在东欧的势力范围,而且从一开始就很清楚的是,它的前附庸国,实际上还有一些原苏联的加盟共和国,都将与西方结盟。20世纪90年代与21世纪头10年见证了在欧盟/北约与俄罗斯之间发生的势力范围的重新洗牌(MacFarlane, 1993; Fierke,

1999)。德国于 1989 年统一,把前东德地区纳入了北约和欧盟。经过一番准备之后,波兰、捷克和匈牙利于 1999 年加入北约;保加利亚、爱沙尼亚、拉脱维亚、立陶宛、斯洛伐克、斯洛文尼亚和罗马尼亚于 2004 年加入;阿尔巴尼亚和克罗地亚则于 2017 年加入。捷克、爱沙尼亚、匈牙利、拉脱维亚、立陶宛、斯洛伐克、斯洛文尼亚和罗马尼亚于 2004 年加入欧盟;保加利亚和罗马尼亚于 2007 年加入欧盟。美国于 2002 年退出与俄罗斯签订的《反弹道导弹条约》,随后北约开始着手部署导弹防御系统,表面上是针对伊朗,但遭到俄罗斯的强烈反对,理由是它们削弱了俄罗斯的威慑力。在美国占主导地位的单极格局之下,虚弱的俄罗斯几乎无法保住其大国地位。它的势力范围被推回,也没有得到预期中的西方经济援助,而北约与乌克兰和格鲁吉亚的暧昧关系更是向俄罗斯传统势力范围纵深的渗透。

后半场开始于 21 世纪头 10 年,得益于中国经济增长推动的大宗商品繁荣,俄罗斯在弗拉基米尔·普京的领导下恢复了部分实力。它的前进道路是威权式国家资本主义,加上日趋民族主义化的反西方的政策观。虽然俄罗斯恢复了部分以前的实力,但它绝不是像中国和印度那样的"崛起中的大国"。尽管也被纳入了金砖国家集团(巴西、俄罗斯、印度、中国、南非),它充其量只是一个复苏中的大国,很大程度上仍是一个商品出口国,在面对原油价格的市场波动时尤为脆弱。它的资本主义是浅层次的,难以像一个充满活力的现代经济体那样产生财富和权力。它的人口在减少,并且与 1945 年时不一样了,那时它被弱小的邻国环绕,而现在它的周边国家在适应现代化方面做得比它好,能够有效地创造财富和权力。

然而,2000 年以来在普京治下俄罗斯的复兴是有效的,足以让其在区域内我行我素,并对美国和西方进行回击。它同时运用军事和意识手段,后者体现在民族主义的高涨和西方之外的身份再认同(这将重塑俄罗斯的国际关系思想,将在第八章讨论)。俄罗斯还没有强大到能在经济与政治的方方面面上挑战西方,只能在军事领域有限地做到这一点。但它的力量已经足以使自己成为一个大麻烦,并且一有能力就付诸行动。俄罗斯的反击之一体现在对北约/欧盟在其先前(苏联)势力范围内的扩张进行探查和干扰,如它在 2007 年对爱沙尼亚的网络攻击,恢复其海军和空军对北约防御的常规军事侦察,通过支持极右翼政党来对欧洲政治进行微妙的干涉等。俄罗斯另一个更坚定的回击是阻止北约/欧盟的进一步东扩。2008 年俄罗斯入侵格鲁吉亚,把阿布哈兹和南奥塞梯分离出来,明确宣示其在高加索地区的战略主导地位。

更大的举动发生在 2014 年,俄罗斯局部入侵乌克兰,吞并了克里米亚。俄罗斯与东乌克兰的亲俄分离主义者里应外合,从而制造了一种持续的不确定性:它是想削弱这个国家,进一步分裂它,还是要创造条件使乌克兰作为一个整体并入俄罗斯联邦。在西方看来,这一举动是对边界神圣不可侵犯作为全球国际社会基本原则的严重践踏,导致与西方关系的急剧恶化。俄罗斯被逐出了八国集团(G8),这是由主要资本主义大国组成的经济俱乐部,俄罗斯自 1998 年起一直是这个俱乐部的成员。此外,西方对俄罗斯发起了制裁,北约在乌克兰的活动也增加了。如此一来,乌克兰变成了北约和俄罗斯激烈争夺的角力场。这一举动实质上打破了俄罗斯与欧洲在 20 世纪 90 年代建立起来的联系,再次把自身变成了威胁北约国家、特别是波罗的海国家与欧盟的敌对势力。与欧洲关系的破裂推动俄罗斯加强其与中国的关系,并日益成为北京反对美国霸权计划中的一个小伙伴(a junior partner)。俄罗斯继续这种行事风格,2015 年对叙利亚内战进行了大规模干预,以支持阿萨德政府。人们普遍认为俄罗斯曾试图影响 2016 年美国总统选举,此事在本书写作期间仍在调查之中。

冷战结束后俄罗斯十多年的衰弱,是使全球国际社会呈现出单极特征的部分原因。而俄罗斯在 21 世纪初的复苏,它日益强硬地反对美国和西方的立场,以及其转向与中国构建战略协作伙伴关系并作为其主要国际关系的做法,都是指向后西方时代出现的模式的一部分。

## 中国

在第五章中,我们把中国刻画成一个难以琢磨的局外人,既不适合于两极格局,也不适于第三世界的框架。一旦中国从 1989 年暂时性的挫折中恢复过来,其稳定和快速的经济增长迅速使其不仅成为"单极"体系内的强国之一,而且还越来越被认为是最有可能在经济与政治上挑战美国的大国。由此美中关系中产生了一种奇怪的两重性(dualism)。一方面,两国在经济上日益紧密地联系在一起,美国向中国开放市场,支持邓小平及其继任者追求极为成功的出口导向型增长战略;中国经济得以与美国所主导的贸易与金融秩序接轨,中国因此成为全球化的主要受益者。由此产生的美国贸易赤字被中国大量购买的美国国债(Shirk,2007:25;Foot and Walter,2011:18)和从中国进口的廉价商品降低消费成本,保持低通胀所抵消。尽管中国是美国的对手,但美国基本上与中国达成了与其盟国日本在冷战时期达成的一样的经济协议。

另一方面,就政治和战略关系而言,两次世界大战之间的日本和毛泽东以后的中国在处理与美国的关系上存在着有趣的相似性。两次世界大战之间的日本与当今中国都追求亚洲的主导权,经济上的自立使二者都不可避免地要与美国展开竞争,而美国又是它们经济上的依赖对象,并且也是这一地区的主要玩家(Buzan,forthcoming)。在此期间,就大国实力的计算而言,中国已经明显地进入了中心国家行列,其庞大的经济增长使其显而易见地成为最有可能动摇美国的挑战者。虽然从许多重要方面看,中国一直认为自己是发展中国家,然而随着中国经济的起飞,与外围国家的距离已越拉越大了。一般来说,中国的政策主要是由国内政治考量驱动的,其中最为要紧的是中国共产党消除任何对其统治和长期执政的挑战的期望和需要。这种国内因素驱动了中美关系奇怪的两重性。一旦抛弃了大部分阶级战争和马克思主义经济学之后,中国共产党需要经济增长来巩固其合法地位,这使中国依赖美国主导的全球经济秩序。在动荡不安的经济转型过程中,中国共产党又需要利用民族主义来加强国内团结,这又为与美国产生紧张且充满摩擦的政治关系埋下伏笔。美国同样左右为难,一方面欢迎中国成为资本主义世界经济的重要补充,另一方面又担心中国成为其经济与政治/军事对手,并日益成为全球主导地位的挑战者。

这种混乱的两重性的明显案例是2001年12月中国加入世界贸易组织的过程,最终中国正式融入西方经济秩序。中国最早提出申请是在1995年,同年世界贸易组织取代了《关税及贸易总协定》(中国是观察员国)。中国希望成为世界贸易组织的创始会员国,却遭到西方大国和日本的阻挠，它们要求对依然受到严密保护和国家管理的中国经济进行更大改革。1999 年初克林顿政府搞砸了一次达成协议的机会。同年发生的美国轰炸中国驻贝尔格莱德大使馆事件更进一步恶化了双方关系，华盛顿不得不在当年晚些时候接受一项与中国的不太有利的协议（Shirk，2007：192；228—231）。谈判过程很艰难，美国向中国提出诸多要求，比如要求中国在"入世"之前要比其他大多数发展中国家开放更多的经济领域，并改革各项制度和改变长期以来的做法（Shirk，2007：132；Westad，2012：loc.6179）。加入世界贸易组织是中国改革开放的关键一步，中国对接上了世界多边贸易秩序，这极大促进了中国的经济和发展。

虽然取得了成功的成果，但对整个过程的看法却存在很大差异。美国认为自己大方地接纳了一个非自由主义的崛起中的大国，让其进入全球贸易和金融体系（Shirk，2007：25；Kissinger，2011：487—503；Westad，2012：locs.5962，6150）。中国"入世"的结果是美国对中国的贸易赤字不断攀升，直至成为美国国内政治中的"政治炸药"（Shirk，2007：249）。加入世界贸易组织时，中国还面对大量涉嫌倾销的指控（Shirk，2007：276—277；Shambaugh，2013：160）。中国称其应享受市场化经济体待遇，而美国和欧盟却认定中国（的开放程度）尚未达标。

中美之间的激烈竞争在一系列军事和战略领域的小型冲突中得到了更明显的展现。虽然在毛泽东之后中国的对外政策已经放弃了革命的豪言壮语，毛泽东时代中美之间标志性的军事/战略摩擦大量地延续下来。20 世纪 70 年代和 80 年代，中美出于共同反对苏联而形成的暂时缓和，随着苏联的解体很快就消失了。中美之间在台湾问题上的紧张关系旷日持久，在美日和美韩同盟的问题上也是如此，中国与日本之间也存在固有的历史问题，北京在美日同盟是好是坏的问题上倍感纠结，好的一面是它限制了日本军国主义的复兴，坏的一面则是这也是美国遏制中国崛起布局的一部分。

中美在这一时期主要的军事/战略摩擦如下：

● 1996 年台海危机。围绕 1995 年美国向台湾地区领导人李登辉发放签证一事，中美之间（以及美国国内）产生了争议，1995 年、1996 年中国大陆在台湾海峡沿岸试射导弹，有些导弹的落点离台湾的港口相当近,打乱了船运秩序,这可能是中国大陆想要震慑1996年台湾地区选举的"候选人"。作为回应,美国则向台湾地区派出了两支航母战斗群,其中一支通过了台湾海峡。此次危机使中美关系陷入僵局。

● 1999年南斯拉夫大使馆被炸事件。1999年5月,美国在对塞尔维亚的空袭中轰炸了位于贝尔格莱德的中国驻南斯拉夫大使馆。这种做法和所造成的伤亡在中国人民中引起了极大的愤怒。没有人相信这事是由美方所称的瞄准失误造成的。最终这次事件得到了外交解决,美国为中国大使馆的损失和人员伤亡做出了赔偿,中国则为美国驻华大使馆在大规模抗议中因警察保护不力所受到的损失进行补偿。

● 2001年4月撞机事件。一架中国战斗机在南中国海上空骚扰一架美国EP-3侦查机时发生碰撞,中国战斗机飞行员死亡,受到严重伤害的EP-3飞机不得不在海南岛紧急迫降。中国扣押了美方机组人员一个多星期,并且直到7月间才归还被拆解的飞机。中美双方言辞激烈,之后此事还是得到了外交解决。

● 2010年以来中国在南海造岛。对中国来说,南海是与台湾同等重要的国家核心利益区域。2014年到2016年,中国在南沙群岛(Spratly Islands)建造了数个人工岛礁,随后又在岛上建立起军事设施。2015年10月起美国开始主张岛屿间航行自由权,美国战舰穿行于中国宣称了主权但未被美国所承认的水域。2016年7月,依据《联合国海洋法公约》成立的海洋仲裁庭裁定了一起由菲律宾起诉中国的关于南海主权声索的案件,中国对此裁定不予认可。

● 2013年专属防空区争端。该年11月,中国发布了专属防空识别区(ADIZ)图,涵盖了大部分东海区域,包括与日本存在争议的钓鱼岛。美国不承认该防空识别区,并在当月派出两架B-52轰炸机穿越识别区。然而民航线路大多因此作出了调整。

除了上述摩擦,中美间也存在一定程度的合作,最有名的是2003年到2009年间围绕朝核问题开展的六方会谈。随着中国越来越独立自主,在联合国安理会中(UNSC)会与俄罗斯站在一起反对来自西方的压力,阻挠西方利用在联合国的影响力为干预行为披上合法外衣。它们已经开始创立自己的、多以中国为中心的政府间国际组织来挑战西方在全球国际社会的主导地位,最为人所知的有:2001 年成立的上海合作组织(SCO);2009 年到 2010 年间形成的金砖国家(BRICS);2014 年成立的亚洲基础设施投资银行(AIIB)(Stuenkel,2016:locs.2974—3202)。上海合作组织包括了中国、俄罗斯和 4 个中亚国家,印度和巴基斯坦也于 2017 年加入。金砖国家包括了中国、俄罗斯、印度、巴西和南非,它们抱团反对西方。目前中国是金砖国家中的主导性经济体,它在 2014 年设立了新发展银行,2015 年发起了金砖国家应急储备安排。亚洲基础设施投资银行吸收了许多欧洲和亚洲的成员国,而美国、日本没有加入,同样没有加入的还有朝鲜。

在习近平时代,中国更为明显地与美国拉开了距离。2008 年经济危机之后,债务缠身的美国明显地不再能够支持中国推行出口导向型增长战略,中国将转向依靠国内市场来促进经济增长。在 2017 年 10 月习近平的十九大报告中,他先指出了其他政府类型的不足,并称当前"是我国日益走近世界舞台中央、不断为人类作出更大贡献的时代"[1]。中国与特朗普政府间的贸易紧张关系加重了中美关系的战略竞争性,可能推动中国在全球治理中进一步争取发展自身的主动性与影响力。

中国并不寻求与美国开战,甚至不寻求与美国展开公开的战略竞争。但中国在亚洲的影响力越来越大,正在挑战美国和日本在亚洲的主导地位。习近平推出雄心勃勃的"一带一路"倡议(BRI),计划通过庞大的基础设施建设项目把欧亚大陆与中国连接起来。可以被视为某种存在对抗美国海洋大战略的大陆战略(Gao,2013;Pieke,2016:164—165;Stuenkel,2016:locs. 3985—4041)。

## 欧洲和日本

有关欧洲和日本与美国关系的故事可以讲得简要些,因为它们主要是冷战期间各自所形成的关系的继续,北约和美日同盟在冷战结束后都继续存在。

如上所述,北约的扩张不仅打入了原苏联在东欧的势力范围,而且也进入了部分原苏联地区。北约成功地把自身重新定义为北大西洋、自由民主资本主义和团结的载体,并以各种方式活跃如前。北约没有介入美国领导的回击 1990—1991 年伊拉克入侵科威特的"自愿联盟"。但英国和法国是该联盟的核心成员,其他几个北约成员国也参与其中。美国反过来通过北约在 1992—1994 年对波斯尼亚、1999 年对科索沃的干预提供了军事支持,这场南斯拉夫分裂后的乱局凸显了欧洲对美国持续的军事依赖。2001 年发生了针对美国的"9·11"恐怖袭击,北约对此援引条约第五条(为受到攻击的成员国提供相互支持)并为其后美国入侵阿富汗的行动提供支持。2003—2014 年间,它还接管了国际安全援助部队(International Security Assistance Force)的指挥权。然而,美国 2003 年第二次入侵了伊拉克,造成北约内部的严重分歧,英国和波兰强烈支持美国,而法国和德国则和俄罗斯一起强烈反对。尽管如此,北约还是在 2004—2011 年间在伊拉克执行了训练任务。自 2009 年起,北约也参与了在亚丁湾和印度洋的反海盗行动。北约在 2011 年对利比亚的入侵过程中,强行划定了禁飞区,美国在某种程度上身居幕后,欧洲人发挥了领导作用。自 21 世纪初以来,北约一直为乌克兰和乌俄关系的复杂性所困扰,乌克兰能否加入北约变成了政治问题。如上所述,这个问题在 2014 年俄罗斯打击乌克兰以后变得更加急迫,至今仍是北约与俄罗斯关系之间的尖锐敏感点。

由于特朗普总统极为不一致的言论和"美国第一"政策,北约的未来陷入某种混乱。特朗普有时抨击北约,有时却又表示称赞,使人们对美国能否履行北约第五条款承诺产生怀疑。2017—2018 年间,欧洲人坚定地反对美国退出伊核协议,德国、法国、英国和欧盟,还有俄罗斯都在伊核协议谈判中扮演了重要角色。正当北约的宿敌俄罗斯再次成为欧洲人和美国人的安全担忧之际,特朗普 2018 年退出该协议,也加深了跨大西洋关系中原有的裂痕。

美日同盟的情况与此类似,只是更简单些。与北约最初是为了应对来自苏联的威胁不同,美日同盟是在 1949 年中国共产党取得胜利后才开始针对中国的。冷战后,中国快速崛起。日本在冷战中过得相当舒服,处在某种比较超然的拉格朗日点(Lagrange point)上,一边是苏联和中国,一边是美国。美国必须保护日本,而日本则通过美国在朝鲜和越南的战争，以及将防御支出保持在只占国内生产总值1%这样的相对低点，在经济上大获其利。但冷战后，这种超然地位被打破，日本面临更多的风险，并不得不担心美国为容纳中国而牺牲日本的利益。

因此，日本致力于维护与美国的同盟关系。通过建设一支强大的海军和海岸警卫队，日本稳步而渐进地强化其同盟的承诺，为美国主导的弹道导弹防御技术注入重要资源，并逐步摆脱了其宪法第九条的严格解释所施加的限制（Pempel，2011：266—273；Hagström，2015：130—132）。日本慢慢地扩展其武装力量可以被使用的方式，并增加了与美国西太平洋的军备力量的相互协作。美国方面则宣称美日同盟条约的涵盖范围包括被中国声索主权的钓鱼岛。整个20世纪90年代，日本艰难度日，美国的某些人士更多地把日本当作挑战者而不是盟友，而中国的崛起使日本处理与美国的关系时容易了些，因为在美国眼里中国正日益扮演着挑战大国的角色。20世纪90年代初期以来，对朝鲜核计划担忧的加剧也为美日提供了共同利益基础。随着近年来朝鲜接近于获得这种能力，以支持其对美国本土实施核打击的日趋响亮和频繁的威胁，美日之间的这种共同利益得到了持续的加强。与其他亚洲国家一样，日本也存在经济利益与安全利益相分离的困境，即经济上更加依靠中国，而安全上更加依靠美国。特朗普总统取消了跨太平洋伙伴关系协议（TPP），摧毁了美国"重返亚洲"的主要经济支点，加剧了日本的这种困局。日本与其他签约方努力在没有美国参与的情况下复苏这一协议，开放美国的成员资格，寄希望于特朗普的后任领导人会有不同的看法。来自中国和朝鲜的威胁，以及特朗普对美国同盟义务的矛盾态度，也为日本提出了一个问题：是否应效仿法国和英国获得自己的核武器。

## 印度

冷战期间，印度很明显是一个地区大国，也是第三世界国家。在经历了20世纪90年代初的经济改革、1998年的核试验，并加入金砖国家后，印度迅速进入大国行列。与此同时，它还保持了冷战时期的中立传统。印度将俄罗斯作为主要的武器供应商，并对中国在其北方的崛起持谨慎态度，毕竟两者间仍存在长期的边界争议，又在南亚和东亚存在更为基本的权力竞争(Ladwig,2009;Rehman,2009;Buzan,2012)。20 世纪 90 年代后期开始,美国不断加强与印度的联系(Paul,2010:17—18),这也意味着印度在全球层面上被承认为大国的愿望取得了实质性进展。印度作为拥核国家的地位已经通过其 2005 年与美国达成的民用核协议得到实质性解决,这是对其宣称自己已被承认为大国的一个重要支撑(Pant,2009:276)。到 2017 年,美国已相当公开地培植与印度的关系,既将其作为一个民主伙伴(共同的价值观,具有讽刺意味的是,这是一个冷战时期印度都未能因此而获得美国信任的因素),又用其平衡中国在亚洲不断增强的力量。而印度更希望的是对冲(hedging against)中国,而不是公开地与之抗衡,除非中国更为公开地反对它,印度很可能继续在中立立场上盘桓。与很多亚洲国家一样,印度也不想被拉进中美对立的"冷战"中,但它又不想单独面对中国的压力。印度的办法是发展与日本、越南、澳大利亚以及其他区域内看起来对冲中国的国家之间的战略伙伴关系。

　　总的说来,在"一超多强"的框架下,众大国在支持或反对美国的问题上加速分化。中国和俄罗斯明确表示反对,并用战略伙伴关系将这一立场巩固下来。到本书写作时为止,仍无法确定特朗普政府会对美日和美欧同盟关系造成多大程度的伤害。无论日本还是欧洲国家都不希望同盟破裂,但又都不得不考虑这种可能性。只要环境允许,印度宁愿在中间地带保持独立。特朗普治下的美国正加速挥霍自 1945 年起积累下来的国际社会资本的余额,中心地区正在向一种没有超级大国的大国体系漂移。美国仍然是世界上最强大的国家,但看起来不但正在失去相应的物质实力,而且也正在失去作为一个更为持久的超级大国的意志。中国正在日趋强大,但几乎没有政治资本,而且许多实力可观的其他国家也在崛起(Zakaria,2009;Stuenkel,2016),权力变得过于分散,再没有一个国家能成为超级大国(Buzan,2011;Kupchan,2012;Buzan and Lawson,2015a:273—304)。

　　与权力的分散同时发生并与之交织在一起的是中心与外围之间原本相当明晰的界限正在日渐变得模糊并崩塌。如第一章所言,这种界限出现在 19 世纪,当时少数几个国家(西欧和北美国家、俄国和日本)成功实现了现代性革命,并与其他国家在实力上拉开了巨大差距。从第一次世界大战开始到冷战结束，只有为数不多的几个相当小的国家和地区，比如亚洲"四小龙"（韩国、中国台湾、中国香港和新加坡）实现了现代化的飞跃并加入了中心地区。但是自 20 世纪 90 年代起，一批仍被联合国官方认定的发展中国家（最明显是中国和印度）开始加入大国行列。更广义而言，崛起大国开始在全球舞台上发挥作用，并没有扮演从外围挑战中心的角色，而更像中心国家的做派。20 世纪 90 年代中期，墨西哥和韩国加入了经济合作与发展组织（OECD）这一发达国家俱乐部，这是中心和外围的界限开始模糊的早期标志。另一个标志是 1999 年二十国集团的形成，这是为了应对 1997—1998 年的亚洲金融危机而成立的。除了西方国家和日本，二十国集团还吸纳了崛起中的中等收入国家，包括阿根廷、巴西、中国、印度、印度尼西亚、墨西哥、俄罗斯、沙特阿拉伯、南非、韩国和土耳其。但这种发展的关键转折出现在 2008 年全球经济危机发生后不久（下文将详细讨论），2009 年，二十国集团取代八国集团成为全球经济管理的主要论坛。2010 年，巴西和土耳其试图斡旋一项伊朗核协议。2009—2010 年间金砖国家开始成为活跃的外交集团。

这些变化的出现，从短期来看可以理解为全球化与新自由主义将全球经济前所未有地捆绑在一起所带来的结果。在这一前提条件下，这些变化也可以被理解为对制度性金融危机的回应，这种危机具有资本主义制度周期性特征，如果要成功应对，则需要更广泛的参与。从长期来看，这些变化还可以被理解为 19 世纪以来现代性铺展的一个重要阶段。19 世纪产生并在 20 世纪大部分时间里持续存在的中心和外围地区最初的明显分界，随着越来越多的国家和社会在它们的文化中发现了通往现代化的道路而被最终打破。这意味着那批最早实现现代化的国家，即西方国家、俄罗斯与日本，开始失去自 19 世纪以来它们在世界上一直保持着的主导地位。在这之中，这些变化也指向了美国单极化的销蚀，一个被小布什和特朗普总统的单边主义所加剧的过程。

如果中心地区持续扩展，那就意味着国际关系的主要动力正在脱离中心-外围的全球政治经济学，而日益转向一个不断扩大的中心动力学。但西方对这个中心中的主导权正在日益减少（Buzan and Lawson, 2015a：270）。如果中心地区及其动力持续拓展，那就必然意味着外围地区在规模和重要性上的萎缩。

## 外围地区

　　冷战的结束对第三世界的安全局势产生了好坏参半的影响。一方面它似乎为稳定与发展创造了更有利的条件。南非种族隔离制度的和平终结是一次具有特别转折性意义的事件,谈判开始于 1990 年,随后在 1994 年,纳尔逊・曼德拉当选为这个国家的总统。其他进展包括南部非洲、南亚、中美洲和东南亚由超级大国直接或间接干涉联系在一起的冷战地区性冲突的解决,包括《日内瓦协定》(1988 年)后苏联撤出阿富汗(于 1989 年完全撤出),《纽约协定》(1988 年)给纳米比亚带来了独立,《查普特佩克协议》(1992 年)结束了萨尔瓦多的内乱等。在东南亚,1991 年结束了柬埔寨的内战的《巴黎和平协议》,使联合国在 1992—1993 年间承担起迄今为止最大的和平建设使命,管理这个国家向民主制度的和平过渡。

　　从消极的一面看,冷战的结束是对第三世界的一个打击,因为它夺走了第三世界的政治凝聚力(不结盟)的主要来源,并减少了超级大国竞争所创造的政治操作空间。他国崛起所导致的与中心地区界限的模糊也减少了第三世界在发展方面的共同利益。当某些第三世界国家仍深陷贫困与治理不善,而另一些第三世界在通往财富和权力的道路上,敲击着中心地区经济和大国俱乐部的大门。随着中国和印度的崛起,世界人口分布的重心从不发达国家转向中高收入国家。反殖民和求发展的声音仍然响亮,去殖民化现在已经是一个早期的事实,但仍在迅速增长的第三世界人民并没有亲身经历过。当一些第三世界国家找到可行的发展之路时,那些落伍的国家就越来越难以继续将它们的贫困落后与政府的无能归咎于殖民主义,尽管这并没有阻止第三世界国家的领导人继续这样做。全球化把每一个人都推到了同一艘船上,作为一场政治运动,第三世界这样就成了它自己的以前的影子。然而从观念层面看,新一波的后殖民主义国际关系学文献(见第八章),将关注点扩大到种族主义、经济孤立、性别歧视等话题上,学术界和激进主义团体中反西方的情绪仍十分强烈。

　　在新自由主义和腐败的影响之下,战争和不平等现象更多地发生在国家内部而非国家之间。中心国家的干涉并未随着冷战同步结束,只是

（Inter-Agency Network on Women and Gender Equality，1999:1）。促进
这些问题解决的一个里程碑是 2000 年联合国安理会通过的关于妇女、和
平与安全的第 1325 号决议。这些进展已经影响了女性主义国际关系和
安全研究，这些将在接下来的第八章中讨论。

　　尽管暴力冲突持续存在，但外围地区安全与稳定的前景并非总是暗
溃的。外围地区武装冲突总体上的减少是后冷战时期初期世界范围武装
冲突急剧减少的主要原因（University of British Columbia，2005）。但这
一趋势并非是线性的，武装冲突（至少与 25 人的死亡有关且一方为国家
的冲突）的数量从 1991 年的 51 起（这也是冷战后武装冲突频度最高的
年份），降至 2010 年的 14 起；2014 年武装冲突激增，总共发生了 40 起。
死亡超过 1 000 人的武装冲突被定义为战争，从 1988 年的 16 起减少到
2013 年的 7 起，但在 2014 年又上升到 11 起（Pettersson and Wallensteen，
2015:536，539）。但冷战结束以来在武装冲突中死亡的人数比 20 世纪任
何时候的武装冲突夺走的人命都要少（Pettersson and Wallensteen，
2015:536）。

　　外围地区同样受到后冷战时期民主化浪潮时涨时跌的影响。民主化
转型中最突出的案例是印度尼西亚和缅甸（2011 年以来），印度尼西亚在
1988 年苏哈托下台后成为世界上第四大人口大国和最大的伊斯兰国家。
但所谓的第四波民主化在 2000 年达到了顶点，冷战后的民主国家在数量
上几乎翻了一番（Micklethwait and Wooldridge，2014），它面临着进一步
的挫折，因为“阿拉伯之春”实现其承诺，埃及、泰国和缅甸等都出现了逆
转和退步。

　　外围地区的另一个主要趋势是区域性机构数量的增加及其功能的扩
展，这可能在某种程度上抵消第三世界凝聚力的下降。深受主权约束的
非洲统一组织被非洲联盟（AU）所取代，后者的使命是人道主义干预。南
部非洲发展共同体创立于 1992 年，成员包括后种族隔离时代的南非。亚
太地区区域性组织的出现始于 1989 年亚太经合组织的创立，接下来是东
盟地区论坛（1994 年）、东亚峰会（2005 年）和上海合作组织（2001 年）。虽
然成果好坏参半，但是外围地区区域主义已经超出了贸易和安全的范畴，
继而扩展到了应对金融危机和气候变化等跨国性挑战。

尽管在稳定与合作方面际遇好坏参半,而且面对着全球化不均衡的影响,但外围地区在全球国际社会政治中依然处于中心地位。因为全球化使中心国家和外围国家在多种日趋重要的共同命运问题中纠缠在一起了。第三世界作为一集体行为主体衰落了,但那是因为它的许多成员作为他者崛起的一部分,转型成中心国家。全球化风头尚劲,但作为全球国际社会一个重要的结构性特征也加深和扩大了。20世纪90年代以后,单极性减弱了,全球国际社会看起来越来越不像一超多强,而更像是群雄并立,尽管一些国家要比另一些强许多。在这一背景下,中心与外围之间存在的相互作用和相互依存,以及两者之间界限的模糊,也越来越多地为21世纪的全球国际社会设定了议程。尽管如上所述,大国间仍存在某些相当深刻的地缘政治竞争,但越来越多地与这些竞争相伴随的是一系列对人类共同命运的威胁,需要集体行动去应对。

## 作为共同命运的中心-外围关系

中心和外围之间的共同命运问题日益越来越多地构成全球国际社会的政治议程,它们是:核扩散的再现、恐怖主义、移民、干涉、全球经济管理、环境治理和网络安全。这些议题常常以复杂的方式相互交织在一起,我们这里作简要评述。

### 核扩散的死灰复燃

冷战期间,核武器的扩散问题是美国和苏联之间少数能达成协议的领域之一。核俱乐部越小越好,超级大国在这方面有它们自己的利益,但由于触发因素越多,引发核战争的可能性就越大,因此就整个全球国际社会来说,在防止核扩散方面也存在着一个强大且得到认可的体系性利益。

冷战即将结束前后，核扩散看起来或多或少得到了控制。南非拆除了其为数不多的核储备，俄罗斯接管了苏联遗留在乌克兰及其他地区的核武库，巴西和阿根廷搁置了它们相互竞争的核项目。然而到了 20 世纪 90年代，这一问题再次凸显出来。

原因之一是想成为大国的国家（would-be great power）通过增加核装饰来博取对它们要求的承认。但目前这种情形只适用于印度，因此这只是特例，它没有威胁向所有国家开放核扩散。在 20 世纪 90 年代，印度的大国地位要求得到越来越多的认可，既然安理会五大常任理事国都是核拥有国，这使得印度的举动更可以被接受（Buzan，2018）。印度 1998 年的核试验很快导致美国与印度斡旋，绕过了《核不扩散条约》将印度合法排除在核拥有国之外。如上所述，这项协议于 2005 年达成，并在 2008—2009 年间实施。它巩固了印度拥核国家的地位，并进一步加强了其要求被承认为一个大国的声明（Pant，2009：276）。

至少对于美国来说，令人更担心的是某些国家想要获取核武器，以威慑美国对它们的干涉（D.Smith，2006）。在克林顿政府时期，“流氓国家”一词被用于称呼古巴、伊朗、伊拉克、利比亚和朝鲜；在接下来的小布什政府时期，也使用了类似的“邪恶轴心”一词。在美国的单极权力和单边主义极盛之时，这些国家感受到了威胁。古巴不寻求拥有核武器，但其他国家则不然。到 2003 年，利比亚放弃了发展核武器的计划，但朝鲜、伊朗和伊拉克没有，巴基斯坦则利用对邻国印度的恐惧，以此为由在 1998 年搞了几场核试验。巴基斯坦的历史剧情又因其“核武器之父”阿卜杜勒·卡迪尔·汗的秘密计划而反转，他在 20 世纪 80 年代和 90 年代运营着一个核技术的地下网络，被认为将重要的核计划和核技术出售给了伊朗、朝鲜、利比亚，可能还有南非和伊拉克。卡迪尔·汗的网络与 20 多个国家的中间商和企业都有联系。他的网络在 2004 年被关闭，本人也被逮捕（MacCalman，2016）。萨达姆的核恐吓是导致 2003 年美国入侵伊拉克并推翻其政权的诱因之一，虽然没有发现证据证明萨达姆实行了实质性的核计划。

目前主要的两个仍在寻求拥核国地位的“流氓国家”是朝鲜和伊朗。伊朗的核计划在 2002 年被曝光，并在 2005—2006 年间被发现违反了安全保障措施，受到了联合国安理会的制裁。伊朗已经成功获取了核技术，和专业能力，足以缩短其能够制造出来核武器的时间。接下来的几年，伊朗与各大国展开了复杂的谈判，在2015年以伊朗为一方，美国、中国、俄罗斯、英国、法国、德国和欧盟为另一方，达成了一项核协议，伊朗暂停其核计划，以换取解除因其先前多次违反决议而招致的制裁。到本书写作时，虽然特朗普总统拒绝了该协议，但该协议依然有效。

朝鲜的案例远不止于此。朝鲜在1992—1993年间国际原子能机构的核查中被怀疑拥有核计划。小布什把朝鲜列入他2002年的"邪恶轴心"演讲之中，紧接着在2003年朝鲜宣布退出《核不扩散条约》。2006年10月朝鲜进行了首次核试验。即使经过了长期的六方会谈和讨价还价，中国、日本、韩国、美国和俄罗斯还是未能阻止其进行核试验。2009年朝鲜进行了第二次核试验，并同时试射常规导弹。长期以来，日本一直奉行"隐匿型"威慑政策，即一旦感到军事上受到严重威胁，就威胁迅速发展核武器。日本完全拥有使其能够在几个月内组装可投放的核武器的能力（Buzan and Herring，1998：50—51；172—173）。一直到本书写作时，朝鲜马上就将获得能够攻击到美国本土的核武器。如上所述，日本和韩国也被置于朝鲜核威胁与核能力日趋增长的压力之下，这种压力又被对美国防卫保障的怀疑而提升了。日本和韩国的怀疑既源自美国对朝鲜的脆弱性，也源自特朗普政府内部在联盟保障方面的矛盾立场。笔者走笔至此，仍不清楚特朗普与金正恩正在进行的会谈是否会产生实质性的内容，但是根据这些会谈得出朝鲜全面无核化的预期是非常值得怀疑的。

## 恐怖主义

不管是在冷战时期还是20世纪90年代，恐怖主义一直都是国际安全方面的重要议题，主要与发生在伊斯兰世界及其周边的冲突有关。但直到2001年发生一系列恐怖事件，恐怖主义在国际安全议程中只能算是相对边缘关切（Buzan and Hansen，2009：227—255）。从2001年"基地"组织袭击纽约和华盛顿起，所谓的"全球反恐战争"（GWoT）可以说变成了全球安全的首要焦点（Buzan，2006）。具有讽刺意味的是，"基地"组织原本正是源于20世纪80年代美国在阿富汗对抗苏联的代理人战争，当时美国武装并支持激进的伊斯兰民间武装对抗苏联入侵和占领。(Westad,2007:353—357)。"基地"组织活动和意图的早期标志是:1993年纽约世界贸易中心爆炸事件;1998 年美国驻坦桑尼亚和乌干达的大使馆爆炸事件;2000 年美国在也门亚丁港的科尔号驱逐舰遇袭。2001 年的恐怖袭击促使美国先后于 2001 年和 2003 年领导了对阿富汗和伊拉克的入侵,详见下文。"基地"组织还与核扩散、移民、网络安全和全球经济管理等议题有关联。美国最终于 2011 年 5 月在其巴基斯坦的藏身处击毙了奥萨马·本·拉登,这位曾经被认为是美国盟友的人。但是"基地"组织那时已经催生出了继承者,即"伊斯兰国"。"伊斯兰国"作为"基地"组织的分支成立于 1999 年,参与了伊拉克内战,这场内战是美国 2003 年入侵并随后占领伊拉克所带来的政治混乱造成的。利用国家衰弱和内战导致的混乱,"伊斯兰国"于 2014 年异军突起,成功地从西方国家和伊斯兰世界招募到战士和支持者。它占领了大片伊拉克和叙利亚的国土,并把有关国家的内战连在一起。自 2014 年起,北约开始空袭"伊斯兰国","伊斯兰国"也将袭击范围扩展到欧洲,并在利比亚内战中表现活跃,在2014—2015 年间占领了大片领土,2015 年,它在尼日利亚也占领了部分地盘,那里的"博科圣地"组织成为其分支。

2001 年以来发生的重大国际恐怖袭击事件有:

2002 年　莫斯科大剧院袭击

2002 年　印度尼西亚巴厘岛针对游客的投弹事件

2004 年　莫斯科地铁恐怖袭击和别斯兰校园劫持事件

2004 年　马德里火车爆炸案

2005 年　伦敦地铁和公交爆炸案

2006 年　印度孟买火车爆炸案

2008 年　孟买恐怖袭击

2010 年　莫斯科地铁再次遭袭

2013 年　波士顿马拉松爆炸案

2015 年　安卡拉爆炸案

2015 年　巴黎枪击案

2016 年　美国奥兰多夜店枪击案

2016 年　伊斯坦布尔机场恐怖袭击

2016 年　法国尼斯恐怖袭击

2016 年　柏林圣诞市场遭袭

2017 年　英国西敏寺桥、伦敦桥、博罗市场和曼彻斯特地区恐怖袭击

2017 年　巴塞罗那恐怖袭击

2017 年　纽约恐怖袭击

在印度尼西亚、以色列、伊拉克、印度、巴基斯坦、俄罗斯、土耳其及其他地方还发生过许多其他的恐怖袭击事件。自 20 世纪 70 年代以来,每年都有几百到几千不等的人员遇袭身亡,而受伤的人员超过此数目的两倍。恐怖主义是一种对所有国家的威胁,它所提出来的当务之急是,如果那些目空一切、毫无人性的恐怖分子掌握了大规模杀伤性武器的话,就有可能造成不可估量的伤害。对核扩散和恐怖主义的关注实际上是同步的。恐怖主义对民主社会来说,要比对威权社会的威胁更大。因为恐怖主义让民主社会陷入一种可怕的两难处境,即如何在不损害它们所主张的开放性的前提下,通过成为"警察国家"来保护人民。那些已经是"警察国家"的威权社会虽然不存在这种困境,但难免也担心恐怖主义会削弱它们统治能力的可信性,继而削弱政权的合法性。

## 移民

在冷战时期,移民对中心地区国家来说并不是主要关心的议题,但从 20 世纪 90 年代起,移民日益成为一个政治关切,当然这主要是对欧洲国家和美国而言。后冷战时期的移民受多种因素驱动,从传统的,从贫困的地区迁往富裕地区以寻求更好发展前景的经济移民,到为了逃离战争、饥荒和压迫的寻求庇护者。从中心-外围的视角来看,这里有帝国反击的因素,即前殖民地的人们想方设法迁往前宗主国,形成了经济移民潮。例如,南亚人和加勒比人迁往英国,非洲人和阿拉伯人迁往法国。非正式的帝国纽带发挥同样的作用,土耳其人涌向德国,而拉美人涌向美国。欧盟通过坚持单一市场开放性和向相对贫穷的东欧和东南欧国家扩张,制造了自己独特的移民问题。虽然最受关注的是从外围地区到中心地区的移民,但是南南国家之间的移民也大量存在。如冲突引发的难民潮,大部分

或在他们自己的国家流离失所,或逃离到文化上与该国相近的邻国。正如联合国(UN,2016:16)指出的:"来自亚洲(60%,即 6 200 万人)、欧洲(66%,即 4 000 万人)、大洋洲(59%,即 100 万人)和非洲(52%,即 1 800 万人)的大多数国际移民居住在其发祥地的另一个国家。"

冷战一结束,难民问题就跃上了欧洲的安全议程,当时南斯拉夫的解体触发了规模虽小但却非常残酷的战争(Wæver et al.,1993)。在 20 世纪 90 年代初,大约有 30 万难民涌向北欧,而 90 年代后期的科索沃危机则意味着到 2000 年大约有 200 万巴尔干出生的人生活在欧盟国家,尽管有许多科索沃人后来又回国了。

随着全球反恐战争的开展,一系列战争和干涉使移民问题一直保留在欧洲的安全议程上。往返于阿富汗的难民潮开始于 20 世纪 80 年代苏联的入侵与战争,并在 20 世纪 90 年代残暴的塔利班政权统治时期延续下来。伊朗和巴基斯坦接收了大部分阿富汗难民。截至 2014 年,伊朗和巴基斯坦仍有大约 250 万名阿富汗人滞留,其他接受超过 50 000 人阿富法难民的国家有德国、英国、美国和塔吉克斯坦,在加拿大还有 48 000 人(IOM,2014)。前往欧洲寻求庇护的阿富汗人数量从 2014 年起开始猛增,到 2015—2016 年已多达 75 万人,2014—2015 年间大部分抵欧难民集中于此,还造成了一场特别的危机(EU,2016)。2006 年,他国入侵和国内暴力同样在伊拉克激起了一股移民潮。截至 2015 年,差不多有 150 万伊拉克人漂泊异乡,占其全国人口比重的 4%。这些伊拉克人分布范围极广,既有超过 50 万人进入了伊拉克的邻国,又有超过 50 万人到达欧洲(主要是北欧国家),还有近 25 万人到达北美地区(IOM,2015)。2011 年叙利亚内战爆发以后,联合国高级难民特使(UNHCR)估算已有 480 万叙利亚人逃往土耳其、黎巴嫩、约旦、埃及和伊拉克,还有 660 万人被安置在叙利亚国内的其他地方。大约 100 万叙利亚人申请前往欧洲避难,其中德国接收了超过 30 万申请人,瑞典则接收了 10 万(EU,2016)。2015 年涌向希腊的难民近 100 万人,叙利亚人、阿富汗人和伊拉克人占了其中的 88% 以上(IOM,2017:12)。

用更加整体的眼光来看待移民问题,会发现尽管在 2015 年定居在非出生地国家的人数达到了 2.44 亿,比 2000 年上升了整整 41%,在过去的

20 年间移民人口相对于全球人口的占比一直维持在大约 3% 的水平（IOM，2017：5）。南-南国家之间的移民数量略高于南北国家之间的移民，同时北-北国家间移民约占南-北国家间移民数量的三分之二，而北-南国家间移民占南-北国家间移民数量的七分之一（IOM，2017：7）。发展中地区收留了世界上 86% 的难民（约 1 240 万人），这是 20 多年来的最高值。最不发达国家容留了 360 万难民，占到了全球难民总数的 25%。在 2014 年，土耳其成为世界范围内接收难民数量最多的国家，达到了 160 万人。接下来是巴基斯坦，达到了 150 万人；黎巴嫩，达到了 120 万人；伊朗，达到了 100 万人；埃塞俄比亚和约旦各 70 万人。在联合国高级难民特使所要应对的难民中，超过一半（53%）来自叙利亚（390 万人）、阿富汗（260 万人）和索马里（110 万人）这三个国家（UN，2016：9）。

移民当然也有积极面。"在 2015 年，旅外侨民汇往原籍国的钱款达到了 5 810 亿美元，其中绝大部分流向的是中低收入国家，这些流入的汇款甚至超过了同年这些国家所接受的国外援助的三倍（IOM，2017：15）。"但如果移民流入的量过大，无论突发还是持久，会对接收的社会造成巨大的压力。到 2015 年，欧盟在穿越地中海移民潮的压力下崩溃了。而在 2016 年，无论是英国民众投票赞成脱欧，还是美国特朗普当选总统，对移民的恐惧都是一个重要的问题。无论是在中心还是边缘地区，移民都与战争和干涉紧密相关。对于大规模不同文化背景人口流动带来的身份卷入的担忧，引发了身份认同问题，助推了许多西方国家右翼民粹势力的崛起。移民问题同样与恐怖主义问题密切相关，人们担心恐怖分子潜藏在寻求庇护者和经济移民中，决意要对东道国从内部发起袭击。

## 干涉

现在已经很明显了，干涉是另一个重要问题，使得中心和外围地区都陷入核扩散、恐怖主义和移民问题的困扰之中。一开始，就存在一个从冷战时期的竞争性干涉向 20 世纪 90 年代和 21 世纪头 10 年由西方驱动的干涉的转换。但竞争性干涉的模式正在逐渐回归，这点在 2011 年以后的叙利亚体现得再明显不过了。这些干涉有时是出于国家安全的考虑，针对那些被认为威胁西方的"流氓国家"（最开始是阿富法和伊拉克），有时则是出于人类安全的考虑,介入其他国家内战(前南斯拉夫、利比亚和叙利亚,以及最初干涉之后的阿富汗和伊拉克)。

　　1991 年南斯拉夫崩溃成几个国家,导致了 1991—1992 年克罗地亚塞族人与克罗地亚族的战争。当 1992 年,波斯尼亚-黑塞哥维退出联邦的时候,波斯尼亚与塞尔维亚战争随之开始。在 1992—1993 年间,北约卷入战争,起初只是执行监督行动,而后执行联合国安理会授权的制裁和禁飞区决议(联合国安理会决议,第 713、757、781 号)。1993—1994 年,北约为联合国保护部队提供空中支援;在 1995 年北约对塞尔维亚实施了密集轰炸。1995 年的《代顿协议》达成之后,北约派出了维和部队,这些部队最终并入维稳部队之中。接着又发生了南斯拉夫共和国与科索沃叛军之间的战争,这场战争出现在 20 世纪 90 年代中期,在 1998—1999 年间加剧。1999 年 3—6 月,北约出于人道主义原因进行干预,对塞尔维亚进行了大规模轰炸,这一行动没有得到联合国安理会的授权,因为俄罗斯和中国将会阻止它。科索沃在西方的支持下于 2008 年脱离塞尔维亚独立,但没有被中国和俄罗斯承认。

　　2001 年西方对阿富汗的干涉从 20 世纪 90 年代中期开始就酝酿了,当时塔利班在巴基斯坦和沙特阿拉伯的支持下打败了苏联撤退后掌权的各地军阀,占有了喀布尔。被赶出了苏丹之后,奥萨马·本·拉登将"基地"组织行动转移到阿富汗,帮助塔利班在接下来的内战中打击北部联盟的塔吉克族和乌兹别克族军阀。由于参与了 1998 年针对美国驻坦桑尼亚和乌干达大使馆的系列爆炸案,本·拉登当时已被美国政府通缉。塔利班统治下的阿富汗藏匿了本·拉登和"基地"组织,因此成为小布什政府领导的全球反恐战争的首要打击目标。一开始本·拉登否认对发生在纽约和华盛顿的"9·11"事件负责,但在 2004 年晚些时候承认了。美国的干涉最开始是成功的,在 2001—2002 年间迅速击败了塔利班并破坏了"基地"组织在阿富汗的基地和行动。美国在喀布尔扶植起一个政府,北约在其运行中扮演日益主导性的角色。但随后,就像 20 世纪 80 年代苏联在阿富汗经历的重演,美国发现自己陷入了一场昂贵而无果的战争泥淖,罪魁祸首是喀布尔屠弱、腐败和无能的政府,以及士气高涨、装备精良并得到外部支持的残忍部落和伊斯兰叛乱。像苏联一样,美国虽然能赢得战争，但既不能创建一个合法统治整个国家的政府，也不能创建一支能够赢得战争或能守得住领土的阿富汗军队。塔利班和其他伊斯兰组织发起了一场针对北约部队和在喀布尔的阿富汗政府的持久而有效的游击战。他们基本上可以在任何地方发动袭击，并成功地占据了阿富汗的大片区域。虽然北约的干涉行动在2014年已经正式结束，但这场战争依然在痛苦和昂贵地拖延着，没有美国军队明显退出，而不把这个国家拱手还给塔利班的明确出路。

在1990—1991年的海湾战争中，萨达姆政权虽被击败但并未被推翻，美国在2003年重操旧业。这次干涉的理由与全球反恐战争和所谓的伊拉克核武器有关，尽管这两项指控都没有得到证实。萨达姆的军队很快被英美领导的联军击败，不久后溃散。软弱的伊拉克政府加剧了什叶派和逊尼派之间的分歧，令人怀疑伊拉克能否聚合在一起，或者分裂成逊尼派、什叶派和库尔德人的地区。2003—2004年间统治伊拉克的联军临时权力机构基本上是不称职的，它禁止复兴党党员进入政府，为叛乱分子提供了一批训练有素、被联军临时权力机构疏远的新兵。一场针对美军及盟军的残酷的叛乱活动几乎立即开始增长。美国在2007年大举增兵，控制住了局势，2011年局势趋缓，随后又从2014年开始与伊斯兰国的侵袭重新纠缠在一起。战争加深了美国对伊朗的敌意，伊朗支持伊拉克和叙利亚的什叶派势力，从而使美国在中东的整体介入增加了一个维度，站在了以色列和沙特阿拉伯一边。1979年伊朗的霍梅尼伊斯兰革命之后，萨达姆统治下的伊拉克曾在20世纪80年代得到过来自西方和苏联的支持和武装，反对伊朗。天真的美国乐观人士认为，伊拉克的民主化轻而易举，这既反映在倒萨军事行动的命名上——"伊拉克自由行动"，也反映在美国时任防长唐纳德·拉姆斯菲尔德的想法上，他认为推翻萨达姆之后留下一支较小规模的占领军就足够了。这种期望在多种武装叛乱分子、难以驾驭且经常是威权的国家政治以及武装和极权的伊斯兰分子日趋扩大的影响面前，很快就化成了泡影。尽管伊拉克战争是以反恐和防止核扩散的名义发动的，但结果反过来，这场战争实际上极大地助长了恐怖主义与核扩散。这场战争为恐怖团体招募军官和组织训练提供了极为有利的条件，并使朝鲜领导人相信，如果不想步萨达姆后尘，就要务必加快推进核武器计划。

2011 年,北约还领导了利比亚内战的干涉行动。这次主要是空中行动,非北约的参与国还有卡塔尔、阿拉伯联合酋长国和瑞典。阿拉伯联盟基于人道主义支持设立禁飞区。联合国安理会第 1973 号决议给予联合国授权最初是出于人道主义考虑,但北约的行动最终谋求的是政权更迭和推翻卡扎菲。俄罗斯和中国对 1973 号决议投了弃权票,随后对这场违反"保护的责任"(R2P)的理念用来更迭政权的干涉提出了批评。

这一分裂预示着竞争性干涉的回归在 2011 年"阿拉伯之春"引发的叙利亚内战中出现了。叙利亚政府对抗议者的严厉镇压很快蔓延为多方势力之间的残酷冲突。伊朗和其所支持的真主党民间武装支持阿萨德政府,俄罗斯也是如此。沙特阿拉伯和美国支持某些反阿萨德政府集团,土耳其也是如此。一些族群和教派武装既攻击政府军,也相互火并;有些势力想要推翻政府并取而代之,另一些像库尔德武装则希望获得自治权和自己的领土。联合国斡旋下的停火协议在 2012 年破裂,导致了 2013 年的全面内战,较温和的反抗军和"伊斯兰国"既相互攻击,又与政府军交战。2013 年"伊斯兰国"在叙利亚发动了大规模进攻,到 2014 年,它控制了约三分之一的叙利亚领土和大量石油资源。2014 年,土耳其参与战事,打击"伊斯兰国"和库尔德人;美国也开始空袭"伊斯兰国"。然而 2015 年"伊斯兰国"成功地守住甚至还扩张了其占领的土地。2015 年 9 月俄罗斯介入,对"伊斯兰国"和其他反阿萨德政府的民间武装实施空中打击。为报复发生在巴黎的恐袭,法国参与了空袭"伊斯兰国",英国也在其中。这场极度混乱的冲突包含了美俄代理人战争的元素,尽管两国在 2016 年停战协议的基础上进行了合作,但合作还是失败了。2016 年 8 月,为了打击"伊斯兰国"和库尔德人势力,土耳其入侵叙利亚。2017 年,为报复化学武器的使用,美国对叙利亚政府军发动了直接空袭。叙利亚内战和伊拉克内战由于"伊斯兰国"的领土扩张而联系在一起。"伊斯兰国"利用萨达姆倒台后伊拉克国内什叶派和逊尼派的政治分裂,占领了摩苏尔及伊拉克的其他大部分地区。到 2015 年,"伊斯兰国"已经控制了叙利亚东部和伊拉克西部的大片区域,与其所谓的哈里发国首都拉卡(Raqqa)形成了紧密联系。到 2017 年底,对"伊斯兰国"的大规模反击侵蚀了其领土大部分,2017 年 7 月它又丢掉了摩苏尔。

## 全球经济管理

自 19 世纪以来,中心地区和外围地区就已被逐渐纠缠在单一的全球经济之中,二者在全球经济管理方面的日益融合在上文讲述的二十国集团的事例中得到了明显的体现。在经济领域和连接着中心地区与外围地区共同命运的其他领域之间,存在着明显的"溢出"(spillovers)效应,例如,经济不平等是移民的动力之一;而与核扩散和恐怖主义有关制裁的实施则是对正常贸易和金融规则的减损。冷战后的这段时期,中心地区和外围地区在全球经济中的共同命运体现在两个方面:经济危机和经济不平等的重塑。

周期性经济危机是自 19 世纪以来工业化资本主义的特征,因此从某种意义上来说,它是大家已知的模式,而不是什么新事物。近年来这种危机主要源于金融自由化,以及随之产生的全球经济倾于过度和不明智的借贷而引起的债务危机。早期这种危机在 20 世纪 80 年代打击了拉美国家,又在 1997 年以差不多同样的方式发生在东亚;当时的东亚地区由于过度借贷导致债务水平高企,加上"热钱"流动,导致东亚地区经济信心和货币的崩溃、一场急剧的经济衰退和蔓延全球的恐慌。中国通过不使人民币贬值在这次危机中获得了一定地位。印度尼西亚、韩国和泰国受到相当严重的打击,直到国际货币基金组织提供了 1 200 亿美元的应急贷款,这场危机才得到一定程度的遏制。

一场规模更大、持续时间更久、后果更为严重的金融危机在 2008 年爆发。它由 2007 年美国次贷危机蔓延而来,这场危机使许多银行持有的大量金融票据大量贬值甚至毫无价值,导致它们资不抵债。结果整个银行系统的固定资产急剧萎缩,放贷量骤减。2008 年雷曼兄弟倒闭后,政府资助了许多银行纾困计划和巨额刺激计划。2008 年中国启动了总额为 5 860 亿美元的一揽子经济刺激政策,紧接着在 2009 年美国也启动了总额为 7 870 亿美元的经济刺激计划(Skidelsky,2009:18)。经济活动的普遍收缩导致了 2008—2012 年间的大衰退,和与之相关联的 2009—2014 年欧债危机,主要影响了希腊、葡萄牙、爱尔兰、西班牙和塞浦路斯。以上情况造成了严重的失业和财政紧缩,迫使各国政府纷纷采用大规模量化宽松和低利率政策。

从许多方面看,这是一场典型的金融自由化危机。解除金融监管的诱惑一直存在于金融体系中,因为它允许信贷规模的扩大,从而可以利用任何给定的资本存量进行杠杆化。更多的信贷增大了通过这些额外资源支持投资、消费和增长的可能性。只要人们相信信用体系是稳定的,那么这些通过扩大信贷产生的额外资源就是真实且可用的。危险的是,没有人知道这种杠杆要利用到怎样的程度才安全,也没有人愿意最先退出这项盈利极为可观的经济活动。但是,当实际资本和由其衍生而来的信贷额度的比率变得过高时,就会导致市场信心崩溃,造成固定资产和信贷体系全面、迅速而痛苦的大规模崩盘。复杂的金融创新、高风险的贷款和掠夺性的盈利侵蚀了整个体系的信誉,一些因素(如 2008 年美国次贷危机)挑破了经济泡沫,造成市场信心的急剧崩溃。罗伯特·斯基德尔斯基(Skidelsky,2009:1—28)和马丁·沃尔夫(Wolf,2014)都阐述了此次危机是如何沿着这些线索展开的,并且都认为这种危机是由经济学理论的基本弱点尤其是对金融风险的低估造成的——也就是说,这种危机源于资本主义体系内部,而非外部冲击造成的。正如信贷扩张助推了实体经济一样,信贷收缩也导致实体经济萎缩,给中心和外围从资源出口国到制造业腹地都带来重创。

在 2008 年经济危机这个案例中,一个关键性的政治影响是,暴露了全球资本主义体系造成的日益加剧的贫富不平等。虽然由于发展和现代性的传播,国家之间的贫富差距正在明显缩小,但在国家内部,贫富差距正在扩大。据世界银行资料显示(World Bank,2016;9—12),衡量各国间不平等状况的基尼系数从 1988 年的 0.80 稳步地下降到 2013 年的 0.65;而各国内部的不平等状况在 20 世纪 90 年代急剧上升,到 21 世纪头10 年趋于平缓。经济合作与发展组织的报告指出(OECD,2011:22):"基尼系数……在 20 世纪 80 年代中期的经济合作与发展组织成员国间维持在0.29的平均水平。然而到 21 世纪头 10 年,这个数字几乎增长了10%,达到了 0.316。"《金融时报》(Waldau and Mitchell,2016)称中国的基尼系数为 0.49,20 世纪 80 年代时这一指数还只有 0.3,也明显高于美国的可比基尼数(0.41)。2013 年,俄罗斯的基尼系数为 0.40,而印度的是0.34 (UNDP,2016)。2016 年,27 个欧盟国家的基尼系数为 3.1(Eurostat, 2017)。他者的崛起开始缩小自整个 19 世纪以来少数发达国家与多数不发达国家之间的不平等差距。但在诸多国家内部,尤其是在美国、中国和俄罗斯,极富群体与其他人之间的差距已经急剧地扩大了。

综上所述,始于 2008 年的大衰退,以及日益加剧的不平等所反映出的资本主义社会契约的崩塌,引发了一场合法性危机。这场危机开始于 2016 年英国脱欧公投和特朗普当选美国总统。人工智能(AI)发展的迅速进步及其在生产中的应用,似乎会从两个方面进一步扩大这场危机:国家内部(除对不平等过的怨恨外,增加了对永久失业的恐惧)和国家之间(威胁边缘地区依赖廉价劳动力和出口导向型增长的既定发展模式)。

## 环境管理

环境管理(environmental stewardship)恐怕是连接中心地区与外围地区的终极共同命运议题。不管在财富、权力和文化上有何差异,全人类共享一个地球;如果自然环境以某种方式发生变化或被破坏,我们都将承受后果。对地球环境的威胁具有多种形式,某些是由自然因素引起的(地震、火山爆发、太空陨石、气候周期、瘟疫),有些是由人类造成的(核冬天、人造疾病、陆地、海洋和空气污染等)。有些问题的成因相当复杂,例如当人类耕种时,聚集起大量动物,这既加速病菌和病毒的进化,也增大这些病菌病毒交叉感染到人类身上的概率(如禽流感、骆驼流感)。人类已经获得了应对某些自然威胁的能力,但同时他们的活动也开始以意想不到的、往往是有害的方式对地球进行地质改造。人类活动的影响包括:海洋酸化和升温;改变大气层的化学构成,加剧了温室效应;使用药物,让病菌和病毒加速进化;将大量生物推向灭绝,减少了生物圈的多样性。环境治理与发展密切相关,因为环境破坏常常是由经济活动引起的。这种联系产生了经济发展与环境管理相互冲突的政治困局,除非能找到可持续发展的道路。我们简要讨论两个具体问题——气候变化和全球疾病控制——以了解人类共同命运的含义。

气候变化既是指原因尚不十分明确,却可以通过历史记录来清楚观察的冷热时期的自然循环，又指由人类向大气中排放温室气体和颗粒带来的人为威胁。罗伯特·福克纳和巴里·布赞（Falkner and Buzan，2017）认为，环境管理的规范自 19 世纪以来经历了相当长的孕育过程，但直到冷战结束后的 10 年间才取得突破，成为全球国际社会的一种制度。1972 年的斯德哥尔摩会议促进了有关气候问题的全球政治共识和规范，激发了一些先行国家的市民社会运动和国内政治行动。1992 年的里约会议开始了依然主要是一种西方的全球环境管理规范和第三世界所关心的发展问题之间的协调过程。里约会议虽然成功地将环境规范全球化，却没能解决共同行动中的责任分配问题，尤其是那些由大气污染带来的环境变化问题。

里约会议确立了应对温室气体排放的"共同但有区别的责任"原则。这实际上意味着发达国家担负起几乎全部的责任，而发展中国家可以只追求发展而无需考虑环境治理的责任问题。这种僵局使 2009 年的哥本哈根会议陷入困境，中国站在发展中国家一边。但在 2015 年的巴黎会议上，这个僵局得到了化解，各国同意自愿排放目标适用于所有国家。这一解决方案以一套更宽松且更符合自愿的承诺换取了对行动责任更普遍的接受。同样的情况也出现在 20 世纪 80 年代末关于应对臭氧层损耗的争论中，最终《蒙特利尔公约》禁止了破坏臭氧的化学物质的生产（Benedick，1991）。环境管理合作上升为全球国际社会的一项新的首要制度，表明在面对紧迫的共同命运议题时，国际社会能够发现重大的集体反应之策，尽管在其成员之间存在政治、经济和文化方面的差异。

全球疾病控制有很长的历史，一个特别的里程碑是 2000 年。这一年，联合国安理会通过在 1308 号决议中宣布艾滋病传染"对安全和稳定造成风险"，首次确认了健康和安全之间的关联（Poku，2013：529；Deloffre，2014）。冷战结束以来，国家间的互动能力不断增强，中国和苏联的众多继承国也都融入了全球经济，让世界各地的人们能够通过贸易、移民和旅行产生更为密切的交往。这种情况带来的结果有好有坏，随之而来的疾病控制问题引起了全球关注。自 20 世纪 90 年代以来，尤其是在东亚，禽流感（Avian flu）产生能够大规模感染人类的病株的可能性一直在上升。人类受到感染的病例时有出现，大量受到感染的禽类被周期性扑杀。考虑到流感的传染性和某些病株的高致死率，对此应持续保持注意。第一次世界大战后的流感大流行造成的死亡人数比战争本身还多。

如今虽然再没有爆发过 1918—1920 年那种规模的疫情，但是已经发生了几起疫情足以引起全人类高度的关注。2002—2003 年间爆发了严重的急性呼吸道综合征，主要在中国，产生几千个病例，造成数百人死亡。中东呼吸道综合征分别在沙特阿拉伯（2014 年）和韩国（2015 年）小规模爆发，又被称为骆驼流感。2013—2016 年间在西非爆发了相当大规模的埃博拉（Ebola）疫情。2014 年 5 月，埃博拉病毒爆发的首个警报来自世界卫生组织（WHO），当时全球国际社会却没有采取果断的行动。后来证明这是该病毒自 1976 年被发现以来规模最大、持续时间最长、症状最为复杂且严重的集中爆发。这场灾难在 2014 年 9 月达到巅峰，每周新增病例将近1 000人（WHO，2014；Santos et al.，2015）。到 2016 年 1 月 14 日世界卫生组织正式宣布疫情结束为止，这场危机持续了两年，其间有 28 600 人感染，超过 11 300 人死亡（WHO，2016），多数在几内亚、利比里亚和塞拉利昂。为控制疫情发展，国际社会作出了相当一致的反应，美国和中国都派出了军医队与无国界医生（Médecins Sans Frontières）等非政府行动组织一起携手奋战。2014 年 9 月 18 日，联合国安理会通过了第 2177 号决议，声明埃博拉疫情的爆发构成了"对国际和平与安全的威胁"，把卫生安全化，不管是从深度上还是广度上都提到了前所未有的高度（Snyder，2014）。尽管人类在 21 世纪还没有面临这种共同命运的严峻考验，但是创立于 2000 年的"全球疫情警报和应对网络"（the Global Outbreak Alert and Response Network）承认了这一共同命运的存在，并把许多致力于监测和应对具有威胁性流行病的公共和私人组织联系在一起。

## 网络安全

一些更为复杂的共同命运议题越来越多地被归于网络安全的名下（Hansen and Nissenbaum，2009）。网络安全之所以复杂，是因为它一方面是共同命运或共同安全问题（在一定程度上，全球经济和全球社交网络依赖于互联网作为一个全球系统的有效运作），另一方面网络安全又是一个可分的命运（divisible fate）或国家安全问题（在这个意义上，国家和非国家行为体都具备通过互联网彼此攻击,从而造成有针对性破坏的手段和动机)。网络战成为国家安全层面的首要关切(Singer and Friedman, 2014)。爱沙尼亚、格鲁吉亚、伊朗、美国和中国及其他国家都曾遭受过此类攻击。攻击方可能来自其他国家和非国家行为体,因此很难被追踪。

网络安全作为共同命运议题出现了,因为互联网兴起并成为了继电报、电话和无线电之后新一代的全球一体化通信手段。互联网已经给世界各地广大人民带来了大容量、高速度、低成本的通信手段和获取信息的途径。从 20 世纪 60 年代的军事通信设备开始互联网在 80 年代成为网络的网络。并在 1993 年引入万维网络式后开始跃入大众通信领域。20 世纪 90 年代末大约有 1.5 亿网民(Christensen,1998),2013 年估计已有超过 20 亿网民,且互联网浏览量以每年 50% 的速度增长(Mulgan,2013:46)。对比早期的电子手段,互联网并未增加通信的范围和连接,但通过降低成本,提升了通信的便捷度和信息量,并以五花八门的有时是重要的方式改变了通信的内容和目的。在此过程中,互联网扩展了通信革命所能达到的广度、深度和影响的力度,足以被视为带来了人类生存状态的转型。互联网已成为全球性资源,失去它的后果非常严重。但互联网也是一种可以分割的商品,它不仅与全球经济和世界社会的运作相关,还与恐怖主义、移民和核扩散问题有所关连。

# 结论:全球国际社会从 1.1 版转向 1.2 版

如本章引言所述,1989 年以来的世界故事既标志着 1945 年之后出现的全球国际社会 1.1 版(西方-全球)高点,又标志着向全球国际社会 1.2 版(后西方版)的明显转变的开始阶段。从一个更长的视角来看,这一转变标志着与全球国际社会 1.0 版(19 世纪至 1945 年)和 1.1 版两个国际社会版本的脱离,而这两个版本都是以西方不同方式的主导地位为中心的。现在正在进行中的转变依然保持着早期版本的国家中心主义,但已经由原来西方主导走向一个后西方时代。正如我们在本章所展示的,在全球化和相互依赖持续强化的背景下，财富、权力和文化权威正日趋向深度多元主义扩散。

在本章所描述的这段时期即将结束之际，外围地区的整体经济转型的明显迹象，最引人注目的是以中国和印度为代表的几个亚洲国家的增长。欧盟安全研究所（EUISS，2012）估计，到2030年，中国和印度的经济体量加起来在全球经济总量中的占比将超过34%。普华永道的报告预测，中国和印度将成为2050年世界上的前两大经济体，其后为美国、印度尼西亚、墨西哥、巴西、日本、俄罗斯、尼日利亚和德国（Price water house cooper，2015）。如果这项预测成为现实，世界前十大经济体中有七个将是非西方国家，据购买力平价计算，到2050年世界上前32位总量上升的经济体中，有20个将来自非西方世界（日本和俄罗斯除外）。

可以肯定，外围地区的经济发展将是非常不平衡的，这种不平衡将会一直持续下去。然而，这个世界正在见证着更为普遍的经济上的"他者的崛起"（Zakaria，2009；Acharya，2014b：27—31）。据联合国开发计划署的数据来看，全球南方占全球国内生产总值的比重从1980年的33%上升到2010年的45%（UNDP，2013：2）。同一时段内，全球南方占世界商品贸易总额的比重由25%上升到47%。经济合作与发展组织预计到2060年，全球南方的国内生产总值将占到世界国内生产总值总量的57%（Guardian Datablog，2012）。他者的崛起同样反映为南南国家间互动强度的日趋增长。据联合国开发计划署的数据，南南国家之间的贸易额占世界商品贸易总额的比重已经从1980年的不到8%跃升到2011年的26%以上（UNDP，2013：2）。联合国贸易与发展会议估计，当前南南国家之间的外国直接投资所带来的资金流动占全球资金流动总额的三分之一以上（UNCTAD，2005：5；8—9）。联合国贸发会还发现，2015年，来自发展中亚洲（日本除外）的跨国企业（MNEs）首次成为世界上最大的投资集团，其投资量占到世界投资总额的将近三分之一。中国的跨国公司对外投资额的增长要快于外资流入，前者达到了1 160亿美元的新高度。

2008年的经济危机或许可以作为全球国际社会1.1版向1.2版的转折点的基准时间，美国和欧盟都深陷危机之中，中国、俄罗斯、土耳其和其他国家则明显感觉到更自信了。经济危机在物质上削弱了西方，与此同时,支撑其权威的自由主义意识形态也受到侵蚀。不断加深的不平等现象正在质疑着资本主义和民主制度的兼容性,美国在全球反恐战争中的做法弱化了它为人权发声的能力。可以说,特朗普治下的美国开始像冷战时期衰落年代的苏联:军事上力量强大,但却不能发挥出什么好的效果;经济、社会和政治/意识形态上的影响力则越来越弱了。

我们处在一个中心不断扩大、西方中心主义不断消解、外围地区不断缩小的全球国际社会。自由主义目的论正在失去可信度,支持特朗普和英国脱欧的投票表明,中心地区资本主义和民主制度的一个危机正在迫近。自由主义关于民主是资本主义自然和必然伴生物的假设已经不再可信。对各种资本主义的开放自然引发了辩论,并提供了新的具体例子以说明如何最好地管理自由与控制、个人与集体利益和权利、繁荣与不平等、以及开放、灵活与稳定之间的权衡。目前还不清楚是否会出现一种单一的"最佳"政治经济模式的聚合,或者如果出现了这种聚合,它是否会沿着经典的自由-民主路线发展下去。如果出现了这种聚合,它似乎更倾向于频谱的中间位置。中国、印度及其他国家在一定程度上开放了它们的经济和社会的同时,传统上奉行自由主义的大国却因经济危机和难民政治而不得不重申更多的国家控制。在这样一种混合的形势下,上述一系列跨国的和共同命运的问题要比传统的国家间问题更为重要。

第九章将重拾这些线索,并考察在接下来的几十年间它们将如何展开,成为一个被深度多元主义所定义的全球国际社会。

## 注　释

1. BBC World News,www. bbc. co. uk/news/world-asia-china-41647872
(Accessed 18 October 2017).

# 第八章
# 1989 年之后的国际关系学

## 引　言

在第六章中,我们论证了国际关系学科经历了一个第二次创立的过程。学科的制度化拓宽且加深了,美国成为了学科的中心(虽然却未能取得知识霸权);1945 年以前的学科史大部分都被遗忘了;学科变得越来越学术化,更多地细分为专门的科目和方法。学科的关切依然以中心地区为主,去殖民化的影响远不如超级大国核竞争的影响大。虽说如此,随着去殖民化使从前被孤立在外围地区的反殖民和反种族主义视角的合法化,出现了一些中心和外围地区之间国际关系思想融合的迹象。我们研究了新现实主义和新自由主义的主导地位(以及新新合流),讨论了它们遭遇的多种挑战,其中一些更具批判性(如马克思主义、和平研究、后殖民主义和依附论等),另一些则更为正统(如英国学派、自由主义政治经济学)。

在本章中,我们将遵循上述的叙事线索,并将一些新的研究路径和分支领域加入其中,一些新的研究方法和新的细分领域,例如批判理论、女性主义和建构主义。为详细阐述这一学科演化的过程,我们还将第七章关于两极格局的终结以及美国作为唯一超级大国的那段所谓的"单极时刻"所引发的世界政治的日趋全球化的进程。这段时期在意识形态上更为简单,因为资本主义(尽管不是民主制度)赢得了冷战,但它也标志着全球权力转移的复杂性。美国暂时占据主导地位,它的盟友依然强大,但美国已越来越多地受到来自其他大国和自身国内政治问题的挑战。第三世界整体变弱,但其中的一些成员,首要的是中国和印度,加入了大国俱乐部;中国和俄罗斯联合起来反对美国。原来的中心地区和外围地区的界限开始变得模糊不清。与所有这些混合在一起的是复合跨国挑战的出现,如恐怖主义、犯罪、人权和移民等问题;以及一系列包括世界经济运行不稳、各种环境威胁等在内的迫切需要解决的共同命运议题。

尽管 1989 年没有像 1945 年那样标志着全球国际社会的转型(Buzan and Lawson,2014a),但我们依然认为在 21 世纪的第一个十年期间发生了全球国际社会从 1.1 版本向 1.2 版本的转变。自 19 世纪以来西方主导的全球国际社会,开始明显地被一种财富、权力和文化权威更为分散的分配状况所取代,我们称这种结构为深度多元主义(详述请见第九章)。虽然人们不能总是在全球转型与不同理论的重要性之间建立密切的联系,我们确实可以追踪这些国际关系发展对国际关系思想所产生的影响。这些影响一部分表现在什么样的议题占据中心舞台,一部分表现在现实世界的事态发展如何挑战各种国际关系理论路径,还有一部分表现在谁从事国际关系研究以及在哪里从事研究。在我们看来,也许最重要的影响是非西方国家的崛起和全球国际社会日益全球化如何结合在一起,侵蚀了国际关系实践和国际关系学中中心和外围的界限。这反过来又为呼唤这一领域更为多元化的呼声开辟了空间,并助长了对全球国际关系学的需求,全球国际关系学超越了之前的批判理论,并从迄今一直被忽视的后殖民话语中吸纳了更多东西。虽然我们认为中心-外围结构正在被打破,但为了保持连续性,我们还是延续了与前面章节同样的结构:制度化与中心和外围地区国际关系思想。

# 制　度　化

在第六章中我们讨论过,1945 年以后国际关系学制度化的大规模拓展是认定国际关系学科发生第二次创立的重要元素。国际关系学术社团、刊物、智库和大学教育的主要模式都在冷战时期建立起来，并延续至今。但直到1989年，这些学科建设的进展大多出现在中心地区，外围地区只是零星出现。1989年后，学科制度化的表现基本上是拓宽和深化先前的模式，从中心地区延展到外围地区，以及中心地区和外围地区的界限在很大程度上的消解。

无论是在中心地区还是以外，已经完成的制度化还在持续扩展并深化。美国的学术组织已经"装备齐全"的同时，新的学术团体也在东欧和西欧设立，而且至少有15个学术组织分布在西方以外的地区，主要集中于亚洲和拉丁美洲（见表8.1）。

表8.1　新设立的学术学会

| | 团 体 名 称 | 成立年份 | 所在地 |
|---|---|---|---|
| 1 | 北欧国际研究协会 | 1991年 | 欧登塞，丹麦 |
| 2 | 欧洲国际研究协会（EISA） | 1992年 | / |
| 3 | 芬兰国际研究协会 | 1993年 | / |
| 4 | 世界国际研究委员会（WISC） | 1993年（2005年解散） | / |
| 5 | 中东欧国际研究协会（CEEISA） | 1996年 | 布拉格 |
| 6 | 葡萄牙政治科学协会 | 1998年 | 里斯本 |
| 7 | 俄罗斯国际研究协会 | 1999年 | 莫斯科 |
| 8 | 亚洲政治与国际研究协会 | 2001年 | 马尼拉 |
| 9 | 南非政治研究协会 | 2001年 | 比勒陀利亚 |
| 10 | 土耳其国际关系委员会 | 2004年 | 伊斯坦布尔 |
| 11 | 巴西国际关系协会 | 2005年 | 贝洛奥里藏特，巴西 |
| 12 | 土耳其国际研究协会 | 2007年 | |
| 13 | 韩国国际研究协会 | 2009年 | 首尔 |
| 14 | 哥伦比亚国际关系学社 | 2009年 | 波哥大 |
| 15 | 波兰国际研究协会 | 2009年 | 华沙 |
| 16 | 国际主义者协会 | 2009年 | 巴黎 |
| 17 | 智利国际专家协会 | 2015年 | 圣地亚哥 |
| 18 | 菲律宾国际研究组织 | 2015年 | 马尼拉 |
| 19 | 哈萨克斯坦国际关系委员会 | / | / |
| 20 | 土耳其政治科学协会 | / | 伊斯坦布尔 |
| 21 | 以色列国际研究协会 | / | / |
| 22 | 阿根廷联邦国际研究委员会 | / | 布宜诺斯艾利斯 |
| 23 | 意大利政治科学协会 | / | 特兰托，意大利 |
| 24 | 克罗地亚国际研究协会 | / | / |

直至 1989 年,(北美)国际研究协会仍然是这些学会中规模最大、财力最雄厚的。国际研究协会的下设诸多分会,其数量代表了学科研究对象和研究路径的不同志趣,在 1917 年时就已有 30 个,显示出国际关系学的志趣范围在不断扩大。[1] 协会的会员人数到 2017 年时已增长到了7 000 人。[2]

至少有 16 份新刊物发行,欧洲和亚洲的国际关系学术圈开始挑战美国在顶级国际关系刊物中近乎垄断的地位,这些顶级刊物统率着学科的知识高度(见表 8.2)。

表 8.2　新的国际关系学刊物

| | 刊物名称 | 首发年份 | 出 版 机 构 |
|---|---|---|---|
| 1 | 《安全研究》 | 1991 年 | / |
| 2 | 《国际政治经济评论》 | 1994 年 | / |
| 3 | 《国际与区域研究杂志》 | 1994 年 | 首尔大学 |
| 4 | 《国际关系杂志》 | 1994 年 | 德国政治科学协会—国际关系部 |
| 5 | 《全球治理》 | 1995 年 | 联合国系统学术委员会 |
| 6 | 《欧洲国际关系杂志》 | 1995 年 | 由欧盟国际关系常设小组、欧洲政治研究理事会和欧洲国际研究协会共管 |
| 7 | 《国际研究评论》 | 1999 年 | 国际研究协会(从莫尚中心接管) |
| 8 | 《亚太国际关系》 | 2001 年 | 日本国际关系协会 |
| 9 | 《耶鲁国际事务杂志》 | 2005 年 | 耶鲁大学 |
| 10 | 《亚洲安全》 | 2005 年 | / |
| 11 | 《自主道路》 | 2005 年 | 发展中社会研究中心 |
| 12 | 《对外政策分析》 | 2005 年 | 国际研究协会 |
| 13 | 《国际政治科学》 | 2006 年 | 清华大学现代国际关系研究院 |
| 14 | 《国际政治社会学》 | 2007 年 | 国际研究协会 |
| 15 | 《国际理论》 | 2009 年 | 国际研究协会 |
| 16 | 《欧洲国际安全杂志》 | 2016 年 | 布鲁塞尔国际安全协会 |

此外,一股兴建新智库的浪潮席卷了中心地区和外围地区,在新建的这些智库中,西方占了 39 所(包括日本、韩国、以色列、澳大利亚和新西兰),全球南方占了 25 所,18 所位于苏联和东欧地区,中国 1 所(McGann,2018)。无论在中心地区还是外围地区,大学里国际关系学的课程和研究都增加了。[3]

除了上述这些国际关系学的制度化进程实质性的拓宽和深化以外,中心地区和外围地区学术圈之间的隔阂也明显地被打破了。许多学术组织和智库跨越鸿沟结成网络，各种期刊也日益迎合国际关系学的全球市场。刊物创立和编辑的地点的确很重要，然而对大多数国际关系刊物来说，读者群体、编辑团队和作者都变得越来越全球化。大型的国际关系会议通常都会吸引来自许多地区的参与者。因此，国际关系学不仅在更多的地方落地生根，并联结成日益全球化的框架。国际研究协会（ISA）本身或许就是上述发展的主要标志，此外还有世界国际研究大会（WISC），它成立于1993年，2002年通过宪章，并于2005年开始定期举办会议。20世纪80年代末，国际研究协会不仅雇用了更多的外籍成员，而且将他们融入了治理结构，为其自身的全球化作出了巨大努力。这引起了一些抵制，原因在于美国的国际关系学术圈在影响力上太过于一手遮天，使国际研究协会全球化将强化了这种霸权地位。结果，组建一个更具邦联性质的全球机构被付诸实践，最终成为世界国际研究大会。与此同时，国际研究协会就庞大的规模和影响力而言，它在某种程度上已经变成了事实上的全球性机构。它的年会是建立全球网络最为便利的场所。国际研究协会就此竭尽全力开展与其他国家的国际研究协会之间的合作，还把它所组织的部分会议放到包括亚洲和拉丁美洲在内的其他地区举行。截至2008年，国际研究协会有大约75个伙伴组织，其中约三分之一在亚洲、拉丁美洲、中东和非洲。[4]世界国际研究大会拥有24个成员组织，其中包括国际研究协会，在各大洲均有类似的分布状况。[5]国际研究协会与世界国际研究大会一起以各自不同的方式，展示了国际关系学在使自身成为全球性学科方面取得的成就。在某些方面，这两大组织已经完成两次世界大战之间由国际研究大会开启的工作，将中心地区和外围地区连接起来。

# 中心地区的国际关系思想

与1945年到1989年间的国际关系学一样，1989年以来的国际关系学的故事为大多数读者所熟知，也是许多人亲身经历过的。因此，我们采取与第六章相同的路径，将这一熟悉的故事与如下两个主题联系起来：

● 国际关系学的发展在多大程度上、以何种方式反映了国际关系在现实世界中的主要发展？

● 在国际关系学中，中心和外围在研究兴趣和视角方面逐渐达成了怎样的平衡？二者的区别在多大程度上依然是重要的？

在第六章中，我们确立了中心地区国际关系思想发展的主题是多样性与差异化。这一过程在这一时期仍在继续，并随着中心和外围地区之间国际关系研究壁垒的消除而日渐融合。其中的一个重要因素是互联网的发展，自 20 世纪 90 年代起，互联网使全球通信变得更廉价、更迅速、更容易和更广泛地应用。互联网虽然集中在中心地区，但很快就全球化了，促进了跨中心-外围界限的学术交流与合作。尽管美国仍是最大的国际关系学研究中心，影响力依旧强劲，但在其 20 世纪 90 年代单极化和全球化的权力巅峰时期，美国国际关系学的知识霸权并没有随之强化。相反，对"新新合流"和实证主义"科学"解释挑战的多样性拓宽和加深了，不仅来自中心的其他地方，而且越来越多地来自外围地区，甚至来自美国自身。接下来，我们将从考察"新新合流"和安全研究如何适应后冷战世界开始，然后考察它所遭遇的旧的（英国学派、和平研究）和新的（建构主义、女性主义、批判理论）挑战。最后，我们以考察国际关系学的第三轮"大辩论"结束本章。

## 现实主义

由于未能预测到冷战的结束，新现实主义者在进入 20 世纪 90 年代时处于某种不利境地。伴随着苏联解体，摆在他们面前的是世界从两极到单极体系的转变。但是他们的理论不涉及单极结构，根据现实主义的逻辑，单极结构应该被均势阻止。即便不得已出现了，现实主义者也一定会将这种单极化看作回到不可避免的多极体系之前极短的过渡时刻（Layne，1993，2006；Waltz，1993）。新现实主义的极性理论也没有对大国和超级大国作出区分，并且发现自己在美国仍然是一个超级大国，但在与几个大国并驾齐驱的世界的概念化方面处于劣势地位。很多新现实主义者认为，多极化比两极化更不稳定，存在更大的风险，因此预测世界将会更为动荡不安，尤其是对欧洲和全球南方而言（Gaddis，1986；103—

104；Cintra，1989：96—97；Mearsheimer，1990；Hoffman，1991：6）。用卡彭特的一句引用率极高的话来说,是一种"新的世界失序"（Carpenter，1991）。但美国的"单极时刻"变得越来越快,许多新现实主义者多少已习惯了这种单极权力结构的观念,尽管事实上它毁坏了均势作为这一理论的驱动逻辑（Huntington，1999；Kapstein and Mastanduno，1999；Wohlforth，1999）。

现实主义理论内部也有所分化。约翰·米尔斯海默（Mearsheimer，2001：402）引领的"进攻性现实主义者",视国家为权力最大化者;而肯尼思·华尔兹、罗伯特·杰维斯和杰克·斯奈德等则坚持认为国家是安全最大化者,被称为"防御性现实主义者"。这种立场受到中国崛起的助推,进攻性现实主义者们认为中国和美国会不可避免地走向冲突,因而美国接触中国,将其带入全球经济是危险的。进攻性现实主义者们对国际制度持怀疑态度,他们认为国际制度——

> 基本上世界权力分配的一种反映。它们建立在立足于大国各自的利益考量基础之上,对国家行为没有独立影响。因此,现实主义者们认为制度并不是实现和平的主要因素,它们只在边缘起作用。
> （Mearsheimer，1994/1995：5）

另一个变体是所谓的"新古典现实主义",它试图通过把国内和认知的因素重新纳入现实主义分析中,逆转新现实主义结构理论的过度简化（Lobell，Ripsman and Taliaferro，2009）。

具有讽刺意味的是,中国的崛起把新现实主义者从他们理论的矛盾中解救出来,因为这使他们能够从谈论单极转向更多地谈论"权力转移"和全球权力格局重新回到两极或多极之类的可能性。在 21 世纪的头 20 年,越来越多的证据表明美国的"单极时刻"快要结束。不仅是中国,印度也在崛起。俄罗斯虽不是崛起中的大国,但也已经恢复了部分军事实力,重拾大部分对西方的敌意。如此一来,苏联解体后不久,新现实主义者们所预测的某种类似"多极性"的东西最终开始出现。有的现实主义者质疑多极体系必然不稳定的观点（Copeland，2010）。然而,尽管新现实主义者被从单极化理论不可能性中解救出来了,却未能解决超级大国与大国之间的区分问题。因此对于第七章提及的深度多元主义世界方面处于不利地位,我们将在第九章详细讨论这个问题。随着美国地位的下降,而中国也未能晋升为超级大国,这个世界会变成一个诸大国平起平坐的世界吗?又或者会变成超级大国(最可能是美国和中国)和普通大国(也许有俄罗斯、印度、欧盟和日本)的混合体(Buzan,2004a)?由于现实主义理论依赖于以国家为中心的国际体系的假设,因此它也不能很好地解释全球反恐战争问题,毕竟这场战争将非国家行为体提到了主角的地位。

## 国际安全研究

从20世纪80年代起,战略研究与和平研究一直在向安全的共同基础移动,向"国际安全研究"(International Security Studies,ISS)这个包罗万象的标签发展,但这一过程在1989年以后加快了。战略研究和和平研究都没有完全放弃自身的身份和制度,而两者之间的对立感减轻了,它们的研究议程越来越多地占据了人类安全领域及其他非传统安全的共同之处。同时,研究路径多样性的出现使原本简单二分的学科范畴变得复杂:哥本哈根学派、批判性安全研究、女性安全研究、后殖民安全研究和后结构主义安全研究。

鉴于冷战的结束与日常政策问题密切联系在一起,它对国际安全研究产生了戏剧性的影响也就不足为奇了。超级大国间的竞争一旦成为历史,对核威慑与核战争的过度关注很快就消失了,大部分但不是全部对军事技术无穷尽发展的关注也消失了。两个事情填补了这个空白。一个是对核扩散的长期担忧,而核扩散是从属于威慑的。另一个是国际安全议程的全面扩大和深化,从传统的"高政治"和军事问题研究路径,转向国际安全视角的非军事或非传统安全问题。这涉及质疑国家作为安全首要参照对象的中心地位。冷战的结束并没有减轻人民对安全的关切,反而改变了它的基础。

正如第六章所述,核扩散问题可追溯到20世纪50年代的文献。关注的国家随着时间发生了改变,但对于保持核俱乐部越小越好,以及控制好民用("和平")核技术与军用核技术之间联系的论点基本没变。冷战后,有关核扩散的注意力大都集中在被美国点名的几个"流氓国家"身上,尤其是朝鲜、伊朗和(萨达姆治下的)伊拉克,某种程度上还有巴基斯坦。

如前所述,印度已接近被接受为大国,因此是一个更为合法追求拥核国家地位的国家。美国在 2001 年遭到"基地"组织的袭击之后,对核扩散的担忧扩大了,包括恐怖组织,再次把对恐怖主义的讨论提上议程,而这些讨论之前一直是安全文献的背景。

国际安全研究的拓展和深化涉及思考安全议题的不同方式和范围更为广泛的"威胁",以及更多被作为安全问题对待的参照对象。一个关键的深化路径是哥本哈根学派,它运用建构的方法来理解安全问题(Buzan,Wæver and de Wilde,1998)。哥本哈根学派没有在既定的物质条件下论述威胁问题,而是考察安全化(securitisation)的过程,探究是何人、如何又为何将某些事物构建为言语行为中的威胁,并被相关受众所接受。另一个深化研究的路径来自后结构主义理论,它质疑国家是真正在寻求安全,还是需要外部威胁来维持它们自己的构成(Campbell,1998)。建构主义恢复了安全共同体这一旧的观念,着眼于安全的积极面,而不仅仅涉及威胁(Adler and Barnett,1998)。

在国家安全深化的同时,那些被归入安全研究范畴的议题也大有拓展。除了传统意义上学界所关心的政治和军事安全外,围绕环境安全、经济安全、人类安全、身份安全、网络安全、健康安全和诸如此类的新问题的辩论出现了。除了军事和意识形态威胁以外,还有移民、经济不稳定、不平等、气候变化、污染、疾病传播、网络攻击等等威胁和安全化。其中有些论题可以追溯到自 20 世纪 70 年代以来就已经非常活跃的环境和经济讨论,然而只有到了 20 世纪 90 年代对这些非传统安全议题的讨论才成为国际安全研究的主流。人类安全突出(相比于国家)人作为主要参照物。后殖民主义和批判性安全研究质疑第三世界和其他背景之下的国家安全,在这其中,国家往往是其公民的主要威胁。女性主义安全研究质疑国际安全研究主流中的男性主义假定,并试图将女性重新确立为安全研究的主体和客体。许多非军事威胁以共同命运议题的形式出现,从而在传统的国家安全逻辑(主要是针对……的安全)之外产生了一种共同安全逻辑(与……的安全)。这种新型、改进过的国际安全研究兴起并巩固于 20 世纪 90 年代。随后发生的两件大事影响了新结构:2001 年对美国遭受的恐怖袭击,以及中国崛起和俄罗斯复兴是成为美国的挑战者。

　　"9·11"袭击不出意料地促发了恐怖主义研究巨大而持久的飙升,而其直到20世纪90年代还一直是有些边缘化的领域。全球反恐战争更为巧妙地把非国家行为体置于传统的军事安全思维的中心位置。非国家行为体主要是非领土性的,在很大程度上超出了威慑和国家安全的传统思维方式。在某种程度上,非国家行为体可能与其赞助国联系在一起,这一逻辑支撑了主要是由美国领导的对阿富汗和伊拉克的干涉。与许多非传统安全议程中的问题一样,全球反恐战争倾向于消除国内安全与国际安全之间的界限。

　　与其对现实主义所构成的压力一样,自21世纪初以来中国崛起和俄罗斯大国地位的复兴,创造了与日俱增的回归冷战时期传统战略议程的压力。对军事安全和威慑的旧冷战式的兴趣从未完全消失。但到了后冷战时期,威慑研究的兴趣很大程度上局限于南亚和中东这一类局势紧张地区。人们始终对军事科技的不断发展持有兴趣,尤其是隐形导弹、飞行器和舰船、信息处理与传播、弹道导弹防御等领域发展变化。但这种兴趣主要是基于来自少数"流氓国家"的威胁,因此没有冷战时期那么强烈。中国的崛起、俄罗斯的复兴逐渐把大国军事竞争这一议题推回国际安全研究的议程。俄罗斯不过是一个令人讨厌的大麻烦。虽然它拥有超级大国时代的先进军事科技遗产,某种程度上已经从20世纪90年代的低谷中恢复过来,但它是个正在衰落的大国。中国的发展更为重要。中国是崛起大国,拥有日趋增加技术技能和财富的意愿,将自身建设成一个全面且强大的军事玩家。印度也参与到这场大国核竞争中来。上述进展日益把大国威慑和先进军事技术竞争的关切重新置于国际安全研究的议程之中,尽管现在是与移民、健康、环境、世界经济和网络安全等20世纪90年代形成的更为广泛和深入的议程一起,构成了国际安全研究的中心关切。

　　因此从多方面来看,冷战后出现的国际安全研究更多关注的是南北关系而非东西关系。在某种程度上,就南亚和中东地区层次的核威慑研究而言,以及地区层次的、特别是中东地区的战争和干涉研究而言,它也是南-南导向的。地区安全开始成为一个独特的主题,而不仅仅由超级大国竞争驱动(Buzan and Wæver, 2003)。对冷战后核扩散问题的担忧主要是南北导向的,反恐战争及其相关的美国领导的干涉战争也是如此。

这些都与升级为大国核战争的风险无关,对游击战的关注转变为对更广泛的南北"非对称战争"的关切。当今更为宽泛的安全议程也主要是南北关系和南南关系问题,如从非洲和中东涌向欧洲、从拉美涌向美国、从南方国家涌向其邻国的移民问题;主要由中国和美国的污染造成的全球变暖问题;依赖于所有地区广泛的参与者的全球经济稳定性问题;依赖于连接地球所有部分的传播带的全球卫生问题。甚至中国崛起也可以部分地从南-北视角来加以理解,尽管中国和印度取得大国地位,南北框架变得不那么有用,让位于传统和非传统安全问题上更为全球的视角。在一个更加全球化和相互依赖的世界里,发展中国家也是大国,即使传统的大国安全动力回归,国际安全研究也不会回归到传统对白人大国世界的专注上去了。

## 自由主义、新自由主义和国际政治经济学

虽然冷战的结束对形形色色的现实主义者和从事国际安全研究的人造成了心理创伤,但对各种各样的自由主义者和那些从事国际政治经济学研究的人却是相反的感受。我们在第七章所提到的单极化和全球化的结合成为冷战甫一结束的主要特征,这为他们开辟了广阔的前景。一个自由主义的、独一无二的超级大国处在一种强有力的地位之上,推进并保护着诸如民主、市场和人权这样的自由主义价值观。自由主义超级大国领导下的全球化将民主和平与多边国际关系的理念提了出来。它提供了一种把崛起中的中国纳入西方规则和制度体系中的途径,并燃起了人们的期望,即人们可能更为有效地追求人权,超过冷战期间所能实现的。这个自由主义的时刻对 20 世纪 90 年代国际关系学产生了强有力的影响,但此后逐渐地令人失望了。

第六章所提到的"新新合流"在 20 世纪 90 年代得到了强化。新自由主义和新现实主义在很大程度上都认同权力极性、理性主义方法和主要是物质主义的路径进行国际关系研究。然而,两者之间也存在重大分歧,现实主义者倾向于边缘化制度的影响,而自由主义者则给予制度非常重要的角色(Keohane and Martin,1995:47)。总的来说,新现实主义者和新自由主义者在无政府状态的相对重要性的问题上意见相左,前者认为

"无政府状态对国家行为施加了比新自由主义者所认为的更为严苛的约束"(D.Baldwin，1993：5)。新现实主义者认为合作"更难达成，更难维持，更依赖国家的实力"(Grieco，1993：302)。然而，新现实主义者强调相对收益，这鼓励竞争；新自由主义者重视绝对收益，这有利于合作。与新现实主义者不同，新自由主义者对单极的概念没有疑义，这与第六章中讨论的他们关于霸权稳定论的观点非常吻合。与现实主义者不同，他们的权力平衡理论(balance-of-power theory)禁止单极性，或使其成为一种短暂且高度不稳定的现象，新自由主义霸权稳定论则认为主导大国为全球秩序提供公共产品。发生于 20 世纪 90 年代的平衡行为失灵强化了自由主义的观点。双方对中国的看法也存在分歧，现实主义者们视中国为美国不可避免的威胁，而自由主义者则视全球化为促进中国和平崛起的一次伟大机遇，对所有的人都有利。全球化与这两大视角大体兼容，尽管方式不同：作为开放的自由主义经济秩序的一个特征，和作为美国实力和首要地位的结果。新现实主义和新自由主义都在迎合美国，把这个唯一的超级大国置于各自分析框架的中心位置，这对双方来说都是一个红利。

在 1989 年以后的自由主义时期，几部有特色的作品诞生了。全球化几乎呈现为一个独立的研究领域，部分内容在国际关系学涵盖的范畴之内，部分内容在国际关系之外，因为它超越国家为中心的框架(Hirst and Thompson，1996；Sassen，1996；Clark，1999；Held et al.，1999；Keohane and Nye，2000；Scholte，2000；Woods，2000；Ripsman and Paul，2010)。国际政治经济学从 20 世纪 80 年代开始发展壮大，逐渐开始拥有本领域的期刊(如《国际政治经济学评论》)，推出本领域的教材(Spero，1990；Stubbs and Underhill，1994)，并成为国际关系学科中的一个主要子领域。在美国，国际政治经济学围绕着占主导地位的理性主义路径，即开放政治经济学(Open Economy Politics，OEP)，深受新古典主义经济学和国际贸易理论的影响(Lake，2008；Oatley，2011)。冷战的结束造成了多样性的进一步丧失，特别是马克思主义国际政治经济学衰落了。吉尔平(Gilpin，2001)出版了一本新书，名为《全球政治经济学》。尽管与他在 1987 年出版的著作相比，此书在书名上有暗示性的转变，尽管吉尔平想解释 1987 年的著作出版以来发生的深刻变化，但他依然坚持作为以国家为中心的现实主义者的理论立场。

但是，开放经济政治学因为造成了美国国际政治经济学的"单一文化"而受到批评：以一种方法论的还原论为标志，把国家利益作为主要的解释变量，没有过多地说明利益是如何构建的(Farrell，2009)。在美国还出现了其他国际政治经济学路径，特别强调"社会利益与政治制度之间的互动"(Oatley，2012：12)。除了在第六章提到的英国和加拿大学者更一般意义上的理论作品外，澳大利亚的理查德·希格特和约翰·拉文希尔(Higgot and Stubbs，1995；Ravenhill，2001)从一个区域的有利位置出发，关注亚太地区的区域化和区域主义，为国际政治经济发展作出了理论贡献。虽然他们(Higgot and Watson，2007；Ravenhill，2007)反对本杰明·科恩(Cohen，2007，2008)把国际政治经济学划分成"美国的"学派和"英国的"学派的企图，认为这样的区分过于简化，但这场辩论还是凸显了美国的主流国际政治经济学研究与西方其他地区，特别是英国、加拿大、澳大利亚之间的一些关键区别(Higgot and Watson，2007；Ravenhill，2007；Cohen，2007，2008)。不出意料，二者之间的一个差别是，后者的非实证主义的方法论避开了美国同行对于假设检验和定量研究的偏好。非美国路径也比美国的同行更具有跨学科性、更规范(Cohen，2014：50—51)，与美国的非主流国际政治经济学有更多共同点。

除了国际政治经济学，人权研究也催生了大量自由主义著作，在某些方面与上文讨论的人类安全问题类似，并且带有明显的促进人权发展的目的(Barkin，1998；Dunne and Wheeler，1999；Reus-Smith，2001；Sikkink，2016)。迈克·多伊尔复兴了民主与和平的古典自由主义结合(Doyle，1986)，由此一大波民主和平论(Democratic Peace Theory，DPT)的作品发展起来(Ray，1995；Brown，Lynn-Jones and Miller，1996；Weart，1998)。从事和平研究的学者们也采用并发展了民主和平论(Gleditsch，1992)。该理论的基本观点是民主国家之间不会互相开战这一基于经验主张，这种路径极大地影响了美国的克林顿和小布什政府，这两位领导人都试图拓展民主区域。然而民主和平论催生了大量争议，比如怎样才算一个民主国家，怎样才算开战，以及因果机制可能是什么(Maoz and Russet，1993)。民主和平论还被批评为欧洲中心主义，并不适用于其他地区

(Friedman，2000：228)；并且没有充分考虑殖民战争和民主国家干预外国国家的偏好(M.Haas，1995；Mann，2001；Barkawi and Laffey，2001；Ravlo，Gleditsch and Dorussen，2003：522；Acharya，2014a)。

然而，也许主要的自由主义文献普遍关注的还是被视为单极性和全球化的结果而出现的自由主义秩序(或自由主义霸权秩序)。这方面的主要代表人物是约翰·伊肯伯里(Deudney and Ikenberry，1999，Ikenberry，2001，2009，2011)，他在著作和文章中提出，由美国创造并引领的自由主义国际秩序不仅是有益的，而且具有潜在的持久性。制度化的自由主义秩序不仅限制了美国的权力，而且通过提供规则和机制来稳定全球资本主义经济，服务于很多国家的利益(Ikenberry，2001：29)。伊肯伯里认为，自由主义秩序创造了合法性，支持美国和西方以外的阵营，即便在美国衰败之后也将存续下去(Ikenberry，2001：9，15；2009)。他还认为，自由主义秩序"易于加入却难以被推翻"(Ikenberry，2001：9)。然而，尽管被以共识的术语装扮起来，但自由主义国际秩序的故事实质上就是美国霸权出现，结果与合法性的故事。"英国和美国主导下的自由主义秩序建立在关键方面的共识的基础之上"(Ikenberry，2011：15)的主张与葛兰西的霸权观有明显的共鸣，如此内化以致于其假定的益处人们无需眼见为实即可信奉为真，并被要求付出忠诚。但伊肯伯里的观点忽视了自由主义秩序的历史中显著的强制性和争议性的一面(Acharya，2014d)。

但在 20 世纪 90 年代自由主义的黄金十年过后，这一切开始变质。人权逐渐被视为新的"文明标准"(Donnelly，1998；Buzan，2014：107)。在"民主协调"(concert of democracies)的理念下，民主和平论演变为权力的傲慢和自由主义的狂妄，将联合国边缘化，并将全球国际社会的管理移交给一群志趣相投的民主国家(Ikenberry and Slaughter，2006)。尤其是在美国，自由主义价值观和观点正在变弱，部分原因是全球反恐战争急迫需要的驱动，部分原因是新自由主义全球经济产生了日趋增长的不平等和不稳定。因此，20 世纪 90 年代克林顿时期的自由主义盛世，演变为小布什时期全球反恐战争对人权的违背，以及特朗普对美国大部分制度主义和开放经济遗产的公然反对。在 2018 年，美国已不再拥有未来，自由主义价值观不再被认为是全球国际社会的不可避免的归宿。

在维持或减少中心地区和外围地区之间国际关系研究的壁垒方面,自由主义的表现好坏参半。霸权稳定论、人权研究、"民主协作"和民主和平论全都突出了中心国家,而所谓"进攻性自由主义"则重新发挥了"文明标准"的作用。但自由主义对制度的强调为外围地区打开了合法的政治空间,而全球化研究和国际政治经济学直接推动了国际体系/社会的整体视角。随着在特朗普上台之前就已开始的自由主义秩序的逐渐衰败,外围地区不仅获得了理解和管理全球经济与安全的空间(Acharya,2018:199—206),外围地区和批判性理论视角也争取到了越来越大的发展余地。随着中国和其他国家向中等发达国家水平迈进,中心-外围的整体结构和意义正在经历快速的变革。

## 建构主义

现实主义、国际安全研究和自由主义都是传统的、主要是物质主义的国际关系研究路径,它们适应了后冷战时代的新环境,并取得了不同程度的成功。相比之下,作为一种主流理论,建构主义是国际关系研究的新来者。建构主义本身并不新鲜,而是一种已经存在的社会理论研究路径,被约翰·鲁杰、弗里德里克·克拉特托赫维尔、亚历山大·温特、尼古拉斯·奥努夫、伊曼纽尔·阿德勒和彼得·卡赞斯坦等人新近引入国际关系研究。与现实主义、安全研究和自由主义不同,建构主义并不是一种专门的国际关系学科理论。无论是对它的批评者还是支持者来说,建构主义更多的是"一种哲学范畴、一种元理论,或是一种实证研究的方法"(Zehfuss,2002:8)。建构主义虽然并不是国际关系学所独有的,但可以运用于此。

对建构主义者而言,国际政治不仅是关于权力和财富等物质力量的,而且受到主体和主体间因素的影响,包括理念、规范、文化和身份。他们认为国际关系是由适当的逻辑,或者是非判断的考量所支配的,而不是由后果的逻辑,或者成本收益的计算所支配。建构主义者反对存在于现实主义和制度自由主义之中的理性主义(功利主义)和物质主义的偏见。他们认为国家的身份和利益并非注定的或给定的,而是在互动与社会化的过程不断地浮现和变化的。无政府状态与权力政治并非国际关系中的永久特质,而是由社会建构的,会产生不同的结果:用温特那句著名的论断来说,"无政府是由国家造就的"(Wendt, 1992)。规范有其固有的生命,它不仅能创造和重新定义国家的利益与路径,还能规范国家行为,构建国家认同。通过互动和社会化,各国能发展出一种集体认同,从而使它们能够战胜权力政治和安全困境。

与其他国际关系学路径一样,建构主义很快就分化为许多分支,其中一些人更为国家中心义,如温特(Wendt, 1999);其他人则更关注非国家行为体(Keck and Sikkink, 1998)。其中的一些分支,按照特德·霍普弗(Hopf, 1998;亦可参见 Reus-Smit, 2005)和马佳·泽福斯(Zehfuss, 2001)的话来说,"更传统",把身份作为因果变量;另一些"更具批判性",考察身份最初是如何产生的。传统建构主义采用了一种"科学的"而不是解释性的路径,从而模糊了它与理性主义之间的分歧。理性主义(即新自由主义和新现实主义)与建构主义间的辩论成为 20 世纪 90 年代国际关系理论争论的焦点(Katzenstein, Keohane and Krasner, 1999:6)。但与之前新现实主义和新自由主义的"辩论"相似,理性主义与建构主义的分歧以部分的综合而告终,要么想方设法把工具理性与社会建构联系起来(Finnemore and Sikkink, 1999:270, 272;Barkin, 2010:7—8),要么把建构主义作为理性主义与反思主义的中间道路来看待(Adler, 1997;Fearon and Wendt, 2002:68;Checkel, 2013:222—223)。

建构主义在 20 世纪 90 年代迅速流行起来,这又与国际关系现实中的新发展有关。主流国际关系理论未能准确预测到冷战的终结正在来临,这种失败加上并没有出现的对美国的疯狂制衡,使物质主义理论在许多人眼中失去信誉。比起物质环境的变化,苏联的解体更多的是政治理念的崩溃。即使到了最后一刻,苏联仍然手握强大的军事实力。同样的情况也发生在 20 世纪 90 年代初南非种族隔离政权的倒台,以及与此相反的欧盟的进步。20 世纪 90 年代见证了前苏联和南斯拉夫诸继承国的强烈的身份政治的兴起。这些事件不仅显示了观念和身份在国际关系现实中的巨大作用,而且也表明全球国际社会的重大和平变化是有可能发生的。

最初,建构主义显示出了明显的潜力,使非西方行为体的能动作用得到更大程度的承认。由于缺乏物质力量，弱国往往诉诸规范行为和能动性来实现某种程度的自治和重塑权力政治。唐纳德·普查拉（Puchala，1995：151）指出"对第三世界国家而言，观念和意识形态至关重要"，远比权力与财富重要，因为"无能为力"和"世界财富分配不均"是"推动世界事务"的"常量"。建构主义也认可在没有强有力的形式主义和法律制度的情况下进行合作的可能性。其变化的主要因果机制，尤其是观念与规范，可以在没有类似于欧盟那样庞大、永久性官僚机构的条件下扩散开来（Acharya，2001a，2009）。这意味着建构主义能够解释发生在第三世界的各种各样的国际或区域间合作。的确，建构主义时尚迅速在外围地区的国际关系学界流行起来，在中国（Qin，2009，2011a，2016）和其他地区都出现了有影响力的倡导者。

　　然而，尽管建构主义对新现实主义和新自由主义中的理性主义提出了挑战，但它并不能完全超越忽视非西方行为体能动性的倾向。阿米塔·阿查亚强调，在解释世界政治中规范的扩散时，建构主义倾向于给予西方跨国行为体的道德普世主义以特权地位（Acharya，2004，2009）。似乎所有的重大思想都来自西方，主要由西方跨国性的运动传播的，而非西方行为体是被动的接受者。这与英国学派学者伊恩·克拉克（Clark，2007）和安德鲁·哈雷尔（Andrew Hurrell，2007：111—114；亦可参见Armstrong，1998）等人的洞见不谋而合，他们认为全球公民社会中越来越多的非国家行为体主要来自西方，它们通过促进西方的价值观来强化西方的主导地位。对此，阿查亚（Acharya，2004，2009）把建构主义规范研究的焦点"观念是否重要"，转变为以下问题，即"到底谁的观念重要"（whose ideas matter）。

## 英国学派

　　与现实主义、国际安全研究和自由主义不同，冷战的结束并未对英国学派产生直接影响。然而，20世纪90年代及其以后的一段时间，是英国学派超越盎格鲁核心大本营，成为一种更加获得全球承认的主流国际关系理论研究路径的时代。某种程度上是由于英国学派自身更具组织性，在主要的国际关系学术会议上形成了更明显的存在感，但也得益于两方面的

发展。其一,建构主义在美国的流行为英国学派打开了大门(Dunne,
1995)。建构主义某种程度上松开了实证主义认识论的钳制,为那些愿意
更多以历史的和社会结构的方式去思考国际关系的人提供了便利。从
2003 年起,国际研究协会出现了英国学派分支,尽管还只是符合少数人
的偏好,英国学派作为一种主流的国际关系研究路径在美国已经被越来
越多的人接受。其二,中国国际关系学的开放与迅速扩张。虽然还是少
数人的偏好,但新兴的中国国际关系学术共同体对英国学派(Zhang,Y.,
2003;Zhang,X.,2010)产生了兴趣。原因有三:一是英国学派鼓励历史
和文化的研究方法,许多中国国际关系学者热衷于将本国的历史和政治
理论纳入国际关系学的博弈之中。二是"英国学派"的标签似乎为国际关
系学理论国家学派的创立提供了理由。尽管英国学派很难被描述为一种
国家学派,但却不妨碍这个先例被用来支持发展"中国学派"(Wang and
Buzan,2014;Zhang and Chang,2016)。第三个原因很简单就是英国学
派不属于美国:尽管新兴的中国国际关系学术界渴望站在国际关系理论
研究的前沿,但它不想成为美国的"知识殖民地"。从这种意义上来说,英
国学派已经成为对美国国际关系学全球主导地位的日趋增长的挑战的一
部分。从局外人的视角看来,美国的国际关系学是一种"国家学派",尽管
很少有美国学者从这个角度看待自己的研究。

随着英国学派的学术兴趣越来越全球化,新一代学者接过了学派创
始人的角色,在保留部分传统的同时开辟了一些新路径(avenues)。通过
秩序/正义(多元主义/连带主义)辩论而其整体的、规范的研究路径依然
是观察世界秩序稳健和重要的方式,英国学派也仍然是 20 世纪 90 年代
更广泛的人权辩论中活跃的一方(Dunne and Wheeler,1999;Wheeler,
2000;Hurrell,2007)。一个新的出发点是隐含在布尔著作中的国际社会
结构主义路径被阐释清楚了(Bull,1977),并与学派中的规范路径一起被
建立起来(Buzan,2004b;Holsti,2004)。至少在某种程度上,作为对美
国国际关系学研究环境的回应,英国学派学者在方法论上变得更为自觉
(Navari,2009)。英国学派更为关注探究首要制度、世界社会和区域层面
的国际社会,更关注经典文献中对国际社会向全球范围扩展所作的解释
中呈现出的欧洲中心倾向提出异议。[7] 为回应 20 世纪 90 年代出现的所谓

单极世界秩序,英国学派把更多的注意力放在考察霸权和等级制上(Dunne,2003;Clark,2011;Buzan and Schoueng,2018)。霸权和等级制引起亚当·沃森和马丁·怀特兴趣的国际社会的一个方面,但在学派内部被边缘化了,因为该学派赞同以主权平等的方式研究国际社会(Watson,2001)。

相比以往,英国学派开始以多种方式适用于第三世界。区域层面的国际社会观念被广泛采纳,尤其是在拉丁美洲国家(Merke,2011)。由于各国在历史和文化、经济和政治发展方面存在重要的差异,人们对"相似单位"的路径是否适合国际社会提出了质疑(Buzan and Schoueng,2018)。对国际社会扩展故事中欧洲中心主义的批判,推动了对国际社会如何形成作出更为公平、更为全球化的描述(Keene,2002;Buzan and Little,2014;Dunne and Reus-Smit,2017)。第一代英国学派学者对"对西方的反叛"的担忧没有继续。反过来,更多的努力被用于理解19世纪欧洲人强加于自身的世界的社会结构(Suzuki,2009;Suzuki,Zhang and Quirk,2014)。尽管如此,英国学派的首要关注点依然主要是中心而非外围地区,不管是国际社会还是世界社会研究皆是如此。然而,它将大国置于国际秩序主要的创造者和管理者的首要位置,是对这种持续的忽视相对抗的。随着像印度尤其是中国这样的发展中国家跻身世界强国行列,它们自然会在英国学派的叙事中受到更多关注(Zhang,Y.,1998;Zhang,X.,2011a,b)。

## 批判理论

与建构主义一样,批判理论[8]是从外界输入到国际关系学中来的,而且从许多方面来看,它是一种思考国际关系学方法或方式,而非国际关系理论本身。批判理论并不是20世纪90年代独有的,它起源于早期马克思主义关于国际关系学的思想,尤其是葛兰西思想;它也源于政治哲学和社会学的许多分支,尤其是巴黎学派和法兰克福学派的思想;它还源于和平研究的激进方面。批判理论在20世纪80年代国际关系学中崭露头角,到了90年代成了在国际关系学"第三次大辩论"中主流国际关系理论激进的替代方案(下文将作进一步阐述)。讨论批判理论的无数的多样性和复杂性超出了本节的内容,涵盖了后现代主义、后结构主义以及建构主义、安全研究和女性主义的更为激进的方面(参见 Devetak,1996a)。后殖民主义与这些批判理论保持着一定的距离,个中原因将在本章后面部分讨论。

批判理论是由以不同的思维方式改变世界的强烈愿望所驱动的。它对主流理论的挑战是规范性和认识论性质的,这两方面以复杂的方式重叠在一起。批判理论家与主流国际关系理论家之间的紧张和疏离一般要比主流理论家与建构主义理论家之间的更严重,主流国际关系理论家指责批判理论"用意识形态来代替解释,思考问题不顾现实,一厢情愿"(Viotti and Kauppi,2011:336)。罗伯特·考克斯(Cox,1981:128—130)关于问题解决理论和批判理论的区分或许是批判理论提出的规范性挑战的最佳概括,前者在现有的正统理论中改进它,后者质疑这些正统思想并寻求替代物。[9] 正如考克斯的名言所说,国际关系理论"总是在为某人和某种目的"(Cox,1986:207)。批判理论质疑任何社会集团基于性别、种族、族裔、阶级等的排斥和统治,将根植于启蒙运动的解放思想作为关注的焦点(Devetak,1996a:166)。林克莱特(Linklater,1996:280—281)认为"若是缺少解放人的目的,那么对社会的认识就是不完整的",因此批判理论"预想了与不公正的排斥相决裂的政治共同体的新形式"。与关注塑造了历史的经济力量和工人阶级在生产方式中的边缘地位的传统马克思主义不同,批判理论重点关注其他受到排斥的群体,"通过分析包括生产在内的塑造人类历史轮廓的各种力量"(Linklater,1996:280)。

批判理论在认识论方面对主流理论的挑战范围更大。批判理论家们质疑实证主义方法作为理解社会世界的基础是否合适。他们否认社会世界存在客观现实,从而也否认了"对外部现实作出中立的政治分析"的可能性(Linklater,1996:295)。他们认为,知识总是被某些固有的、不可避免的价值观和"预先存在的社会目的和利益"所影响(Linklater,1996:279)。他们想要更为整体的、更为历史性和更为人性化的(而不是以国家为中心的)方法,强调异见与解释。后结构主义者们参照米歇尔·福柯的作品,发展了"谱系"的概念,这是"一种历史思想的风格,揭示和记录权力与知识间关系的重要性",并将"那些在历史书写和塑造中被埋葬,掩盖和排除在视野之外的事物或思想"公诸世人(Devetak,1996b:184)。理查德·阿什利(Ashley,1996:246)认为"解构主义的方法、谱系性质的方法、阐释性分析的及其他方法的创新和详细阐述,虽然使'方法论'这个概念成为了一个问题,但也使人们对各种事件和活动作出积极、严谨和有批判意识的探索,同时可以确认和超越社会可能性的限度"。

与建构主义一样,批判理论或许也主要是对主流国际关系理论,尤其是现实主义的规范和认识论特质感到不满而作出的回应。正如阿什利和考克斯在各自作品中所言,这种不满持续了整个冷战时期。由于现实主义的失误和前后矛盾,批判理论流派在1989年后得以壮大。戴维·坎贝尔(Campbell,2013:226)如是说:

> 批判理论学者们对现实主义——以及在当时通过新现实主义实现的回归——在面临全球转型时仍保持强势而感到不满。这些学者认为现实主义忽视了新的跨国行为体、问题和关系的重要性,没能听到(更不要说欣赏)被排斥民族(peoples)的声音和观点。如此一来,后结构主义开始用道义关怀去把那些曾经被忽视或被排除在主流国际关系研究之外的包括进来。

批判理论也是对现实世界中所发生事件的回应。如考克斯的批判理论越来越能部分回应——

> 20世纪80年代的多边主义危机,当时美国和其他某些强国拒绝承认联合国为国际行动的工具;以及这些国家在世界经济和政治事务中不是走向单边主义就是走向共同支配的运动。(R.W.Cox, 1981:137)

考克斯为批判理论作出了独特的贡献,相对于后殖民主义以外的其他批判理论,他突出强调了第三世界的边缘化。考克斯强调20世纪70年代中期经济危机导致富国对穷国援助减少的影响;西方主导世界经济的主要机构,即国际货币基金组织和世界银行日益倾向于援助的条件、自由市场管制的放松和私有化;第三世界国家通过联合国大会抵制西方经济主导地位而引发的南北冲突;以及由20世纪80年代,国内问题苏联减少了对第三世界的支持(R.W.Cox,1981:137)。批判理论对这些事项的关注一直持续到 20 世纪 90 年代,那时单极化和全球化的发展,为批判理论和自由主义提供了同样的推动力量,让世界看起来更像它们阐释的那样。除了考克斯(Cox,1993,亦可参见 Cox and Sindair,1996),批判理论界一般很少有人再关注非西方世界、帝国主义和殖民主义的遗弊了。后殖民主义对批判理论的批评是批判理论仍然聚焦于欧洲的启蒙运动,是普世主义者,而不是相对主义者(Krishna,1993)。基于类似的理由,马克思主义也成为了后殖民主义批评的对象(Kennedy,1996:348;Chibber,2013)。用林克莱特(Linklater,1996:296)的话来说,"批判理论秉承启蒙计划的信仰,通过不仅限于本国公民间的开放对话,而且是更激进意义上的全人类的对话,来捍卫普世主义的理想"。

如上所述,批判理论成功地在安全研究中建立了一个分支,专注于解放作为深层次安全的必要条件,并把人的安全与国家安全对立起来。另一个批判理论有重要影响的领域是女性主义。

## 女性主义

与批判理论相似,女性主义从 20 世纪 80 年代开始获得了发展推力,这一时期见证了女性主义运动在全球范围内的兴起,也见证了女性主义理论在社会科学领域中更普遍的兴起。它与批判理论共同关注人的解放、知识的来源、知识与权力的相对关系以及国际关系思想中家中心的主宰地位。与批判理论一样,女性主义对主流国际关系理论中明显的缺陷、扭曲、等级观念和偏见(Sylvester,1994)。但女性主义并不完全是批判理论的一部分。女性主义思潮既存在于自由主义和建构主义的国际关系理论中,也存在于后结构主义和后殖民主义的理论中(Tickner and Sjoberg,2013)。女性主义把"性别"(gender)作为独立分析范畴,与种族和阶级一类的范畴不同的是,性别贯穿于所有其他范畴之中。对女性主义国际关系学者而言,性别是"表示权力关系的主要方式,不仅在家庭,而且在外交政策和国际关系的世界中也是如此"(Viotti and Kauppi,2011:363)。大部分知识都是男人创造出来的(Tickner and Sjoberg,2013:207),女性主义国际关系理论关心的是这种关系如何影响了国际关系的理论与实践。在一篇具有开创性的论文中,安·蒂克纳(Tickner,1997:

612)驳斥了某些怀疑"性别是否与解释国际体系中国家的行为有关"的人，并驳斥了女性主义与"解决诸如波斯尼亚、北爱尔兰或核扩散等'现实世界'的问题无关"的说法。安·汤斯（Towns，2009：683；亦可参见Towns，2010)向人们展示了在19世纪"妇女如何被完全排除出政治领域"，妇女的政治地位与悲惨处境间的联系，以及用"文明"将妇女排除出政治领域变成了一套非正式的"文明标准"。

女性主义与自由主义一样，从20世纪90年代的开放中获取力量。全球化以及冷战时期对于国家安全和威慑痴迷的消失，为思考更广泛的议题和行为体创造出了更多的空间。例如，它给女性主义提供了更多发声的机会，尤其是在塑造国际制度的议程时，让大家意识到性别问题在国际政治中的重要性。女性主义联盟全力推动女性的权利被确认为人权的一部分，反对在冲突区域内某些政权和组织将强奸和针对女性的暴力作为战争手段的行为（True，2017)。与批判理论一样，女性主义也呼应了和平研究的一些内容，在安全研究中开辟了重要的领域（参见 Buzan and Hansen，2009：208—212)。女性主义用更为宽广的视野来看待冲突与暴力，包括"经济的维度和结构性暴力的话题"，把更大的"注意力放在战争的结果而不是原因"上（J.A.Tickner，1997：625—626)。劳拉·斯约伯格（Sjoberg，2012)大胆地认为性别等级是世界政治中的结构性特征，这种结构要比华尔兹的无政府结构更能解释战争现象。

总之，女性主义视角不仅在揭露国际关系理论化的排他性方面，而且也为提供克服这一问题的路径方面都作出了重要贡献。从这种意义上讲，女性主义有力地打破了中心地区与外围地区之间的壁垒。性别和种族对国际关系产生作用的方式存在有趣的对比。特别是在现代大规模移民还未发生前，种族之间差异一般来说在不同社会之间要比社会内部更大。因此在殖民主义时代，种族主义是区分中心身份和外围身份极为有力的标尺，这种苦难的记忆仍然在世界政治中发挥着强大的作用。相比之下，斯约伯格（Sjoberg，2012：7)观察到，男性和女性的行为特征，以及与之相关的等级制度，在有记载的历史中表现出"惊人的相似性"，尤其是在各主要文明中。因为性别特权在国际体系中的主要强国内部广泛地实行，所以它并没有那么明显地在国家和社会之间造成地位上的差别，以至于种族主义对全球国际社会产生了巨大影响。

但女性主义学者面临的一项挑战在于,如何弥合西方主导的学术与后殖民主义(包括后殖民主义的女性主义者)之间的鸿沟。尽管一些女性主义者认为"女性主义"可以被用作各种受压迫的行为体及其地位改善的一个术语(True,1996),但是种族和性别之间的鸿沟依然存在。安·蒂克纳和雅克·特鲁(Tickner and True,2018:11)感叹道:"虽然在国际关系学科中关于种族和性别的学术研究层出不穷,但我们很少将这些方法与社会-经济阶级的分析结合起来,以揭示一个与目前主导的国家中心主义不同的全球大国分类标准。"的确,正如我们在本章接下来对后殖民主义的讨论中,后殖民主义学者所看到的已经在指责西方女性主义学者的观点反倒使外围地区女性的作用和能动性更加边缘化了。

## 大辩论:第三部分

国际关系学科史上相当复杂的"第三次辩论"[10]呈现出了上文所述的批判理论与国际关系主流理论之间的裂痕。20 世纪 80 年代,学者对新现实主义、新自由主义和新新合流逐渐不再抱有幻想,90 年代蔓延开来,通过鼓励国际关系理论不断加强的多样性化取向而产生了最广泛的影响。催生了理性主义与反思主义之间的"第三次辩论"的是 1989 年约瑟夫·拉彼得发表在《国际研究季刊》杂志上的文章(Lapid,1989),该文章"成为学科内一系列理论和方法论争的试金石"。虽然该文章并非"唯一对冷战后时期本学科的基础和方向提出质疑的呼声",但它"试图将学科在起源和发展过程中出现的历次'大辩论'叙事以及引起了广泛的共鸣的和多样化和多元化的呼吁结合起来"(Jackson,2014)。

"第三次辩论"质疑"实证主义观点的单一性,暴露了实证主义认识论的局限性,或至少暴露了实证主义所允许的本体论范畴的狭窄"。作为辩论的一部分,批判理论家"强调知识的非中立性",并"试图揭露实证主义背后的政治利益,以提供替代性的、解放的可能性"(Butler,2010)。耶尔·弗格森和理查德·曼斯巴赫(Ferguson and Mansbach,2014)认为"第三次辩论"在美国(相对欧洲来说)只产生了有限的影响。[11]它"并没有改变该领域的实证主义者的观点,他们继续支配着许多领先的院系和期刊，在美国尤其如此。"但总的来说，它"确实戏剧性地提高了学者们，特别是年轻学者对规范、身份、观念和原则等因素作用的敏感性"。它催生向思想观念的转向，远离了物质主义。"结果，国际关系学者（除了那些仍然固守狭隘的实证主义的学者外）不再相信'事实'本身就能说话，而是坚持认为我们应该更多地强调从主观角度来看待事件的意义和解释。""第三次辩论"为上文所提到的国际关系理论的多样化提供了框架。它让"施动性"的地位更加突出，"强调了像新现实主义这种'结构性'视角的局限性"。它让包括"建构主义、英国学派、规范理论、批判理论、女性主义理论、后现代主义理论和后殖民主义理论的各个分支"在内的各种各样的流派得以发声。

然而，就关注非西方社会的历史、思想和能动性而言，国际关系学所发生的数次大辩论，无论是三次还是四次，都没有将全球南方纳入其中。例如维夫（Wæver，1996）对第四次大辩论的描述没有将后殖民主义归入"反思主义"的范畴，尽管后殖民主义学者们对排他做法的批判、对人的解放的提倡、对认识论和方法论的开放性的倡导，都不亚于批判理论、后结构主义和女性主义。这种"被排斥者所排斥"将产生对批判理论的后殖民主义者幻灭感和挑战（Krishna，1993）。

日本的国际关系思想没有介入西方中心地区的这些理论论战。1989年后日本的国际关系学界并未受到大的冲击，并且在很大程度上仍然专注于经验主义（Inoguchi，2007，2009）。日本的国际关系学界依然专注于政策理念，尤其是与亚太区域主义有关的政策理念。和平主义的重要地位受到挑战，即使人类安全概念取代了早期综合安全观念的概念，这反映了日本外交政策的转向。但这些思想并未统合成一个国际关系研究中独立的日本学派。日本缺乏构建国际关系理论可用的"悠久历史"，但有趣的是，人们对京都学派的兴趣有所复苏（D.Williams，2004；Goto-Jones，2005；Shimizu，2015）。就像西方的卡尔·施密特一样，日本国际关系学界与法西斯主义的关联开始逐渐消失，这种关联曾经阻碍了日本学者与两次世界大战之间的思想家们的接触，尤其是在他们的某些观点似乎仍然有关的地方。

# 外围地区的国际关系思想

本节我们将首先考察 1989 年之后后殖民主义的展开,随后再逐个地区地评述外围地区其他方面的发展。

## 后殖民主义

如第六章所谈到的那样,学术意义上的后殖民主义国际关系学出现于 20 世纪 80 年代,几乎与批判理论同时开始在国际关系学界显露头角。重要的是后殖民主义与女性主义一样,与批判理论有许多相同之处(例如:对新现实主义和新自由主义理性主义理论的挑战;质疑并强调知识与权力之间的关系;寻求提高正义、和平和多元等价值观在世界上的地位),同时又与之区别开来。有些后殖民主义学者对某些批判理论的主要来源持批判态度。斯皮瓦克(Spivak)挑战福柯,认为他"把欧洲当成了一个自给自足的实体,忽略了帝国主义在欧洲构建过程中的核心作用"(Ahmad,1997:374)。萨义德(Said,1994:278)指责福柯不仅"忽略了自身理论的帝国主义背景",还提出一种"强化殖民体系的声望"的视角,认为该体系的出现"不可避免"。商可兰·克里希那(Krishna,1993)批评了批判理论,认为它还在坚持欧洲中心和西方中心的立场,不承认非西方世界。从这种意义上来说,后殖民主义在解放的道路上比批判理论走得更远。然而无论是从与批判理论的理论亲缘关系,还是从采用这种路径的人员来看,后殖民主义都代表着国际关系学中心地区与外围地区之间旧有堡垒的重大突破。

后殖民主义和批判理论的另一个相同的主题是对西方普世主义的批判,而不是强调文化相对主义。普世主义在社会科学、尤其是在国际关系学中,常常被视为西方观念、价值和文化对世界其他地区的投射。在国际关系学中,显而易见的是修昔底德、马基雅维利、霍布斯、康德、洛克和斯密等早期西方思想家的思想被认为适用于所有国家与社会。西方的概念，如国际法、民族国家和市场实际上是被建构出来的(Seth，2013)。与普世主义相对，文化相对主义承认文化之间的差异性。非洲、亚洲和拉丁美洲的文化皆不相同，不仅相对西方来说不同，彼此间也不同。后殖民主义关注的是身份与文化，但它回避了某种特定文化的"本质化"(essential-izing)问题(Grovogui，2013:253)。后殖民主义者运用人类学的方法，力求恢复被殖民者的观点，并将其置于占主导地位的西方中心的帝国主义与殖民主义叙事的对立面。后殖民主义不仅强调历史上西方殖民统治造成的种种后遗症，而且还强调西方在当代话语和实践中持续的统治地位。在这个背景下，当前的全球化现象、反恐战争和民主化运动都是西方思想占据主导地位的明证(Darby，2004)。但它也培育了"杂糅性"(hybridity)，即这样的观点，殖民时期的遭遇也是一种双向沟通的方式，每一种文化都在以意义深远的方式重塑着另一种文化。

相对主流国际关系理论而言，后殖民主义与批判理论、女性主义一样处在边缘地位，但它也成功地为其他路径构建了桥头堡。例如，后殖民主义激发了对女性主义理论内部西方主导地位的强有力的批判(Mogwe，1994)。持后殖民主义立场的女性主义学者有钱德拉·莫汉蒂(Mohanty，1984)、王爱华(Ong，2001)、士瓦蒂·婆罗莎(Parashar，2013)、安娜·艾格森格罗和凌焕铭(Agathangelou and Ling，2004)等人，她们揭露并拒绝承认西方女性主义的主导地位，以及她们对第三世界女性的曲解，认为她们是"被动的、落后的、需要已经被解放了的白人姐妹的援助"(Persaud and Sajed，2018a:8)，指责她们忽视了中心地区与外围地区的妇女在所处地位、人生经验和反抗压迫的经历上的不同。这种女性主义强调的是被边缘化群体(就一般女性而言)中被边缘化的(发展中世界女性)问题和议题。虽然西方与后殖民主义女性主义之间的分歧依然存在，但黑人女性主义学者的一个重大贡献，即"交叉法"提供了一种将"种族、性别、阶级、国别和性向"研究集合在一起的研究路径，由此"从而认识到不同立场的现实，以及建立统一的联盟以带来社会和全球变革的需要"(Tickner and True，2018:11)。

后殖民主义激发了印度的庶民研究(Subaltern Studies)，同时也受到庶民研究的启发。作为印度的学术贡献，庶民研究既拒绝接受西方(以剑桥大学为基地),也拒绝接受印度人著述中关于印度殖民主义经验的精英史学。庶民研究肯定了"庶民"具有决定自身命运的能动性,他们既反对殖民政权所强加的法律和制度框架,又反抗殖民政权所使用的意识形态象征手段和有形的暴力(Guha,1982)。这修正了与斯皮瓦克(Spivak,1985)相联系的庶民意见不可信的立场(《庶民能发声?》)。斯皮瓦克的立场或许是被误解了,有人批评她忽视第三世界的能动性;或者按贝妮塔·帕里(引自 Persaud and Sajed,2018a:8)的话来说,是"对本土人的声音充耳不闻"。在近期的一本重量级的总结性著作中,伦道夫·佩尔绍德和阿林娜·莎吉(Persaud and Sajed,2018a:2)认为,在后殖民主义看来,"第三世界一直是国际体系的塑造者,就如同它一直被国际体系塑造一样"。后殖民主义思想家迪佩什·查卡拉巴提(Chakrabarty,2000)和阿希斯·南迪(Nandy,1995)都认为"历史"和"过去"在很大程度上取决于我们对"现在"和"未来"观念(注为"现代性")的理解。近来的学术研究(Persaud and Sajed,2018b)不仅承认了后殖民思想的多样性,也强调了它们的共同要素。

　　最初,后殖民主义对安全研究并没有明确的兴趣(Persaud,2018)。但随着冷战走向终结,后殖民主义学者开始为解决国际安全研究中的种族中心主义问题作出重要贡献,尤其是从非西方受到忽视这个意义上;并从非西方的经验中发展出安全分析的概念化工具,而不是简单地使用西方分类标准。穆罕默德·阿尤布(Ayoob,1984,1991,1995)、爱德华·阿萨尔和文正仁(Azar and Chung-in Moon,1988)以及耶齐德·萨伊赫(Sayigh,1990)批评了安全的概念,因为它不能很好地描述第三世界国家的安全问题。阿查亚(Acharya,1996)认为上述学者对外围地区安全研究的贡献,有可能成为重新定义国家安全概念的核心,并成为重塑国际安全研究领域的基础。这项工作并不是建立在对第三世界文化独特性的断言之上。相反,它确认了第三世界所面临的独特的"窘境":对于第三世界的国家和政权来说,安全并不只是应对外部威胁、保护主权和领土完整这么简单,还涉及保护政权安全和政治稳定免受内部威胁(Job,1991;Ayoob,1995)。这类工作的另一面是试图构建适合第三世界国家国情的对外政策和安全模式,特别是在综合安全、非传统安全和人类安全方面

(Sen，2000；Acharya，2001b；Caballero-Anthony，Emmers and Acharya，2006；Tadjbakhsh and Chenoy，2007；Caballero-Anthony，2015)。

种族是后殖民主义学术研究中更为独特的核心议题,经常与殖民主义联系在一起(Persaud and Walker，2001；J.M.Hobson，2012；Bell，2013；Henderson，2013；Persaud，2014)。种族不仅决定了西方殖民活动的起源与轨迹,还通过种族化的劳动力供给决定了全球经济结构。殖民主义与种族主义一起对近代形成的世界空间和人口构成造成了重大影响(Persaud and Walker，2001)。如我们在先前章节所示,虽然种族因素在1945年以前非常突出,但在1945年以后的国际关系主流理论中,种族却很少受到关注,尽管它在"近代世界体系构建的过程中起到了基本动力"的作用(Persaud and Walker，2001:374)。甚至一些来自后现代主义和后结构主义学派的批判理论家们也没有探讨种族问题。受马克思主义影响的后殖民主义思想(法农[Fanon]除外)关注的是经济维度,但这一流派的后期产品,例如安德烈·贡德·弗兰克和巴里·吉尔斯后来(Frank and Gills，1992)的作品,则包括了种族的位置。种族关系的性别化本质已经成为了后殖民女性主义的重大课题,其关键进展在于种族、性别和阶级之间的"交叉性"(Persaud and Sajed，2018a:8—9)。

后殖民主义既发起了对中心地区国际关系学的批判,也以不同方式架起了沟通中心地区和外围地区国际关系研究的桥梁。与此同时,外围不同地区的国际关系学也取得了各种进展,它们在做着同样的事情:既与更为全球化的国际关系相区别,又与之相融合。但是,随着殖民时代离我们渐行渐远,发展上的差异也越拉越大,外围地区自身无论在政治上还是在与国际关系学发展的关系方面都变得越来越碎片化。反殖民主义和反种族主义的遗产仍在发挥强大的作用,但是一种日渐消失的资源。外围地区对区域主义的长期兴趣,开始让亚洲、非洲、拉丁美洲和中东地区之间彼此产生差别,就如同和西方之间的差别一样。国际关系学随着国际关系的全球化而变得日益全球化,后殖民主义越来越少地关注与中心地区的疏离,而是更多关注在日趋全球化的国际关系学中如何找到自身的独特定位。在亚洲,尤其是东北亚地区,国际关系学发展壮大,资源丰富,并呈现出一种有趣的结合,既将自身与中心地区国际关系学相融合,同时又努力建立反映自身历史和文化的独特的国际关系思维模式。在其他外围地区,国际关系学发展的资源通常不那么充足,且总是倾向于被卷进中心地区,同时保持对地区对外交政策问题的关注。

## 亚洲

到了后冷战时期,亚洲国际关系学的"主导叙事"(master narrative)(Alagappa,2011:204)发生了转变。在印度,这种转变是从不结盟转向印度的经济开放,再转向其作为一个新兴大国的角色。中国的主导叙事从一个低调的守成国转向改良主义的、崛起中的全球大国。虽然这些叙事转变提供了一定的政策背景,但是,与从前中心地区的国际关系思想一样,亚洲大部分国家的国际关系思想不再完全是政治领导人的领地,而更多地成为学界探索的领域。作为这种转变的一部分,外围地区的国际关系学既变得更加独特,又与中心地区辩论和研究路径联系在一起。尽管整个地区对理论著作的兴趣日益浓厚,但还没有地区性学派涌现出来。造成这种局面的障碍包括亚洲地区不同部分独特的地方条件和学者经常被国家意识形态和外交政策框架所塑造的知识倾向,在印度尤其如此(Alagappa,2011)。另一项国际关系的亚洲学派发展的制约因素是亚洲不同次区域的学者之间的交流和互动相当有限。因此,我们主要按国家来考察亚洲国际关系学的发展(包括中国台湾地区)。

分化与整合的双重过程在中国表现得最为明显。在 20 世纪 80 年代,中国的国际关系学才从毛泽东时代留下的废墟之上重建起来。据秦亚青(Qin,2010,2011a)所言,这主要靠相当系统地引进并翻译了国际关系"经典著作",在掌握了它们之后,尝试发展独具有中国特色的国际关系理论。中国的国际关系学首先吸收并讨论的是现实主义、自由主义、建构主义和英国学派,同时产生了各个学派在中国国内有影响力的倡导者。[12]接下来中国学者们致力于发展以中国历史和政治理论(例如 Yan,2011,2014)、儒家文化的特质和表现(例如 Qin,2011b,2011c,2016)为基础的国际关系思想。还有一些中国学者出版了站在学科"大辩论"前沿的、元理论性质的作品,例如唐世平的"社会演化范式"(Tang,2013),认为不存在能够有效地适用于所有时代的单一理论,国际关系理论,尤其是现实主义与自由主义理论，"适用于不同的历史时段"（Buzan，2013：1304；关于"多元理论"的探讨部分也可以参考 Eun，2016）。关于构建国际关系理论"中国学派"的提法引起了广泛争论（Wang and Buzan，2014）。它遭到一些人的反对，理由是国际关系理论应该努力成为普世的，而不应该是特殊的。国家性质的学派也增加了与国家权力、安全中心靠得太近的风险。秦亚青（关系理论）、阎学通和唐世平（现实主义）等人都很努力地展示各自作品的普世性，通过在西方出版自己的作品强调这一点。从经验上来讲，中国有大量专门分析中美关系，以及更一般意义上的中国作为崛起大国在全球国际社会中的定位的国际关系著作。还有不少作品关注的是重大中国外交政策倡议和概念，比如"和平崛起""一带一路"倡议、"新型大国关系倡议"等。

印度的国际关系学没有经历过影响过中国国际关系学的那种中断，也与主要以盎格鲁圈为核心的国际关系思想界之间没有太大的语言障碍。但是，印度的国际关系学既没有经历过中国国际关系学那种大获其利的资源繁荣，也未曾受到被世界长期否认的刺激。和中国一样，后殖民主义在印度仍然占有重要地位，但是在较小程度上；而越来越多的印度学者试图利用古典传统和文明挑战西方的国际关系理论，并提出替代性的或本土性的概念和理论（Shahi and Ascione，2016）。和中国学者类似，印度的学者们对利用印度古典文献的兴趣逐渐高涨，例如《摩诃婆罗多》（*Mahabharata*）（Narlikar and Narlikar，2014；Datta-Ray，2015），以及用世俗文集如《政事论》（*Arthasastra*）中的传统来解释印度的对外政策与战略选择（Gautam，2015）。但这些做法尚未发展成为构建国际关系理论的印度学派的自觉尝试（Acharya，2013a）。与中国的情况类似，"本土历史知识"在印度既有支持者又有反对者（Mishra，2014：119，123）。从实际发生的情况来看，印度的国际关系学者总是紧盯印度政府的政策走向，写作的主题无非是：不结盟及其相关问题；核不扩散；印度与其南亚邻国，尤其是巴基斯坦的关系；印度作为全球性新兴大国的作用；中印竞争；最近则是"印太"区域热点话题（相对"亚太"来说，"印太"会变得越来越引人注目）。

建构主义在东南亚广受欢迎，某些当地学者也有志于研读本土历史资料,并在此基础上建构国际关系理论(Chong,2012;Milner,2016)。韩国和中国台湾地区的国际关系学在1989年以后得以发展繁荣,但都与美国的国际关系思维紧密联系在一起,都以各自的重大地区性问题为主要关注对象,对韩国而言是统一问题,对中国台湾而言是海峡两岸关系问题(Inoguchi,2009)。石之瑜(Shih,1990;Shih and Yin,2013)的关系理论(Relational Theory)是个特别的例外,他和秦亚青一样致力于构建普遍适用的理论。像康灿雄(David Kang,2003,2005)和车维德(Victor Cha,1997,1999,2000,2010)这样的韩裔美籍学者也影响了全球对东北亚国际关系的思考。

江忆恩(Alastair Iain Johnston,2012)对亚洲学者所著的理论作品的价值所持的那种怀疑态度,现在看来似乎是站不住脚的;他的评判是基于以美国为中心的理论标准。亚洲国际关系思想的发展,无论是其自身还是在揭示西方国际关系理论的局限性方面,特别在亚洲的适用性方面,都具有重要意义。现实主义者关于冷战后亚洲秩序行将崩溃的预测被证明是错误的,就像对其他地区的预测一样。亚洲已经演进成不同于欧盟模式的区域主义形式。亚洲的国际关系思想现在开始探究亚洲国际关系与西方的国际关系区别开来的原因。

在外围地区的其他地方没有像中国学者那样构建独具特色学派的努力,尽管存在各种各样的文化基础可以用于这个目的。主题是融入中心地区的国际关系学,同时努力保持着独特的立场,以及对本国对外政策问题的关注。

## 拉丁美洲

国际关系学在拉丁美洲得到了显著的拓展,但在思考学科的主题方面逐渐被吸引进中心地区。根据1989年之后全球国际社会的变化,拉丁美洲国家都对其外交政策的视角进行了多方面的调整。例如,巴西时任外交部长兰普雷亚(Lampreia)马上抛弃了"孤立自主"的冷战概念,提出了"自主融入"的术语来刻画卡多佐(Cardoso)政府的政策(Bernal-Meza,2016:8—9)。毫不意外,对现行的国际秩序作出更为抵制态度的是乌戈·查韦斯(Hugo Chavez)治下的委内瑞拉。委内瑞拉在2012年发布的一份外交部文件中提出了"创造不屈从"（founding insubordination）的思想，该思想强调霸权的权力结构是由那些将屈从的和已屈从的国家组成的，并且存在着通过达到"临界权力"（threshold power），从已屈从国家退回到尚未屈从国家的可能；"临界权力"这一概念最早由马塞洛·古洛（Marcelo Gullo）创造出来（Bernal-Meza，2016：12—13）。拉美国际关系学中的其他概念用来寻求重新定义全球权力转移背景下他们国家的外交政策，特别是外围地区的国际和区域层面新兴大国的崛起背景下的外交政策。与此相关的概念是塞缪尔·皮涅伊罗·吉马良斯（Guimarães，2005）提出的"外围大国"概念，包括中国、印度和巴西。尽管这些国家崛起了，但它们继续在现存的"霸权权力结构"中运作，以确保自己的地位和作用。拉丁美洲对区域大国的概念也兴趣渐浓，（在拉美以外的外围地区也流行很广），指利用国内经济自由化和多边行动来塑造其外交政策并在全球化的世界中运作。最后，来自智利的"双重不对称"概念指的是智利与世界主要经济体，以及那些相对实力明显较弱的经济体（尤其是其北部邻国秘鲁和玻利维亚）同时存在着不对称的关系（Bernal-Meza，2016：24）。

与上述那些国家中心观念不同，阿根廷政治学家卡洛斯·埃斯库德（Carlos Escudé）提出的"外围现实主义"（Peripheral Realism）提倡一种常常被拉美国家强调的、不惜任何代价也要争取的自治。埃斯库德注意到，那些主要由美国人生产的理论框架在外围地区未加批判地采用，服务于这些国家的精英的意识形态目的。虽然现实主义理论被用于为外围国家激进的外交政策进行辩护，但相互依存理论导致高估了外围国家的行动范围。在1995年的著作中，埃斯库德质疑了经典现实主义的"拟人谬论"（anthropomorphic fallacy），这意味着这类理论总是会把国家当成人来看待，这导致对国家利益和权力的强调，把某群人的利益置于另一群人之上，因而忽视了人民的利益。相反，他提倡"以公民为中心的现实主义逻辑"（转引自 A.B.Tickner，2003a：332）。

弗洛伦·弗拉森-格诺斯（Florent Frasson-Quenoz）总结了拉丁美洲人不同于欧洲人和北美人的世界观是建立在反对欧洲中心主义和重新定义适用于构建国家和地区视角的概念的基础上的。尽管拉美学者创建了依附论和自主这类核心观念，并且倾向于采用归纳理论，但是弗拉森-格诺斯发现,由于这些概念与马克思主义紧密的亲缘关系,由于"拉美学术界所选用的本体论/方法论类型与西方的别无二致",所以没能出现国际关系的拉丁美洲学派(Frasson-Quenoz,2015:72)。

## 非洲

在非洲,国际关系学术研究的发展依然相对薄弱,资源匮乏。没有非洲学者认真地努力去创建一个"国际关系的非洲学派"。相反,他们的精力主要用于在日渐兴起的全球国际关系学中构建非洲视角、建立非洲施动性、发出非洲声音,因为他们坚信"非洲的声音和贡献应该得到全球的响应,能够被带入中心地区国际关系学科"(Bischoff,Aning,Acharya,2016:2)。边缘化的叙事是非洲国际关系研究的重要主题,这个主题一直持续到了后冷战时期。根据这种观点,传统国际关系理论将非洲边缘化的原因是"自以为是地认为非洲缺乏有意义的政治",并把非洲当成"构建西方自身神秘性的他者"(Dunn,2001:3)。非洲学者与亚洲及其他外围地区的学者类似,继续挑战西方国际关系学的概念和理论与其所在区域的相关性。国家概念作为分析单位和国界的实用性尤其受到质疑,因为这些概念没能反映非洲真实的"权威、主权和治理的结构",它们属于"军阀、非政府组织或族群"治下(K.Smith,2012:28)。

非洲国际关系学者不太关注人为创建的民族国家,如第六章所提到的,而是更多地呼吁关注这片大陆所面临的来自国家内部或跨国的社会、经济与治理挑战。然而,南非学者卡伦·史密斯提醒不要彻底弃用西方的概念。在引证了"中等国家""孤立国家"、集体主义概念"乌班图"等非洲学者最近的著作后,她认为,

> 全球南方的理论贡献——此处是指非洲的理论贡献——不需要与既有理论完全不同,就可以在增进对国际关系的理解方面取得进展。重新解读或修正既有的理论架构,和为了促进理解而引入新概念,同等重要。(K.Smith,2017:1)

在后冷战时代,非洲的施动性问题变得更为重要,可以被视为非洲人对拉丁美洲和亚洲国际关系学对新兴大国和区域大国作用兴趣日增的回应。威廉·布朗(Brown,2012:1891)从多个角度定义了非洲的施动性:

"作为集体的国际行为体;作为一种拥有共同历史的国家集合(在最广泛的范围内);作为非洲和非洲以外的人都用以描述的在国际政治和政策中的散漫的存在"。布朗(Brown,2012:1902)认为,"对施动性的合理认识,必须要明确其过往的实践积累在当代施动者所面临的日常现实中是如何呈现的"。在关于其可能性的文献中,从广义上来看,非洲在区域和国际关系中的施动性既包含物质的因素,也包括观念的因素,涵盖了非洲贡献特别明显及相关的领域,例如区域主义、安全管理和非洲与外界的关系。非洲学者们(van Wyk,2016:113—117)指出,非洲施动性的例子中最典型的有反隔离运动(最终成功地将种族隔离定性为反人类罪),(非盟)宣布整个非洲大陆为无核区,创立"非洲发展新型伙伴关系",在创建国际机制方面发挥领导作用,如有关血钻的金伯利进程,以及一般意义上非洲对非西方或南方国家集团,如金砖国家和印度-巴西-南非(IBSA)的参与。与过去不同的是,对非洲施动性的新论述不仅仅是"非洲问题的非洲方案"。相反,它包含了一系列"贡献,在这些贡献中,非洲人定义了理解问题的术语并为外界介入的性质和范围设定了条件"(Bischoff,Aning,Acharya,2016:1—2)。非洲施动性的新概念也不是完全基于非洲独特性的主张或非洲例外论基础上的。

区域主义一直是非洲施动性的一个主要方面。非洲联盟成立,取代了非洲统一组织,重燃了学界对非洲区域主义的学术兴趣,与新兴的有关人道主义干涉和后来"保护的责任"(R2P)的全球性辩论交织在一起。借助于非洲领导人和外交官在促使全球从旧的不干涉主义向人道主义干涉态度的转变(Adebajo and Landsberg,2001;Swart,2016)以及"保护的责任"(Acharya,2013b)方面的贡献,非洲学者强调非洲国家规范的和实践的施动性。这些领导人和外交官包括纳尔逊·曼德拉、塔博·姆贝基(Thabo Mbeki)、奥卢塞贡·奥巴桑乔(Olusegun Obasanjo)、布特罗斯·布特罗斯-加利、科菲·安南、萨利姆·艾哈迈德·萨利姆、穆罕默德·撒赫农(Mohamed Sahnoun)和弗兰西斯·邓等。这些观想法呼应了第六章中讨论的早期建议,例如恩克鲁马成立非洲最高指挥部(African High Command)的建议和阿里·马兹瑞为保证非洲和平与安全而进行非洲内部干预的呼吁等。阿尔及利亚的撒赫农曾担任过国际干预和国家主权委

员会的联合主席,该委员会形塑了"保护的责任"的观念。撒赫农声称,
"保护的责任"与非洲联盟宪法中对大规模暴行不得无动于衷的规范,以
及苏丹籍学者兼外交官登(南苏丹成立后,他又成为了该国公民)提出来
的"主权即责任"的观念一道,"在许多方面都是一种对人权事业的非洲贡
献"(Sahnoun,2009)。不同于亚洲和拉美的区域性组织,非洲联盟和西
非国家经济共同体(ECOWAS)实施了集体干涉,打破了以往所坚持的不
干涉。就此看来,非洲不是新兴全球规范的被动的接受者,而是主动的行
动者。奎西・安宁和菲菲・埃杜-阿芙尔(Aning and Edu-Afful,2016:
120)认为,尽管地区内有些非洲国家的资源和政治意愿有限,非洲联盟和
西非国家经济共同体的成立表明了非洲在区域与国际安全的施动性,并
且"已经成为接受和实施'保护的责任'的全球领导者。"

　　最后,非洲被认为是国际关系学新的或替代性的思想来源,"创造出
一种新语言,一种新的思维方式"(Dunn,2001:6)。一些非洲学者走得更
远,认为存在着不止一种国际体系的可能性(Claassen,2011:182)。因
此,一直存在着关于非洲国家关系理论的讨论,即建立在非洲知识分子回
归前殖民和原始时期撒哈拉以南非洲政治现实基础上的非洲国际关系理
论的讨论。但某些学者警示这会使非洲变得"更加边缘化"(Claassen,
2011:181)。其他学者则认为国际关系研究的挑战在于,要认识到有"多
个非洲"(multiple Africas),这要求"基于国际关系研究的多种表现方式
去发展多重国际关系学,并承认那些通常不被认为是分析语料库一部分
的维度"(Cornelissen,Cheru and Shaw,2012:16)。

## 中东

　　在阿拉伯世界的大部分国家中,由于政治混乱和威权控制,国际关系
学术研究发展缓慢。在阿拉伯世界之外,以色列和土耳其的国际关系研
究进展明显,在伊朗也有一定程度上的发展,不过前两个国家的国际关系
研究在很大程度上与中心国家交融在一起了。

　　然而,在后冷战时代,伊斯兰教在中东地区被视为国际关系思想潜在
的丰厚资源。学者们在如何"把伊斯兰带进来"的问题上存在分歧。一些
学者不赞同一种独特的伊斯兰国际关系理论概念,因其对于民族国家的

立场上模糊不清。沙赫巴努·塔吉巴克石认为，"经典伊斯兰国际关系理论模式并不适合作为殖民化和现代化的结果而在该地区形成的继承而来的民族国家"。因此，伊斯兰世界已经"建立了自己的国际关系视角"，……"伊斯兰教作为一种世界观，也作为一种文化、宗教与观念的变体，寻求一种真理和'美好生活'的不同基础，可以成为西方国际关系理论的替代品"（Tadjbakhsh，2010：174）。此外，伊斯兰国际关系理论应当被看作一个"体系理论，不是国家之间如何互动或体系如何影响国家；而是一种世界秩序的概念，关注伊斯兰/阿拉伯世界与非伊斯兰/非阿拉伯世界之间的关系，以及这个领域应该如何被秩序化"。伊斯兰式的世界观与当今主流国际关系的概念体系如此不同，难与现有的理论相吻合。因此伊斯兰教作为一种"独立的国际关系理论范式"（Turner，2009）。

但是尽管存在这种怀疑，把伊斯兰教与国际关系学概念结合起来，并用伊斯兰的世界观来构建伊斯兰国际关系理论还是有可能的；一种建立在"信仰、正义和追求宗教道德的'美满生活'等理念力量的基础上，而不是追求物质利益和权力本身"理论（Tadjbakhsh，2010：191）。旅法的伊朗裔学者塔吉巴克石认为，一种伊斯兰国际关系理论可以建立在诸如《古兰经》（Qur'an）、《圣训》（Hadith）、《圣典》（Sunnah）和"创制"（*ijtihad*）这样的经典的基础上；建立在既保守又防御性的原教旨主义和现代主义的基础上；建立在作为原教旨主义和现代主义之间"第三条道路"的知识的伊斯兰化的基础上（Tadjbakhsh，2010：176—177）。虽然伊斯兰哲学在西方往往被描绘为非理性的，而"创制"的概念又体现了"理性的伊斯兰神学"的一部分，认为"上帝只能通过独立且自我的人类理性来理解"（Tadjbakhsh，2010：178）。在历史上，伊斯兰哲学家艾金迪（Al-Kindi，800—873）、拉孜（al-Razi，865—925）、法拉比（al-Farabi，873—950）、伊本·西那（Ibn Sina，980—1037）、伊本·路士德（Ibn Rushd，1126—1198）和扎哈拉维（al-Zahrawi，936—1013）等反对盛行的"天赋神权的天主教信仰"，并一直强调"个人的中心地位"（J.M.Hobson 2004：178—180）。

伊斯兰文化并不是中东地区发展本土国际关系概念和理论唯一的潜在资源。这个地区的学者还能效仿中国和印度西方就更不用说了，将包括埃及、苏美尔和波斯在内的古典文明，作为描绘国际关系理论的基础。

这方面的潜力有待开发,但运用国际关系理论对阿玛那*外交的研究
(Cohen and Westbrook,2000;Scoville,2015)是这类努力非常有希望的
例子。

　　学术意义上的国际关系学在土耳其发展势头强劲。在此之前土耳其
专注于培养政策制定者和外交官,付出了理论发展和理论化的代价
(Aydinli and Mathews,2009:209;Turan,2017:2),赛克金·屈斯滕
(Köstem,2015:59)发现土耳其的国际关系研究正在从外交史路径的主
导转向参与更为宽泛的国际关系领域的宏观理论争鸣。土耳其寻求加入
欧盟以及举办像世界国际研究大会(WISC)这样的国际组织会议,这些都
影响了土耳其国际关系学的发展。人们对区域主义和全球权力转移越来
越感兴趣,在其中审视像土耳其这样的新兴大国的作用。但土耳其国际
关系学的大部分"依然主要关注土耳其对外关系中的各类区域性和主题
性问题,几乎没有原创性的理论见解"(Köstem,2015:62),对"国际关系
宏观理论"的研究几乎也没有什么进展(Turan:2017:3)。尽管如此,与中
国一样,许多在国内外工作的土耳其学者已经建立起国际性的声誉和
影响力,是中心地区与外围地区国际关系一体化的重要组成部分。这些
学者及其贡献包括:巴哈尔·鲁梅里里(Rumelili,2004)的身份研究;爱
赛·扎拉科尔(Zarakol,2011,2014)对耻辱感形成的研究,(现今在剑桥
大学任教);图兰·加耶奥卢(Kayaoğlu,2010a,2010b)对"威斯特伐利亚
欧洲中心主义"和治外法权的批判;努里·由尔都瑟夫(Yurdusev,2003,
2009)对英国学派的研究;以及皮纳尔·彼尔金(Bilgin,2004a,2004b,
2008)对后殖民主义、女性主义及安全研究的研究。


## 俄罗斯和中东欧地区

　　如第六章所言,冷战期间苏联和东欧共产主义阵营国家国际关系学
的发展兼有中心和外围地区的特征,但其中特别重要的特征是共产主义
体制施加的政治约束,这种约束类似于外围地区威权国家的流行做法。
随着中东欧剧变,该地区的国际关系学术界发现了更大的空间参与更广

─────────────

　　* Amarna,意为神京。——译者注

泛的主题和理论研究。在俄罗斯，这种拓宽明显地表现在对"全球化……
俄罗斯各地区国际活动的法律和经济方面；新的威胁与挑战；欧洲一体化
等的兴趣上"（Lebedeva，2004：278）。在理论方面，自由主义和建构主义
找到了立足点；现实主义仍极具影响力，并变形为对地缘政治的强烈兴
趣。比如说，亨廷顿的"文明冲突论"比福山的"历史的终结"在俄罗斯更
能引发共鸣（Lebedeva，2004：275）。新兴的多极格局——俄罗斯在其中
可以恢复其作为欧洲大国体系长期成员的身份——为俄罗斯在西方面前
展现出独特的身份提供了一种途径。尽管一些俄罗斯学者接受了西方国
际关系理论的相关性，但另一些学者则坚信需要根据俄罗斯的传统、国情
和身份对其进行解释。一些俄罗斯国际关系学者想以"多极性"和"文明"
为基础，发展国际关系"非西方"俄罗斯路径，甚至一种国际关系学派
（Makarychev and Morozov，2013：329，335）。这与先前讨论过的"国际
关系理论中国学派"的出现多少有相似之处，但"俄罗斯学派"的发展不是
很成功。俄罗斯国际关系学界新兴的文明和地缘政治话语的作用是双向
的，既为俄罗斯独特的研究路径奠定了基础，但又阻碍了国际关系研究更
为广阔的全球议程的发展（Makarychev and Morozov，2013：339）。俄罗
斯国际关系学界内部的主要紧张状态已经被安德烈·玛卡尔里捷夫和维
亚舍斯拉夫·莫罗佐夫精确地总结了出来（Makarychev and Morozov，
2013：345）：

> 俄罗斯的国际关系学科领域是以两种学者之间的一个巨大鸿沟
> 为特征的，一种学者将俄罗斯视为受现代化与民主转型的一般规律
> 支配的案例；而他们的同事则坚持认为俄罗斯的地位在某种程度上
> 是独一无二的，需要一种性质上不同的理论平台进行详尽的阐释。
> 归根结底，这种分裂是由学术讨论的政治化造成的，而学术话语的政
> 治化又是围绕身份认同的观念发生的。

比起俄罗斯学界相对向内的转变而言，中东欧国家的国际关系学在
后共产主义时期表现得更为外向，得益于多国加入北约和欧盟，更加倾向
于自由主义的西方。尽管新近成立了中东欧国际研究协会（CEEISA）其
旗舰刊物《国际关系与发展杂志》新近创刊，在中东欧地区创建了一个国
际关系学术中心，但是该地区的国际关系研究依然受到西方理论、学术和

财政支持的重大影响(Drulák，Karlas and Königová，2009：243)。尽管有这样的外部援助，恐怕也正是如此，中东欧地区的国际关系研究在理论与方法方面依然停留在不发达状态。与俄罗斯不同，外部依赖可能在一定程度上确保中东欧地区的国际关系研究没有发展出，任何"适用于当地背景的任何种类的一般性概念和观点"(Drulák，Karlas and Königová，2009：258)。

# 结　　论

基于第二章、第四章、第六章、第八章的讨论，我们可以对外围地区国际关系思想的发展作出三方面的总结：关于区域多样性、关于理论发展的相对薄弱性，以及关于学者-行动主义(scholar-activism)。

第一，区域内部和区域之间都存在很大的多样性。鉴于不同的地理、文化和政治经历，地区之间的差异是可以预料的。外围地区的国际关系思想主要反映了一个地区或当地的情况。不同的地区强调不同的核心叙事：比如，拉美学界的依附、霸权和自主；非洲的边缘化和施动性；亚洲文明的过去和殖民地的屈辱经历。在中东(不包括以色列)，伊斯兰教是关注额外的焦点，尽管它与该地区过去的文明和当前的政治局势都有联系。尽管亚洲的国际关系学界越来越多地关注地位和权力的回归，但中东阿拉伯地区的情况并非如此，这反映出其在经济发展和战略实力方面的较弱的状态。地区内的多样性是就国家和次区域层面而言的，中国和印度国际关系学的发展水平似乎是最高的，其后是韩国和土耳其。东南亚存在更大的国家差异，新加坡无疑走在其邻国前面，而马来西亚、泰国、印度尼西亚和菲律宾对国际关系学的兴趣也在激增。在中东，以伊斯兰教为主题，某种与众不同的国家路径已在伊朗和土耳其出现。

第二，除了少数例外，最明显的是中国和土耳其，外围地区发表的理论著作依然稀少。拉美地区没有在其早期依附论这一独具特色的理论贡献之后坚持走下去，而绝大部分非西方世界的国际关系思想一开始就不具有理论性。在许多情况下，开始进行国际关系研究的目的是为了培养外交官。当有人提出理论设想，尤其是当他对理论采取较为宽泛的定义时，往往不能引起西方学界的注意，因为它们没有与西方国际关系学的概念和词汇联系起来(主要是现实主义、理想主义和自由主义、均势或安全困境术语)。再者，许多为国际关系学作出贡献的来自于全球南方学者都在西方工作；后殖民主义被一些学者视作依附论的继承者，其大部分作者都出身于全球南方(虽然其中许多人都在西方地区工作和生活)，还没有被中心地区的国际关系学界视为主流，尽管它在西方的理论辩论中越来越引人瞩目，在近期出版的国际关系文献中也占据了显而易见的位置。但全球南方的国际关系研究主要还是受到时事、政策关注和应用理论知识的驱动。所有外围地区的国际关系研究都显示出与政策和实践的密切关联。当某些西方学者哀叹国际关系学中学术与政策之间的分离时，第三世界许多地区，情况可能恰恰相反在亚洲尤其如此(Acharya，2014d)。除了少数显著的例外，外围地区在很大程度上依然是西方国际关系理论的消费者。

在对非西方国际关系理论的批判中，为人熟知的一种观点认为它不能超越现有西方国际关系理论和方法，只简单地把本土文化和地方能动性置入熟悉的、现代西方衍生的国际关系概念和范畴中而已。但是，西方国际关系理论在非西方地区的传播很少是被全盘接受的。相反，总体上国际关系学的传播，特别是国际关系理论，是通过"本土化"来进行的(Acharya，2004，2009)。[13]当地学者借此选择、修饰或调整这些舶来的思想观念，以适应当地(国家或地区)的语境和需求。与"本土化"相关的另一项过程是"规范辅助"(norm subsidiarity)，即全球南方的学者将本土的文化和政治概念与外来的结合起来，以赋予它们一个更为普遍的框架(Acharya，2011b)。这不仅解释了无疑存在于不同地区之间"理论转向"的变化，而且也说明了外围地区为国际关系学在世界范围内的传播作出了重要贡献或奉献了"施动性"——建立全球国际关系学的重要途径。蒂克纳和维夫(Tickner and Wæver，2009b：338)总结道："世界各地的国际关系学显然是由西方国际关系学塑造的。然而，当然不是出现"一致"和"相同"的局面，就是因为当西方国际关系研究传播到外围地区时，它被翻译成某种不同的东西。"(Tickner and Waever，2009c：338)。

这意味着外围地区的理论著作一方面既不可能全盘接受西方的理论；另一方面也不能完全拒绝，或者要求一个全新的开始。国际关系理论在非西方世界的本土化、辅助性和杂糅性发生在全球南方学者之中。对于全球南方的学者来说西方概念可能一开始是有用的，甚至是极具有吸引力的，但是很快就因为这些概念中的欧洲中心主义感到幻灭。这也能够解释为何大量非西方的国际关系思想和行为呈现为杂糅性状态(A.B. Tickner，2009：33)，或者用彼尔金的话来说，与西方国际关系学"几乎相同但不完全一样"(Bilgin，2008：19—20)。虽然不足以反驳全球南方是西方特别是美国生产的国际关系理论的消费者观点，但是这些本土化现象已经促成了全球南方日趋增长的理论转向，也为某些全球南方学者验证了(Bilgin，2008；K.Smith，2012：28—29)不要无视或轻视他们的重要性提供了理由。

我们在其他作品中讨论过国际关系的"国家学派"(national schools)的优势(动员作用)与劣势(狭隘主义、国家操纵)(Acharya and Buzan，2007a)。关于国家学派最主要的担忧在于它可否"去地方化"(deprovincialise)(Acharya，2014c)，也就是说，像英国学派和哥本哈根学派(安全化理论和区域安全复合体)已经做到那样，超越最初学派衍生国家或地区的背景。如果"学派"只对解释某个特定国家或地区发展有用，那这种学派的大量出现只会带来更大的学科碎片化的风险。对于发展源自地方思想和资源的全球国际关系学来讲，这确实是一个重大挑战。正如我们所展示的，一些中国的顶尖学者正在接受这一挑战，这应该引起中国学者的亚洲同行以及更大范围内国际关系共同体的极大兴趣。西方与非西方、传统国际关系学与全球国际关系学之间的关系并不一定是互斥，也可能是交融和相互促进。这与全球国际关系学的核心要素是一致的，即它不是要取代既有的国际关系理论，而是寻求通过吸收来自非西方世界的思想观念和实践经验来丰富它们。

第三，外围地区的国际关系思想家们常常是学者型活动家(scholar-activists)。他们批判帝国主义和殖民主义进行批判，如瑙罗吉(Naoroji)的财富外流论和詹姆斯(C.L.R.James)的英属西印度群岛去殖民化案例的研究,或组织以国家或地区为基础的有组织的反殖民运动(加维的泛非主义就是后者的一个重要例子)。他们还对西方思想进行了批判,其中包括马克思主义意识形态,这在殖民世界和前拉丁美洲殖民地都曾是一股强大的思想潮流。那些在知识水平上挑战和修正马克思主义的例子包括有秘鲁思想家阿亚(Haya)和马里亚特吉(Mariategui)、特立尼达的詹姆斯、印度的罗易(M.N.Roy)。一些思想家拒绝共产主义,加维坚信共产主义思想对于白人更有利,白人将利用黑人来获得权力。詹姆斯不认为黑人民族主义运动需要一个托洛斯基派党充当先锋角色,而应该独立于它,更好地组织起来。马兹瑞也不认为共产主义是民族主义和进步的盟友。

许多非西方思想家把政治实践和领导与知识探索和分析结合起来。加维、詹姆斯和罗德尼(Rodney)就属于这类活动家学者,与早期的甘地、黎刹(Rizal)、阿富汗尼、梁启超和孙中山及许多其他人相类似。在学者型领袖类别之中,有特立尼达的埃里克·威廉姆斯、圭亚那的切迪·贾根(Chedi Jagan,他信奉"全球人类秩序"的概念)和牙买加的迈克尔·曼利(Micheal Manley,他主张民主社会主义)。这些学者型领袖令人联想到尼赫鲁和其他早期思想家领袖。还有许多受思想家影响领袖的例子,比如詹姆斯影响了恩克鲁玛(Nkrumah)、马兹瑞影响了尼雷尔(Nyerere),这让人回想起泰戈尔和甘地之间的关系。

这个群体的另一个方面是他们的思想和他们领导的运动的跨国性质和影响。他们相互交流、相互学习,也进行激烈的辩论,并产生分歧。C.L.R.詹姆斯和乔治·帕德莫尔既是儿时的朋友,也是反殖民斗争中的伙伴,还一起受到了加维作品的影响。在 20 世纪 30 年代和 40 年代,甘地和博斯在使用非暴力作为反殖民运动手段的问题上存在分歧。在 20 世纪 20 年代,阿亚和马里亚特吉在"统一战线"的路径(努力团结革命力量和有同情心的资产阶级力量),以及非欧洲世界的资本主义到底是殖民主义的最初阶段还是最终阶段的问题上出现了分歧。在 20 世纪 30 年代,杜波依斯(Du Bois)反对加维的黑人民族主义,认为后者过于极端,等于承认了黑人不可能与白人平等而加维则怀疑杜波依斯与白人的亲密关系,并断定杜波依斯因其在加勒比海地区长大,而对他抱有偏见。在 20 世纪 70 年代,马兹瑞和罗尼就殖民主义对原住民的益处,尤其是英语的益处进行了辩论。

至于运动方面,可以考虑几个关键事例。在去印度之前甘地在南非提出和发起反殖民主义思想和运动。第一次反对帝国主义和殖民主义的国际大会于 1927 年在布鲁塞尔举办,这次大会把许多反殖民运动的领袖人物聚集在一起,其中有印度的尼赫鲁、印度尼西亚的穆罕默德·哈塔(Mohammad Hatta,他后来当上了该国的副总统)、非洲民族大会组织的代表,以及阿尔及利亚的北非之星革命运动的代表。印度国民大会党的创始人之一瑙罗吉在 1900 年参加了在伦敦召开的首次泛非大会。印度人罗伊是墨西哥共产党的创始人之一。许多加勒比和非洲的思想家们不仅在上述这些地区互动,而且还在他们学习和工作过的欧洲或美国互相交流。

虽然这些知识分子中有许多人是在西方接受的教育,比如在牛津大学、伦敦经济学院和哈佛大学这样的精英大学接受的教育,但他们的思想和著作始终关注的是他们出生和成长的地区的处境。他们的思想受到了西方思想的影响,但他们经常拒绝那些思想,或者根据他们出身的社会的背景和需要而对这些思想加以调整。因此,在重塑国际关系学科的历史时,我们不仅需要在时间上回溯得更远,而且需要更开阔的空间视野。由于大部分第三世界国家制度薄弱、且学术界发展较晚,有关国际关系学的思考更多的是由公共知识分子和政治领袖,而不是由学术界来完成的。其实在 19 世纪和 20 世纪早期的中心地区,国际关系思想的发展大抵也是如此。正如我们在前几章提到的那样,只是在 1945 年以后,国际关系学才成为重要的学术领域。中心地区与外围地区的国际关系思想发展存在时间脱节现象不足为奇,没有理由将外围地区国际关系思想从学科的历史中排除出去。

**注　释**

1. www.isanet.org/ISA/Section(accessed 18 October 2017).

2. www.isanet.org/ISA/Data/Membership(accessed 18 October 2017).

3. 很难通过可靠的方法来回溯这一发展过程,这也超出了本书所讨论的范围。学术组织(见表 8.1)的存在很好地证明了这些国家存在国际关系学科的教学运作,因为这些组织的成员往往是高校教师和研究员。

4. www.isanet.org/ISA/Partners(accessed 14 April 2018).

5. www.wiscnetwork.org/about-wisc/members(accessed 14 April 2018).

6. 有关此话题的完整叙述和参考文献请见布赞和汉森的著作,第六章到第八章(Buzan and Hansen,2009)。

7. 关于总结和资料来源,参见 Buzan,2014。

8. 批判理论,当首字母大写时一般指的是法兰克福学派,但我们在此处使用这个术语时,还包括了首字母小写时所通常包括的一系列理论内容。

9. 阿什利(Ashley,1980:175—176)对"技术理性"和"合理理性"所作的区分亦与此相同。

10. 维夫更倾向于认为 20 世纪 80 年代以来发生了两次大辩论(Wæver,1996)。除了实证主义与后实证主义之间的"第三次辩论"之外,他呼吁承认第四次辩论,对峙的一方为"反思主义"方法,例如批判理论、后现代主义、后结构主义和女性主义与建构主义的某些变种,另一方为融合的新现实主义和新自由主义的"理性主义"。

11. 本段的全文节录来自弗格森和曼斯巴赫未标注页码的论文。

12. 现实主义是阎学通,自由主义是王逸舟,建构主义是秦亚青,英国学派是张小明。

13. 我们更想称之为"翻译"。并不是说想点明谁是翻译者,而是指当地知识界非常重视对语言形式(而不是思想实质)的"白话化"转换。参见 Acharya,2018。

# 第九章
# 后西方世界秩序：深度多元主义

## 导言：转型/危机中的全球国际社会

如第七章所述，其实于 2008 年前后，全球国际社会已经出现了明显的转型，从以西方主导的中心-外围结构为特征的 1.0 版和 1.1 版向以后西方为特征的 1.2 版转换。我们描绘了随着中国和印度这样大型发展中国家开始获得大国地位，中心相对于外围是如何扩张的。财富、权力和文化权威都从先前以西方和日本为中心的区域向外扩散。与此同时，美国作为唯一超级大国的地位在稳步衰落，这既体现在物质能力上，也体现在观念地位和权威上。作为 2008 年开始的大衰退和 2016 年的特朗普胜选和英国公投脱欧的结果，自由主义事业陷入深刻危机。这一事业长期以来曾经为西方，特别是美国（以及盎格鲁圈）的主导地位提供了目的论神话（teleological myth）。然而，在中心地区在全球国际社会中的动力变得越来越大、越来越占据主导地位的时候，外围地区的动力却变得越来越小、越来越弱，中心和外围地区都愈发陷入一系列具有威胁性的共同命运之中。所有这些变革都源于第一章所讨论的现代性革命所释放的深层过程的持续推进。基本上，随着非西方国家的崛起，当时造成巨大的发展不平衡正朝着均衡的方向发展，同时，地球的急剧收缩使全球范围内的相互依赖程度发展到前所未有的水平。毫无疑问，全球国际社会发生的这种性质和规模的变革，会使其变得更加多元化（多元化所指的不仅是指财富和权力的扩散，也包括文化权威在更广泛范围的扩散），同时也给全球治理和大国管理的本质带来挑战与改变。

在这一节中，我们详细阐述了转型/危机，然后回顾了一些术语和概念，这些术语和概念可以用来描述新兴的后西方全球国际社会的性质。第二节列出了关于新兴全球国际社会的七个关键结构特征的假设，以及支持这一论点的基本原理。第三节既提供了一些具体的预测展望，也提供了后西方全球国际社会的结构特征和内在动力分析。结论则指出了施动性的范围。

即使在2016年英国脱欧和特朗普当选带来混乱之前，人们就已普遍感到全球国际社会正处在重大转型甚至是危机之中，长期存在的西方秩序正受到来自不同方向的围攻（Zakaria，2009；Kupchan，2012；Acharya，2014d；Buzan and Lawson，2015a，2015b；Stuenkel，2016）。中国、印度和"他者"的崛起正逐步侵蚀西方在物质和观念上的相对主导地位。随着19世纪末日本的崛起，全球国际社会内部开始了重新定义权力和权威的分配与结构的进程，这一深刻且不间断的进程，体现为越来越多的国家和社会成功地适应了现代性所带来的一系列革命。在去殖民化摧毁了西方殖民秩序政治方面的同时，"他者"的崛起却正在稳步地摧毁其在存续已久的经济和文化上的中心-外围结构。与此同时，跨国恐怖主义、大规模移民和大众传播似乎对后殖民时代的领土和政治秩序造成了持续的冲击。在外围地区，上述问题威胁到后殖民国家（在中东和非洲最为明显）；在中心地区，则威胁到由主权、领土权和民族主义等一系列长期存在的首要制度，而正是这些制度构建起了由国家组成的全球国际社会。

这一整套首要制度同样也受到了全球化了的新自由资本主义的威胁。新自由资本主义作为冷战的大赢家，如今似乎却陷入了巨大的危机之中。不平等正在破坏其政治合法性，自动化和全球化也正在打破其通过大规模雇佣实现的财富分配模式。这种双重危机威胁着过去两个世纪来驱动着世界发展的财富和权力基本引擎的政治稳定。资本主义沉溺于经济增长，并将其视为使人们接受发展不平等的必要条件，如今它对经济增长的沉溺也与环境危机联系在了一起，环境危机迫在眉睫，威胁到了所有人类社会的基本运行条件。互联网正在以多样且复杂的方式改变现存秩序所依赖的国家、社会和经济的关系,资本主义无止境的变革与这种方式密切相关。随着时间的推移,在这个愈加拥挤的星球上日益相互依存的人类正面临着包括从气候变化和全球疾病、到恐怖主义以及针对互联网的威胁、再到全球经济和生物圈的不稳定在内的各种各样、日益加剧的共同命运问题。尽管如今的全球国际社会所受到的国家间战争的威胁比过去很长一段时间都要小,拥有前所未有深入的经济秩序,然而它看起来仍不怎么稳定。使盎格鲁圈脱离其长期以来作为全球国际社会中心的领导地位的同时,英国脱欧和特朗普当选加强了这样一种感觉,即向后西方全球国际社会的大转变正在进行。

　　财富、权力和权威的扩散以及共同命运议题的迫近,对现存全球国际社会构成了不容小觑的复合威胁。现代性在 19 世纪重塑这个世界的时候,它第一次在全球范围内创造了一个紧密结合,相互依存的秩序。由于现代性革命的前沿集中在西方和日本,因此全球国际社会 1.0 版深受欧洲/西方机制、实践和思想的支配。早期实行现代化的非西方国家,尤其是日本,为获得西方的认可,被迫适应了西方模式。从那时起,全球国际社会经历了数次危机,包括世界大战、经济衰退和大萧条,去殖民化以及基于国家和民族平等的秩序对帝国主义秩序的替代。经历过所有这些动荡,总的来说整个西方,特别是盎格鲁圈赢得了所有重大战争,并在全球国际社会中牢牢占据了中心地位。这种统治地位意味着基于人民主权、领土权和民族主义的西方式国家(western style states)界定了全球国际社会中成员的性质。这也意味着至少在 1945 年后的西方,全球国际社会拥有了一个具有目的论色彩的自由主义议程,其在经济领域很成功,但也期望在民主和人权方面也取得最终的胜利。这种自由主义目的论不时地受到挑战,其挑战者,在两次世界大战之间的时期是法西斯主义,在冷战时期则是共产主义。但不知何故,盎格鲁圈总是能赢得胜利继续宣称拥有未来。直到 20 世纪 90 年代初,西方自由主义模式似乎已经没有像样的挑战者了。

　　这种由西方主导的全球国际社会是目前我们所知的唯一一个全球范围的国际秩序,而如今西方主导的部分正在迅速衰弱。西方正在失去的不仅是权力和财富方面的物质优势，同样还有发挥主导作用所必需的观念合法性和国民意志方面的优势。资本主义危机在其中发挥了作用。至于究竟是 2008 年经济危机爆发，还是 2016 年"英国脱欧加特朗普"对全球资本主义的抵制，将成为公认的转折点的基准时间，还未确定。无论是对于转换进程，还是对于另一种全球秩序的可能样貌，都没有可参考的先例。到目前为止，我们只能讨论它不是什么。未来将大大超出后殖民的范畴，因为先前的外围地区不仅在政治上获得了独立，也逐渐获得了财富与权力，它们会寻求表达和追求自身的多样文化，并追查它的历史冤屈。未来可能不是后威斯特伐利亚式的，因为主权、领土权和民族主义等中心的一整套制度看起来很有可能会存续下去并发扬光大。毫无疑问，未来是后西方的，不是指西方会像罗马帝国一样销声匿迹，而是指西方将仅成为财富、权力和文化权威的几个中心之一。

多数有关当前形势的讨论都局限于狭小的范围：中国是否会超越美国并引发权力转移危机？全球经济是否会陷入低迷，这到底是因为金融机构的过度扩张，还是因为本土主义者对全球化的社会影响表现出日益强烈的抵制？某些环境危机，无论是全球变暖、海平面上升还是全球瘟疫，会改变地缘政治和地缘经济的基本假设吗？本章旨在识别一组未来几十年内塑造全球国际社会主要结构性特征看似合理的假设，并以此构建出我们所要面对的后西方景观的整体图景。这里的结构性特征指的是物质和观念的安排，以及其可能正在发展的方向。这些都是从国际关系学的理论视角得出的，但出于篇幅原因，我们并没有明确说明其理论渊源。有所关注的读者能很容易看出，对理论不太了解的读者仍可以凭借自身经验对理论论证进行评判。通过明确这类结构，我们既希望这些基本假设能被置于详细的检查之下，又希望能够创建一个相对简单的分析基础。在此基础上，人们可以将这些结构之间和之中和谐与矛盾之处考虑进来，构建起后威斯特伐利亚式的前景。只有在我们对这一图景有基本认知的情况下，我们才能开始思考自己在其中能有多少施动性空间。

这一研究假设在未来的二三十年间，国际关系的基本面不会发生颠覆性的意料之外的变故：没有大的和突然的气候变化，没有大规模的核战争，没有全球性瘟疫，没有大规模的全球经济或基础设施崩溃问题，人工智能(AI)等也不会对人类的主导地位造成挑战。正如我们下面将讨论的,人们所担忧的这些事情很可能都正在发生。排除这些问题并不是说其绝对不会或永远不会发生,而是为了简化分析的条件,并表明虽然其中一些情况很可能在将来某一时刻发生,但即使它们发生,那也是较为远期的事情。在发生某个或数个意料之外的变故后再思考全球国际社会的本质,与上述推断思考相比较而言,完全是两码事,不过在后者中讨论的某些理据可能也适用于前者。

当然,我们不是第一个尝试超越现在所处转换时期并设法定义新兴全球国际社会结构的人。至少在现实主义圈子之外,学者们已达成某种共识,即经典的多极化不足以充分解释现在的国际形势。当然,世界上将会出现数个财富、权力和文化权威的中心,从这种意义上说全球国际社会将会是多极的。但全球国际社会中还将会有许多非国家行为体,其中一些掌控着大量的财富、权力和权威。国家将很可能仍然是国际行为体的主要形式,但相较于多极性一词或英国学派的大国管理制度而言(Cui and Buzan,2016),国家会更多地卷入全球治理的多重网络之中。即使只考虑国家,新兴的全球国际社会也不会变得与传统理解中的多极一样,因为缺少超级大国或任何可能出现的超级大国,也不会符合为占据整个体系的主导而斗争的现实主义类型。这将是一个没有超级大国,但存在几个大国和许多地区性大国的全球体系。学术界已经提出各种标签来展现这一结构的新颖性和复杂性:诸边主义(plurilateralism)(Cerny,1993)、异极性(heteropolarity)(Der Derian,2003)、没有主宰者的世界(no one's world)(Kupchan,2012)、多节点(multinodal)(Womack,2013)、复合世界(multiplex world)(Acharya,2014a)、去中心的全球体系(decentred globalism)(Buzan,2011;Buzanand and Lawson,2014b,2015a)、多形态全球主义(polymorphic globalism)(Katzenstein,2012)和多阶世界(multi-order world)(Flockhart,2016)。[1]

通过对我们自己以及他人的概念研究工作进行建构和引申,我们决定提出一组较小的,融合的,我们认为能反映出目前发展形势的传统概念:深度多元主义(deep pluralism)、竞争性及其所对应的嵌入式多元主义(contested versus embedded pluralism)。通过深度多元主义展示了权力、财富和文化权威在紧密联系和相互依存的体系中的分布,这个体系正向国家和非国家行为体皆发挥基础性作用的方向迈出重要的一步。虽然仍存在权力不对称,但其所描绘的世界上没有全球霸主,而且这种角色的设想本身也不再具有合法性。这样一个世界尽管可能会有自由秩序的残余,但它是具有不同的经济、政治意识形态的体系(Buzan,2011;Acharya,2014a,2017,2018;Buzan and Lawson,2014b,2015a)。无论我们喜欢与否,深度多元主义已描述了全球国际社会当前的发展动力正带领我们向何处去。不过我们也需要借助一定的术语来说明,这样的情况是应该从积极还是消极的角度来加以理解和应对,施动性和政策的范围在哪里。竞争性多元主义意味着深度多元主义的物质性和观念性的现实受到根本性的抵制。这可能表现为以下形式:国家抵制非国家行为体的作用和地位;前超级大国(最明显的是美国)拒绝放弃它们的特殊权益和特权,大国拒绝承认彼此的地位,并将各自视为对手或敌人展开竞争。嵌入式多元主义改编自鲁杰(Ruggie,1982)的“嵌入式自由主义”概念。[2]嵌入式多元主义意味着全球国际社会中的主要参与者可以容忍深度多元主义条件下的在物质、文化、意识形态和行为体类型方面的差异,而且尊重甚至将彼此的差异视为共存的基础。[3]从另一种角度来看,嵌入式多元主义是对作为人类历史遗产的政治和文化多样性以及独特性的保护和培植(Jackson,2000:23)。因此,嵌入式多元主义的规范立场是建立在负责任的管理、维护文化和政治多样性的全球国际社会的实践伦理概念基础上的(Jackson,1990;Cochran,2008)。嵌入式多元主义在应对如第七章所述的不可避免的共同命运议题时,在一定程度上很可能得到基于共同利益的不同的行为体的支持。

# 关于未来全球国际社会七大关键结构性特征的合理假设

鉴于第一章、第三章、第五章和第七章的叙述,本节提出了关于新兴全球国际社会的七个关键结构性特征的假设,以及支持这些假设的原理。其目的是为深入思考深度多元主义的本质和运行提供明确的基础。这七个结构性特征分别是:全球经济、权力的分配、大国的性质、科学知识与技术、共同命运、规范性结构,以及冲突与暴力。其中一些只需要一个假设,其他的则需要若干个假设。

## 全球经济

**假设** 由美国在第二次世界大战之后发起,并且被 20 世纪 90 年代初苏联的解体得到极大强化的资本主义全球市场体系,尽管目前遇到麻烦,仍将是基本的经济结构。这意味着尽管会有比 2016 年之前更多的限制,世界贸易和全球金融仍将是全球经济的主要特征。不管是在国家还是地区层面,都不会崩溃,回到闭关自守的状态(autarchy)。由于全球市场经济的运行离不开大量的监督和管理,这就迫切需要在全球层面上保持相当大程度的全球治理和大国管理。但不断变化中的技术和政治条件,又意味着这一体系的制度结构和实践将被迫以显著的方式调整和演进。

**原理** 考虑到前文指出的相当严重的资本主义危机,以及英国脱欧加上特朗普当选所体现出的反全球化民粹主义日益增加的政治分量,上述假设似乎相当大胆。其背后有两点原理,第一,全球资本主义是获取财富和权力最快、最有效的手段,除此之外别无他法。两种已知的其他道路——帝国特惠式的资本主义和集权主义的指令性计划经济——都被人尝试过,但都失败了,这个过程覆盖了 20 世纪的大部分时间。第二次世界大战的主要教训是,帝国特惠式的资本主义将世界分割为一个个排他性和竞争性的资本主义圈子,引发了太多冲突。即使奉行防御性政治和强调文化例外的中国,也没有考虑过往这个方向发展。冷战的主要教训,从日本一跃而为经济第二强国的例子上能够发现,即便有苏联这样的经济规模,指令性经济也无法与资本主义相抗衡。如果财富和权力是大多数国家和民族追求的主要目标(我们假定在大多数地方都是如此,且将继续如此),那么目前还没有出现资本主义全球市场的明确替代者。如果全球经济重新退回到某种形式的新重商主义,哪怕只是出现在地区层面,也会导致严重的经济萎缩，随之而来的是几乎会贻害各方的政治洗牌。

第二，资本主义就其本质而言易于发生周期性危机，但其也具有灵活性和适应性。它在许多衰退或终极危机（terminal crisis）的预言中幸存下来，并且通过不断学习和发展进化来应对在它运行的过程中产生的技术和社会的变革。资本主义是一种永续革命。当然这个过程不是一帆风顺的，为适应无穷无尽的变革不可能不出现危机，有时甚至是严重危机。当前不平等、移民、金融不稳定、环境超负荷和就业等问题带来的挑战是严峻的，解决方案的效果并不明显。放开金融监管，并将信贷扩展到超出可持续水平的诱惑，是资本主义体系的一个结构性问题（M.Wolf，2014）。但这一原理赌定资本主义自身适应的速度将会继续超越反全球化的反动和终极灾难。

## 权力分配

**假设 a**　权力在国际体系/社会中将变得更为分散。就国家而言，不会再出现超级大国（将全世界作为其主导区域的大国），取而代之的是一个由诸大国（在多个地区有影响力）和地区性大国（主要在国家周边地区有影响力）主导的国家体系（Buzan and Wæver，2003）。因此，世界秩序将（在经济和环境方面）保持全球化的状态，但在政治权力和权威方面将变得去中心化。由于在一个由诸大国组成的结构中，没有超级大国强力推行一种全球秩序，我们有理由认为一个去中心化的全球政治秩序在形式上具有显著的地区性，各大国控制它们自己的地区范围。也就是说，我们不应低估大多数地区存在分歧的程度，以及对地区性大国霸权的强烈抵制程度（Acharya，2014b：locs.1705—1804）。没有地区性大国的地区（比如非洲和中东）将不存在地方性霸权的问题，但有能否在不存在地方性霸权或超级大国干预的情况下，保持稳定的地区秩序的问题。也许外界权力分配的变化对这些区域的影响很小，这些区域可能仍然会像去殖民化时期以来一样混乱不堪。拥有一个以上大国的地区（亚洲）必须要有所取舍，要么在内部大国竞争的基础上选择一种地方的竞争性多元主义，要么在嵌入式多元主义的基础上构建起一个基于共识的地区性国际社会。

　　**原理 a**　长期以来，权力主要集中在少数几个国家和社会手中，主要是西方和日本。这种集中是建立在 19 世纪和 20 世纪期间展开的现代性革命的方式带来的巨大的发展不平衡的基础之上的。从 19 世纪末开始，日本的崛起预示着他者国家的崛起，但此后一个世纪却未有后来者。近来中国、印度和其他国家的崛起表明，如今越来越多的国家和民族正变得有条件开展现代性革命；结果是这些国家和民族正在取得过去被少数国家独占的财富和权力要素。随着这一过程的开展，国际体系/社会中的国家和民族的权力正在变得更加分散而不是集中。由于许多国家正在崛起，新的大国将无法实现财富和权力的相对集中，而正是权力相对集中成就了英国和美国在现代性推行于世之前的时代中的全球超级大国地位。旧的权力中心不会消失，只是会变得相对衰落。如果特朗普成功地瓦解了支撑美国在全球国际社会中领导作用的信任、联盟和机制，那么美国作为最后一个超级大国的地位将会继续削弱，恐怕还是相当迅速的削弱。

　　**假设 b**　在权力分布更为分散的情况下，大国将会在各自势力范围的交界处展开地区性竞争。

　　**原理 b**　中国和美国在东亚、印度和中国在南亚和东南亚，以及俄罗斯和欧洲在乌克兰和波罗的海国家之间，已经展开了这类竞争。中国和印度可能在海湾地区形成竞争，两者（还有日本）都依赖海湾地区的石油。这种竞争是与势力范围相关的，而与对全球国际社会整体上的主导权无关。

　　**假设 c**　尽管方式复杂，在诸国家和社会之间也将出现权力的扩散。一些非国家行为体将获得相当的权力，不仅能与其他非国家行为体，而且能与（自身所在及/或更遥远的）国家结盟，或构成挑战。在国家能力体系光谱中位于弱势/失败一端的国家将更容易受到非国家行为体的挑战。对于体系光谱中位于中间位置至强势一端的国家而言，权力向非国家行为体扩散及其对国家构成挑战的程度，将取决于特定国家的开放程度或封闭程度。强国可能会出于一系列的目的与非国家行为体结盟，其中既包括援助和发展，又包括搅乱和颠覆其他国家、政权和非国家行为体。这一分层的权力观可用前文提到的一些术语来概括：异极性、多元复合的世界、多阶世界和诸边主义。

**原理 c** 在某些方面，权力的扩散正在赋予国家权力，使国家和本国的人民对立起来。但在其他方面，权力的扩散正在赋予非国家行为体以权力，使其既能对付所在的国家，又能跨越国界对付其他国家、其他非国家行为体和全球国际社会。非国家行为体攻击当地国家（如阿富汗、尼日利亚、土耳其、斯里兰卡、印度、刚果和许多阿拉伯国家）以及遥远的目标（"基地"组织和"伊斯兰国"）的记录早已连篇累牍。在非暴力政治方面，非国家行为体也很有影响力，这既体现在环境问题和人权运动中，也体现在提供援助、发展援助和救灾等方面。

## 大国的本质

**假设** 在未来几十年间主宰全球国际社会的将是多个内向性的甚至是自闭性的大国。就个人而言，自闭症是指因来自周围社会的信息而倍感压力，使个人的行为更多地受到内在暗示的影响，而不是受到与他人的互动的影响。就国家而言，可以理解为针对外部作出的反应更多地基于国家的内部进程——如国内政治议价、政党竞争、对公众意见的迎合（无论是民族主义还是孤立主义）等——而不是对构成国际社会的其他国家和社会进行理性的、以事实为依据的评估与接触（Senghaas，1974；Buzan，[1991]2007：277—281；Luttwak，2012：13—22）。在某种程度上，这种意义上的自闭是国家的正常特征。在国家的政治结构中，国内因素通常是最优先考虑的，或因为国内因素对政权的存续是必要的，或因为政府正是为了代表其公民的利益而如此这般被设计的。但大国之所以成为大国，部分原因是其承担着更为广泛的责任。沃森（Watson，1992：14）将这种责任命名为"体系理性"（raison de système），将之定义为"使体系得以运转的信念"。与这一概念相对应的概念是"国家理性"（raison d'état），"国家理性"显然是现实主义的核心，同时暗含在诸多西方国际关系理论和实践中。一个国家，尤其是大国，推行的是自闭自足的外交政策，它们不仅做不到维持"体系理性"，还会与社会环境脱节，甚至对自身的政策和行为将对"他者"的看法和反应造成的影响视若无睹。在这种情况下，易怒的过激反应的循环可能更易发生，建立信任变得困难或不可能。每一方都只关注自身的利益、关切和公正（rightness），对"他者"的利益、关切和公正漠不关心。如果对于自闭自足的判断被证明是正确的,那么不太可能再有负责任的大国。在深度多元主义的背景下,大国责任的缺失意味着出现一个竞争性多元主义的国际社会,这样的国际社会是脆弱的,且相当容易走向失控。

**原理**　基于两个原因,不管是在现在还是不远的将来,大国的自闭倾向都会很强。第一,老牌、先进的工业大国(美国、欧盟、日本)虽然不会出局,但已疲惫不堪,在物质实力和合法性上受到了削弱,并且越来越不能也不愿意再发挥领导作用。2016 年英国脱欧运动和特朗普"美国第一"竞选活动在吸引选民投票方面都取得了惊人的成功,就很好地说明了这一点。不管怎么说,欧盟的外交和安全政策机制都很薄弱,且深陷欧元、英国脱欧、移民、土耳其和俄罗斯等自身问题的困境,没有足够的外交精力,也没有足够的合法性去考虑"体系理性",只能勉强维持"地区理性"。日本一直专注于恢复其作为"正常国家"的地位,并想办法对付一个迅速崛起、但基于历史原因始终对日本不满的中国。崛起中的大国(中国和印度,可能还有巴西)非常渴望获得大国地位,并有可能成为大国阵营的新鲜血液,但它们同样热衷于固守自身作为发展中国家的地位,它们想要坚守自己的文化,反对西方的长期统治,某些国家,正在培养一种根植于历史积怨的民族主义。但是,尽管这些崛起中的大国很清楚要反对什么,但对它们想要什么样的全球国际社会的替代方案并未表达出明确的想法。这种情况使它们优先考虑自身的发展,它们不无道理地指出,它们自身的发展对它们来说就是一项庞大而艰巨的工作,开发它们自己庞大的人口本身就是对全球国际社会了不起的贡献。据此,它们拒绝承担更广泛的全球管理责任。俄罗斯不是一个崛起中的大国,实力弱,名声不好,过于以自我为中心,而且太固执于帝国主义思维,无法承担领导全球的责任。而在中国-美国、俄罗斯-欧盟、美国-俄罗斯和中国-日本关系中,典型自闭症易怒行为-过激反应关系的循环已经呈现。

## 科学知识与技术

**假设**　19 世纪开始的科学知识和技术的迅速积累、进步和传播将在广泛的范围内继续拓展。正如 19 世纪以来的发展所表明的,科学知识和技术会赋予人类越来越多的新本领,但对经济、社会、政治、法律、军事和道德结构等施加了持续且巨大的压力。人类将继续身处 19 世纪以来的知识爆炸之中,从那时起科学知识和技术似乎就已在推动永无止境的社会革命。由新技术加速引发的社会变革的确切形态和特征都难以预测。在 20 世纪 90 年代互联网蓬勃发展之时,几乎没有人能充分理解其发展的后果。目前人们对于所谓奇点(singularity,某种智慧形态出现的一个节点,不管是机械体还是生命体,都将达到乃至超越人类能达到的水平)的思考还未达成意见的统一,还不确定人们所期待的未来几十年将达到的这样一种发展是人类的幸事还是灾难(Mills,2013;Bostrum,2014;Brynjolfsson and McAfee,2014)。

**原理** 科技进步是一种已确立的发展模式,如今已深深植根于大多数国家和社会,并在资本主义全球化的推动下得到强化。以这种方式谋求进步,即使在诸如冷战这样的重大意识形态对抗时期也没有引起异议。要中断这一模式,要么发起一场非常大规模的观念转变来远离理性主义和这一模式所带来的财富和权力,要么全面而持久地瓦解支撑这一模式所必需的社会秩序。上述任一做法都将使推断的(可控)模式异变为意外变故的(失控)模式。从理论上讲,知识和技术的可能性是有限的,它们是自我设限的,但就算情况是这样,也没有迹象表明我们接近了这一点。从材料科学到物理和天文学,再到生物技术和算法,几乎每一个新的知识和技术领域都在以很快的速度不间断地发展。近几十年来,信息技术、材料科学和遗传学的发展速度和规模证明了这一点。当然也存在强烈对专家的抵触情绪,这种情绪可能会在政治上被加以利用。但这远远不能说明在技术、治理和经济等复杂问题上,从一无所知的角度制定政策要比根据现有的最佳知识去制定政策更可取。

## 共同命运

**假设** 如第七章所述,人类将越来越容易受到共同命运的影响,其中一些是自然的,而另一些是人为产生的(Rees,2003;Bostrum and Ćrković,2008;N.Wolf,2011;Mills,2013;Homer-Dixon et al.,2015)。这些非传统威胁性质的共同命运的凸显,将日益挤占之前在安全议程中占主导地位的、由国家和社会彼此施加的、更为传统的军事/政治威胁的分量。随着"共同安全"(security with)这一更为广泛的逻辑变得更为强烈,它们将与"国家安全"(security against)的逻辑展开竞争(Buzan and Hansen,2009:187—225;Cui and Buzan,2016)。其中一些共同命运问题将给全球管理带来持续不断的压力,最明显的是全球市场动荡、气候变化、疾病防控和保护地球不受太空陨石撞击等方面。然而一些共同命运在给全球合作带来压力的同时,也在大国竞争武器化创造了机会,其中最明显的是网络安全、移民和人工智能的崛起。究竟上述何种趋势会成为主流,将与全球国际社会的走向——是竞争性多元主义还是嵌入式多元主义——密切相关。

**原理** 人类占有地球的密度越来越大,相互依存和发展的水平随着人类彼此互动能力的提高而上升且趋于复杂,这种情况使得人类在结构上更容易受到上述种种共同命运的影响。除了非洲和中东,在世界上大部分地区,随着人口数量增长而不断上升的人类占有地球的密度将会放缓,而这两个地区看来密度还会上升。随着现代性革命进程的扩散,几乎所有地区都因经济发展和生活水平的提高,人口密度有所上升。尽管埃隆·马斯克有殖民火星的雄心,但在未来数十年内对于人口问题都难以搞出一个"逃离地球"的解决方案。

# 规 范 性 结 构

这个领域的结构性特征是与社会相关的,社会是一个有争议的概念,需要作出一些解释。所有社会,包括国际社会和世界社会,都需要某种巩固身份的规范或道德基础,以此人们得以定义"我者"和"他者"。这种规范性结构界定了谁是社会的合法成员,以及什么是社会内部的合法行为。在全球层面是否存在所谓的社会是有争议的。英国学派通过从主权和外交到民族主义和人的平等等一系列共有的首要制度来界定国际(亦即国家间)社会自身及其成员,从而成功地证明了国际社会的存在(Bull,

1977；Buzan and Schouenborg，2018）。这是一个由国家组成的社会，也可以看成是一个由众多小社会组成的大社会。其成员数目相对较少（大约 200 个），并且有一套由其成员国共同遵守的相对明晰的制度与根本规范。社会学家们对于国家间社会的兴趣相对较小，他们中的大多数不认为这也称得上一种社会形式。一个由全人类组成的世界社会概念更符合社会学对于社会的主流看法，但在实践中与其说它是一个可辨的事实，不如说它是一种哲学建构。社会是由人组成的，在全球层面没有什么比人人平等这一普遍共识更能凝聚人心（它取代了长期以来植根于种族、阶级、性别和地位的种种假说，正是这些说法巩固了种族主义、奴隶制、帝国和女性的劣势地位）。从全球视角来看，由人类个体组成的人类规范性结构被分裂为许多全球层次以下的文明、国家和宗教认同（J.Williams，2015；Buzan，2017；Buzan and Schouenborg，2018）。在全球国际社会的国家间互动维度与人类社会的身份互动维度间来回兼顾平衡的，是紧密而复杂的、非国家的、民间或非民间的跨国行为体。

对由国家组成的国际社会和由人（或民族）组成的世界社会的划分，导致对新兴的全球国际社会的规范性结构出现了截然不同的假设。

**假设 a** 由国家组成的国际社会的全球规范结构会比以往任何时候都更加牢固，哪怕存在一些断层线，也表明了首要制度深化和扩大的明显迹象。

**原理 a** 冷战结束后，人们就一系列界定全球国际社会的首要制度达成了相当广泛的共识。这些制度包括：主权、领土权、外交、国际法、市场、发展、民族主义、人类平等、大国管理，以及一定程度上还要算上战争。由于所有大国和许多地区强国从根本上说实行的都是资本主义，所以围绕全球市场资本主义所达成的共识是显著的。这标志着自冷战以来全球国际社会的意识形态带宽大为缩窄了，而冷战时期的核心议题是"资本主义或不"。这并不是说在诸如不干预、全球市场如何运行和如何进行大国管理等这些事情上的争论或分歧统统消失了。上述争论原则上是与民主和人权相关的，因此民主和人权并不能算作国际社会中的全球性制度（Buzan，2014：158—161；Buzan and Schouenborg，2018）。在这些分歧之外，可以看到另一覆盖面广、生气勃勃、在某些方面（比如主权、领土权、民族主义、外交、人类平等)还相当深刻的规范性结构在支撑现今的国家间社会。上述的某些方面,如民族主义和人的平等,在世界社会中也起着重要作用。环境管理,即人类应出于集体责任和自身利益的考虑来善待地球的理念,在最近的 21 世纪作为一种新的首要制度而出现,这与民族主义在 19 世纪、市场在 20 世纪出现的情形相同(Falkner,2016;Falknerand Buzan,2017)。共同命运有可能催生出共同的道德和文化的基本要素,从而把世界社会推进到国家间社会(Clark,2007)。这种规范性结构的核心(主权、领土权、民族主义)看起来是稳固的,但威权主义和民主国家之间在政治规范层面的两极化,以及大国对势力范围的竞争,可能会严重制约原本日益强化的国家间社会的发展(Buzan and Schouenborg,2018)。

**假设 b**　与过去几十年相比,世界社会的全球规范性结构将呈现出愈发碎片化和多样化的趋势。

**原理 b**　西方长期的主导地位及其自由主义的"文明标准"提供了一种全球文化和道德的表象。在来自中心地区的盎格鲁圈的推动下,自由主义思想在全球范围内呈现出的优越性主要是在经济利益方面。这一层薄薄的粉饰因目的论的自由主义宣称拥有未来而加强,而这一宣言反过来又被盎格鲁圈的物质实力优势强化,并将其下丰富的文化多样性遮盖起来。西方的相对衰落意味着,物质权力和道德权威在更大范围的参与者中变得更加分散。随着现代性从最初狭小的中心地区传播出去,真正后殖民意义上的世界社会的现实如今正变得清晰可辨。自由主义价值观仍将在西方称雄,不过就算在西方它也面临着本土主义、民粹主义和新法西斯主义反全球化观点的严峻挑战。自由主义价值观在其他地区传播有限,但也仍将在国际上作为主要的政治观点之一而保持全球影响力。"他者"的崛起,一大批进行跨国运作的非国家行为体凭借互联网所产生的影响力,将重新盘活众多西方以外的文化道德资源,最明显的是伊斯兰教和儒家思想,也包括集权主义的本土传统。总而言之,这将指向一个更加多元的道德/文化秩序。这一点已经很明显地体现在中国政府主张的"中国特色"、印度对印度教特征(Hindutva)的培养、俄罗斯主张回归斯拉夫身份,以及穆斯林将伊斯兰教作为另一种道德秩序加以推广等行为之中。人们对全球化的热情正在减退,对民族主义和所谓文明主义的热忱在回归。身份政治对经济的审判不仅发生在中国、俄罗斯、日本和亚洲的大部分地区，也发生在作为自由主义腹地的欧洲和美国。从某种意义上说，随着西方短暂而强大的反常优势地位被现代性革命的全球传播所冲淡，世界社会正在回归其文化多样的历史常态。

## 冲突和暴力

**假设 a**　大国间的全面战争仍将受到高度制约。战争可能是由偶然事件或粗心大意所引发的，但基本不可能出现如第一次和第二次世界大战那样是强国通过理性的政策选择而发起的战争。在全球层面，大国越来越不愿出于争霸的动机向其他大国挑起冲突和战争。如果要在嵌入式多元主义的基础上建立全球秩序，就必须进行谈判、达成共识。也就是说，在一个去中心的全球国际社会中，大国之间在限于区域规模的争霸行为和势力范围的竞争仍然相当激烈。

**原理 a**　大国挑起全球性战争不再有赚头了，恐怕不管如何选择，发动战争总是弊大于利。（军事）手段的破坏力太过巨大，代价太高，而通过征服获得领土的合法性太低，在被占领土上出现抵抗的可能性太高。此外，在属于大国的世界（即没有超级大国）里，没有任何国家有能力，也许也没有任何国家有野心争夺全球霸权。正如美国过去几十年的经验所示，发动战争的成本越来越高，负担也越来越重，就连战争本身以及美国对战争的操持都在丧失合法性。如上所述，印度和中国等新兴大国更愿意优先考虑自身的发展。就这一考虑来看，它们与 1941 年以前奉行孤立主义的美国没有多大的不同。目前美国和中国之间的竞争，虽然通常被理解为是全球主导权之争，但更主要的还是亚洲的主导权之争。也就是说，大国可能会寻求区域的主导权，尽管在一个区域存在不止一个大国，为达上述目标而不惜发动全面战争的做法，将受到恐战情绪的制约。

**假设 b**　国家间战争整体来说不会频繁发生，只是例外而非常态。但这绝不意味着大量军事恐吓、裹挟挑衅和军备竞赛会退场。

**原理 b**　与原理 a 相同的论点同样适用于此。

**假设 c**　国家与非国家行为体之间以及敌对的非国家行为体之间的战争，将成为"国际"暴力的主要形式。

**原理 c**　自 2001 年和全球反恐战争开始以来，可以清楚地看到非国家行为体也有能力招募、训练、动员和武装有实际作战能力的部队。越来越多的记录表明，它们既互相攻击（主要在中东），又攻击远在欧洲和美国的目标。中东、非洲和亚洲部分地区后殖民政治秩序的崩溃，以及若干失败国家和诸多弱国的出现，为暴力性质的非国家行为体营造基地提供了良好的机遇。在人们对历史上殖民主义的憎恨不绝如缕而西方霸权仍存残余的背景下，道德/文化多样性的重新浮现为"圣战"分子提供了强大的合法性。全球化的经济形态使得这些"圣战"分子很容易就能从民间和某些国家获得装备和赞助。

**假设 d**　国家间的互动仍将是诱发冲突和暴力的一个主要但重要性相对下降的因素。种族主义作为冲突诱因的作用在持续下降，但文化差异尤其是在涉及移民问题时，仍是引发冲突的强力诱因。由于世界各国普遍融入了全球市场资本主义，意识形态因素的驱动作用在下降。不过考虑到前文所讨论的资本主义危机，经济发展的不平衡很可能成为驱使国家爆发内部而非彼此冲突的一个日益增长的诱因。正如第七章所述，全球资本主义正在缩小国家之间的差距，而同时拉大了各国内部的不平等。这种动机模式表明，暴力和冲突将更多地发生在国家内部或跨国社群之间，而非国家之间。

**原理 d**　许多国家仍随时准备围绕领土问题进行斗争，对于那些已被民族主义神圣化的土地更要寸土必争。各国还将在地方/区域的地位问题上展开竞争，甚至可能动用武力。但全球资本主义的出现使各国出于经济的考虑而慎用武力，全球霸权竞争的狂热已一去不返。尽管威权主义和民主之间的分歧可能仍然很大，但像 20 世纪那样的深刻的意识形态分歧已不再起作用。种族主义动机已被后殖民时代对人人平等的普遍追求所抑制，但许多地区对大规模移民的抵制表明，文化差异，尤其是宗教差异举足轻重。如今的身份政治似乎更多地取决于文化而非种族。资本主义尚未找到解决极端不平等的方法，不平等仍将加剧并越来越具有政治敏锐性。通过保持经济持续增长来掩盖不平等的传统方案越来越不可靠，自 2008 年经济危机以来，该方案也越来越难以为继。英国脱欧和特朗普当选表明，19 世纪那种以鼓吹民族主义来应对阶级差异的做法或许仍有一定的用处，但可能会扰乱全球经济，而全球经济是所有人的财富和权力的依托。资本主义将会因其内部矛盾而走向灭亡的预测，许多次都以失败告终，也表明了资本主义体系的学习能力和适应能力永远不能被低估。但如果富有的精英阶层为了巩固自身的地位，无论是通过挟持国家，还是利用控制技术，抑或撤回到受保护的飞地之中，冲突都在所难免。

如果你认为这一系列的假设和原理是合理的，那么它们之间的协同和矛盾之处也就是显而易见的，其展现的并不只是一幅简单的图景。我们主要想表达的是，尽管强大的结构性力量在连续性和变革方面发挥巨大的作用，但这种力量也常常带来相反的结果。在未来几十年，关于全球国际社会的前景，以及在竞争性多元主义和嵌入式多元主义之间作出主动选择的可能性时，这一张力会带来什么样的启示？

# 展望：后西方的全球国际社会

对于未来几十年的全球国际社会，通过以上的分析我们提出三种预测。第一，全球国际社会正在进入一个相当深刻且持续转型的时期。第二，新兴的全球国际社会将不是某种形式的"回到未来"，而是某些相当新颖的存在，在本质上超出了主流国际关系理论的范畴。第三，新兴的全球国际社会将呈现为地区和全球层次之间的深度多元化结构。

## 转型

当前的全球国际社会明显正在摆脱长期以来由西方主导而呈现出来的由美国领导的中心相对较小、外围相对较大的中心-外围结构。这种转型正朝着一个文化和政治上多样化的地区大国集团方向发展，在这个过程中，中心地区不断扩大，外围地区不断缩小。与此同时，整体上全球国际社会的国家中心主义正在被各种各样的非国家行为体（包括民间和非民间）日趋增长的作用和权力，以及无止境增长的互动能力和共同命运所重塑。这一新兴的、以后西方为特征的1.2版的全球国际社会物质权力结构和规范性结构将与西方主宰全球的模式截然不同。物质权力将变得更加分散,规范的合法性也将变得更加分散;这一合法性将植根于多元文化,包括自由主义但不再受其支配。这样的文化多元主义不仅存在于国家之间,也存在于国家与各种各样的非国家行为体之间。所有这一切将伴随着一种政治转变,即从驱动20世纪国际政治进程的左-中-右意识形态分野,转向以支持内向性的、保护主义的民族主义和本土身份政治为一方,和以支持开放社会和全球化为另一方之间的紧张局面。大多数社会都将被这个对立问题所撕裂,它们的国内政治很有可能围绕着这一问题动荡不安。俄罗斯和印度是奉行内向立场的典范。中国在全球化中做得很好,但总体上是内向的。日本同样在全球化中做得很好,但依然固守身份政治。自由主义先前的大本营美国、英国和欧盟在这个问题上陷入严重对立。

## 不是"回到未来"

这场转向文化和物质多元主义的运动,并不是简单地回到前现代时期的原初状态。在前现代时期,文明是半自主地发展起来的,世界上同时存在几个财富和权力的中心,彼此之间基本上没有什么联系。在新兴的全球国际社会中,权力和规范合法性的扩散将是在持续、深入且不可避免的相互联系的状态下进行的。因此,19世纪和20世纪被西方强权和自由主义所压制的其他文化如今正在重新浮现,但其现身的方式远远谈不上自主。崛起中的大国虽然会重新发现和重新确证(re-authenticating)自身的文化根源,但也不可避免地会融合现代性的制度和理念。现代性已经融入其社会、经济和政治机体之中,就像西方一样,在它们对权力和财富展开追求之时就已离不开现代性。因此,崛起中的大国代表了与前现代形式截然不同的文化融合。所有接触到现代性的其他文化,都将像西方文化一样因现代性而改变(Katzenstein,2010:14—38)。在西方之外,日本为本国文化与现代思想和实践的稳定融合作出了表率,中国和其他国家如今也在这条路上稳步向前。现代化以及不平等与综合发展的逻辑并没有导致日本、中国或印度成为西方的翻版(Rosenberg,2013,2016)。与此相反,各国社会都找到了将现代化的制度和观念内化到自身文化之中的既不同于西方、也不同于彼此的独特的文化融合的道路。因此,虽然新兴的全球国际社会在文化上会变得比西方主导的时期更为多元,但在构建过程中也将共享以现代性观念和制度为基底的重要遗产。

## 一个层次分明、深度多元主义的后西方全球国际社会

事实上,结构性压力常常形成反向推力产生一种更为深度多元、层次分明的全球国际社会的形式。国家和民族之间在政治、文化以及一定程度的经济区别开来的愿望是强烈的,这一愿望日益明显地与更加分散的权力分配和文化合法性联系在一起。这一结合,再加上各大国可能出现的自我封闭的倾向,表明一种强大的趋势,即国际社会越来越地区化,在文化上和政治上越来越不同。然而与此同时,全球国际社会的规范性结构还相对强劲,除非各个国家和人民准备接受各自的财富、权力和安全水平大幅缩水,否则包括维护全球经济在内的共同命运会使大量的全球层面的合作不可避免。存在强大的反向拉力的事实不仅意味着国家和非国家行为体的施动范围是巨大的,而且意味着一个更虚弱、更碎片化且区域化的全球国际社会或者是一个更强大、相互联系和全球化程度更深入的全球国际社会都不是最可能的结果。区域和全球层面的秩序可能是零和的,如同 20 世纪 30 年代的情形。然而正如欧盟等经济区域主义所表明的那样,它们也可以兼容,这种区域主义不仅为全球经济秩序提供了一种替代或退出的方案,而且也提出了一种在全球博弈中构建更强谈判地位的途径。与 20 世纪 30 年代或欧盟形成时期相比,我们面对的世界在区域和全球层面提供的是一种稍微不同的辩证逻辑。目前推动这两种选择的力量表明,在未来几十年中最有可能的结果是一种包含两个版本的秩序。未来几十年的难题在于,如何协调文化多样性复兴的过程中出现的本土需求和希望解决共同命运问题的全球化意识,以及如何在一个没有超级大国、核心集团、主流文化或意识形态主导的高度多元化的世界中做到这一点。

这些看似矛盾的结构性压力所指向的是一个更加多层次的全球国际社会,在这个体系中,由文明主义推动的区域或次全球层次层面的差异化,将与为应对共同命运问题的需要而出现的多元全球层次一起发挥作

用。令人高兴的是，全球国际社会机制的多元解释在许多方面都非常适应文化多样性。主权、不干涉、领土权和民族主义都有利于维护和/或培育人类历史长期以来形成的政治和文化的差异性与独特性。从实际情况来看，这种双重运动将引起区域层次和全球层次之间的目的性的转变。在区域层次，为了支持政治和文化差异，治理活动将变得更加普遍，或许可以在地区性霸权的领导下完成，或许也可以通过更多的协商一致来完成，如同欧盟地区的治理或非洲国家通过谈判退出国际刑事法院所表明的那样。从特定意义上说，欧盟完全达到了其对于自身的设想，堪称典范，因为它展示了如何应对因文化因素造成的区域差异。全球层面的治理将不再那么笼统，而更侧重于明确应对共同命运时具体的职能议题。西方推动的把自由价值观作为全球秩序普遍基础或"文明标准"的计划，将在全球范围内受到削弱，即使在西方内部（特朗普当选和英国脱欧表明也不一定）以及某种程度上在其他地区依然保持强大。从政治和道德正确的广义观点来看，没有什么"普世"的观念可以代替它。现代性并非沿着一条，而是沿着多条政治和社会路线展开。

　　那些在中国、俄罗斯、伊朗、法国、印度和其他国家内长期反对美国/西方霸权，呼吁建立更为"多极化"的国际秩序的人将如愿以偿。但在"愿望"故事难以琢磨的传统中，他们将得不到想要的东西。无论如何，各区域将要越来越多地自谋生路。在既没有超级大国、又没有全球主导意识形态的情况下，在全球层面上世界不会再像过去几十年那样总体上是关于政治和社会领域的秩序。相反，它将是关于一系列明确的功能性协议和机制，以应对所有人都得承认和接受的共同命运问题，而不能再把后者当作政治争议的领域。美国和苏联在深陷零和竞争的情况下仍然能就核不扩散问题达成一致，或许预示着全球国际社会将会退回到一套有限的功能性任务中去。最近 2009 年的哥本哈根会议和 2015 年的巴黎会议在气候变化问题上由分歧转为共识，表明了在应对共同威胁上出现了特定的功能合作（Falkner and Buzan，2017）。《巴黎协定》目前来看发展势头仍然良好，能够经受住特朗普的反对，这也增加了美国的超级大国地位将要不保的信号。

　　沿着这条双轨发展的线索，可能要对过去几十年来我们长期沿用的全球国际社会进行重新概念化。从某种意义上说,一套确定的、所有人最终都将遵守的、普世的政治与社会价值的自由连带主义假设将被推翻。从文化和政治的角度来看,未来将出现的是一个明显深刻的、嵌入式的、多元主义的全球国际社会,其建立在共同首要制度的强大基础之上,并受到一系列共同命运问题的威胁。因此,全球国际社会在应对共同威胁的职能安排方面很可能包含大量的连带主义因素。另一种选择是竞争性深度多元主义,在这种情境中,自闭的大国会忽视自身已受困于高度全球化背景之下相互依赖和共同命运的事实,只追求自身狭隘的利益。在这种情况下我们可以预见,全球层面上的共同命运问题将面临严重的管理不善,各国将围绕区域性的势力范围展开频繁的角逐。

问题是如何平衡新兴的深度多元主义全球国际社会的发展,使其既能在全球层面应对共同命运问题,又能满足世界社会对文化多元化的需求。自闭的大国,无论新旧,都需要将注意力从民主与威权这两个相互冲突的理念或世界秩序的一般普遍原则上转移开来。它们需要在更广泛的政治和文化方面追求容忍和共存,并把注意力集中到应对共同命运问题所必需的全球层面的具体功能领域的合作上。如果区域化的势头滑向了大国间的动荡与竞争,那么就很难厘清所谓的全球层面的共同命运问题和大国间彼此竞争的手腕之间的差别了。一颗破坏力巨大的小行星将与地球发生碰撞,这显然会被视为一个压倒所有分歧的共同命运问题。维持全球贸易的稳定,以及抵御全球瘟疫,也是相同的道理。但像移民、核扩散和网络安全这样的问题,可能要从更为局部的角度来看,特定事态的发展可能会对一些国家有利而对另一些国家不利。最近有人怀疑,俄罗斯很愿意看到欧盟被搅进一场难民危机,不管这种说法是否属实,这很好地揭示了上述的局部逻辑所发挥的作用。在网络安全议题上可能也存在相同的逻辑,即该议题在一定程度上体现出全球共同命运问题,也在一定程度上是大国竞争的斗争资源。由此,全球国际社会的运作是好是坏将取决于这一博弈的主要方面是呈现为全球层面的共存,还是区域层面的竞争。

共存和竞争结果之间施动范围的一个关键因素是如何处理历史记忆问题。西方和美国霸权以及自由普世主义的衰落,可能会带来的好处是,冷战结束以来困扰全球国际社会的一些问题,比如针对这种霸权的反应、怨恨和反抗正在缓和。随着美国和西方主导地位的合法性逐渐下降,全球国际社会的领导力被削弱,也没有其他势力来填补空白。然而,反应、怨恨和反抗的缓和将取决于人们脑海中欺凌和侮辱的历史记忆的消退,这些记忆的消退可能需要很长时间,仍会在后殖民时期滋生出怨恨。这些历史记忆对许多地区的统治政权在政治上具有利用价值。这种手段,帝国主义的日本在其极盛之时就已采用过,俄罗斯和伊朗也在玩同样的把戏,印度尽管迄今为止还没有这么干,但也有类似的迹象。反对西方历史怨恨可能会在西方的主导阶段告终之后仍有存留,如果这将是事实,那么在全球层面的共同命运问题得到妥善应对的机会将会减少,反过来将加剧区域层面的竞争。

不管怎样,一个明确的预测是权力和权威都将会广泛扩散,非国家行为体与国家一起将发挥越来越大的作用,将会给现有的政府间国际组织的结构带来巨大的压力。正如德国和日本无法进入联合国安理会所表明的那样,即使在西方主导的全球国际社会的范围之内,当前的政府间国际组织也已经相当过时。在一个以深度多元化和中心地区不断扩张的后西方全球国际社会中,第二次世界大战后形成的政府间国际组织如果不能适应财富和权力更为分散、道德和文化的观念格局更为多元的新环境,就必将面临日益严重的合法性危机。作为对这类核心机构内部缓慢调整的回应,中国促成的亚洲基础设施投资银行(AIIB)恐怕预示着一场将会持续数十年之久的围绕政府间国际组织和机制的重组而产生的博弈,博弈的结果是这些组织机构将会更好地适应未来后西方世界秩序的对偶性(duality),以及区域和全球层面目标划分的变化。[4] 好的一面正如奥利弗·施廷克尔(2016:locs.434—532)所言,非西方国家基本上支持现有的秩序,但希望改善自身在其中的地位。问题在于,一般意义上的西方,以及尤其是美国,能否作出调整,从自认为是全球领导和普世主义的自由观的不可或缺的提供者,到理解自己不过是一个由文化上和政治上有所差异的"同辈"们组成的深度多元化的全球国际社会中的一分子。在巴拉克·奥巴马任内,美国就已对亚洲基础设施投资银行表示了反对,这表明上述的调整过程将经历漫长而艰难的过程。

在所谓的全球治理中,较弱小的国家和非国家行为体在全球规范和机制建设中发挥越来越重要的作用,这可能是机构重组过程中需要考虑的额外因素。到目前为止,大国管理和全球治理间更多地被视为对立而不是通力合作,全球治理倡导者们在某种程度上将大国(错误)管理视为问题所在。在一个深度多元化的全球国际社会中,无论是大国管理还是全球治理都不足以支撑起应对共同命运所需的秩序。两套机制必须协同努力,否则将会置全球国际社会于脆弱、管理不善的境地(Cui and Buzan,2016)。

# 结　　论

这种展望未来的演练很难提供一个水晶球来展示后西方全球国际社会的详细图景。但上述内容确实为我们现在所处世界的发展趋向及其主要动力提供了一种合理概述。前文粗略描绘的未来有足够坚实的根基,可以作为理论建构和政策讨论的基础,我们表明了什么是确定无疑的,什么是悬而未决的,从而确定了一个相当大的施动范围。我们既不持乐观态度也不持悲观态度,我们确信某种深度多元主义的全球国际社会即将到来。但在这之中,就多元主义的形态即竞争性和嵌入式多元主义的优缺利弊而言,读者们兴许能够得出自己的结论。我们不打算在诸多有关世界历史是非曲直的激烈辩论中选边站队。我们试图向读者表明,不管人们喜欢与否,人类正在步入另一种全球政治和文化图景,这与我们19世纪以来所处的图景截然不同的,尽管依然被其强有力地塑造。后西方世界如今已出现在我们眼前,我们可以确定其中的诸多关键特征,在这一全新的全球性场景中探寻之时,我们可以选择如何在这一新的全球图景中巡航。

**注　释**

1. 关于对极性理论过于简单化这一点的详细讨论和批评,详见 Buzan,2004b, 2011 和 Acharya, 2014b:locs.343—492。

2. 嵌入式多元主义还可以在约翰·威廉姆斯(John Williams，2015)关于需要真正接受差异和共存的"不容忍的不容忍"的论证和菲利普·沙尔曼(Phillips Sharman，2015)不同类型的单位可以成功且持久地产生秩序,只要它们具有某些非冲突/或兼容目标的证明中找到支持。即使是布尔(Bull，1977:286—287)对多元主义的经典辩护,反对那些试图推翻或忽视人类社会深层分歧的更雄心勃勃的计划,也可以被解读为指向嵌入式多元主义作为所希望的态度。我们在此试图在第一次尝试的基础之上,解决布赞和舒恩伯格(Buzan and Schouenborg，2018)所提出来的深层的和嵌入式的多元主义思想。

3. 这与阿查亚(Acharya，2014b)分析亚洲安全时提出的"联合国家安全秩序"的概念有相似之处。

4. 有关围绕政府间国际组织的改革和重构的新兴博弈的详细评论,请参见Stuenkel，2016，chs.4 and 5。

# 第十章
# 迈向全球国际关系学

# 引　言

在这一总结性的章节中,我们首先对本书中有关国际关系实践与国际关系学的演变进行简要评述。其次,我们将讨论国际关系理论和学科某些最新的发展方向,在强调学科领域拓宽的同时,也要指出在学科文献中长期存在的西方中心主义思维。再次,我们将考察全球国际关系学(以及诸如非西方或后西方国际关系学这样的相关概念)的出现。我们着眼于考察全球国际关系学的核心要素,概述围绕它的一些争论,其得以构建并改进的方式,以及这些努力面临的挑战。我们呼吁学科的第三次创立或重新创立,不仅是出于规范性的考虑,这也是使国际关系学适应一个业已全球化的、深度多元化的、后西方的世界的必需之举。

在第九章中,我们介绍了竞争性与嵌入式多元主义的思想,以对后西方的世界秩序进行概念化。由于国际关系学的思想总是跟随国际关系现实的,本书也根据我们这样的判断来立论,我们可以预见,国际关系学,无论是学科史还是它的理论,都将更为多元化。我们所说的多元化是差异化(differentiating)而非负面意义上的碎片化,尽管一定程度的碎片化也在所难免。但是向后西方世界秩序的转换仅仅是在近几十年间才浮现出来,还需要更多的时间来完成。这不是一种那种像1945年轴心国集团被击败后或 1989 年苏联解体那种快速转换。与之相伴的全球范围内的国际关系学科内部的"观念转换"（Acharya，2016）也许需要同样长的时间来完成，我们希望这一学科更新的进程不要落后于正在推进中的深度多元化进程太多，在某些方面甚至还可以期待这一转换的实现。迈向全球国际关系学的进程已开启并将进一步增强。但这也将面对若干巨大的阻碍，尤其是西方在这一学科中根深蒂固的主导地位，全球南方（global south）持续存在的条件，阻碍着全球国际关系学计划的迅速实现。

　　本书的一个重要观点是，尽管努力将更广泛的多样性引入该领域，但大多数的国际关系理论——除了后殖民主义这个重要的例外——仍然是西方中心的，并且国际关系学即使不是纯粹的美国式的社会科学，也将仍然是一个以西方为主的社会科学。本书的发现与后殖民主义者（Nandy，[1983]2009；Dirlik，1999；Chowdhry and Nair，2004；J.M. Hobson，2012）以及其他人（Acharya，2014b：25—26；Kuru，2016）关于国际关系理论的西方主导的几个持续和交叉的维度产生了共鸣：

- 欧洲中心主义。根据西方（主要是西欧，但也带有美国的印记）思想、文化、政治、历史经验和当代实践对国际秩序的重要原则和实践进行理论化的倾向。反过来，它表现为对来自非西方地区的思想、文化、政治、历史经验和当前实践的漠视、排斥和边缘化态度。这种欧洲中心主义可以部分归因于一种强大的优越感，即西方模式相对于非西方模式的优越感（Acharya，2000）。西方控制事物表象，从而使现有等级制度正常化的能力，增强了西方中心主义的效力。
- 虚假的普世主义。把西方的思想和实践视为或作为普世标准，而把非西方的原则和实践视为特殊、反常或劣等的惯有倾向。我们在前文中已有提及，这一做法从现实主义者与自由主义者有关国家的假定，延伸到女性主义者对妇女地位的描述。
- 种族主义。西方对种族等级制度在殖民主义中所起重要作用的持续遗忘，以及这种情况在西方实践和外围的怨恨和愤怒中的持续存在。
- 脱节。国际关系理论与非西方世界的经验之间缺乏通道，尽管西方学者很少将其视为理论构建的障碍。冲突、合作、制度建设理论、规范扩散动力学理论、帝国主义理论、女性主义理论等支配国际关系学文献的理论在应用到非西方国家方面存在严重问题。

- 施动性否认。缺乏对非西方国家、区域性制度和市民社会行为体施动性对世界秩序贡献的承认，包括非西方世界对西方设计的原则和制度进行重要补充和扩展的贡献。如第八章所述，非西方被视为理论知识主张的消费者而非创造者、被动接受者而非主动借鉴者。

总之，这些做法试图抹杀明显存在的文化差异，这也能够解释为何文化或文化主义成了国际关系实践和国际关系学科中防御并反击西方霸权的主战场。全球国际关系学将要如何论证此类议题，以使自身能与新兴的后西方世界秩序保持一致？

# 国际关系学中的霸权与"多样性"

回顾国际关系理论过去十年的发展历程，可以发现几大趋势。第一，在以西方为中心的主流理论领域，尤其是在美国，有关范式和主义的"大辩论"已经告一段落（Jackson and Nexon，2013：545—548）。最近发生在理性主义（现实主义与自由主义）与建构主义之间的辩论，已让位于诸如范式沟通、理论多元主义和分析折中主义之类的尝试（Dunne，Hansen and Wight，2013）。卡勒（Kahler，1997）对大辩论的效用，而约拿·哈格曼和托马斯·比尔斯提克尔（Hagmann and Biersteker，2014：294—295）则对辩论地点与次序提出了修正主义解释。他们指出了欧洲和美国之间的诸多差异：比如，在两次世界大战之间，欧洲存在强烈的现实主义思想，当时美国的国际关系学还笼罩在"理想主义"的气氛之中；当第二次世界大战后的德国国际关系学转向理想主义时，美国的国际关系学却转向了现实主义。法国人基本不受大辩论的影响，在不同地方实际发生不同的辩论。

第二,学术界在"大"或者说元理论方面的辩论热情正在消退,与此同时,"中观理论"越来越受欢迎。后一类作品致力于界定国际事务中的研究性问题或"具有问题导向的困惑"(Walt,2005:33),借助国际关系学文献中"被广为接受的因果机制"(Jackson and Nexon,2013:548)来说明变量之间的关系。美国主要的国际关系期刊上的绝大多数作品都属于此类(Jackson and Nexon,2013:548),而欧洲国际关系期刊就不是这样,多数依然坚持认识论性质的研究方法。新兴的亚洲国际关系期刊(如《国际政治研究》《亚太国际关系》)也包含了大量理论方法。狭隘的实证主义方法因受到主流认识论和本体论假定的限制(Dunne,Hansen and Wight,2013:418),得出的大多是条件性或偶然性的概括(Walt,2005:33),也因为过于关注"与实践相关的知识"(Reus-Smit,2013:601—603)而牺牲了理论创新,受到了各方批评。鉴于此,出现了"国际关系理论终结"的说法(Dunne,Hansen and Wight,2013)。[1]

中观理论的兴起给那些想要寻求向非西方世界开放国际关系理论的学者带来了复杂的影响。一方面,中观理论总体上拓展了国际关系理论的应用范围。它们点燃了西方学者对于更广阔的世界其他区域的好奇心,也有助于非西方地区的学者参与到国际关系理论的事业中来。另一方面,从某种程度上来说,使用假设-验证和中观理论的作品说明了美国国际关系学中压倒性的实证主义偏见(Colgan,2016:495),这无助于全球南方学者在西方主流期刊上发表作品,因为他们通常偏好非实证主义方法。这些构成假设的概念和因果机制大多形成于西方的历史和经验。这巩固了国际关系理论中西方主导的传统。

国际关系理论的第三个发展趋势是建构主义的持续崛起。在2014年的"教学、研究与国际政策"(TRIP)问卷调查中,温特居于"在过去20年间发表了对于国际关系领域产生最具影响力的作品的学者"之首。[2]建构主义成为22.5%的研究者的首选范式,接下来才是现实主义和自由主义,但选择"不使用范式"的研究者的人数超过了选择建构主义的人数。[3]这也证实了先前提到的范式辩论趋于衰落的观点。

建构主义的兴起对于那些致力于将国际关系学建设成更具普遍意义的学科或全球国际关系学的人来说具有一些积极的含义。由于缺乏物质实力,发展中国家常常诉诸观念的力量(Puchala,1995:151),而这正是建构主义大展身手之处。它为描述发展中国家在世界政治中的规范性作用提供了更为广阔的空间,比如对西方规范进行争辩并将其本土化,或通过创造新规范来改革并巩固世界秩序。[4]其次,无论是西方还是非西方学者,都已将建构主义融入区域的动态研究(例如 Barnett,1995,1998[对中东的研究];Kacowics,2005 和 Sikkink,2014[对拉美的研究];Johnston,1998 和 Hemmer and Katzenstein,2002[对东亚的研究];Acharya,2001a,2004,2009,2011b[对东南亚及亚洲区域主义总体的研究])。重要的建构主义著作《安全共同体》(Adler and Barnett,1998)主要关注了区域问题,包括欧洲和欧洲以外的区域。所有这些文献在激发西方与非西方学者之间以理论为导向的辩论、分析和交流方面具有宝贵的价值。

建构主义以其对文化和身份认同的重视,在非西方世界流行的区域研究传统和西方国际关系学的中心之间架起了一座宝贵的桥梁。正如一位马来西亚国际关系学者(Karim,2007)所写的,"以建构主义的方式来思考,简直是该区域的学者和领导人所能得到的最好的礼物"。然而,建构主义在很大程度上仍然是西方中心性质的。尽管建构主义已经超越了最初的对西方规范和规范倡导者的偏好,但它仍然忽视了亚洲、中东和其他地区的种族问题和威斯特伐利亚时期文明问题,而它们本可以从西方中心资源区以外给国际关系理论的发展带来新鲜血液。一项近期研究分析了大量的基于期刊的数据集(Bertucci,Hayes and James,2018:23),发现"尽管建构主义居于国际关系研究中理性主义方法的主要替代者的位置,但就其实质性和经验范围而言,它与理性主义派别(如现实主义和自由主义)并无太大不同。总体来看,学术界主要关注的还是发生在北大西洋地区和欧洲的安全进程及结果"。从另一方面看,大部分东北亚的关系论著似乎与美国同一标签下的作品只有微弱的联系(Qin,2009,2016,2018;Shih and Yin,2013),不过目前这种状况正在发生改变(Qin,2018)。

这使得在过去的十年间出现了第四种趋势,即无论是在制度上还是在设定国际关系理论的议程方面,美国和西方占据主导地位的状况持续存在。美国主导地位的存在或程度存在争议。诺曼·帕尔默(Palmer,1980:347)断定"国际关系是一个国际层面的问题域,它不仅限于社会科学,它有着多样的根源与前史,无论如何它并非全然根植于美国的土壤……国际关系就像托普西(Topsy),不是被发明的,至少不是完全由美国人发明的,更准确地说,它像托普西一样,是'自发长成'的"。这一观点并不符合这样的事实,即许多学者,不管是不是美国人,都将这门学科的英国或美国起源视为理所当然,而无视其更为多样化的根源。托尼·波特(Porter,2001:131)不认为存在任何单一的美国主导地位,因为美国学者之间除了国籍以外,没有什么共同之处。他问道:"肯尼思·华尔兹、理查德·阿什利、辛西娅·恩洛和克雷格·墨菲之间有哪点相像?"此外,鉴于美国的国际关系学有着深厚的欧洲根源,所以摩根索和多伊奇这样的学者留下的影响,霍夫曼"美式社会科学"提法中的国籍分析效用是有问题的(Porter,2001:137)。上述观点也忽视了这样一个事实:美国国内思想和方法的多样性仍然是有限的。人们不禁要问:如果这些在美国的欧洲人留在自己的祖国,他们还会产生这些影响吗? 这是否足以让国际关系学少一些母国中心(ethnocentric)呢?

　　近来,出现了对于国际关系学起源的修正主义的以及更为复杂细致的描述,它们对霍夫曼的说法提出挑战。其中有些人认为多样性一开始就已经存在(Maliniak et al.,2018)。一种国际关系学文献的修正主义社会学考察对国际关系作为一门学科在不同地点的起源提供了不同的解释。哈格曼和比尔斯提克尔声称"该学科如今被认为是从包括政治理论、殖民主义、人类学以及位于汉堡的殖民研究所(Kolonialinstitut)和位于日内瓦的国际联盟等一系列思想资源和制度中发展起来的"(Hagmann and Biersteker,2014:294—295)。但这一论点再一次引人发问,即"被谁所认为"? 恐怕只有少数学者,如哈格曼和比尔斯提克尔,他们实际上专注于这门学科的社会学方面。我们不得不怀疑,绝大部分的教师和学生是否意识到了他们所从事的学科的多样起源,或者是否对此认真看待。尽管哈格曼和比尔斯提克尔关于国际关系的社会学开始对"同质性国家或大陆国际关系共同体"产生怀疑的观点是正确的,但他们接下声称国际关系学文献已经"将关注点大大地扩展到西方以外,系统性地评估世界其他地区国际关系学实践"则夸大了事实,因为这明显是基于近期的调查(下文详述)得出的(Hagmann and Biersteker,2014:296)。

即便是那些同意美国或西方主导国际关系学的人也不确定这是好是坏。在哀叹"许多美国学者……为研究生授课和编写教材"时的"狭隘世界观"之余，弗里德里克斯（Friedrichs，2004：17）也确信美国的主导地位有助于保持这一领域的连贯性。对他来说，"美国国际关系学的知识霸权与权力政治现实相互匹配"未必是坏事，因为"对于美国国际关系学来说，根据国际权力来设定知识议程也是自然的"。此外，"对于外围地区实力薄弱的大学院系来说，美国国际关系学的兴盛是一种重要的合法性来源……在这方面存在一种广泛共识，即美国的国际关系学术界是行动的地方，并且从某种意义上说，当外围地区的国际关系学者称颂美国的社会科学时，只是在为其真实的或感知到的利益服务"。有的人认为既有的国际关系理论就已能够解释非西方世界的发展，例如亚洲，尽管有其自身的特征，但后者已经逐步融入了发源于欧洲的现代国际体系，并接受了体系的行为规范与属性（Ikenberry and Mastanduno，2013：412—423）。再看看约翰·米尔斯海默，他以其特有的挑衅偏好来证明美国在这一领域的主导地位没有什么不妥，因为它是"良性的"。

米尔斯海默自以为是的局内人视角并没有反映出许多外围地区学者在拼尽全力向西方期刊和出版社投稿时却被拒之门外的感受，他们大多在语言、文化、风格和话题形式方面居于弱势，更容易被含蓄地排除出局。对于西方地区以外的国际关系期刊和出版事业的发展，将如何冲击目前的西方主导地位的问题，很值得做一番考察。不管美国人在国际关系学中的霸权是好是坏，正如第八章所述，必须要指出的是，这种学术霸权建立在脆弱的根基之上。美国的国际关系学科的霸权地位，主要是基于物质方面的因素，因为它规模大（国际研究协会的相对规模表明，美国的国际关系学者群体和机构可能仍然是全球国际关系学者和机构的主体）、富有，所在国还是唯一的超级大国。它的观念立场则不那么具有霸权色彩，其中许多来自西方和西方以外的学者都在努力摆脱与政治科学以及实证主义认识论之间的联系。随着欧洲、日本、中国、印度、土耳其等国家国际关系学的崛起，美国国际关系学的规模和资金相对萎缩了，我们可以想象美国人的霸权也会相应地衰落。亚洲及其他地区国际关系学的规模和资金（增长）将削弱美国学术霸权的物质基础，并像欧洲那样产出属于他们自己的理论建构路径。从这一点来看,在通往全球国际关系的道路上,美国的学术霸权是一个可以移除的障碍。

总之,既有的国际关系思想已经达到了一定程度的多样性,但仍然单薄和肤浅。多样性不只是一种理论或方法取向。它也关乎群体的身份:谁会被包括在内,谁会被排除在外。例如,科恩(Cohen,2014:132—133)以他对国际政治经济学发展状况的考察,提出如今的国际政治经济学不再封闭或具有霸权性质(由"美国学派"主导),"在全球范围内……(学者间的)沟通渠道大都是开放的,(但)联系的强弱各不相同,最多也就是参差不齐"。但现存的多样性并非不同的国际政治经济学共同体之间知识和思想平等交换的意义之上的,这种多样性是理想的多样性类型,即基于"合理对称的信息流动",知识的"输出者"同时也是外部资源输入的"接收者"(Holsti,1985:13)。总体而言,国际关系学也符合这种情形。这种深层次的多样性仍然困扰着国际关系学,而解决这一弱点正是全球国际关系学的一个主要目标。

通过对往期和近期的学科调查可以看出,西方学者们宣称的学科多样性通常是指中心地区内部的多样性,以及三大主流理论——现实主义、自由主义和建构主义——内部的多样化。差不多在 20 年前,讨论多样性的著名作品《分化的学科》的作者卡勒维·霍尔斯蒂强调,"国际政治的理论板块已经不再是由美国人主导的事业"(Holsti,2001:90)。但他所提及的美国以外的"充满活力的理论著作""主要"来自英国和西欧,包括斯堪的纳维亚,以及澳大利亚和加拿大。与此类似,维夫(Wæver,1998:688)所谓"更为多元和平衡"的国际关系学主要是对"在欧洲围绕其独立的核心地区形成的学术共同体"满怀希望的预测。他预言只有在中国才有发展出独立的国际关系研究传统的可能性(Wæver,1998:696)。如今,虽然我们见证了出现在日本、韩国、巴西、土耳其和印度活跃的国际关系共同体,但这仍不足以使这一领域在全球达到"多元且平衡"的状态。美国人和欧洲人的主导地位仍旧是鲜活的事实。罗伯特·克劳福德发现的多样性也是如此(Crawford,2001)。这种多样性"更明确地与知识结构有关,而不是与'国家身份'或特定个体的地域出身联系在一起",而"绝大部分严格意义上'做国际关系'(do IR)的人往往已经被全球大国(北美、西欧国家及相对较小程度的澳大利亚和新西兰)的某一霸权(教学)中心的方式、方法和理论所同化,每个中心都表现出对美式概念(American constructs)的明显依赖或追随倾向"(Crawford,2001:20)。他们的研究很少提及国际关系学外围地区的边缘地位。

十年之后,一项针对 12 种主要的国际关系学期刊和 3 家国际关系学院的分析调查,揭示了"在美国国际关系的研究中,理论、方法论和认识论的多样性程度",发现理论多样性在日趋增长(Maliniak et al.,2011:444)。然而此处的多样性意味着范式导向类文章的重要性在下降,相对自由主义而言现实主义在衰落,以及 20 世纪 90 年代早期起建构主义的兴起。此外,主流理论的日趋多样化与方法论多样性的减少形成了鲜明对照(量化方法成为"在期刊文章中最常采用的方法")(Maliniak et al.,2011:454),以及认识论多样性的匮乏,在期刊文章中非实证方法明显稀缺[5](Maliniak et al.,2011:456)。

彼得·马库斯·克里斯滕森(Kristensen,2015)的研究采用了文献计量学(bibliometric)的方法和数据来分析"国际关系学科的地理分布,特别是作为'美式社会科学'的国际关系学",发现国际关系学"相比于其他社会科学没那么'美国化'";同时,至少同 45 年前相比,根据美国学者在期刊上发表文章的比例来看,国际关系学"也没那么'美国化'了"(Kristensen,2015:265)。尽管如此,他得出的结论是:"一个不那么'美国化'的学科未必是能够更好地代表世界上各个国家、民族和文化的真正的国际性学科。"(Kristensen,2015:259)虽然越来越多来自不同国家的学者在与上述调查有关的国际关系期刊中发表文章,但在 2010 年,五大生产国(美国、英国、德国、加拿大和澳大利亚)发表的文章仍然占据所有期刊文章 60% 的份额(相比之下,1970 年占 84%,1980 年占 75%,1990 年占77%,2000 年占 72%)。克里斯滕森的研究表明了在 1966 年到 2010 年之间,全球南方的学者在 10 种国际关系主要期刊中的参与度鲜有增长,只有 3%。他发现"霍夫曼的论断仍被广为认可",并认为"美国人主导的问题"主要还是一种种族中心的偏见,它体现在优越性的信念和普世性的主张上(Kristensen,2015:248—250)。克里斯滕森还发现,国际关系学并非属于"全美"(all-American),美国东北部主导了期刊论文的发表(Kristensen，2015：265）。

应当指出的是，美国在国际关系学中的主导地位，不仅体现在高水平的理论作品中，而且体现在入门教材中。诺萨尔发现，"斯坦利·霍夫曼提出的国际关系学科中的'美国化'的特征，同样反映在引领学生入门的国际关系学的教科书中"。就美国大学现行的博士生教育而言，"美国式"的国际关系学也很狭隘，它已经变成"理论取向上压倒性的理性主义和实证主义"。鉴于美式狭隘主义（American parochialism）"理性主义的、实证主义的、以美国为中心的、单一语种的、近期出版的和男性撰写的"本质，没有出现"理论世界主义"（theoretical cosmopolitanism），这在"减少参与美国以外发展的理论传统的倾向"中可以明显看出（Biersteker，2009：320）。所有这些都表明，国际关系学在迈向更为深层次的全球多样性的道路上只取得了有限的进展。

在这种背景下，要求国际关系学不再以美国为中心的呼声越来越高就不足为奇了。与所谓"良善霸权"观点形成鲜明对照的是，全球南方的学者们及他们西方的合作者和志同道合者越来越不讳言地强调主流国际关系学界持续存在的狭隘性（略举几例，并未穷尽，他们包括：Neuman，1998；Ling，2002，2010；A.B. Tickner，2003a, b；Chowdhry and Nair，2004；Thomas and Wilkin，2004；K. Smith，2006；Acharya and Buzan，2007a, b, 2010；Bilgin，2008，2013；Agathangelou and Ling，2009；Tickner and Wæver，2009a；Behera，2010；Shilliam，2010；Acharya，2011a，2014a；Tickner and Blaney，2012）。国际研究协会 2015 年在新奥尔良举办的大会的主题是"全球国际关系和区域性的世界"，并把国际关系学中美国与西方的主导局面作为大会的核心关注点。时任国际研究协会主席阿米塔·阿查亚使用"全球国际关系学"而不是非西方国际关系理论的做法是经过深思熟虑的，旨在解决包括从事全球南方问题研究的学者在内的人对于后者的关切。新奥尔良大会中几乎四分之一的专题研讨和圆桌讨论会都与大会主题紧密相关，创下了历史性纪录，并证明了全球国际关系学的理念在国际研究协会会员中激起的感兴趣的程度。就在大会召开前，2014 年的教学、研究与国际政策问卷调查项目发表了报告。调查结果显示，多数受访者相信国际关系学是由美国和西方主导的。[6]当被问及国际关系学是否是一个由美国主导的学科时，有 49% 的人表示赞同，而有 11% 的人表示强烈赞同，赞同比例达到 60%。当被问及国际关系学科是否是一个西方主导的学科时，有 53% 的人表示赞同，而有 22% 的人表示强烈赞同。因此，有占受访者总人数 75% 之多的人赞同或是强烈赞同国际关系是一门被西方主导的学科（详见 Wemheuer-Vogelaar et al.，2016）。也是在新奥尔良大会上，首次出现西方以外的学者——（中国的）唐世平，凭借其理论著作《国际政治的社会演化》（Tang，2013）获得国际研究协会最佳著作奖（与他人共享）。

这一切是转折点还是过渡阶段还有待观察。至少，一种跨越西方—非西方（West-Rest）分界的意识越来越强，国际关系理论需要更多地反思全球南方，并沿着全球国际关系学的方向发展（Eun，2016；Dunne and Reus-Smit，2017）。也许最恰当的说法是，无论美国是否认识到这一点，国际关系学中认识论上的狭隘的和自我参照的美式方式所面临的全球性挑战正变得越来越大。就像在现实世界中一样，虽然美国在物质实力上仍举世无双，美国霸权的合法性却在急剧减弱。有趣的是，在亚洲兴起的国际关系理论与欧洲一样，通常站在美国主流理论之外，并对更为宽泛的理论方法持开放态度。新兴国家将为国际关系思想带来多样性，但也可能强化西方国际关系理论中的某些普世主义主张。例如，毫无疑问，现实主义仍旧将对新兴大国具有很强的吸引力，因为它将以服务现有大国的同样方式，将这些国家置于优于其他国家的位置（Simpson，2004）。

# 全球国际关系学的起源

"全球国际关系学"的理念回应了世界各地国际关系学者们对学科现状日益增长的不满。尽管在全世界越来越受欢迎，但国际关系学给予西方的历史、思想、实践和领导地位以特权，同时将其他地区边缘化了。全球国际关系学希望创造公平竞争的环境，发展出一门真正包容和普遍的学科，真实地反映国际关系学者日趋增长的多样性和他们的知识关切。

我们两人都致力于发展国际关系学的全球和世界历史的观点,都对国际关系学中的西方中心主义问题有着比较深刻的认识和理解(Buzan and Little,2000;Buzan,2011;Acharya,2014a,b;Buzan and Lawson,2014a,b,2015a)。

2007 年我们在《亚太国际关系》杂志上组织发表了系列专题论文《为什么没有非西方国际关系理论?》。在随后的书中(Acharya and Buzan,2010),我们将其作为对亚洲国际关系学者的挑战,把他们的声音和地区历史带入如何思考国际关系的全球辩论中来,既是为了他们的利益,也是本学科均衡发展的需要。这一系列文章探讨了非西方的国际关系学或全球国际关系学未能出现的原因。简而言之,这些原因既包括西方学者的先发优势,通过美国对亚洲学者(和更普遍的是非西方学者)大量培训和西方学者、出版物和机构在国际关系学中的霸权地位,也包括一种广泛传播的信仰,即西方国际关系学已经找到了理解国际关系的正确途径,或者找到了解决当今困惑和问题的正确答案,以及严重缺乏的制度资源、英语成为国际关系学的霸权语言等问题。同样还存在对于西方理论不加批判地接受的问题,对于挑战西方理论家缺乏自信,盲从于来自西方权威机构的学者,以及发展中国家的国际关系学者过多的政治或政策参与。后续作品表明这项工作的反响和影响远远超出了亚太地区(Acharya and Buzan,2017)。在本书中,我们的目的是从更宽泛的角度重申并重新聚焦国际关系学者所面临的挑战,希望这将有助于全球国际关系学的构建。

有关非西方国际关系理论的理念引起了争论。有些人更愿意将这一新项目称为"后西方的"(国际关系学)(Shani,2008:723),以一个更激进的议程来否定和取代现有的"西方的"国际关系学。在我们看来,后西方观点假设西方主导地位的终结是一个客观事实或者规范的愿望,两者都不准确,都无助于使国际关系理论更具包容性。与此同时,正如彼尔金所言,国际关系研究中的非西方思想并不意味着对西方产生的国际关系知识的被动服从。可以被视为非西方的东西未必起源于"目的论的西方化",而那些似乎没有根本区别、看起来是西方国际关系理论框架内的范畴和概念进行理论建构的学术研究也不应该被视为"对西方国际关系学界一味顺从的'娇妻'(Stepford Wife)"。彼尔金总结道,这样的立场"实际上否认了'非西方'学者们的施动性，把他们当成了只会模仿不加思考的模拟器"（Bilgin，2008：13）。

在本书中，我们都很欣赏后殖民主义的一些重要见解。我们都支持它反对欧洲中心主义的恢复认知平衡的运动，把非西方地区完全带回到世界历史中，并强调文化杂糅与人们对殖民主义和种族主义的持续憎恨对国际关系带来的持续影响。即便如此，我们也不必全盘接受后殖民主义的政治学的、哲学的和语言学的立场，还要警惕后殖民主义对欧洲语言和（后现代主义）西方哲学家的病态依赖。如果如丹妮·肯尼迪（Kennedy，1996：347）所说的那样，萨义德的主要论点是"打破西方的主导模式需要摧毁西方的知识结构"，那后殖民主义是否实现了这一目标还不清楚。

"非西方国际关系理论"这个标签在激发辩论中起到了重要作用，引起人们对国际关系学科狭隘性的广泛关注。我们在 2007 年的《亚太国际关系》特刊中讨论过的批评变得更加突出，即全球化与收入趋同使得西方与非西方的范畴和中心-外围界限越来越失去意义，尤其是在中国和印度这样的大国崛起的时代。正如本书前几章所示，从 19 世纪中心地区与外围之间几乎完全的分化与分离，到 21 世纪它们之间实质性的交叉和融合，国际关系和国际关系学的发展已经取得了实质性的进展。自 19 世纪以来，全球国际关系学的多个部分正在构建之中。然而，即使中心地区在扩大，外围地区的壁垒正在消失，这些差别仍具有一定的效用。"西方"这一术语，无论是对于需要界定自身身份的崛起大国，还是西方国家自身而言（不仅是在与非欧洲国家打交道时，而且如乌克兰危机所证明的，在与俄罗斯和东欧社会打交道时），在政治与文化上依然有用。

全球国际关系学的思想是我们非西方国际关系学概念的扩展，但它在规范和工具理性面都超越了后者。创建包容性的国际关系学不能只是想法相近的人之间的对话，不管这些人是来自国际关系主流学派，还是来自批判理论或后殖民主义。我们拒绝在国际关系主流学派和它的批判者以及文化解构者之间做非此即彼的零和选择。双方都有大量值得借鉴之处，谁都不能独霸真知灼见。无论是从作为现实起源的历史维度还是从如今仍在影响世界政治的历史遗产维度来看，一个被深度多元主义所塑造的现实世界需要一种能够反映并理解这种结构的全球国际关系学。我们写作本书的目的正是为了揭示国际关系实践与国际关系学的相互作用，以及曾经高度分化的中心和外围是如何日益融合在一起的。在本书写作之时，全球国际关系学的各个部分的轮廓正变得清晰可见，关键在于如何将它们结合起来。

如果不能把最广范围内的学者们，包括持批判立场以及西方主流理论立场的学者们动员起来，那么构建全球国际关系学的事业就有可能会失败。问题在于如何在创设国际关系学的同时，以一种双向对话的方式与那些接受既有国际关系学传统训练的学者保持接触（Acharya，2011a）。标签很重要。全球国际关系学并不排斥"非西方"或者"后西方"这样的用语，但也把它们视为"重新将国际关系学塑造成全球性学科所面临的广泛挑战的一部分"（Acharya，2014a：649）。全球国际关系学超越了西方—非西方的分野，或任意一种二元且相互排斥的范畴。尽管这类范畴可能由于便利而长期存在，但在全球国际关系学的语境下，它们已经失去了作为分析工具的作用。通过在学科中"呈现西方以外的世界"，全球国际关系学回应并支持着构建更为包容的学科的努力（Tickner and Wæver，2009a）。

在这一点上，还需要对全球国际关系学的概念作出明确阐释。第一，全球国际关系学不是方法也不是理论。它更像是一种对国际关系多样性进行调查和分析的框架，尤其是对于在学科中长期被边缘化的非西方民族、社会和国家来说，能充分认可它们的经验、意见和施动性。全球国际关系学的思想敦促国际关系共同体超越美国和西方的起源和在学科中的主导地位，并拥抱更大程度的多样性，尤其是认可非西方民族和社会的地位、作用与贡献（Acharya，2014a）。全球国际关系学通过人类互动的广阔领域汲取了多种多样的起源、模式和特质，挑战国际关系学中由既有的居于主导地位的美国和西方学者所设置的边界标记。它寻求激发世界政治研究中的新理解和新方法。它作为一种研究架构，推动国际关系学向着真正包容与普适的学科发展。因此，全球国际关系学议程呼吁学者们从世界历史中发掘新的思考方式、理论与方法；分析西方主导的两个多世纪以来权力与观念分布的变迁；探索区域世界的多样性和联系性；选取需要深入和实质性整合学科和区域研究知识的研究对象与方法；考察观念与规范如何在全球和地区层面之间传播；并考察文明间的相互借鉴，更多历史证据表明,诸文明间的相互学习要多于"文明的冲突"(Acharya,2014a)。

第二,全球国际关系学并不能解决,也并不主要关注国际关系学中各种范式之间和"主义"之间的争论,如前文所述,这种争论已经结束了。全球国际关系学并不是与其他理论路径并列的范式,它需要的是综合而不是择其一而弃其他。

第三,全球国际关系学这一概念并不意味着国际关系学界应该就理论或方法进行单一的全球对话。跨越国家和地区边界的全球对话应当也确实展开了,就像国际研究协会、世界国际研究大会和欧洲国际研究协会组织的对话那样。我们当然鼓励出现更多这样的对话。但全球国际关系学并不仅限于单一的全球对话,某些人误解了我们的立场(参见 Maliniak et al.,2018:34)。全球国际关系学适应于由具有特定理论、方法和认识论立场的群体从事的多重平行对话(Lake,2011)。然而,全球国际关系学关心的不是时下有多少这类讨论正在进行,而是谁从这些对话中被排除出去了。如果多样的对话能在相互排斥的群体内部进行,不管这些群体来自西方还是非西方,这也只是属于常规的传统国际关系学的范畴,而不是全球国际关系学。全球国际关系学永远欢迎理论和方法论的多样性,而不是相互排斥。

在推进全球国际关系学理念的过程中,我们一致认为当前的国际关系学科"不利于世界其他地区国际关系理论的发展"(Friedrichs,2004:14)。但全球国际关系学的合理性不仅在于其规范性基础,如提倡宽容和避免种族中心主义,还在于它克服了西方世界和非西方世界之间的鸿沟。我们在本书的部分章节中提到,构建全球国际关系学还有着很强的实际考虑。论述国际关系现实的章节呈现了世界权力的转移,就像中国和印度这样的大型文明体,曾经和未来的世界性大国。这一深度多元主义的趋向本身颇具深度且势不可挡。论述国际关系学科的双数章节则呈现了世界范围内国际关系研究稳步的全球化过程。从这点考虑,史蒂夫·史密斯(Smith,2008:727—728)倡导一个不为美国人所主导的学科:"若是国际关系学仍然作为一门狭隘的美国社会科学,其危险不仅在于它将与世界上大部分民众的所思所想脱离关系,还会使它日益变成美国霸权追求的一部分,造成更大的麻烦。"在他写下这句话后的几年里,与如何应对不存在霸权的深度多元主义相比,美国霸权已成为一个日渐式微的问题。但他的观点依然强而有力:国际关系学若不能发展出更为宽广且具有全球视野的视角,那么它将陷入变得无关紧要的危险境地。如果国际关系学科仍为西方人所主导,它将变得越来越狭隘,与新兴的西方世界秩序不是一个旋律。

# 全球国际关系学的维度

全球国际关系学中的"全球"(global)不仅仅是或不主要一种地理或实际(议题领域)的表达。当然,"全球"这个词在词典中意为"整个世界"或"包含了事物的全貌,或是一类事物"[7]。"全球的"还意味着普遍的、包容的(既包括行为体也包括问题领域)、世界性的。但我们在此处要说的不只这些。"全球"也是一个主体间概念,它表达出行为体间的独立自主与联系,例如国家和社会;还有具体的问题领域,例如地区和世界秩序。它还意味着通过关注概念和实践自主的、比较的和相互联系的历史与表现来审视它们的起源和意义,尤其是弥合国际关系的概念和理论中主流的和被忽视的理解之间的鸿沟。

在我们看来,"从事"(doing)和撰写全球国际关系学,需要围绕七个主要的维度:[8]

(1)它建立在多元普世性的基础上:不"适用于所有人",但承认并尊重人类的多样性。

(2)它立足于世界历史,不仅是希腊—罗马、欧洲或美国的历史,它尊重历史时期和历史背景。

(3)它包容而不取代现有的国际关系理论与方法,既关注物质性和观念性/规范性的动因,也关注结果。

(4)它将地区、地区主义与区域研究纳入国际关系学中来。

(5)它将避免使用单纯基于民族主义和文化例外主义而构建的概念

和理论。

（6）它承认国家和物质权力外的多种形态的施动性，包括抵抗、规范性行动和全球秩序的地方性建构。

（7）它对世界日趋全球化的反应不仅体现在财富、权力和文化权威的扩散方面，也体现在日趋增强的相互依赖和共同命运方面。

以下是对每一维度的简要阐述。

第一，也是最首要的是，全球国际关系学提倡对普世主义和普世性的新理解。当今国际关系学中普世主义的主导意义是处于同质化之中，带有"适用于所有人"的意味。这与启蒙思想中的普世主义密切相关。罗伯特·考克斯（Cox，2002:53）这样说道："从启蒙的意义上讲，'普世'意味着在所有时间和空间都真，这是一种同质化现实的视角"。这种意义上的普世主义也有其黑暗的一面，即对多样性的压制，为基于普世化了的欧洲"文明标准"而构建的帝国主义辩护。在国际关系理论与方法中，西方国际关系学界设定了普世的标准，它作为标准设定，排斥并边缘化其他的叙事、概念和方法。

考克斯（Cox，2002:53）提出了另一种普世主义的概念，它立足于"理解并尊重不断变化的世界中的多样性"。这一普世主义拒绝虚假的或受政治因素驱使而在普世主义和相对主义间形成的二元对立。与同质化的普世主义相反的不是相对主义，而是多元主义。多元化的普世主义将国际关系学视为具有多重基础的全球性学科。但这一多元主义并不能被理解成近期国际关系作品中出现的那种多元主义（对多元主义文献的研究，参见 Dunne，Hansen and Wight，2013；Eun，2016）。在全球国际关系学中多元主义并不意味着相对主义，也不是指容纳多种理论的共存，甚至也不是指寻求理论的统一或集成，或是"分析折中主义"。它也不仅是蒂姆·邓恩、勒内·汉森和科林·怀特（Dunne，Hansen and Wight，2013；416）提到的那种"能接受并表达广泛的理论视角的可信性，并将理论多样性作为能够对复杂现象进行更为全面且多维度思考的方式加以接受"的"综合性多元主义"。全球国际关系学中的多元主义并不只是原封不动地吸纳并呈现既有的理论，而是希望非西方民族和社会的地位、作用和贡献能够得到应有的承认。从这个意义上说，全球国际关系学实际上更多的是理论内部的多元化,而不仅仅是理论之间的多元化。

虽然国际关系学自称事关所有的时间和地方,但事实上它只是世界历史上两方占主导地位的短暂时期的一种相当狭隘的表述。导言中谈到,本学科如果在中国、印度和伊斯兰世界创立,将会变得截然不同。随着西方主导的时期开始谢幕,今日的国际关系学需要从这种狭隘偏见中突围,吸纳源自他者的历史和政治理论的不同视角。全球国际关系学将国际关系学中的概念和理论语境化,识别它们有争议的和偶然的意义,而不是将它们假设为普遍的范畴。例如,众多国际关系教科书将主权和不干涉的概念视为欧洲人的发明,并被后殖民社会所继承。然而这一标准化说法忽视了世界上不同地区对于主权概念有所差别的阐释,这种差别不仅出现在欧洲和其他地区之间,也出现在非欧洲地区之间(参见 Acharya, 2011a)。类似地,地区主义经常被认为起源于欧洲,欧洲经济共同体经常被视为地区主义的原型,尽管地区主义思想早在欧共体成立前的100年就在拉丁美洲出现了。人们常说全球化源于欧洲的扩张以及先是英国后是美国对于自由贸易的宣扬,然而全球化的真正根源潜藏在两千多年来联结欧亚大陆和非洲的文化多元的贸易体系之中。这些“丝绸之路”将欧亚大陆和印度洋上的各个高度发达的政治体牵扯进来,并持续到19世纪随着欧洲人的到来而被后者所主宰。这段历史的一个重要部分是公元8世纪开始伊斯兰教的兴起,当时西方还处在中世纪的一潭死水之中,伊斯兰世界连接着从西班牙到亚洲的贸易路线。这一体系涉及对如何保护海外贸易移民社群的精巧安排,而人权文本基本上无视了历史上此类保护个人的安全与尊严免遭外邦统治者的残暴与不公处罚的范例。全球国际关系学的一个核心要旨是通过引用不同时段的多样资料来源来拓展国际关系学中核心概念的谱系,比这本书所涵盖的两个世纪还要久远。

第二,在多元普世主义的基础上,全球国际关系学还倡导国际关系学必须切实扎根于世界历史,而不是欧洲历史,并在观念、制度、思想视角和实践等方面从西方和非西方社会中汲取资源。扎根于世界历史不仅意味着要从全球和全人类层面发掘出一种整体性的视角,也意味着引入当地历史,当然其中也包括西方历史。全球国际关系学接纳世界上各个民族和各个地区的意见、经验与价值观。但"将他者带进来"并不是简单地把非西方世界当作为了盘活既有的国际关系理论而对之进行些微调整和延伸的试验场，也不意味着试图用基于某些其他文明历史的、同样狭隘的"普世主义"来取代基于西方历史的狭隘的普世主义。全球国际关系学的建构一定是一个双向的进程。对全球国际关系学理论和理论家的一项重大挑战是，如何在非西方背景中发展出他们自己的概念和路径，且这些创见不仅能应用于当地，也能应用于包括更为宏观的全球图景在内的其他语境。在此背景下，研究5 000年来的世界政治是非常重要的，在这5 000年中，许多文明、帝国和社会创造并留下了自己的印记，许多其他形式的国际关系你方唱罢我登场。它不仅仅是以欧洲为中心的，而且还荒谬地使国际关系学/世界政治作茧自缚，忽视全球遗产，将自己局限于过去几百年的事件和思想(Buzan and Little，2000)。当走向深度多元主义的趋势正在重新赋予许多曾被西方短暂遮盖的文明以力量时，情况尤其如此。

在引入历史的过程中，重要的是要避免两个常见的问题。一个是历史主义，或相信历史的连续性，或相信历史会循环重演。另一个是"现世中心主义(tempocentrism)"("对当下进行修正，并将之回溯到过去")(Lawson and Hobson，2008:430)，它将主权、权力、规范、人权、民主和均势这样的概念投射到过去的历史中，来为现代的理论和概念构造统一性、连续性和普世性。必须承认的是，这类概念中的某一些并不能原样套用于过去的历史及其他文化之中。仔细研究历史有两个主要目的：首先是要发掘出与研究国际关系的核心概念相关的平行、近似、相似、不同的概念及其变种，这使我们得以批判地查证特定的概念和理论是否真正的普世。由此发掘出来的概念可能并不与其当前的用法完全一致，但能够帮助我们确证诸如权力、无政府状态、秩序、制度、安全、霸权、帝国、宗主权、福利等现代范畴中普遍性的程度，丰富它们的形式。其次是从因欧洲中心主义而被忽视和掩盖的理论与实践中确认或发现全新的概念和路径。目前有关中国历史和政治哲学的作品似乎为这种发现描绘了最有希望的前景。

第三，全球国际关系学吸纳而非排挤现有的国际关系学知识，包括我们已经熟悉的理论、方法和科学主张。它不寻求取代现有的西方主导的国际关系学知识本身,而是通过将其霸权置于更为广阔的全球性背景中来取代它。因此,全球国际关系学在理论和方法方面选择的是多元主义的道路。全球国际关系学既接纳主流理论(现实主义、自由主义、英国学派和某些版本的建构主义),又接纳批判理论,它对学者们在研究理论和方法时的本能和偏好持不可知论的立场。与某些批判理论和后殖民学者们的见解不同,全球国际关系学并不拒绝主流理论,而是挑战后者的狭隘性,并促使主流理论接受来自非西方世界的观念、经验与见解。所有的范式和主义在全球国际关系学中都有自己的位置,看待理论就像是自然科学家们看待透镜一样:每一种镜头(如自然光、红外线、X射线)就像一种国际关系理论,在使研究对象的某些方面变得清晰可见的同时,也隐去了其他方面。分析家们需要许多透镜,每一个都能照见部分的真理。这方面的进展已经显而易见。当面对非西方世界时,国际关系理论并非一成不变或是铁板一块。某些理论,尤其是后殖民主义和女性主义,在承认西方世界外的事件、问题、施动者和互动方面已经走在了前沿,并从中汲取理论见解以丰富对国际关系学的研究。同样,英国学派也开始更多地考虑外围地区在国际社会的扩展和演进,尤其是在首要制度的建设和发展中的作用和经验。即使是在借鉴非西方世界的经验方面一直领先于自由主义的现实主义,也增加了新的变种——底层现实主义、新古典现实主义和防御性现实主义——这使得现实主义与非西方世界的相关性更强。第八章谈到,在非西方世界的学者初创学科时,建构主义之所以显得尤为重要,是因为它强调的是文化与身份。经济相互依赖、多边机制和民主化、秩序建立等自由主义特有的设定,也使该理论潜在地更适用于非西方世界。

卡伦·史密斯(Smith,2017:1)在最近的一篇文章中谈到,全球国际关系学不能完全与西方国际关系学划清界限。事实上,她认为"全球南方的理论创建……不必与既有的理论表现出截然不同"。因此,"重新解释或修改现有框架……不仅能够帮助我们更好地理解世界某一特定区域的国际关系状况,事实上也能对学科整体提出更好的见解"。全球国际关系学并不反对模仿,只要它还能改进、打磨和提升既有的理论。与此同时,全球国际关系学不会听任主流理论停滞不前。相反,它会促使理论家们重新思考自己的假设，拓展他们的研究范围。对于现实主义而言，挑战在于超越由国家利益和权力分配引发的冲突，承认文化、观念和规范等其他施动性的来源，这些因素使得国家和文明非但没有相互冲撞，反而彼此借鉴学习。对于自由主义而言，也存在类似的挑战，即超越美国霸权这一多边主义、地区主义以及制度形式研究的理论起始点。自由主义还需要承认存在于不同地方背景下的合作行为有显著差异，以至于没有单一的一体化或互动模式能够解释所有或大部分合作行为。就建构主义而言，在创造和传播观念与规范过程中，评估不同形态的施动性仍是一项重大挑战。英国学派则需要加强对于世界社会以及由国家组成的社会的互动的概念化和理解。

我们已经论证过，全球国际关系学应该接受理论和方法的多元化，又要与批判理论和主流理论相互接触。我们也认为某些诸如后殖民主义、女性主义尤其是后殖民女性主义和黑人女性主义这样的理论，后两者对交叉性概念的形成作出了巨大的贡献（Persaud and Sajed，2018b），可以被视作"先锋"理论，因为它们已经为将国际关系学扩展到西方以外的地区作出了贡献。根据我们在本书中所讲述的国际关系学的发展历程，这类"先锋"理论为国际关系学带来了最初在外围地区发展起来，却又长期被中心地区的国际关系学拒之门外的反殖民、反种族、区域/文化主义的观点。要想在女性主义、后殖民主义和全球国际关系学之间建立更密切的联系，还需要做更多工作。但显而易见的是，从女性主义和后殖民主义反对出于历史和深层次的原因而被国际关系学科排斥和边缘化的斗争中，全球国际关系学汲取了灵感与思想。后殖民主义和全球国际关系学可以接受女性主义学者蒂克纳和特鲁那强有力的诗文，言之有理地宣称，外围地区和同女性一样，"对于国际关系学来说，没有姗姗来迟，相反，对于外围地区来说，是国际关系学迟到了"（Tickner and True，2018：1）。

全球国际关系学为所有理论都留有一席之地，并向所有南方和北方地区的学者敞开大门。但并非所有主流理论以外的学者都认为有必要建立一种全球国际关系学，因为他们担心这会损害他们的独特性。包括后现代和后结构主义学者在内的某些批判理论家，虽然对全球国际关系学的构想有所共鸣，但仍倾向于保持一种独立的或独特的身份，或者至少不会充分地参与到"全球性"之中。后殖民主义与全球国际关系学有诸多重要的相似之处。两者都强调和反对欧洲中心主义的国际关系理论，都强调第三世界地区的施动性，都强调现代国际体系中的多样起源，反对赋予欧洲威斯特伐利亚起源特殊地位的主导视角。但是，全球国际关系学并不排斥既有的主流理论，而是挑战它们，使它们对非西方的思想和施动性主张更敏感，这也是全球国际关系学和后殖民主义之间的主要区别。全球国际关系学与后殖民主义之间的不同之处还在于，它并不把自身认定为某一理论的替代品，而是呼吁所有理论摆脱欧洲中心主义。许多女性主义者与全球国际关系学者一样，关注那些被边缘化的群体。西方女性主义者与后殖民女性主义者之间的紧张关系——后者认为西方女性主义的学术研究对全球南方的特性持有一种盛气凌人的排他性态度——也符合全球国际关系学的目标，即挑战虚假的普世主义并去除现存国际关系理论方法的偏狭性。

第四，将全球国际关系学作为学科领域的指称（designation of the field）并不意味会弱化地区和地区主义的重要性以及区域研究的作用。相反，全球国际关系学将赋予地区研究以中心地位。虽然世界没有被分割为多个地区，但它也没有不可逆转地走向天衣无缝的全球性。地区不再被视为固定的物理、地图和文化和文化意义上的实体，而是动态的、有目的的和社会建构的空间。今日的地区主义更少以领土为基础、以国家为中心，它包括更为广泛的行为体与议题。地区主义与普世主义的传统划分或许正在被打破。对地区的研究不只是关注地区的经济、政治和文化空间如何自我组织，还关注它们之间如何相互联系并塑造全球秩序。此外，关注地区对于在学科方法与地区研究之间建立紧密整合至关重要。[9]

第五，虽然多元普世主义必然包含一定程度的文化差异感和相对主义，但真正的全球国际关系学不能建立在文化例外主义和狭隘主义的基础上。例外主义倾向于认为一个社会群体的特征是同质的、集体独有的，并且优于其他群体的。例外主义的主张通常支持虚伪的普世主义观点，比如在 19 世纪和 20 世纪的殖民时代西方强加于外部世界的"文明标准"。更早之前的例外主义事例是古典中国的朝贡体系，而更近一些的例子则是一种试图取代联合国的所谓民主国家联盟或民主国家协调的设想。以上论调常常与国内政治局势和统治精英的意图有关，也常常与威权统治脱不了干系。国际关系学中的例外论也经常证明大国支配小国的正当性。美国例外论在美国民众看来纵然是良善而受欢迎，但它也与门罗主义和美国自私自利的全球干涉主义有关。第二次世界大战前日本建立在"亚洲人的亚洲"这一口号基础上的泛亚学说，也反映了这一趋势。虽然国际关系学的国家学派的发展能拓展并丰富国际关系学，但如果这些学派立论于例外主义的话，将会挑战全球国际关系学的可能性。卡赫勒（Kahler，1993：412）正确地指出："日趋增长的国家狭隘主义对这一领域的未来发展来说并不是好兆头。"

全球国际关系学因此能帮助我们揭露既有国际关系理论中的偏见、狭隘性和种族中心色彩。虽然国际关系学教科书对主要的理论都提出了批评，但它们还很少揭示这些理论的种族中心假定。例如，把现实主义和自由主义作为国际关系普遍理论来学习的本科生，很少会被教导这些理论与文化种族主义和帝国主义的关联与理由。一些自由主义最重要的奠基哲学家，例如洛克，在效率和自由贸易的幌子下，或直白或隐晦地支持帝国主义。其他的像亚当·斯密和康德这些人，虽然反对西方帝国主义，却也支持规范性的普世主义，认为土著人应该依照西方标准来生存。康德不会同意把不受限制的主权赋予非欧洲人，除非他们断绝"无法无天的蛮行"并接受西方的标准。现实主义的基础包括麦金德和马汉的地缘政治理论，其呼吁一个西方的盎格鲁-撒克逊同盟，并采取进攻性态势，以防止黄种人的蛮族威胁（或"黄祸"）来到西方的家门口。在更近的时代，自由主义麾下的民主和平论甚至不把殖民战争当战争看待，结构性现实主义还把两极争霸看作"长和平"，单纯因为欧洲再未出现战争，就无视冷战时期发展中世界的大量冲突和伤亡。建构主义几乎不承认发展中国家的规范创建和不同的规范体系之间的争论。与此相关的是，现有的源自西方主导背景的理论与非西方世界的现实之间缺乏联系。这方面的例子很多，包括区域一体化理论在西欧以外的适用性很有限，而这在最为畅销的国际关系学教科书中也被掩盖了。其他例子包括国家安全概念（主要在美国发展起来）在捕捉第三世界安全困境方面的局限性，以及国际发展理论（在美国和欧洲发展起来）的重点是以牺牲人类发展需要为代价的经济增长。

第六，全球国际关系学采用了广义的"施动性"概念。各种国际关系理论都否认了非西方社会的施动性。曾几何时，国际关系中的施动性问题还是依据"文明标准"来界定的，关键要素是国家捍卫自身主权、发动战争、条约谈判、强制实施、维持均势和对"未开化"的民族实行帝国统治的能力。欧洲殖民列强这种自利的、非历史的、厚颜无耻的种族主义的构想忽视了许多早期的非西方文明都存在精致的治国之道这一事实。尽管主流国际关系理论都把所谓的第三世界或全球南方看作国家博弈的边缘，但实际上某些批判理论就是从这种假定的边缘性当中兴盛起来的。批判理论无疑正确地批评了主流理论对南方地区的排斥，但最初也鲜少探究南方地区施动性的替代形式，因为承认这种施动性的存在可能会破坏其叙事的核心部分。

虽然世界在物质权力上的不对等（disparities）不会消失，但我们需要在国际关系中采取超越军事力量和财富的更广泛的施动性视角。施动性既是物质性的也是观念性的。它不是强者的特权，却能作为弱者的武器。施动性既能在全球跨国空间层面，也能在地区和本地层面付诸实践。它可以表现为多种多样的形式（Acharya，2018：12—23）。它可以描述对全球规范和制度的抵制和本土化。施动性还意味着在本土层面构建新的规则和制度，以支持和强化全球秩序，反对大国的虚伪和支配。施动性也意味着对新型发展道路、新型安全观和生态正义的设想与落实。

此类施动性的事例不胜枚举，却被国际关系主流学术圈所忽视。在万隆举办的亚非会议上，主权概念得到了延展和再界定。非洲人为了维持后殖民时代的边界，创造了一种地区主义的新形式。印度的首任首相尼赫鲁是呼吁禁止核试验的第一人。其中一些施动性行为不仅针对特定地区或全球南方自身，而且对整个全球治理至关重要。近期的研究表明，拉丁美洲、亚洲（中国和印度）和东欧国家在布雷顿森林体系制度的制定方面发挥了重要作用（Helleiner，2014）。现代人权和裁军规范的兴起和强化可以追溯到拉丁美洲、亚洲和非洲诸国为支持这些规范所做的努力（Sikkink，2014，2016；Acharya，2016：1160—1161）。人类发展和人类安全的观念是由南亚发展经济学家马赫布·乌尔·哈克和阿玛蒂亚·森率先提出的（Acharya，2016：1162—1163；Acharya，2018：137—141），而

"保护的责任"很大程度上归功于加拿大人赞助的干预与国家主权国际委员会，如第八章所示，这一观念的提出多亏了非洲领导人和外交官。在气候变化谈判中，我们见识了发展中国家提出的"共同但有区别的责任"这一规范的理念（Acharya，2018:195—197）。通过这一有关施动性的更为宽广的框架，我们发现南方已经有了声音，"底层人确实可以说"并行动起来，即使国际关系理论忽略了他们。将这些内容纳入到国际关系学文本对全球政治经济、全球安全和全球生态等的描述之中，对于减少西方的偏见并形成全球国际关系学叙事至关重要。[10]

第七，也是最后一个维度，全球国际关系学以一种全面的观念来回应世界的日益全球化。从相互联系和相互依赖的意义上讲，全球化是个长期趋势，且没有显示出减弱的迹象。但是有两条重要的变化线索日益适用于这一更为狭窄的进程。首先，它的组织越不以中心-外围为基础进行组织，而越来越以深层次多元化为基础，而越来越以深层次多元主义为基础。因此，尽管西方主导的时代即将结束，但是推动全球化的原动力和对其后果应承担的责任在规模上已经变得更加全球化了。第二，日益增长的相互联系和相互依存的密度和强度，现在明显地导致了第七章所讨论的一系列共同命运的问题，全人类都陷入其中，责任是集体的。这种全球化的共同命运如何在深度多元化的、更为分散的政治结构中发挥作用，是全球国际关系学面对的一个重大问题。

# 全球国际关系学的研究议程

阿查亚（Acharya，2014a）已经确认并讨论了全球国际关系学研究议程中的某些要素。不谈细节，概括如下：

- 从世界历史中发掘新模型、理论和方法。
- 分析西方主导两百多年之后的权力和观念分配状况的变迁。
- 探究地区世界的多样性和相互关联性。
- 介入需要学科和区域研究知识深度和实质融合的研究对象和方法。

- 考察观念和规范如何在全球以及本地层面传播。
- 考察文明间相互学习借鉴的过程,这方面的历史证据要多于"文明的冲突"。

虽然六个主题可能是讨论和辩论不错的起始点,对于拓展学科的格局而言也不可或缺,但它们绝对不是详尽无遗的。相反,"全球国际关系学应该做到兼收并蓄,向各种各样的争论、阐释、细化和引申敞开怀抱"(Acharya,2014a:652)。

另一种促进全球国际关系学研究计划的方式是先考察各个地区可能的理论化资源。以我们以前的工作为基础(Acharya and Buzan,2007a,b;2010),有五种实用性资源可用于发展全球性国际关系学理论:古典的宗教和哲学传统;历史上宗教、政治和军事人物的国际关系思想;当代后殖民主义领导人的国际关系学思想;当代具有全球视野重要国际关系学者们的作品;以及以全球政治实践中汲取的洞见。

第一,古典传统包括宗教哲学,如佛教、印度教、儒教、伊斯兰教、犹太教、基督教及这些宗教内部不同派别,以及纯净之路(Khalsa Panth)这样晚近的宗教,能为相关的国际关系理论提供洞见。但这也提出了一些认识论问题。全球国际关系学认同方法论和认识论上的多元主义。但是我们想构建一个特殊的案例,通过整合世界宗教的见解来进一步拓宽国际关系学科学的含义。全球国际关系学也接受实证方法,但不认为这是认识国际关系唯一有效的途径。值得注意的是,我们在对各地区国际关系学发展的考察中发现,相比美国国际关系学主要特征的实证主义方法,它们更偏爱古典方法。帕特里克·撒迪厄斯·杰克逊认为,"要成为真正非西方的,我们需要生成理论的方式,而不是金、基欧汉和维巴式的生成理论"。[11]重要的不仅是国际关系学的内容,还有研究国际关系学的方式部分。答案在于拓展国际关系学背后的科学哲学概念的真正含义。杰克逊(Jackson,2010)极为有力地论证了国际关系学中多元主义的存在,特别是就我们对科学构成的理解而言。在论证中,他有力地抨击了那类认为可以轻易地把非西方的经验和声音斥为"区域研究的东西"或"非科学"的说法。

但杰克逊(Jackson,2010:196)也坚持认为"放下'科学问题'并不意味着我们进入了一个可以随心所欲的领域"。对他来说，科学知识有三种不可或缺的"成分"：它必须是系统性的；必须经得起（而且假定能够成功应对）公众的批评；必须旨在创造出"世俗知识"（worldly knowledge）（Jackson，2010：193）。但有一点需要注意，从非西方世界引入国际关系理论中的很多东西可能确实是"世俗知识"。但还有一类思想可能来自宗教、文化习俗或灵性知识之类的严格上讲并非"现世"（this-worldly）的范畴。这些思想在科学和神智学（spirituality）之间的归属上不太清晰，可能位于科学与灵性之间某个模糊的交叉点上，或者说在物质性中糅合了灵性。因此，乔治·香尼（Shani，2008：722）认为锡克教的纯净之路（Khalsa Panth）或伊斯兰教的乌玛（Ummah）能够作为后西方国际关系理论的思想渊源，因为这些概念提供了"一个普遍性的替代概念"，与威斯特伐利亚国际关系学所提供的概念相比，它可能更具有"社会连带性"。同样值得一提的是中国人的"天下"观。印度教的观念又有不同，印度教史诗《摩诃婆罗多》（Mahabharata）是一篇有关正义与非正义战争、结盟与背叛、自利与道德、善治与恶治的元叙事。[12]其中的《薄伽梵歌》（Bhagavad Gita）中黑天大神（Krishna）苦劝武士阿周那（Arjuna）的一段包含了与战争实践有关的思想："汝若不行此正义之战，（则将）职责贷身，名誉受损"（ch.2，passage 33）；"兵长视汝甚高，未尝汝弃，而区区惊惧乃使汝不战而逃"（ch.2，passage 35）；"虽死，天阶可乘；若胜，君临万人；兴之，其坚心以战！（ch.2，passage 37）"（Kaushik，2007：55—57）。换句话说，不放弃战争与正义行动的逻辑产生共鸣，正义行动既是"现世性"的（荣誉、耻辱与权力），也是"彼世性"的（灵魂或灵性的不灭）。

　　几乎没有被国际关系学者们关注的佛教哲学，提供了另一种思考。[13]这一世的达赖喇嘛研究了科学和佛教哲学间的关系。佛教哲学接受并利用科学的经验主义，尤其体现在"直观"和"辩难"上（即是说，知识"可以是现象性的，也可以由推理得出"），但除了与科学相合的部分以外还有第三种方法，即"可靠的权威"（reliable authority）。佛教哲学相信还存在"更高层次的实相"，这实相"不为钝根人所识"。这些可靠的权威包括"业力之法"（law of karma），"作为权威的正确来源的引文"，或佛陀的教诲。对佛教徒而言，这些"已被证明在检验存在的本质和通往解脱的道路上是可靠的"(Dalai Lama，2005：28—29)。尽管卡尔·波普尔的证伪假说将包括道德原则和灵性在内的"许多关于人类生存的问题"排斥在外,使科学方法和佛教思辨渐行渐远。但是证伪与藏传佛教中的"否定范围原则"(principle of scope of negation)产生了共鸣,二者都强调了"未被发展"和"经发现不存在"之间的区别(Dalai Lama，2005：35)。不难想见"更真的真实"这一论断在其他绝大多数宗教中也同样存在,就像伊斯兰教的圣训和圣行或印度教的《薄伽梵歌》。

如果我们在从事研究的过程中严格地把现世和彼世、物质性和精神性彻底分离开来,那我们还能在国际关系知识中引入以上的类似见解吗?当然我们可以自觉地把诸如经文知识之类的要素包括进来(它们可能不容易通过世俗性的考验),并称其为国际关系理论的非科学元素。但是这样就意味着把这些资源放到了二流的位置,因为正如杰克逊所指出的那样,"科学"的标签在国际关系理论中具有很高的威望和学科影响力。因此,对科学的坚持有进一步使一大批国际关系学的知识资源边缘化的风险,这类资源完全或部分地与科学无关,或与科学之间的关系无法确立。

第二,除了宗教以外,非西方地区在历史上还有着大量的宗教、政治、军事人物的思想与国际关系学有关。其中有中国的孙子、韩非子和孔子;印度的阿育王、考底利耶和龙树(一位生活于公元一二世纪之交的佛学家)。有意思的是,在同一个社会、文化区域和时段之中同时出现了多种思想和路径。在古典时代的北印度,真实情况是在较短的一段时期内,同时出现了考底利耶现实政治的政论《政事论》和充满正义的《阿育王法典》;而在先秦时期的中国,现实主义者韩非子和道德哲学家孔子在同时代出现;这表明把东方文明模式化为哲学的束身衣是错误的。现实是东方人包容了政治和国际关系领域思想和方法。在中东的伊斯兰世界,杰出的思想家有伊本·西那(他是波斯裔的全才,在西方以阿维森纳之名被人熟知),还有9—12世纪的阿拉伯哲人(Falsafa)如艾金迪(他于9世纪在巴格达写成了《智慧之屋》,把许多重要的希腊哲学和科学作品译成了阿拉伯文)、法拉比和伊本·路世德(在西方被称作阿威罗伊)。这些穆斯林学者通过把希腊哲学思想翻译成阿拉伯文,并进行解释,不仅保存而且弘扬了希腊哲学知识,否则自亚历山大港沦陷以及罗马皇帝皈依基督教之后，这些知识可能被遗忘或失去其希腊版本的原意。随后，到欧洲的文艺复兴曙光初现的前夜，这些阿拉伯语文本和知识在伊斯兰教政权统治下的西班牙被译成拉丁文和中世纪法语，不仅影响了像托马斯·阿奎那这样的神学家的思想，而且影响了巴黎大学和牛津大学近代早期欧洲的理性主义。在这类思想家的作品中已经出现了间接的政治理论类型，可以纳入今天的国际关系学领域。同样重要的伊斯兰思想家还有摩洛哥裔的伊本·卡勒敦（Ibn Khaldun，1332—1406AD），他有关定居社会和游牧社会互动的动力论影响了 17 世纪奥斯曼历史学家卡提布·切勒比（Kâtip Çelebi）、艾哈迈德·杰夫代特·帕夏（Ahmed Cevdet Pasha）和穆斯塔法·奈玛（Mustafa Naima）等人，并被当代国际关系学者罗伯特·考克斯所引用（Cox，1992b）。

第三是殖民世界的政治思想家和领导人的思想与方法。我们在先前的章节详述过的反殖民主义、民族主义和泛区域主义思想和运动，无论是来自政治活动家还是学者（很多情况兼而有之），都是各个地区思考国际关系的主要来源。他们中的一些人在思想或运动方面（或者二者兼而有之）形成了合作关系（如泰戈尔和冈仓天心），这一事实使他们的思想作为全球国际关系学的基础变得愈加重要。值得注意的是，现代非西方地区的国际关系思想像过去的古典时代那样很难一致。比如，日本人的国际关系思想自 19 世纪末到第二次世界大战后这段时期，时有分歧时有互补，从田畑茂二郎、坂本义和、高坂正尧、腊山正道、大泽章、西田几多郎（京都学派创始人之一）、横田喜三郎、川上彦松、田中耕太郎、安井郁等人处可见一斑（Shimizu et al.，2008）。同样，希望能寻求到另一类来自印度的重要且不同的国际关系思想资源的学者们应该参考潘尼迦、西西尔·古普塔（Sisir Gupta）、安格迪普兰·阿帕多赖（Angadipuram Appadorai）、拉纳、伽延覃努伽·般迪奥帕迭亚（Jayantanuja Bandyopadhyaya）、阿希斯·南迪等人的著作（Mallavarapu，2018）。

全球国际关系学思想和理论的第四个来源是参与并在大多数情况下挑战西方国际关系学理论的学者的作品，这些学者来自世界不同的地方。仅举几位杰出者的例子，他们可能包括：穆罕默德·阿尤布（美国）、阿琳·蒂克纳（哥伦比亚）、皮纳尔·比尔金（土耳其）、巴格特·可兰尼（埃及)、纳夫尼塔·别赫拉(印度)、康蒂·巴吉帕伊(印度)、猪口孝(日本)、秦亚青(中国)、阎学通(中国)、唐世平(中国)、示巴·格罗沃基(美国)、凌焕铭(美国)、伦道夫·佩尔绍德(美国)、商可兰·克里希那(美国)、罗比·希廉(美国)、黛安娜·杜西埃(阿根廷)、吴翠玲(澳大利亚)、奥利弗·施廷克尔(巴西)、斯瓦蒂·帕拉莎尔(瑞典)、钱德拉·莫汉蒂(美国)、张勇进(英国)、铃木章悟(英国)、安迪·奈特(加拿大)。我们还想提及的有:安·蒂克纳(美国)、雅克·特鲁(澳大利亚)、安德鲁·赫里尔(英国)、路易斯·佛瑟特(英国)、彼得·卡赞斯坦(美国)、康灿雄(美国)、埃里克·赫莱纳(加拿大)、T.V.保罗(加拿大)和安德鲁·菲利普斯(澳大利亚)。这份名单远非详尽无遗,也没有公正地反映出这些学者之间的差异及思想的复杂性,但它确实表明,凭着东西方、南北方地区学者们的奉献,全球国际关系学已成为一个新兴的领域。阿尤布、格罗沃基、奈特、克里斯那和佩尔绍德等一些学者最初来自全球南方,后来移民到美国,他们依然是非西方思想的贡献者;事实上可以说他们的成果受益于生活于两个世界的经历所带来的洞见。[14]同样有趣的是,一些学者如蒂克纳和施廷克尔,从西方迁居到了如今生活的全球南方。许多有着这样经历的学者维持着与祖国的紧密联系,他们的作品也基本上部分关照他们出身的国家或地区,并与这些地区的思想和机构保持密切联系。他们的作品中有许多反映了全球南方,尤其是他/她们生长的祖国或地区在历史上或当前的状况。

　　他们作品的共同点是呼吁对非西方思想和方法的包容和更多的理解,这些学者追求多样的理论兴趣和方法。不过值得提醒的是,那种想要把他们的作品归入某一主要理论"阵营"的观点是过于简单化且具有误解性的。人们可能仍然会作出一些看似合理的概括。佩尔绍德、希廉、凌、比尔金、克里希那和格罗沃基明确认为自身属于后殖民主义流派。蒂克纳、别赫拉在广义上也属于后殖民主义流派。秦亚青的思想主要是建构主义的(但从他领头倡导国际关系的中国学派这一点可见其也深受中国文化影响),他的国内同行阎学通虽然也从中国文化中汲取营养,却不认为中国学派能够成立,并将自己的理论称为"道义现实主义"。唐世平提出的"社会演化"路径相对折中,主要运用的也是国际关系理论中的建构主义思维。巴杰帕伊、猪口孝、施廷克尔和奈特的思想更接近自由主义,而阿尤布提出的是他称为"底层现实主义"的思想。赫里尔、铃木章悟和张勇进属于英国学派。这种划分正是全球国际关系学的标志，全球国际关系学包含理论多元主义，包括既有的国际关系理论和挑战者。对全球国际关系学项目感兴趣的人应该吸收和吸引思想家、领导者和来自不同理论和方法传统的贡献。

全球国际关系学的第五类思想资源可能会从实践中汲取，特别是在世界不同地区出现的大范围、长时段的关系、互动与制度建设的模式。对西方国际关系学者们而言，依据实践来建构理论是司空见惯的。比如，欧洲协调成为了"安全机制"研究作品的基础文献；欧盟是自由主义制度化理论的出发点；古典欧洲大国均势体系为包括权力转移（如今用于形容中国崛起）、联盟态势、"战争的原因"在内的研究作品提供文献资料。因此有这样一个问题，"如果欧洲和北大西洋地区的政治可以成为国际关系理论，那么亚洲的地区政治为什么不能?"(Acharya，2015)

在之前的章节中我们提到过，地区主义是个关键点，而在许多南方地区早就形成了地区性的国际关系思想与实践。世界上不同的地区追求不同的地区合作发展道路，这是显而易见的(Acharya and Johnston，2007)。亚洲、拉丁美洲、非洲和中东的区域合作模式都是拓展国际关系研究及其理论发展的重要进路。在这方面，与古典主义、民族主义和泛地区主义传统和思想家的观念与方法一样，比较研究格外有益。虽然不同地区的思想都认为本地区具有鲜明独特的历史轨迹和思维方式，实际上各自之间也有一些相似之处。比如，协商一致决策是地区性多边机构的一种全球实践，尽管它们确实在当地环境中获得某种独特性神话，并因此得到了承认与接受。

# 警示与风险

当然，与全球国际关系学相关的警示与风险当然需要引起进一步的关注和讨论。再次借用罗伯特·考克斯的话来说，"理论总是为某些人和

某些目的服务的"。全球国际关系学为了谁,服从于何种目的? 以下有关全球国际关系学的几点担忧尤其需要注意:

- 只是或基本上只关注强大且资源丰富的非西方国家,诸如中国、印度、巴西、南非、土耳其,上述这些国家的国际关系研究发展更快,同时忽视发展中世界的弱国。国际关系中国学派的出现证实了这种可能性。

- 稍经修正便重复和再生产西方思想的可能性风险。到头来全球国际关系学或许只是将传统的国际关系理论和概念全球化,尽管会收集世界各地的概念来填充一些新内容。这可能引发对全球国际关系学的解放主张的质疑。

- 在一种分析框架内研究所有国家、文明和议题领域是困难的,特别是在不同的社会和地区之间存在重大的文化、政治和经济差异的情况下。

- 国际关系学过度扩展,稀释了它的分析价值,使理论建构无处着手。

- 通过致力于建立一种共同叙事,并寻求结束对他者(the Rest)的排斥,全球国际关系学可能会转移人们对其他更具体形式排斥的注意力,如性别和种族等。

以上风险并非无关紧要。对此保持关注有助于全球国际关系学者避免犯类似的错误。

为了与嵌入式多元主义的理念保持一致,我们不认为全球国际关系学是一项具有轰动效应的工程;更有可能的情况是,它将随着接下来数十年中数以千计的些微进展而变得鲜活。它的出现一方面是西方中心国家的学科教材、研究议程、教学和培训项目对全球南方更加敏感。然而,更重要的是迄今在国际关系学中地位和声音不被认可的其他地区对国际关系学去殖民化的努力。在这些地区,本土的机构、合作和出版物至关重要。西方的国际研究组织仍然被传统视角主导,仍主要由西方领导者管理,其中只有部分对后西方世界是敏感的,更不用说同情了。这种局面不太可能很快改变。与此同时,随着国际关系研究在世界范围内的持续推进,西方主流将会见证对其奠基神话的抵制,以及对其主导叙事的排斥。

这种分化和多元化并不会导致作为一门学科或一种理论的"国际关系学的终结"，而是会在上文所述的"多元普世主义"的原则上浴火重生。对于一门传统上被认为边缘化发展中世界的"美式社会科学"而言，全球国际关系学方法展示了一条促进学科发展的重要路径。我们希望本书能有力地呈现地方的努力在更为宏大的全球国际关系学图景之下所具有的变革潜力。

结　　论

要想真正具备全球性，国际关系学就必须付出大量努力去再次重构自身。正如前文所示，现代国际关系学的初次和二次创建发生在西方主宰全球的巅峰时期。这两次创建都发生在中心地区内部，并且主要涉及盎格鲁圈国家的制度化发展。此时的国际关系学，不管是其制度还是研究对象和理论，都反映了主导性中心地区大国的利益与观点。国际关系学主要由国际关系现实的议题和实践以及一种世界历史的观点所塑造的。这些议题和实践在很大程度上是由西方大国所定义的，世界历史也主要是欧洲历史的延伸。这回应了先前的小节里考克斯提出的那个问题，国际关系学不管是在机制设计，还是理论和历史观方面都是由中心地区国家一手打造并为其服务的。自创立之日起，这个学科就反映了并依然反映在中心和外围地区极度分立的、殖民或准殖民的全球国际社会中由中心地区国家塑造的语境。中心地区的视角和关切被深深地植入了国际关系学的基因之中。与其说这是一种规范性批判，不如说是一种历史性和结构性观察。基于学科创立就伴有的这种背景，如果国际关系学从一开始就具备了我们所提倡的这种全球模式，才是真的匪夷所思。一门学术化的学科，尤其是在它的初创阶段，大体上反映了它所处的社会状况，这对于国际关系学而言并不例外，也不让人意外。因此，重点不在于批判国际关系学的过去，而在于指明它接下来的出路与方向，以使其从创始时的特性中成长起来。

本书的核心主题为制度化、理论(又名"思考国际关系")和历史,接下来在这些方面进行总结和展望。

正如先前章节提到过的,国际关系学经过几十年的制度化过程,其传播不仅超出了中心地区的范围,而且实际上建构起了一套全球性网络和结构。这类发展成功地侵蚀了早期国际关系学中心地区和外围地区之间的隔阂。虽然离实现全球无差别的机会平等这样的目标还相对遥远,但在中国、土耳其、拉美及其他地区的国际关系学正朝着正确的方向发展。这类制度化发展普遍受到中心地区国际关系学界的欢迎,并在一定程度上得到了支持。这类发展已被整合到全球机制之中,通常被看作学科发展的机遇而不是威胁。就制度化方面而言,发展全球国际关系学的道路虽说漫长,但也相对平坦。难点恐怕在于如何把威权国家的国际关系学术团体聚集进来,毕竟在这类国家,学术组织深受政府的渗透。民主国家的学术组织作为独立的机构,拥有更大的自主性。

国际关系理论方面的情况和机制方面有些类似。外围地区为某些中心地区的理论建构敞开了大门,同时中心地区也为后殖民主义思想留出了空间。不过很难达到均衡状态,为此还需加倍努力。后殖民主义和其他批判理论在中心地区的国际关系学科找到一个边缘的"小众市场"。这种边缘化是一种非议的来源,但它也是一种进步的标志,即使是"小众市场"也已经建立起来了。中国及其他地区的学者们致力于把本国或本地区的历史和政治理论引入到学科中来,尚处于初级阶段,却也受到了普遍欢迎。这些发展是否被视为或将被视为威胁是一个很有趣的问题,这比制度化的问题更难以回答。后殖民主义可能恰恰被某些持国际关系主流理论立场的学者认定为威胁,既有"科学"的理由,也因为其拥护者背负的政治包袱。但这并不能将后殖民主义与批判理论的其他流派区分开来,后者的紧张和争论主要集中在中心国家学界。与后殖民主义相类似,批判理论中的许多流派也带有政治包袱,以及难以被外人看破的自成一系的用语和冗长的措辞。可以再一次看到,理论趋势指向了更具有全球国际关系学特征的正确方向,但前路漫长而难行,坎坷而多艰。中心地区的国际关系学在理论上已出现了多样化局面,所以这扇门也是相对开放的。

历史问题可能构成了全球国际关系学层次最深、解决难度最大的阻碍。国际关系学不仅需要打破"政治学的囚笼"（Rosenberg，2016），还要摆脱欧洲中心主义的历史观的陋见。迈出这一大步的关键之举是对一个强有力的神话提出有力的质疑，这个神话认为，由于西方历史是19世纪和20世纪世界历史的主要驱动力，因此有理由通过这个透镜去解读未来和更深层次的过去。用欧洲中心论的术语来解读前现代的历史是经不起推敲的，但这一观念的惯性已根深蒂固。鉴于西方在创建第一个现代全球国际社会时形成的巨大影响力，在思考未来之时，欧洲中心主义应该扮演更重要的角色。然而正如我们在第九章中谈到的，这个世界已经深度多元化，由财富和权力所支撑的文化多样性正在快速重塑全球国际社会。自由普世主义的目的论神话正让位于某种更为分散的思想。深度多元主义将显著地重塑全球国际社会。但深度多元主义本身在很大程度上仍将由西方遗产所塑造。为应对这一转变，全球国际关系学并非要抛弃西方历史的视角，而是要将这一特定的视角嵌入更为深刻的世界历史视角之中。如前所述，全球国际关系学需要体现多元普世主义，扎根于真正的世界历史。

正在浮现的世界的现实是一种全部的综合体，一方面是人类悠久历史遗留下来的文明和文化多样性，另一方面是19世纪和20世纪现代性和西方统治遗留下来的现代性、相互依存和全球化的条件。国际关系学只有拓宽自身的历史视角，才能处在能正确理解这一在文化和现代性之间快速展开的、全球性的综合体，并对其加以理论化的位置上。能够打破这一根深蒂固的西方历史偏见的乐观主义的依据在于，国际关系学是一门灵活的学科，能够迅速适应其动荡的主题所带来的变化，这点本书已经提到过了。正如我们所展示的那样，国际关系学的发展是在许多方面紧跟各个时段的国际关系实践中的事件及其结构而动的。随着西方对全球国际社会强势主导的特定时代接近尾声，国际关系学如今需要再次发挥这个技能。国际关系学已经走过并适应了国际关系实践中出现的两个特定时代，一个是到1945年为止、以西方—殖民为特征的全球国际社会1.0版，另一个是从1945年到大约2008年间的以西方—全球为特征的全球国际社会1.1版。如今正快速出现的是全球国际社会1.2版。它将以后西方为特征，西方将不再能够定义领导核心，因此，它将极大地脱离那些自其诞生就定义国际关系学的诸种条件。它将以深度多元主义为特征，也就是说，多个新旧财富、权力和文化权威中心并存。世界将再次真正合为一体，不仅体现在一般人所理解的"全球化"层面，也在于现代特性变得日益跨文化、广泛地立足于人类整体，而不再是一小部分人的特权。全球国际关系学需要顺应这一形势，继续推进它已经不小的进步，将中心和外围地区的国际关系思想整合到统一的制度、理论和世界历史架构中。

## 注 释

1. 并非人人都赞同"国际关系理论的终结"这一观点。科尔根（Colgan，2016）认为只是搜索刊物的话则会得出中观理论和假设—验证的作品越来越流行的印象，这与在美国的大学中博士层次所教授的内容（尤其是实地研讨会）明显不同，占主导地位的内容仍是宏观理论的探讨与建构。克里斯滕森（Kristensen，2018：12）认为虽然期刊文章的引述分析确实可以证实理论分析类与定量建模类文章之间鸿沟加大，但后者并没有"赶超整个学科"。

2. TRIP Survey，2014，http://trip.wm.edu/charts/♯/bargraph/38/5045（Accessed 27 June 2018）.在 2009 年的教学、研究与国际政策问卷调查中，基欧汉被评为最受欢迎的国际关系学者（http://wm.edu/offices/itpir/_document/trip/final_trip_report_2009.pdf，accessed 27 June 2018），而在 2012 年的教学、研究与国际政策问卷调查中，温特名列第一（http://wm.edu/offices/itpir/_document/trip/trip_around_the_world_2011.pdf，accessed 27 June 2018）。

3. 问卷中问道："下列哪一项最符合你的国际关系研究方法？如果你认为你的作品不能被归入其中的任何一类范式或学派，请选择一个其他学者最有可能把你的作品归入的类别。"TRIP Survey，2014，http://trip.wm.edu/charts/♯/bargraph/28/5052（Accessed 27 June 2018）。

4. 关于全球南方的规范施动性，见《全球治理》（Global Governance）期刊中埃里克·海伦约（Eric Helleiner）有关国际发展，卡斯林·希金克（Kathryn Sikkink）关于人权，玛莎·芬尼莫尔和米歇尔·朱罗维奇（Martha Finnemove and Michelle Jurovitch）关于普遍参与以及阿米塔·阿查亚关于 1955 年万隆会议对人权、主权、裁军和联合国的规范性影响的文章。也可参考韦斯和罗伊的论文（Weiss and Roy，2016）。

5. 这类论断本身就反映了欧洲中心主义。调查中采用的 12 种期刊中过半是美国的，其余基本上是欧洲的。

6. 2014 年的教学、研究与国际政策问卷调查将样本进行了拆分，有的受访者收到的问卷中提及的是"美国主导"（后来还做了统计），而另一些是"西方主导"。"西方"一词要比"美国"一词更能引起人们对支配地位的认同。

7. 见 http://en.oxforddictionaries.com/definition/global（Accessed 6

October 2018）。

 8. 本节大量引用了阿查亚 2014 年的作品（Acharya，2014a）。

 9. 有关全球国际社会中地区主义的逻辑，参见 Buzan and Schouenborg，2018，ch.4。

 10. 有关南方地区施动性的深入探讨，参见《全球治理》杂志 2014 年的特别专栏。

 11. 有关非西方国家关系理论项目开展的评述，见阿米塔·阿查亚和巴里·布赞 2010 年 5 月 3 日在位于华盛顿特区的美利坚大学所作的演讲。引用的是加里·金、罗伯特·O.基欧汉和悉尼·维巴的作品（King Keokane and Verba，1994）。

 12. 亦可参见 Cohen and Westbrook，2008。

 13. 其他参见 Chan Mandaville and Bleiker，2001。

 14. 我们还应提到本书的作者之一，任教于美国的阿米塔·阿查亚，在印度长大，并在亚洲地区（新加坡和中国）度过了相当长的一段学术时光。同时他还以重要访问学者的身份游历过南非、泰国和日本，他还是一位加拿大公民。

# 参 考 文 献

Abdulghani, Roeslan (1964) *The Bandung Spirit*, Jakarta: Prapantja.

Abernathy, David B. (2000) *The Dynamics of Global Dominance*, New Haven, CT: Yale University Press.

Acharya, Amitav (1996) 'The Periphery As the Core: The Third World and Security Studies', in Keith Krause and Michael Williams (eds.), *Critical Security Studies*, Minneapolis: University of Minnesota Press, 299–327.

(2000) 'Ethnocentrism and Emancipatory IR Theory', in Samantha Arnold and J. Marshall Bier (eds.), *(Dis)placing Security: Critical Re-evaluations of the Boundaries of Security Studies*, Toronto: Centre for International and Security Studies, York University, 1–18.

(2001a) *Constructing a Security Community in Southeast Asia: ASEAN and the Problem of Regional Order*, London: Routledge.

(2001b) 'Human Security: East versus West', *International Journal*, 56:3, 442–60.

(2004) 'How Ideas Spread: Whose Norms Matter? Norm Localization and Institutional Change in Asian Regionalism', *International Organization*, 58:2, 239–75.

(2009) *Whose Ideas Matter? Agency and Power in Asian Regionalism*, Ithaca, NY: Cornell University Press.

(2011a) 'Dialogue and Discovery: In Search of International Relations Theories Beyond the West', *Millennium*, 39:3, 619–37.

(2011b) 'Norm Subsidiarity and Regional Orders: Sovereignty, Regionalism, and Rule-making in the Third World', *International Studies Quarterly*, 55:1, 95–123.

(2013a) 'Imagining Global IR Out of India', Keynote speech to Annual International Studies Conference, 10–12 December, Jawaharlal Nehru University, New Delhi, India.

(2013b) 'The R2P and Norm Diffusion: Towards a Framework of Norm Circulation', *Global Responsibility to Protect*, 5:4, 466–79.

(2014a) 'Global International Relations (IR) and Regional Worlds: A New Agenda for International Studies', *International Studies Quarterly*, 58:4, 647–59.

(2014b) *The End of American World Order*, Cambridge: Polity Press.

(2014c) 'International Relations: A Dying Discipline', World Policy Blog, 2 May, www.worldpolicy.org/blog/2014/05/02/international-studies-dying-discipline (Accessed 27 May 2018).

(2014d) 'International Relations Theory and the Rise of Asia', in Saadia Pekkanen, John Ravenhill and Rosemary Foot (eds.), *The Oxford Handbook of the International Relations of Asia*, Oxford: Oxford University Press, 120–37.

(2015) 'Identity without Exceptionalism: Challenges for Asian Political and International Studies', *Asian Political and International Studies Review* 1, 1–11.

(2016) 'Idea-shift: How Ideas from the Rest Are Reshaping Global Order', *Third World Quarterly*, 37:7, 1156–70.

(2017) *East of India, South of China: Sino-Indian Encounters in Southeast Asia*, New Delhi: Oxford University Press.

(2018) *Constructing Global Order: Agency and Change in World Politics*, Cambridge: Cambridge University Press.

Acharya, Amitav and Barry Buzan (2007a) 'Why Is There No Non-Western International Relations Theory? An Introduction', *International Relations of the Asia-Pacific*, 7:3, 287–312.

(eds.) (2007b) 'Why Is There No Non-Western International Relations Theory? Reflections on and from Asia', *International Relations of the Asia-Pacific*, special issue, 7:3, 285–470.

(eds.) (2010) *Non-Western International Relations Theory: Perspectives on and beyond Asia*, London: Routledge.

(2017) 'Why Is There No Non-Western International Relations Theory? Ten Years On', *International Relations of the Asia-Pacific*, 17:3, 341–70.

Acharya, Amitav and Alastair Iain Johnston (eds.) (2007) *Crafting Cooperation: Regional International Institutions in Comparative Perspective*, Cambridge: Cambridge University Press.

Adachi, Mineichiro and Charles De Visscher (1923) 'Examen de l'organisation et des statuts de la Société des Nations', *Annuaire de l'Institut de droit international*, 30, 22–64.

Adebajo, Adekeye and Chris Landsberg (2001) 'The Heirs of Nkrumah: Africa's New Interventionists', *Pugwash Occasional Papers*, 2:1, 17 pp.

Adem, Seifudein (2017) 'Was Ali Mazrui Ahead of His Time', in Kimani Njogu and Seifudein Adem (eds.), *Perspectives on Culture and Globalization: The Intellectual Legacy of Ali A. Mazrui*, Nairobi: Twaweza Communications, 243–59.

Adler, Emanuel (1997) 'Seizing the Middle Ground: Constructivism in World Politics', *European Journal of International Relations*, 3:3, 319–63.

Adler, Emanuel and Michael Barnett (eds.) (1998) *Security Communities*, Cambridge: Cambridge University Press.

Agathangelou, Anna M. and L. H. M. Ling (2004) 'The House of IR: From Family Power Politics to the Poisies of Worldism', *International Studies Review*, 6:4, 21–49.

(2009) *Transforming World Politics: From Empire to Multiple Worlds*, London: Routledge.

Ahmad, Aijaz (1997) 'Postcolonial Theory and the "Post-" Condition', in Leo Panitch (ed.), *Ruthless Criticism of All that Exists, The Socialist Register 1997*, London: Merlin Press, 353–81.

Ahrari, M. Ehsan (2001) 'Iran, China and Russia: The Emerging Anti-US Nexus?', *Security Dialogue*, 32:4, 453–66.

Alagappa, Muthiah (2011) 'International Relations Studies in Asia: Distinctive Trajectories', *International Relations of the Asia-Pacific*, 11:2, 193–230.

Albert, Mathias and Barry Buzan (2017) 'On the Subject Matter of International Relations', *Review of International Studies*, 43:5, 898–917.

Allinson, Jamie C. and Alexander Anievas (2010) 'The Uneven and Combined Development of the Meiji Restoration: A Passive Revolutionary Road to Capitalist Modernity', *Capital & Class*, 34:3, 469–90.

Ambrosio, Thomas (2001) 'Russia's Quest for Multipolarity: A Response to US Foreign Policy', *European Security*, 10:1, 45–67.

Amin, Samir (1972) 'Underdevelopment and Dependence in Black Africa: Origins and Contemporary Forms', *Journal of Modern African Studies*, 10:4, 503–24.

Anderson, Benedict (2006) *Imagined Communities: Reflections on the Origin and Spread of Nationalism*, London: Verso.

Angell, Norman (1909) *The Great Illusion* (Original title: Europe's Optical Illusion), London: Simpkin, Marshall, Hamilton, Kent & Co.

Aning, Kwesi and Fiifi Edu-Afful (2016) 'African Agency in R2P: Interventions by African Union and ECOWAS in Mali, Cote D'ivoire, and Libya', *International Studies Review*, 18:1, 120–33.

Antonius, George ([1938] 2001) *The Arab Awakening: The Story of the Arab National Movement*, London: Routledge.

Appadorai, A. (1979) 'The Asian Relations Conference in Perspective', *International Studies*, 18:3, 275–85.

Ariga, Nagao (1896) *La guerre sino-japonaise au point de vue du droit international*, Paris: A. Pedone.

Armstrong, David (1998) 'Globalization and the Social State', *Review of International Studies*, 24:4, 461–78.

Ashley, Richard K. (1980) *The Political Economy of War and Peace*, London: Frances Pinter.

(1996) 'The Achievements of Poststructuralism', in Steve Smith, Ken Booth and Marysia Zalewski (eds.), *International Theory: Positivism and Beyond*, Cambridge: Cambridge University Press, 240–53.

Ashworth, Lucian M. (2002) 'Did the Realist–Idealist Great Debate Really Happen? A Revisionist History of International Relations', *International Relations*, 16:1, 33–51.

(2008) 'Feminism, War and the Prospects of International Government – Helena Swanwick and the Lost Feminists of Interwar International Relations', *Limerick Papers in Politics and Public Administration*, 2, 18 pp.

(2013) 'Mapping a New World: Geography and the Interwar Study of International Relations', *International Studies Quarterly*, 57:1, 138–49.

(2014) *A History of International Thought: From the Origins of the Modern State to Academic International Relations*, London: Routledge.

(2017) 'Women of the Twenty Years Crisis: The Women's International League for Peace and Freedom (WILPF) and the Problem of Collective Security', Paper for the BISA Conference, Brighton, 14–16 June.

Ashworth, William (1975) *A Short History of the International Economy since 1850*, 3rd edn., London: Longman.

Axline, W. Andrew (1977) 'Underdevelopment, Dependence, and Integration: The Politics of Regionalism in the Third World', *International Organization*, 31:1, 83–105.

Aydin, Cemil (2007) *The Politics of Anti-Westernism in Asia*, New York: Columbia University Press.

Aydinli, Ersel and Julie Mathews (2008) 'Periphery Theorising for a Truly Internationalised Discipline: Spinning IR Theory out of Anatolia', *Review of International Studies*, 34:4, 693–712.

(2009) 'Turkey: Towards Homegrown Theorizing and Building a Disciplinary Community', in Arlene B. Tickner and Ole Wæver (eds.), *International Relations Scholarship around the World*, Abingdon: Routledge, 208–22.

Ayoob, Mohammed (1984) 'Security in the Third World: The Worm about to Turn', *International Affairs*, 60:1, 41–51.

(1986) 'Regional Security and the Third World', in Mohammed Ayoob (ed.), *Regional Security in the Third World: Case Studies from Southeast Asia and the Middle East*, London: Croom Helm, 3–27.

(1991) 'The Security Problematic of the Third World', *World Politics*, 43:2, 257–83.

(1995) *The Third World Security Predicament: State Making, Regional Conflict, and the International System*, Boulder, CO: Lynne Rienner.

Azar, Edward and Chung-in Moon (eds.) (1988) *National Security in the Third World*, Aldershot: Edward Elgar.

Bailey, S. H. (1932) *The Framework of International Society*, London: Longmans, Green, and Co.

Bairoch, Paul (1981) 'The Main Trends in National Economic Disparities since the Industrial Revolution', in Paul Bairoch and Maurice Lévy-Leboyer (eds.), *Disparities in Economic Development since the Industrial Revolution*, London: Macmillan, 3–17.

(1982) 'International Industrialization Levels from 1750–1980', *Journal of European Economic History*, 11:2, 269–333.

Baldwin, David (ed.) (1993) *Neorealism and Neoliberalism: The Contemporary Debate*, New York: Columbia University Press.

Baldwin, Richard (2016) *The Great Convergence*, Cambridge, MA: Belknap Press.

Banks, Michael (1985) 'The Inter-Paradigm Debate', in Margot Light and John R. Groom (eds.), *International Relations: A Handbook of Current Theory*, London: Frances Pinter, 7–26.

Barkawi, Tarak and Mark Laffey (eds.) (2001) *Democracy, Liberalism, and War: Rethinking the Democratic Peace Debate*, Boulder, CO: Lynne Rienner.

Barkin, J. Samuel (1998) 'The Evolution of the Constitution of Sovereignty and the Emergence of Human Rights Norms', *Millennium*, 27:2, 229–52.

(2010) *Realist Constructivism: Rethinking International Relations Theory*, Cambridge: Cambridge University Press.

Barnett, Michael (1995) 'Sovereignty, Nationalism, and Regional Order in the Arab States System', *International Organization*, 49:3, 479–510.

(1998) *Dialogues in Arab Politics*, New York: Columbia University Press.

Barone, Charles A. (1985) *Marxist Thought on Imperialism: Survey and Critique*, Armonk, NY: M. E. Sharpe.

Batabyal, Rakesh (2015) *JNU: The Making of a University*, New Delhi: Harper Collins.

Bayly, Martin J. (2017a) 'Imagining New Worlds: Forging "Non-Western" International Relations in Late Colonial India', *British Academy Review*, 30, 50–3.

(2017b) 'Global at Birth: The Multiple Beginnings of International Relations', Unpublished manuscript, 28 pp.

Bayly, Susan (2004) 'Imagining "Greater India": French and Indian Visions of Colonialism in the Indic Mode', *Modern Asian Studies*, 38:3, 703–44.

Behera, Navnita Chadha (2007) 'Re-imagining IR in India', *International Relations of the Asia-Pacific*, 7:3, 341–68.

(2009) 'South Asia: A "Realist" Past and Alternative Futures', in Arlene B. Tickner and Ole Wæver (eds.), *International Relations Scholarship around the World*, Abingdon: Routledge, 134–57.

(2010) 'Re-imagining IR in India', in Amitav Acharya and Barry Buzan (eds.), *Non-Western International Relations Theory: Perspectives on and beyond Asia*, London: Routledge, 92–116.

Belich, James (2009) *Replenishing the Earth: The Settler Revolution and the Rise of the Anglo-World, 1783–1939*, New York: Oxford University Press.

Bell, Duncan (2007) *The Idea of Greater Britain: Empire and the Future of World Order, 1860–1900*, Princeton: Princeton University Press.

(2013) 'Race and International Relations: Introduction', *Cambridge Review of International Affairs*, 26:1, 1–4.

Bell, Sydney Smith (1859) *Colonial Administration of Great Britain*, London: Longman, Brown, Green, Longmans and Roberts.

Benedick, Richard E. (1991) *Ozone Diplomacy: New Directions in Safeguarding the Planet*, Cambridge, MA: Harvard University Press.

Bernal-Meza, Raúl (2016) 'Contemporary Latin American Thinking on International Relations: Theoretical, Conceptual and Methodological Contributions', *Revista Brasileira de Política Internacional*, 59:1, 1–32.

Bertucci, Mariano E., Jarrod Hayes and Patrick James (2018) 'Constructivism in International Relations: The Story So Far', in Patrick James, Mariano E. Bertucci and Jarrod Hayes (eds.), *Constructivism Reconsidered: Past, Present and Future*, Ann Arbor, MI: University of Michigan Press, 15–31.

*The Bhagavad-Gita* (1986) Translated by Barbara Stoler Miller, New York: Bantam Dell.

Biersteker, Thomas (2009) 'The Parochialism of Hegemony: Challenges for "American" International Relations', in Arlene B. Tickner and Ole Wæver (eds.), *International Relations Scholarship around the World*, Abingdon: Routledge, 308–27.

Bilgin, Pinar (2004a) *Regional Security in the Middle East: A Critical Perspective*, London: Routledge.

(2004b) 'International Politics of Women's (In)security: Rejoinder to Mary Caprioli', *Security Dialogue*, 35:4, 499–504.

(2008) 'Thinking Past "Western" IR?', *Third World Quarterly*, 29:1, 5–23.

(2013) 'Pinar Bilgin on Non-Western IR, Hybridity, and the One-Toothed Monster called Civilization', Theory Talks (forum), 20 December, www.files.ethz.ch/isn/175508/Theory%20Talk61_Bilgin.pdf (Accessed 23 September 2016).

Bischoff, Paul-Henri, Kwesi Aning and Amitav Acharya (2016) 'Africa in Global International Relations: Emerging Approaches to Theory and Practice, an Introduction', in Paul-Henri Bischoff, Kwesi Aning and Amitav Acharya (eds.), *Africa in Global International Relations: Emerging Approaches to Theory and Practice*, London: Routledge, 1–21.

Bloch, Ivan (1898) *La Guerre Future* (English title: Is War Now Impossible?) Paris: Guillaumin et C. Editeurs.

Booth, Ken (1975) 'The Evolution of Strategic Thinking', in John Baylis, Ken Booth, John Garnett and Phil Williams, *Contemporary Strategy: Theories and Policies*, London: Croom Helm, 22–49.

(1996) '75 Years On: Rewriting the Subject's Past – Reinventing its Future', in Steve Smith, Ken Booth and Marysia Zalewski (eds.), *International Theory: Positivism and Beyond*, Cambridge: Cambridge University Press, 328–39.

Bostrum, Nick (2014) *Superintelligence: Paths, Dangers, Strategies*, Oxford: Oxford University Press.

Bostrum, Nick and Milan M. Ćirković (eds.) (2008) *Global Catastrophic Risks*, Oxford: Oxford University Press.

Bouchet, Nicolas (2013) 'Bill Clinton', in Michael Cox, Timothy J. Lynch and Nicolas Bouchet (eds.), *US Foreign Policy and Democracy Promotion: From Theodore Roosevelt to Barack Obama*, Abingdon: Routledge, 159–77.

Bowden, Brett (2009) *The Empire of Civilization: The Evolution of an Imperial Idea*, Kindle edn, Chicago: University of Chicago Press.

Bowman, Isaiah (1921) *The New World: Problems in Political Geography*, Yonkers-on-Hudson, NY: World Book Company.

Brewin, Christopher (1995) 'Arnold Toynbee, Chatham House, and Research in a Global Context', in David Long and Peter Wilson (eds.), *Thinkers of the Twenty Years' Crisis: Inter-War Idealism Reassessed*, Oxford: Clarendon Press, 277–301.

Bridgman, Raymond L. (1905) *World Organization*, Boston: Ginn & Co.

Brodie, Bernard (1946) *The Absolute Weapon: Atomic Power and World Order*, New York: Harcourt Brace.

Brown, Michael E., Sean M. Lynn-Jones and Steven E. Miller (1996) *Debating the Democratic Peace*, Cambridge, MA: MIT Press.

Brown, Philip Marshall (1923) *International Society: Its Nature and Interests*, New York: Macmillan Company.

Brown, William (2012) 'A Question of Agency: Africa in International Politics', *Third World Quarterly*, 33:10, 1889–908.

Brownlie, Ian ([1966] 1998) *Principles of Public International Law*, New York: Oxford University Press.

Brynjolfsson, Eric and Andrew McAfee (2014) *The Second Machine Age: Work, Progress and Prosperity in a Time of Brilliant Technologies*, New York: W. W. Norton.

Buell, Raymond Leslie (1925) *International Relations*, New York: Henry Holt.

Bukharin, Nikolai (1916) *Imperialism and World Economy*, London: Martin Lawrence.

Bull, Hedley (1966) 'International Theory: The Case for a Classical Approach', *World Politics*, 18:3, 361–77.

(1977) *The Anarchical Society: A Study of Order in World Politics*, London: Macmillan.

(1984) 'The Revolt against the West', in Hedley Bull and Adam Watson (eds.), *The Expansion of International Society*, Oxford: Oxford University Press, 217–28.

Bull, Hedley and Adam Watson (1984a) 'Introduction', in Hedley Bull and Adam Watson (eds.), *The Expansion of International Society*, Oxford: Oxford University Press, 1–9.

(eds.) (1984b) *The Expansion of International Society*, Oxford: Oxford University Press.

Burchill, Scott and Andrew Linklater (2013) 'Introduction', in Scott Burchill, Andrew Linklater, Richard Devetak, Jack Donnelly, Terry Nardin, Matthew Paterson, Christian Reus-Smit and Jacqui True (eds.), *Theories of International Relations*, 5th edn., New York: Macmillan Palgrave, 1–31.

Butler, Dell Marie (2010) 'What Is at Stake in the Third Debate and Why Does It Matter for International Theory?', *E-International Relations*, 16 January, www.e-ir.info/2010/01/16/what-is-at-stake-in-the-third-debate-and-why-does-it-matter-for-international-theory/ (Accessed 27 May 2018).

Buzan, Barry (1973) 'The British Peace Movement from 1919 to 1939', London University, PhD thesis.

(1983) *People, States and Fear*, Brighton: Wheatsheaf Books.

([1991] 2007) *People, States and Fear*, Colchester: ECPR Press.

(2004a) *The United States and the Great Powers*, Cambridge: Polity Press.

(2004b) *From International to World Society? English School Theory and the Social Structure of Globalisation*, Cambridge: Cambridge University Press.

(2006) 'Will the "Global War on Terrorism" Be the New Cold War?', *International Affairs*, 82:6, 1101–18.

(2011) 'A World Order without Superpowers: Decentred Globalism', *International Relations*, 25:1, 1–23.

(2012) 'The South Asian Security Complex in a Decentering World Order: Reconsidering *Regions and Powers* Ten Years On', *International Studies*, 48:1, 1–19.

(2013) 'Review of *The Social Evolution of International Politics*,' *International Affairs*, 89:5, 1304–5.

(2014) *An Introduction to the English School of International Relations*, Cambridge: Cambridge University Press.

(2017) 'Revisiting *World Society*', *International Politics*, 55:1, 125–40.

(2018) 'Nuclear Weapons and Deterrence in the Post-Western World Order', *International Security Studies*, 1, 53–73 (in Chinese).

(forthcoming) 'The Dual Encounter: Parallels in the Rise of China (1978–) and Japan (1868–1945)', in Takashi Inoguchi (ed.), *Sage Handbook of Asian Foreign Policy*.

Buzan, Barry and Lene Hansen (2009) *The Evolution of International Security Studies*, Cambridge: Cambridge University Press.

Buzan, Barry and Eric Herring (1998) *The Arms Dynamic in World Politics*, Boulder, CO: Lynne Rienner.

Buzan, Barry and George Lawson (2014a) 'Rethinking Benchmark Dates in International Relations', *European Journal of International Relations*, 20:2, 437–62.

(2014b) 'Capitalism and the Emergent World Order', *International Affairs*, 90:1, 71–91.

(2015a) *The Global Transformation: History, Modernity and the Making of International Relations*, Cambridge: Cambridge University Press.

(2015b) 'Twentieth Century Benchmark Dates in International Relations: The Three World Wars in Historical Perspective', *International Security Studies* (Beijing), 1:1, 39–58.

(2018) 'The English School: History and Primary Institutions as Empirical IR Theory?', in William R. Thompson (ed.), *The Oxford Encyclopedia of Empirical International Relations Theories*, New York: Oxford University Press, 783–99.

Buzan, Barry and Richard Little (2000) *International Systems in World History: Remaking the Study of International Relations*, Oxford: Oxford University Press.

(2010) 'The Historical Expansion of International Society', in Robert Allen Denemark (ed.), *The International Studies Encyclopedia*, Chichester: Wiley-Blackwell.

(2014) 'The Historical Expansion of International Society' in Cornelia Navari and Daniel M. Green (eds.), *Guide to the English School in International Studies*, Chichester: Wiley-Blackwell, 59–75.

Buzan, Barry and Laust Schouenborg (2018) *Global International Society: A New Framework for Analysis*, Cambridge: Cambridge University Press.

Buzan, Barry and Ole Wæver (2003) *Regions and Powers: The Structure of International Security*, Cambridge: Cambridge University Press.

Buzan, Barry, Ole Wæver and Jaap de Wilde (1998) *Security: A New Framework for Analysis*, Boulder, CO: Lynne Rienner.

Caballero-Anthony, Mely (ed.) (2015) *An Introduction to Non-Traditional Security Studies*, London: Sage.

Caballero-Anthony, Mely, Ralf Emmers and Amitav Acharya (eds.) (2006), *Non-Traditional Security in Asia: Dynamics of Securitisation*, London: Ashgate.

Calhoun, Craig (2017) 'Nation and Imagination: How Benedict Anderson Revolutionized Political Theory', ABC, 9 May, www.abc.net.au/religion/articles/2017/05/09/4665722.htm (Accessed 27 May 2018).

Campbell, David (1998) *Writing Security: United States Foreign Policy and Politics of Identity*, 2nd and revised edn., Manchester: Manchester University Press.

(2013) 'Poststructuralism', in Tim Dunne, Milja Kurki and Steve Smith (eds.), *International Relations Theories: Discipline and Diversity*, 3rd edn., Oxford: Oxford University Press, 223–46.

Cardoso, Fernando and Enzo Faletto (1972) *Dependency and Development in Latin America*, Berkeley and Los Angeles: University of California Press.

Carozza, Paolo G. (2003) 'From Conquest to Constitutions: Retrieving a Latin American Tradition of the Idea of Human Rights', *Human Rights Quarterly*, 25:2, 281–313.

Carpenter, Ted Galen (1991) 'The New World Disorder', *Foreign Policy*, 84, 24–39.

Carr, E. H. ([1939] 2016) *The Twenty Years' Crisis, 1919–1939*, London: Palgrave Macmillan.

(1946) *The Twenty Years' Crisis, 1919–1939: An Introduction to the Study of International Relations*, 2nd edn., London: Macmillan.

(1964) *The Twenty Years' Crisis, 1919–1939: An Introduction to the Study of International Relations*, 2nd edn., New York: Harper & Row.

Carvalho, Benjamin de, Halvard Leira and John Hobson (2011) 'The Big Bangs of IR: The Myths That Your Teachers Still Tell You about 1648 and 1919', *Millennium*, 39:3, 735–58.

Castle, David Barton (2000) 'Leo Stanton Rowe and the Meaning of Pan-Americanism', in David Sheinin (ed.), *Beyond the Ideal: Pan Americanism in International Affairs*, Westport, CT: Praeger, 33–44.

Cerny, Phil (1993) ' "Plurilateralism": Structural Differentiation and Functional Conflict in the Post-Cold War World Order', *Millennium*, 22:1, 27–51.

Césaire, Aimé (1955) *Discourse on Colonialism*, translated by J. Pinkham, New York: Monthly Review Press.

Cha, Victor D. (1997) 'Realism, Liberalism, and the Durability of the US–South Korean Alliance', *Asian Survey*, 37:7, 609–22.

(1999) 'Engaging China: Seoul–Beijing Detente and Korean Security', *Survival*, 41:1, 73–98.

(2000) 'Abandonment, Entrapment, and Neoclassical Realism in Asia: The United States, Japan and Korea', *International Studies Quarterly*, 44:2, 261–91.

(2010) 'Powerplay: Origins of the US Alliance System in Asia', *International Security*, 34:3, 158–96.

Chakrabarty, Dipesh (2000) *Provincializing Europe: Postcolonial Thought and Historical Difference*, Princeton: Princeton University Press.

Chan, Stephen, Peter G. Mandaville and Roland Bleiker (eds.) (2001) *The Zen of International Relations: IR Theory from East to West*, New York: Palgrave.

Chatterjee, M. N. (1916) 'The World and the Next War: An Eastern Viewpoint', *Journal of Race Development*, 6:4, 388–407.

Chatterjee, Partha (1993) *The Nation and Its Fragments: Colonial and Postcolonial Histories*, Princeton: Princeton University Press.

Checkel, Jeffrey (2013) 'Theoretical Pluralism in IR: Possibilities and Limits', in Walter Carlsnaes, Thomas Risse and Beth A. Simmons (eds.), *Handbook of International Relations*, 2nd edn., London: Sage, 220–41.

Chibber, Vivek (2013) 'How Does the Subaltern Speak?', *Jacobin*, 21 April, www.jacobinmag.com/2013/04/how-does-the-subaltern-speak (Accessed 17 May 2018).

Chong, Alan (2012) 'Premodern Southeast Asia as a Guide to International Relations between Peoples: Prowess and Prestige in "Intersocietal Relations" in the Sejarah Melayu', *Alternatives*, 37:2, 87–105.

(2017) 'Empire of the Mind: José Rizal and Proto-nationalism in the Philippines', in Pinar Bilgin and L. H. M. Ling (eds.), *Asia in International Relations: Unlearning Imperial Power Relations*, London: Routledge, 160–71.

Chowdhry, Geeta and Sheila Nair (eds.) (2004) *Power, Postcolonialism, and International Relations: Reading Race, Gender, and Class*, London: Routledge.

Christensen, Jens (1998) 'Internettets Verden' [The World of the Internet], *Samvirke*, 4 (April), 106–12.

Cintra, Jose Thiago (1989) 'Regional Conflicts: Trends in a Period of Transition', *Adelphi Papers*, 29:237, 94–108.

Claassen, Casper Hendrik (2011) 'The Africanist Delusion: In Defence of the Realist Tradition and the Neo-Neo Synthesis', *Journal of Politics and Law*, 4:1, 181–7.

Clark, Ian (1997) *Globalization and Fragmentation: International Relations in the Twentieth Century*, Oxford: Oxford University Press.

(1999) *Globalization and International Relations Theory*, Oxford: Oxford University Press.

(2007) *International Legitimacy and World Society*, Oxford: Oxford University Press.

(2011) *Hegemony in International Society*, Oxford: Oxford University Press.

Clausewitz, Carl von ([1832] 1968) *On War*, Harmondsworth: Penguin.

Clodfelter, Michael (2002) *Warfare and Armed Conflicts: A Statistical Reference to Casualty and Other Figures, 1500–2000*, 2nd edn., London: McFarland & Co.

Cochran, Molly (2008) 'The Ethics of the English School', in Christian Reus-Smit and Duncan Snidal (eds.), *The Oxford Handbook of International Relations*, Oxford: Oxford University Press, 286–97.

Cohen, Benjamin J. (2007) 'The Transatlantic Divide: Why Are American and British IPE so Different?', *Review of International Political Economy*, 14:2, 197–219.

(2008) *International Political Economy: An Intellectual History*, Princeton: Princeton University Press.

Cohen, Benjamin (2014) *International Political Economy*, Cheltenham, UK: Edward Elgar.

Cohen, Raymond and Raymond Westbrook (2000) *Amarna Diplomacy: The Beginnings of International Relations*, Baltimore: Johns Hopkins University Press.

(eds.) (2008) *Isaiah's Vision of Peace in Biblical and Modern International Relations: Swords into Plowshares*, New York: Palgrave.

Colgan, Jeff D. (2016) 'Where Is International Relations Going? Evidence from Graduate Training', *International Studies Quarterly*, 60:3, 486–98.

Collins, Michael (2011) *Empire, Nationalism and the Postcolonial World*, London: Routledge.

Copeland, Dale (2010) 'Realism and Neorealism in the Study of Regional Conflict', Paper presented at conference on 'When Regions Transform', McGill University, 9 April.

Cornelissen, Scarlett, Fantu Cheru and Timothy M. Shaw (2012) 'Introduction: Africa and International Relations in the 21st Century: Still Challenging Theory?', in Scarlett Cornelissen, Fantu Cheru and Timothy M. Shaw (eds.), *Africa and International Relations in the 21st Century*, Basingstoke: Palgrave, 1–17.

Cox, Michael (2001) 'Introduction', in E. H. Carr (ed.), *The Twenty Years Crisis*, Basingstoke: Palgrave, ix–ixxxii.

Cox, Robert W. (1980) 'The Crisis of World Order and the Problem of International Organization', *International Journal*, 35:2, 370–95.

(1981) 'Social Forces, States and World Order: Beyond International Relations Theory', *Millennium*, 10:2, 126–55.

(1986) 'Social Forces, States, and World Orders: Beyond International Relations Theory', in Robert O. Keohane (ed.), *Neorealism and Its Critics*, New York: Columbia University Press, 204–54.

(1987) *Production, Power and World Order: Social Forces in the Making of History*, New York: Columbia University Press.

(1992a) 'Multilateralism and World Order', *Review of International Studies*, 18:2, 161–80.

(1992b) 'Towards a Post-Hegemonic Conceptualization of World Order: Reflections on the Relevancy of Ibn Khaldun', in James Rosenau and Ernst-Otto Czempiel (eds.), *Governance without Government: Order and Change in World Politics*, Cambridge: Cambridge University Press, 132–59.

(1993) 'Production and Security', in David Dewitt, David Haglund and John Kirton (eds.), *Building a New Global Order: Emerging Trends in International Security*, Toronto: Oxford University Press, 141–58.

(2002) 'Universality in International Studies', in Frank P. Harvey and Michael Brecher (eds.), *Critical Perspectives in International Studies*, Ann Arbor, MI: University of Michigan Press, 45–55.

Cox, Robert and Timothy J. Sinclair (1996) *Approaches to World Order*, Cambridge: Cambridge University Press.

Cox, Wayne S. and Kim Richard Nossal (2009) 'The "Crimson World": The Anglo Core, the Post-Imperial Non-Core, and the Hegemony of American IR', in Arlene B. Tickner and Ole Wæver (eds.), *International Relations Scholarship around the World*, Abingdon: Routledge, 287–307.

Crawford, Robert M. A. (2001) 'International Relations as an Academic Discipline: If It's Good for America, Is It Good for the World?', in Robert A. Crawford and Darryl S. L. Jarvis (eds.), *International Relations – Still an American Social Science? Toward Diversity in International Thought*, New York: State University of New York Press, 1–23.

Cui, Shunji and Barry Buzan (2016) 'Great Power Management in International Society', *The Chinese Journal of International Politics*, 9:2, 181–210.

Cumings, Bruce (1984) 'The Origins and Development of the North East Asian Political Economy: Industrial Sectors, Product Cycles, and Political Consequences', *International Organization*, 38:1, 1–40.

Curtin, Philip D. (2000) *The World and the West: The European Challenge and the Overseas Response in the Age of Empire*, Cambridge: Cambridge University Press.

Dalai Lama (2005) *The Universe in a Single Atom: The Convergence of Science and Spirituality*, New York: Morgan Road Books.

Darby, Phillip (2004) 'Pursuing the Political: A Postcolonial Rethinking of Relations International', *Millennium*, 33:1, 1–32.

Datta-Ray, Deep K. (2015) *The Making of Indian Diplomacy: A Critique of Eurocentrism*, Oxford: Oxford University Press.

Davenport, Andrew (2011) 'Marxism in IR: Condemned to a Realist Fate?', *European Journal of International Relations*, 19:1, 27–48.

Davies, Thomas (2013) *NGOs: A New History of Transnational Civil Society*, London: Hurst.

Deloffre, Maryam Zarnegar (2014) 'Will AFRICOM's Ebola Response Be Watershed Moment for International Action on Human Security?', *The Washington Post*, 29 September.

Der Derian, James (2003) 'The Question of Information Technology', *Millennium*, 32:3, 441–56.

Deudney, Daniel H. (2007) *Bounding Power*, Princeton: Princeton University Press.

Deudney, Daniel and G. John Ikenberry (1999) 'The Nature and Sources of Liberal International Order', *Review of International Studies*, 25:2, 179–96.

Deutsch, Karl W. (1961) 'Security Communities', in James Rosenau (ed.), *International Politics and Foreign Policy: A Reader in Research and Theory*, New York: Free Press, 98–105.

Deutsch, Karl W. and J. David Singer (1969) 'Multipolar Power Systems and International Stability', in James N. Rosenau (ed.), *International Politics and Foreign Policy: A Reader in Research and Theory*, New York: Free Press, 315–24.

Devetak, Richard (1996a) 'Critical Theory', in Scott Burchill and Andrew Linklater (eds.), *Theories of International Relations*, New York: St Martin's Press, 145–78.

(1996b) 'Postmodernism', in Scott Burchill and Andrew Linklater (eds.), *Theories of International Relations*, New York: St Martin's Press, 179–209.

de Wilde, Jaap (1991) *Saved from Oblivion: Interdependence Theory in the First Half of the 20th Century – A Study on the Causality between War and Complex Interdependence*, Aldershot, Hampshire: Dartmouth Publishing.

Dibb, Paul (1986) *The Soviet Union: The Incomplete Superpower*, Basingstoke: Palgrave.

Dickinson, G. Lowes (1916) *The European Anarchy*, London: G. Allen & Unwin.

Dikötter, Frank (2011) *Mao's Great Famine*, Kindle edn., London: Bloomsbury.

(2016) *The Cultural Revolution: A People's History, 1962–1976*, New York: Bloomsbury Press.

Dirlik, Arif (1999) 'Is There History after Eurocentrism? Globalism, Post-colonialism, and the Disavowal of History', *Cultural Critique*, 42, 1–34.

Dominguez, Jorge I. (2007) 'International Cooperation in Latin America: The Design of Regional Institutions by Slow Accretion', in Amitav Acharya and Alastair Iain Johnston (eds.), *Crafting Cooperation: Regional International Institutions in Comparative Perspective*, Cambridge: Cambridge University Press, 83–128.

Donnelly, Jack (1998) 'Human Rights: A New Standard of Civilization?', *International Affairs*, 74:1, 1–23.

(2000) *Realism and International Relations*, Cambridge: Cambridge University Press.

Dougherty, James E. and Robert L. Pfalzgraff, Jr. (1997) *Contending Theories of International Relations: A Comprehensive Survey*, New York: Longman.

Douhet, Giulio ([1921] 1998) *The Command of the Air*, Tuscaloosa, AL: University of Alabama Press.

Doyle, Michael (1986) 'Liberalism and World Politics', *American Political Science Review*, 80:4, 1151–69.

Dreyer, June Teufel (2016) *Middle Kingdom and Empire of the Rising Sun: Sino-Japanese Relations, Past and Present*, New York: Oxford University Press.

Drulák, Petr, Jan Karlas and Lucie Königová (2009) 'Central and Eastern Europe: Between Continuity and Change', in Arlene B. Tickner and Ole Wæver (eds.), *International Relations Scholarship around the World*, Abingdon: Routledge, 242–60.

Duara, Prasenjit (2003) *Sovereignty and Authenticity: Manchukuo and the East Asian Modern*, Kindle edn., Lanham, MD: Rowman and Littlefield.

Du Bois, W. E. B. ([1940] 1992) *The Dusk of Dawn: An Essay toward an Autobiography*, New Brunswick, NJ: Transaction Publishers.

Duffy, Charles A. and Werner J. Feld (1980) 'Whither Regional Integration Theory', in Gavin Boyd and Werner J. Feld (eds.), *Comparative Regional Systems: West and East Europe, North America, the Middle East, and Developing Countries*, New York: Pergamon Press, 497–521.

Dunn, Kevin (2001) 'Introduction: Africa and International Relations Theory', in Kevin Dunn and Timothy Shaw (eds.), *Africa's Challenge to International Relations Theory*, New York: Palgrave, 1–8.

Dunne, Tim (1995) 'The Social Construction of International Society', *European Journal of International Relations*, 1:3, 367–89.

——— (1998) *Inventing International Society: A History of the English School*, London: Macmillan.

——— (2003) 'Society and Hierarchy in International Relations', *International Relations*, 17:3, 303–20.

Dunne, Tim and Christian Reus-Smit (eds.) (2017) *The Globalization of International Society*, Oxford: Oxford University Press.

Dunne, Tim and Nicholas J. Wheeler (1999) *Human Rights in Global Politics*, Cambridge: Cambridge University Press.

Dunne, Tim, Lene Hansen and Colin Wight (2013) 'The End of International Relations Theory?', *European Journal of International Relations*, 19:3, 405–25.

Eagleton, Clyde (1932) *International Government*, New York: Ronald Press Company.

*The Economist* (2009) 'Raúl Prebisch: Latin America's Keynes', 5 March, www .economist.com/node/13226316 (Accessed 27 May 2018).

Elam, J. Daniel (2017) 'Anticolonialism', *Global South Studies: A Collective Publication with The Global South*, https://globalsouthstudies.as.virginia.edu/ key-concepts/anticolonialism (Accessed 18 May 2018).

Engelbrecht, H. C. and F. C. Hanighen (1934) *Merchants of Death: A Study of the International Armaments Industry*, New York: Dodd, Mead and Company.

EU (2016) *Syrian Refugees*, http://syrianrefugees.eu (Accessed 7 October 2017).

EUISS (2012) *Global Trends 2030 – Citizens in an Interconnected and Polycentric World*, Paris: EUISS, http://espas.eu/orbis/sites/default/files/espas_files/ about/espas_report_ii_01_en.pdf, (Accessed 27 May 2018).

Eun, Yong-Soo (2016) *Pluralism and Engagement in the Discipline of International Relations*, Singapore: Palgrave Macmillan.

Eurostat (2017) 'Gini Coefficient of Equivalised Disposable Income – EU-SILC Survey', http://appsso.eurostat.ec.europa.eu/nui/show.do?dataset=ilc_di12 (Accessed 4 October 2017).

Falkner, Robert (2016) 'The Paris Agreement and the New Logic of International Climate Politics', *International Affairs*, 92:5, 1107–25.

Falkner, Robert and Barry Buzan (2017) 'The Emergence of Environmental Stewardship as a Primary Institution of Global International Society', *European Journal of International Relations*, doi: 10.1177/1354066117741948.

Fanon, Frantz (1965) *The Wretched of the Earth*, New York: Grove Press.

Farrell, Henry (2009) 'What's Wrong with International Political Economy', *The Monkey Cage*, 4 March, http://themonkeycage.org/2009/03/whats_wrong_with_international/ (Accessed 27 May 2018).

Fearon, James and Alexander Wendt (2002) 'Rationalism v. Constructivism: A Skeptical View', in Walter Carlsnaes, Thomas Risse and Beth A. Simmons (eds.), *Handbook of International Relations*, London: Sage, 52–72.

Fenby, Jonathan (2013) *The Penguin History of Modern China: The Fall and Rise of a Great Power 1850 to the Present*, London: Penguin.

Ferguson, Yale H. and Richard W. Mansbach (2014) 'Reflections on the "Third Debate"', Symposium, 20 March, www.isanet.org/Publications/ISQ/Posts/ID/312/Reflections-on-the-Third-Debate, (Accessed 27 May 2018).

Fierke, Karin M. (1999) 'Dialogues of Manoeuvre and Entanglement: NATO, Russia and the CEECs', *Millennium*, 28:1, 27–52.

Finnemore, Martha and Kathryn Sikkink (1999) 'International Norm Dynamics and Political Change', in Peter J. Katzenstein, Robert O. Keohane and Stephen D. Krasner (eds.), *Exploration and Contestation in the Study of World Politics*, Cambridge, MA: MIT Press, 247–77.

Flockhart, Trine (2016) 'The Coming Multi-Order World', *Contemporary Security Policy*, 37:1, 3–30.

Foot, Rosemary and Andrew Walter (2011) *China, the United States and Global Order*, Cambridge: Cambridge University Press.

Foreman-Peck, James (1982) *A History of the World Economy: International Economic Relations since 1850*, Brighton: Wheatsheaf.

Frank, Andre Gunder (1966) 'The Development of Underdevelopment', *Monthly Review*, 18:4, 17–34.

(1971) *Capitalism and Underdevelopment in Latin America*, London: Penguin.

Frank, Andre Gunder and Barry K. Gills (1992) 'The Five Thousand Year Old World System: An Interdisciplinary Introduction', *Humboldt Journal of Social Relations*, 18:1, 1–79.

Fraser, C. Gerald (1989) 'C. L. R. James, Historian, Critic and Pan-Africanist, Is Dead at 88', *New York Times*, 2 June, www.nytimes.com/1989/06/02/obituaries/c-l-r-james-historian-critic-and-pan-africanist-is-dead-at-88.html (Accessed 27 May 2018).

Frasson-Quenoz, Florent (2015) 'Latin American Thinking in International Relations Reloaded', *Oasis*, 23, 53–75.

Friedman, Edward (2000) 'Immanuel Kant's Relevance to an Enduring Asia-Pacific Peace', in Edward Friedman and Barrett L. McCormick (eds.), *What If China Doesn't Democratize? Implications for War and Peace*, Armonk, NY: M. E. Sharpe, 224–58.

Friedrichs, Jörg (2004) *European Approaches to International Relations Theory: A House with Many Mansions*, London and New York: Routledge.

Friedrichs, Jörg and Ole Wæver (2009) 'Western Europe: Structure and Strategy at the National and Regional Levels', in Arlene B. Tickner and Ole Wæver (eds.), *International Relations Scholarship around the World*, Abingdon: Routledge, 261–86.

Fukuyama, Francis (1992) *The End of History and the Last Man*, London: Penguin.

Fukuzawa, Yukichi ([1875] 2009) *Bunmeiron no Gairyaku (An Outline of a Theory of Civilization)*, translated by David A. Dilworth and G. Cameron Hurst III, New York: Columbia University Press.

Fuller, J. F. C. (1945) *Armament and History: The Influence of Armament on History from the Dawn of Classical Warfare to the End of the Second World War*, New York: C. Scribner's Sons.

Funtecha, Henry F. (2008) 'Rizal as a Political Scientist', 14 August, http:// knightsofrizal.org/?p=354 (Accessed 27 May 2018).

Gaddis, John Lewis (1986) 'The Long Peace: Elements of Stability in the Post-War International System', *International Security*, 10:4, 99–142.

—— (1992/3) 'International Relations Theory and the End of the Cold War', *International Security*, 17:3, 5–58.

Galtung, Johan (1971) 'A Structural Theory of Structural Imperialism', *Journal of Peace Research*, 8:2, 81–117.

Ganguli, Birendranath (1965) *Dadabhai Naoroji and the Drain Theory*, New York: Asia Publishing House.

Gao, Bai (2013) 'From Maritime Asia to Continental Asia: China's Responses to the Challenge of the Trans-Pacific Partnership', 22 pp., https://fsi.fsi.stanford.edu/sites/default/files/evnts/media/Gao.TPP_paper.pdf (Accessed 18 October 2017).

Garver, John W. (2016) *China's Quest: The History of the Foreign Relations of the People's Republic of China*, New York: Oxford University Press.

Gautam, Pradeep Kumar (2015) 'Kautilya's Arthasastra: Contemporary Issues and Comparison', IDSA Monograph Series no. 47, New Delhi: Institute of Defence Studies and Analysis.

Geis, Anna (2013) 'The "Concert of Democracies": Why Some States Are More Equal than Others', *International Politics*, 50:2, 257–77.

Gill, Stephen (1991) *American Hegemony and the Trilateral Commission*, Cambridge: Cambridge University Press.

Gill, Stephen and David Law (eds.) (1988) *The Global Political Economy: Perspectives, Problems, and Policies*, Baltimore: Johns Hopkins University Press.

Gilpin, Robert (1975) *US Power and the Multinational Corporation: The Political Economy of Foreign Direct Investment*, New York: Basic Books.

—— (1981) *War and Change in World Politics*, Cambridge: Cambridge University Press.

—— (1987) *The Political Economy of International Relations*, Princeton: Princeton University Press.

—— (2001) *Global Political Economy: Understanding the International Economic Order*, Princeton: Princeton University Press.

Gleditsch, Nils Petter (1992) 'Democracy and Peace', *Journal of Peace Research*, 29:4, 369–76.

*Global Governance* (2014) 'Principles from the Periphery: The Neglected Southern Sources of Global Norms', *Global Governance*, special section, 20:3, 359–417.

Goebel, Michael (2015) *Anti-Imperial Metropolis: Interwar Paris and the Seeds of Third World Nationalism*, Cambridge: Cambridge University Press.

Gong, Gerrit W. (1984) *The Standard of 'Civilisation' in International Society*, Oxford: Clarendon Press.

—— (2002) 'Standards of Civilization Today', in Mehdi Mozaffari (ed.), *Globalization and Civilizations*, London: Routledge.

Gordon, Lincoln (1961) 'Economic Regionalism Reconsidered', *World Politics*, 13:2, 231–53.

Goto-Jones, Christopher S. (2005) *Political Philosophy in Japan: Nishida, The Kyoto School and Co-Prosperity*, Abingdon: Routledge.

Grant, A. J. (1916) 'War and Peace since 1815', in A. J. Grant, Arthur Greenwood, J. D. I. Hughes, P. H. Kerr and F. F. Urquhart (eds.), *An Introduction to International Relations*, London: Macmillan, 1–36.

Grant, A. J., Arthur Greenwood, J. D. I. Hughes, P. H. Kerr and F. F. Urquhart (1916) *An Introduction to International Relations*, London: Macmillan.

Gray, Colin S. (2012) *War, Peace and International Relations: An Introduction to Strategic History*, 2nd edn., Kindle edn., London: Routledge.

Gray, Jack (2002) *Rebellions and Revolutions: China from the 1800s to 2000*, Oxford: Oxford University Press.

Greenwood, Arthur (1916) 'International Economic Relations', in A. J. Grant, Arthur Greenwood, J. D. I. Hughes, P. H. Kerr and F. F. Urquhart (eds.), *An Introduction to International Relations*, London: Macmillan, 66–112.

Greenwood, Ted, Harold A. Feiverson and Theodore B. Taylor (1977) *Nuclear Proliferation: Motivations, Capabilities and Strategies for Control*, New York: McGraw-Hill.

Grieco, Joseph M. (1993) 'Understanding the Problem of International Cooperation: The Limits of Neoliberal Institutionalism and the Future of Realist Theory', in David Baldwin (ed.), *Neorealism and Neoliberalism: The Contemporary Debate*, New York: Columbia University Press, 301–38.

Grovogui, Siba N. (2013) 'Postcolonialism', in Tim Dunne, Milja Kurki and Steve Smith (eds.), *International Relations Theories: Discipline and Diversity*, 3rd edn., Oxford: Oxford University Press, 247–65.

Grunberg, Isabelle (1990) 'Exploring the Myth of Hegemonic Stability', *International Organization*, 44:4, 431–77.

Guardian Datablog (2012) *Developing Economies to Eclipse West by 2060, OECD Forecasts*, www.guardian.co.uk/global-development/datablog/2012/nov/09/developing-economies-overtake-west-2050-oecd-forecasts (Accessed 27 May 2018).

Guha, Ranajit (1982) *Subaltern Studies: Writings on South Asian History and Society*, vol. 1, New Delhi: Oxford University Press.

Guimarães, Samuel Pinheiro (2005) *Cinco Siglod de Periferia*, Buenos Aires: Prometeo.

Gusterson, Hugh (1999) 'Nuclear Weapons and the Other in the Western Imagination', *Cultural Anthropology*, 14:1, 111–43.

Guzzini, Stefano (ed.) (2013) *The Return of Geopolitics in Europe?*, Cambridge: Cambridge University Press.

Haas, Ernst B. (1964) *Beyond the Nation State*, Stanford: Stanford University Press.

—— (1973) 'The Study of Regional Integration: Reflections on the Joys and Anguish of Pretheorising', in Richard A. Falk and Saul H. Mendlovitz (eds.), *Regional Politics and World Order*, San Francisco: W. H. Freeman, 103–31.

—— (1975) *The Obsolescence of Regional Integration Theory*, Berkeley: Institute of International Studies, University of California.

Haas, Michael (1995) 'When Democracies Fight One Another, Just What Is the Punishment for Disobeying the Law?', Paper presented at the 91st annual meeting of the American Political Science Association, August, Chicago.

(2016) *International Relations Theory: Competing Empirical Paradigms*, Lanham, MD: Lexington Books.

Hacke, Christian and Jana Puglierin (2007) 'John H. Herz: Balancing Utopia and Reality', *International Relations*, 21:3, 367–82.

Hagmann, Jonas and Thomas J. Biersteker (2014) 'Beyond the Published Discipline: Toward a Critical Pedagogy of International Studies', *European Journal of International Relations*, 20:2, 291–315.

Hagström, Linus (2015) 'The "Abnormal" State: Identity, Norm/Exception and Japan', *European Journal of International Relations*, 21:1, 122–45.

Halliday, Fred (1999) *Revolutions and World Politics*, Basingstoke: Palgrave.

Hansen, Lene and Helen Nissenbaum (2009) 'Digital Disaster, Cyber Security, and the Copenhagen School', *International Studies Quarterly*, 53:4, 1155–75.

Hansen, Roger D. (1969) 'Regional Integration: Reflections on a Decade of Theoretical Efforts', *World Politics*, 21:2, 242–71.

Harootunian, H. D. (2002) 'Postcoloniality's Unconscious/Area Studies' Desire', in Masao Miyaoshi and H. D. Harootunian (eds.), *Learning Places: The Afterlives of Area Studies*, Durham, NC: Duke University Press, 150–74.

Hashmi, Sohail H. (2009) 'Islam, the Middle East and the Pan-Islamic Movement', in Barry Buzan and Ana Gonzalez-Pelaez (eds.), *International Society and the Middle East*, Basingstoke: Palgrave, 170–200.

Heatley, David P. (1919) *Diplomacy and the Study of International Relations*, Oxford: Clarendon Press.

Heeren, A. H. L. (1834) *A Manual of the History of the Political System of Europe and Its Colonies, From Its Formation at the Close of the Fifteenth Century, to Its Re-establishment upon the Fall of Napoleon*, Oxford: D. A. Talboys.

Held, David, Anthony McGrew, David Goldblatt and Jonathan Perraton (1999) *Global Transformations*, Cambridge: Polity Press.

Helleiner, Eric (2014) 'Southern Pioneers of International Development', *Global Governance*, 20:3, 375–88.

(2017) 'The Latin American Origins of Bretton Woods', in Matias E. Margulis (ed.), *The Global Political Economy of Raúl Prebisch*, New York: Routledge, 78–94.

Helleiner, Eric and Antulio Rosales (2017) 'Toward Global IPE: The Overlooked Significance of the Haya-Mariátegui Debate', *International Studies Review*, 19:4, 667–91.

Hemmer, Christopher and Peter J. Katzenstein (2002) 'Why Is There No NATO in Asia? Collective Identity, Regionalism, and the Origins of Multilateralism', *International Organization*, 56:3, 575–607.

Henderson, Errol (2013) 'Hidden in Plain Sight: Racism in International Relations Theory', *Cambridge Review of International Affairs*, 26:1, 71–92.

Higgott, Richard and Richard Stubbs (1995) 'Competing Conceptions of Economic Regionalism: APEC versus EAEC in the Asia Pacific', *Review of International Political Economy*, 2:3, 516–35.

Higgott, Richard and Matthew Watson (2007) 'All at Sea in a Barbed Wire Canoe: Professor Cohen's Transatlantic Voyage in IPE', *Review of International Political Economy*, 15:1, 1–17.

Hirst, Paul and Grahame Thompson (1996) *Globalisation in Question*, Cambridge: Polity Press.

Hobden, Stephen and Richard Wyn Jones (2008) 'Marxist Theories of International Relations', in John Baylis, Steve Smith and Patricia Owens (eds.), *Globalization of World Politics: An Introduction to International Relations*, 4th edn., Oxford: Oxford University Press, 142–59.

Hobson, J. A. (1902) *Imperialism: A Study*, New York: James Pott & Co.

(1915) *Towards International Government*, London: G. Allen & Unwin.

Hobson, John M. (2004) *The Eastern Origins of Western Civilization*, Cambridge: Cambridge University Press.

(2010) 'Back to the Future of Nineteenth Century Western International Thought?', in George Lawson, Chris Armbruster and Michael Cox (eds.), *The Global 1989*, Cambridge: Cambridge University Press, 23–50.

(2012) *The Eurocentric Origins of International Relations: Western International Theory, 1760–2010*, Cambridge: Cambridge University Press.

Hodges, Michael (1978) 'Integration Theory', in Trevor Taylor (ed.), *Approaches and Theory in International Relations*, London: Longman, 237–56.

Hoffmann, Stanley (1977) 'An American Social Science: International Relations', *Daedalus*, 106:3, 41–60.

(1991) 'Watch Out for a New World Disorder', *International Herald Tribune*, 26 February.

Hollis, Martin and Steve Smith (1990) *Explaining and Understanding International Relations*, Oxford: Clarendon Press.

Holsti, Kalevi J. (1985) *The Dividing Discipline: Hegemony and Diversity in International Relations Theory*, Boston: Allen and Unwin.

(2001) 'Along the Road to International Theory in the Next Millennium: Four Travelogues', in Robert A. Crawford and Darryl S. L. Jarvis (eds.), *International Relations – Still an American Social Science? Toward Diversity in International Thought*, New York: State University of New York Press, 73–99.

(2004) *Taming the Sovereigns: Institutional Change in International Politics*, Cambridge: Cambridge University Press.

Holsti, Ole R. (2014) 'Present at the Creation', Address at the annual meeting of ISA/West, Pasadena, CA, September 27, www.isanet.org/Portals/0/Documents/Institutional/Holsti_ISA_West.pdf (Accessed 27 May 2018).

Homer-Dixon, Thomas, Brian Walker, Reinette Biggs, Anne-Sophie Crépin, Carl Folke, Eric F. Lambin, Garry D. Peterson, Johan Rockström, Marten Scheffer, Will Steffen and Max Troell (2015) 'Synchronous Failure: The Emerging Causal Architecture of Global Crisis', *Ecology and Society*, 20:3, 6.

Hopf, Ted (1998) 'The Promise of Constructivism in International Relations Theory', *International Security*, 23:1, 171–200.

Howard, Michael (1981) *War and the Liberal Conscience*, Oxford: Oxford University Press.

Howland, Douglas (2016) *International Law and Japanese Sovereignty*, New York: Palgrave Macmillan.

Hosoya, Yuichi (2009) 'Kokusaiseijishi no keifugaku – sengo Nihon no Ayumi wo chushin ni' [On the Genealogy of International Political History: Postwar Japan's Path and Before), in Nihon Kokusai Seiji Gakkai [Japan Association of International Relations] ed., *Rekishi no nakano kokusaiseiji* [Historical Approaches to International Politics], Tokyo: Yuhikaku.

Hula, Erich (1942) *Pan-Americanism: Its Utopian and Realistic Elements,* Washington, DC: American Council on Public Affairs.

Huntington, Samuel P. (1991) 'America's Changing Strategic Interests', *Survival*, 33:1, 3–17.

(1999) 'The Lonely Superpower', *Foreign Affairs*, 78:2, 35–49.

Hurrell, Andrew (2007) *On Global Order: Power, Values and the Constitution of International Society,* Oxford: Oxford University Press.

Hurrell, Andrew and Ngaire Woods (1995) 'Globalization and Inequality', *Millennium*, 24:3, 447–70.

Ikenberry, G. John (2001) *After Victory: Institutions, Strategic Restraint, and the Rebuilding of Order after Major Wars,* Princeton: Princeton University Press.

(2009) 'Liberal Internationalism 3.0: America and the Dilemmas of Liberal World Order', *Perspectives on Politics*, 7:1, 71–86.

(2011) *Liberal Leviathan: The Origins, Crisis, and Transformation of the American World Order,* Princeton: Princeton University Press.

Ikenberry, G. John and Michael Mastanduno (2003) 'Conclusion: Images of Order in the Asia-Pacific and the Role of the United States', in G. John Ikenberry and Michael Mastanduno (eds.), *International Relations Theory and the Asia-Pacific,* New York: Columbia University Press, 421–39.

Ikenberry, G. John and Anne-Marie Slaughter (2006) *Forging a World of Liberty under Law: US National Security in the 21st Century,* Princeton: Princeton Project Papers, Woodrow Wilson School of Public and International Affairs.

Inoguchi, Takashi (2007) 'Are There Any Theories of International Relations in Japan?', *International Relations of the Asia-Pacific*, 7:3, 369–90.

(2009) 'Japan, Korea, and Taiwan: Are One Hundred Flowers about to Blossom?', in Arlene B. Tickner and Ole Wæver (eds.), *International Relations Scholarship around the World,* Abingdon: Routledge, 86–102.

Inter-Agency Network on Women and Gender Equality (1999) 'Final Communiqué, Women's Empowerment in the Context of Human Security', 7–8 December, ESCAP, Bangkok, Thailand, www.un.org/womenwatch/ianwge/collaboration/finalcomm1999.htm (Accessed 2 June 2018).

International Institute for Strategic Studies (1971) *The Military Balance*, vol. 71, London: International Institute for Strategic Studies.

IOM (International Organization for Migration) (2014) *Afghanistan Migration Profile,* https://publications.iom.int/system/files/pdf/mp_afghanistan_0.pdf (Accessed 7 October 2017).

(2015) *Global Migration Flows,* www.iom.int/world-migration (Accessed 7 October 2017).

(2017) *Global Migration Trends 2015 Factsheet,* http://publications.iom.int/system/files/global_migration_trends_2015_factsheet.pdf (Accessed 7 October 2017).

Ireland, Alleyne (1899) *Tropical Colonization: An Introduction to the Study of the Subject,* New York: Macmillan & Co.

Jackson, Gregory and Richard Deeg (2006) 'How Many Varieties of Capitalism? Comparing the Comparative Institutional Analyses of Capitalist Diversity',

Köln, Max Planck Institute for the Study of Societies, Discussion Paper 06/2, 48 pp.

Jackson, Patrick Thaddeus (2010) *The Conduct of Inquiry in International Relations: Philosophy of Science and Its Implications for the Study of World Politics*, Oxford: Routledge.

(2014) 'The "Third Debate" 25 Years Later', Symposium, 20 March, www.isanet.org/Publications/ISQ/Posts/ID/297/The-Third-Debate-25-Years-Later [Unpaginated essay] (Accessed 27 May 2018).

Jackson, Patrick Thaddeus and Daniel H. Nexon (2013) 'International Theory in a Post-Paradigmatic Era: From Substantive Wagers to Scientific Ontologies', *European Journal of International Relations*, 19:3, 543–65.

Jackson, Robert H. (1990) 'Martin Wight, International Theory and the Good Life', *Millennium*, 19:2, 261–72.

(2000) *The Global Covenant: Human Conduct in a World of States*, Oxford: Oxford University Press.

James, C. L. R. (1933) *The Case for West-Indian Self Government*, London: Hogarth Press.

([1937] 2017) *World Revolution, 1917–1936: The Rise and Fall of the Communist International*, Durham, NC: Duke University Press.

([1938] 1989) *The Black Jacobins: Toussaint L'Ouverture and the San Domingo Revolution*, 2nd edn., New York: Vintage Books.

Jansen, Jan C. and Jürgen Osterhammel (2017) *Decolonization: A Short History*, Princeton: Princeton University Press.

Jansen, Marius B. (2000) *The Making of Modern Japan*, Cambridge, MA: Belknap Press.

Jervis, Robert (1994) 'Hans Morgenthau, Realism, and Scientific Study of International Politics', *Social Research*, 61:4, 853–76.

(1999) 'Realism, Neoliberalism, and Cooperation: Understanding the Debate', *International Security*, 24:1, 42–63.

Joas, Hans (2003) *War and Modernity*, translated by Rodney Livingstone, Cambridge: Polity Press.

Job, Brian L. (ed.) (1991) *The (In)security Dilemma: National Security of Third World States*, Boulder, CO: Lynne Rienner.

Johnston, Alastair Iain (1998) *Cultural Realism: Strategic Culture and Grand Strategy in Chinese History*, Princeton: Princeton University Press.

(2012) 'What (If Anything) Does East Asia Tell Us about International Relations Theory?', *Annual Review of Political Science*, 15, 53–78.

Joll, James (1982) 'The Ideal and the Real: Changing Concepts of the International System, 1815–1982', *International Affairs*, 58:2, 210–24.

Jomini, Antoine-Henri ([1838] 1854) *The Art of War*, translated by Major O. F. Winship and Lieut. E. E. McLean, New York: G. P. Putnam.

Kacowicz, Arie M. (2005) *The Impact of Norms in International Society: The Latin American Experience, 1881–2001*, Notre Dame, IN: Notre Dame University Press.

(2009) 'Israel: The Development of a Discipline in a Unique Setting', in Arlene B. Tickner and Ole Wæver (eds.), *International Relations Scholarship around the World*, Abingdon: Routledge, 191–207.

Kahler, Miles (1993) 'International Relations: An American Social Science or an International One', in Linda B. Miller and Michael Joseph Smith (eds.), *Ideas and Ideals: Essays on Politics in Honor of Stanley Hoffmann*, Boulder, CO: Westview Press, 395–414.

— (1997) 'Inventing International Relations: International Relations after 1945', in Michael W. Doyle and G. John Ikenberry (eds.), *New Thinking in International Relations Theory*, Boulder, CO: Westview Press, 20–53.

Kang, David C. (2003) 'Getting Asia Wrong: The Need for New Analytical Frameworks', *International Security*, 27:4, 57–85.

— (2005) 'Hierarchy in Asian International Relations: 1300–1900', *Asian Security*, 11:1, 53–79.

Kang, Yuwei ([1935] 1958) *Da Tong Shu/Ta T'ung Shu* (The Great Harmony), translated by Laurence G. Thompson, London: George Allen & Unwin.

Kaplan, Morton A. (1966) 'The New Great Debate: Traditionalism vs. Science in International Relations', *World Politics*, 19:1, 1–20.

Kapoor, Ilan (2002) 'Capitalism, Culture, Agency: Dependency versus Postcolonial Theory', *Third World Quarterly*, 23:4, 647–64.

Kapstein, Ethan B. and Michael Mastanduno (eds.) (1999) *Unipolar Politics*, New York: Columbia University Press.

Karim, Azhari (2007) 'ASEAN: Association to Community: Constructed in the Image of Malaysia's Global Diplomacy', in Abdul Razak Baginda (ed.), *Malaysia's Foreign Policy: Continuity and Change*, Singapore: Marshall Cavendish, 109–32.

Karl, Rebecca (1998) 'Creating Asia: China in the World at the Beginning of Twentieth Century', *The American Historical Review*, 103:4, 1096–118.

Katzenstein, Peter J. (2010) 'A World of Plural and Pluralist Civilizations: Multiple Actors, Traditions and Practices', in Peter J. Katzenstein (ed.), *Civilizations in World Politics*, London: Routledge, 1–40.

— (2012) 'Many Wests and Polymorphic Globalism', in Peter J. Katzenstein (ed.), *Anglo-America and Its Discontents: Civilizational Identities beyond West and East*, London and New York: Routledge, 207–47.

Katzenstein, Peter J., Robert O. Keohane and Stephen D. Krasner (eds.) (1999) *Exploration and Contestation in the Study of World Politics*, Cambridge, MA: MIT Press.

Kaushik, Ashok (ed.) (2007) *Srimad Bhagavad Gita*, English translation by Janak Datta, 7th edn., New Delhi: Star Publications.

Kawata, Tadashi and Saburo Ninomiya (1964) 'The Development of the Study of International Relations in Japan', *The Developing Economies*, 2:2, 190–204.

Kayaoğlu, Turan (2010a) *Legal Imperialism: Sovereignty and Extraterritoriality in Japan, Ottoman Empire and China*, Cambridge: Cambridge University Press.

— (2010b) 'Westphalian Eurocentrism in International Relations Theory', *International Studies Review*, 12:2, 193–217.

Keck, Margaret and Kathryn Sikkink (1998) *Activists beyond Borders: Advocacy Networks in International Politics*, Ithaca, NY: Cornell University Press.

Kedourie, Eli (2018) 'Jamāl al-Dīn al-Afghānī', *Encyclopaedia Britannica*, 2 March, www.britannica.com/biography/Jamal-al-Din-al-Afghani (Accessed 27 May 2018).

Keeley, James F. (1990) 'Toward a Foucauldian Analysis of Regimes', *International Organization*, 44:1, 83–105.

Keene, Edward (2002) *Beyond the Anarchical Society*, Cambridge: Cambridge University Press.

Keenleyside, T. A. (1982) 'Nationalist Indian Attitudes towards Asia: A Troublesome Legacy for Post-Independence Indian Foreign Policy', *Pacific Affairs*, 55:2, 210–30.

Keith, A. Berriedale (1924) *The Constitution, Administration and Laws of the Empire*, London: W. Collins Sons & Co.

Kennedy, Dane (1996) 'Imperial History and Post-Colonial Theory', *Journal of Imperial and Commonwealth History*, 24:3, 345–63.

Keohane, Robert O. (1984) *After Hegemony: Cooperation and Discord in the World Political Economy*, Princeton: Princeton University Press.

(1989) *International Institutions and State Power: Essays in International Relations Theory*, Boulder, CO: Westview Press.

Keohane, Robert O. and Lisa L. Martin (1995) 'The Promise of Institutionalist Theory', *International Security*, 19:1, 39–51.

Keohane, Robert O. and Joseph S. Nye (1977) *Power and Interdependence: World Politics in Transition*, Boston: Little, Brown.

(2000) 'Globalization: What's New? What's Not? (And So What)', *Foreign Policy*, 118, 104–19.

Kerr, P. H. (1916) 'Political Relations between Advanced and Backward Peoples', in A. J. Grant, Arthur Greenwood, J. D. I. Hughes, P. H. Kerr and F. F. Urquhart, *An Introduction to the Study of International Relations*, London: Macmillan, 141–82.

Kindleberger, Charles P. (1973) *The World in Depression, 1929–39*, London: Allen Lane.

King, Gary, Robert O. Keohane and Sidney Verba (1994) *Designing Social Inquiry: Scientific Inference in Qualitative Research*, Princeton: Princeton University Press.

Kissinger, Henry (2011) *On China*, London: Allen Lane.

Knutsen, Torbjørn (2016) *A History of International Relations Theory*, 3rd edn., Manchester: Manchester University Press.

Kohli, Atul (2004) *State-Directed Development: Political Power and Industrialization in the Global Periphery*, Cambridge: Cambridge University Press.

Kokubun, Ryosei, Yoshihide Soeya, Akio Takahara and Shin Kawashima (2017) *Japan–China Relations in the Modern Era*, London: Routledge.

Koskenniemi, Martti (2001) *The Gentle Civilizer of Nations: The Rise and Fall of International Law, 1870–1960*, Cambridge: Cambridge University Press.

Köstem, Seçkin (2015) 'International Relations Theories and Turkish International Relations: Observations Based on a Book', *All Azimuth*, 4:1, 59–66.

Koyama, Hitomi and Barry Buzan (2018) 'Rethinking Japan in Mainstream International Relations', *International Relations of the Asia-Pacific*, lcy013, doi: 10.1093/irap/lcy013, 25 May, 1–28 (Accessed 27 June 2018).

Kramer, Martin (1993) 'Arab Nationalism: Mistaken Identity', *Daedalus*, 122:3, 171–206.

Krasner, Stephen (1976) 'State Power and the Structure of International Trade', *World Politics*, 28:3, 317–43.

Krippendorff, Ekkehart (1989) 'The Dominance of American Approaches in International Relations', in Hugh C. Dyer and Leon Mangasarian (eds.), *The Study of International Relations: The State of the Art*, Basingstoke: Palgrave, 28–39.

Krishna, Sankaran (1993) 'The Importance of Being Ironic: A Postcolonial View on Critical International Relations Theory', *Alternatives*, 18:3, 385–417.

Kristensen, Peter Marcus (2015) 'Revisiting the "American Social Science" – Mapping the Geography of International Relations', *International Studies Perspectives*, 16:3, 246–69.

 (2018) 'International Relations at the End: A Sociological Autopsy', *International Studies Quarterly*, sqy002, doi: 10.1093/isq/sqy002, 3 May, 1–10 (Accessed 27 June 2018).

Kuga, Katsunan ([1893] 1968) *Gensei oyobi Kokusa Ron (On the International)*, *in* Kuga Katsunan Zenshu (Collected Complete Works of Kuga Katsunan), Tokyo: Misuzu Shobo, 123–81.

Kupchan, Charles A. (2012) *No One's World: The West, the Rising Rest, and the Coming Global Turn*, New York: Oxford University Press.

Kuru, Deniz (2016) 'Historicising Eurocentrism and Anti-Eurocentrism in IR: A Revisionist Account of Disciplinary Self-Reflexivity', *Review of International Studies*, 42:2, 351–76.

 (2017) 'Who F(o)unded IR: American Philanthropists and the Discipline of International Relations in Europe', *International Relations*, 31:1, 42–67.

Kuryla, Peter (2016) 'Pan-Africanism', Encyclopaedia Britannica, www .britannica.com/topic/Pan-Africanism (Accessed 30 March 2018).

Ladwig III, Walter C. (2009) 'Delhi's Pacific Ambition: Naval Power, "Look East", and India's Emerging Influence in the Asia-Pacific', *Asian Security*, 55:2, 87–113.

Lake, David A. (2008) 'International Political Economy: A Maturing Interdiscipline', in Donald A. Wittman and Barry R. Weingast (eds.), *The Oxford Handbook of Political Economy*, Oxford: Oxford University Press, 757–77.

 (2011) 'Why "Isms" are Evil: Theory, Epistemology, and Academic Sects as Impediments to Understanding and Progress', *International Studies Quarterly*, 55:2, 465–80.

Lapid, Yosef (1989) 'The Third Debate: On the Prospects of International Theory in a Post-positivist Era', *International Studies Quarterly*, 33:3, 235–54.

Lawrence, T. J. (1919) *The Society of Nations: Its Past, Present, and Possible Future*, New York: Oxford University Press.

Lawson, George (2012) 'The Eternal Divide? History and International Relations', *European Journal of International Relations*, 18:2, 203–26.

Lawson, George and John M. Hobson (2008) 'What Is History in International Relations?', *Millennium*, 37:2, 415–35.

Layne, Christopher (1993) 'The Unipolar Illusion: Why Other Great Powers Will Rise', *International Security*, 17:4, 5–51.

 (2006) 'The Unipolar Illusion Revisited: The Coming End of the United States' Unipolar Moment', *International Security*, 31:2, 7–41.

League of Arab States (1955) *The Report of the Arab League on the Bandung Conference*, Cairo: League of the Arab States.

Lebedeva, Marina M. (2004) 'International Relations Studies in the USSR/ Russia: Is There a Russian National School of IR Studies?', *Global Society*, 18:3, 263–78.

Lenin, Vladimir Ilyich ([1916] 1975) *Imperialism: The Highest Stage of Capitalism*, Peking: Foreign Languages Press.

Leonard, Thomas (2000) 'The New Pan Americanism in US–Central American Relations, 1933–1954', in David Sheinin (ed.), *Beyond the Ideal: Pan Americanism in International Affairs*, Westport, CT: Praeger, 95–114.

Levy, Jack S. (1989) 'The Causes of Wars: A Review of Theories and Evidence', in Philip E. Tetlock, Jo L. Husbands, Robert Jervis, Paul C. Stern and Charles Tilly (eds.), *Behavior, Society and Nuclear War*, vol. 1, New York: Oxford University Press, 209–333.

Liddell Hart, Basil (1946) *The Revolution in Warfare*, London: Faber & Faber.

Lindberg, Leon N. and Stuart A. Scheingold (1971) *Regional Integration: Theory and Research*, Cambridge, MA: Harvard University Press.

Ling, L. H. M. (2002) *Postcolonial International Relations: Conquest and Desire between Asia and the West*, London: Palgrave.

(2010) 'Journeys beyond the West: World Orders and a 7th-Century, Buddhist Monk', *Review of International Studies*, 36:S1, 225–48.

Linklater, Andrew (1996) 'The Achievements of Critical Theory', in Steve Smith, Ken Booth and Marysia Zalewski (eds.), *International Theory: Positivism and Beyond*, Cambridge: Cambridge University Press, 279–98.

(2001) 'Marxism', in Scott Burchill, Richard Devetak, Andrew Linklater, Matthew Paterson, Christian Reus-Smit and Jacqui True, *Theories of International Relations*, 2nd edn., Basingstoke: Palgrave, 129–54.

Little, Richard (2008) 'The Expansion of the International Society in Heeren's Account of the European States-System', SPAIS Working Paper no. 07–08, University of Bristol, 20 pp.

Little, Richard and Mike Smith (1980) *Perspectives on World Politics*, London: Routledge.

Lobell, Steven E., Norrin M. Ripsman and Jeffrey W. Taliaferro (eds.) (2009) *Neoclassical Realism, the State, and Foreign Policy*, New York: Cambridge University Press.

Lockey, Joseph Byrne (1920) *Pan-Americanism: Its Beginnings*, New York: Macmillan.

Long, David (1995) 'Conclusion: Inter-War Idealism, Liberal Internationalism, and Contemporary International Theory', in David Long and Peter Wilson (eds.), *Thinkers of the Twenty Years' Crisis: Inter-War Idealism Reassessed*, Oxford: Clarendon, 302–28.

(2006) 'Who Killed the International Studies Conference?', *Review of International Studies*, 32:4, 603–22.

Long, David and Brian C. Schmidt (2005) 'Introduction', in David Long and Brian C. Schmidt (eds.), *Imperialism and Internationalism in the Discipline of International Relations*, Albany: SUNY Press, 1–21.

Long, David and Peter Wilson (eds.) (1995) *Thinkers of the Twenty Years' Crisis: Inter-War Idealism Reassessed*, Oxford: Clarendon Press.

Lorimer, James (1877) 'Le problème final du droit international', *Revue de droit international et de législation comparée*, 9:2, 161–205.

(1884) *The Institutes of the Law of Nations: A Treatise on the Jural Relations of Separate Political Communities*, Edinburgh and London: William Blackwood and Sons.

Lu, Peng (2014) 'Pre-1949 Chinese IR: An Occluded History', *Australian Journal of International Affairs*, 68:2, 133–55.

Luttwak, Edward N. (2012) *The Rise of China vs. the Logic of Strategy*, Cambridge, MA: Belknap Press.

Lynch, Timothy J. (2013) 'George W. Bush', in Michael Cox, Timothy J. Lynch and Nicolas Bouchet (eds.), *US Foreign Policy and Democracy Promotion: From Theodore Roosevelt to Barack Obama*, Abingdon: Routledge, 178–95.

MacCalman, Molly (2016) 'A. Q. Khan Nuclear Smuggling Network', *Journal of Strategic Security*, 9:1, 104–18.

Mace, Gordon (1986) 'Regional Integration', *World Encyclopedia of Peace*, Oxford: Pergamon Press, 323–5.

MacFarlane, S. Neil (1993) 'Russia, the West and European Security', *Survival*, 35:3, 3–25.

McGann, James G. (2018) '2017 Global Go To Think Tank Index Report', TTCSP Global Go To Think Tank Index Reports, 13.

Mackinder, Halford ([1904] 1996) 'The Geographical Pivot of History', in Halford Mackinder, *Democratic Ideals and Reality*, Washington, DC: National Defence University, 175–94.

(1919) *Democratic Ideals and Reality: A Study in the Politics of Reconstruction*, London: Constable and Co.

McKinlay, Robert and Richard Little (1986) *Global Problems and World Order*, London: Frances Pinter.

Mackintosh-Smith, Tim (2002) *The Travels of Ibn Battutah*, London: Picador.

McNally, Christopher (2013) 'How Emerging Forms of Capitalism Are Changing the Global Economic Order', *East-West Center: Asia-Pacific Issues*, no. 107.

Maddison, Angus (2001) *The World Economy: A Millennial Perspective*, Paris: Development Centre of the Organisation for Economic Co-operation and Development.

Mahan, Alfred Thayer (1890) *The Influence of Sea Power upon History, 1660–1783*, Boston: Little, Brown.

Makarychev, Andrey and Viatcheslav Morozov (2013) 'Is "Non-Western Theory" Possible? The Idea of Multipolarity and the Trap of Epistemological Relativism in Russian IR', *International Studies Review*, 15:3, 328–50.

Makdisi, Karim (2009) 'Reflections on the State of IR in the Arab Region', in Arlene B. Tickner and Ole Wæver (eds.), *International Relations Scholarship around the World*, Abingdon: Routledge, 180–90.

Malaquias, Assis (2001) 'Reformulating International Relations Theory: African Insights and Challenges', in Kevin Dunn and Timothy Shaw (eds.), *Africa's Challenge to International Relations Theory*, New York: Palgrave, 11–28.

Maliniak, Daniel, Amy Oakes, Susan Peterson and Michael J. Tierney (2011) 'International Relations in the US Academy', *International Studies Quarterly*, 55:2, 437–64.

Maliniak, Daniel, Susan Peterson, Ryan Powers and Michael J. Tierney (2018) 'Is International Relations a Global Discipline? Hegemony,

Insularity and Diversity in the Field', *Security Studies*, doi: 10.1080/09636412.2017.1416824 (Accessed 27 June 2018).

Mallavarapu, Siddharth (2009) 'Development of International Relations Theory in India: Traditions, Contemporary Perspectives and Trajectories', *International Studies*, 46:1–2, 165–83.

(2018) 'The Sociology of International Relations in India: Competing Conceptions of Political Order', in Gunther Hellman (ed.), *Theorizing Global Order: The International, Culture and Governance*, Frankfurt: Campus Verlag GmbH, 142–71.

Mani, V. S. (2004) 'An Indian Perspective on the Evolution of International Law', in B. S. Chimni, Miyoshi Masahiro and Surya P. Subedi (eds.), *Asian Yearbook of International Law, 2000*, vol. 9, Leiden: Brill, 31–78.

Mann, Michael (2001) 'Democracy and Ethnic War', in Tarak Barkawi and Mark Laffey (eds.), *Democracy, Liberalism, and War: Rethinking the Democratic Peace Debate*, Boulder, CO: Lynne Rienner, 67–85.

Maoz, Zeev and Bruce Russett (1993) 'Normative and Structural Causes of the Democratic Peace, 1946–1986', *American Political Science Review*, 87:3, 624–38.

Marder, Arthur J. (1961) *From the Dreadnought to Scapa Flow: The Royal Navy in the Fisher Era, 1904–1919*, vol. 1, *The Road to War 1904–1914*, Oxford: Oxford University Press.

Marshall, Peter J. (2001) *The Cambridge Illustrated History of the British Empire*, Cambridge: Cambridge University Press.

Marx, Karl ([1852] 1963) *The Eighteenth Brumaire of Louis Bonaparte*, New York: International Publishers.

Marx, Karl and Friedrich Engels ([1848] 2010) *Manifesto of the Communist Party*, www.marxists.org/archive/marx/works/download/pdf/Manifesto.pdf (Accessed 24 May 2017).

Maull, Hanns W. (1990) 'Germany and Japan: The New Civilian Powers', *Foreign Affairs*, 69:5, 91–106.

Mayall, James (1990) *Nationalism and International Society*, Cambridge: Cambridge University Press.

Mazrui, Ali (1967) *Towards a Pax Africana: A Study of Ideology and Ambition*, Chicago: University of Chicago Press.

(1986) *The Africans: A Triple Heritage*, Boston: Little, Brown.

Mearsheimer, John J. (1990) 'Back to the Future: Instability in Europe after the Cold War', *International Security*, 15:1, 5–55.

(1994/5) 'The False Promise of International Institutions', *International Security*, 19:3, 5–49.

(2001) *The Tragedy of Great Power Politics*, New York: W. W. Norton & Co.

(2016) 'Benign Hegemony', *International Studies Review*, 18:1, 147–9.

Meinecke, Friedrich (1908) *Weltbürgertum und Nationalstaat: Studien zur Genesis des deutschen Nationalstaates* (Cosmopolitanism and the Nationstate: Studies in the Beginning of the German Nationstates), Munich: R. Oldenbourg.

Merke, Federico (2011) 'The Primary Institutions of Latin American Regional Interstate Society', Paper for IDEAS Latin America Programme, LSE, 27 January, 38 pp.

Micklethwait, John and Adrian Wooldridge (2014) *The Fourth Revolution: The Global Race to Reinvent the State*, New York: Penguin Press.

Mill, John Stuart (1848) *Principles of Political Economy*, London: John W. Parker.

(1874) *Dissertations and Discussions: Political, Philosophical, and Historical*, New York: Henry Holt & Co.

Miller, Lynn H. (1973) 'The Prospects for Order through Regional Security', in Richard A. Falk and Saul H. Mendlovitz (eds.), *Regional Politics and World Order*, San Francisco: W. H. Freeman, 50–77.

Mills, David (2013) *Our Uncertain Future: When Digital Evolution, GlobalWarming and Automation Converge*, San Diego: Pacific Beach Publishing.

Milner, Anthony (2016) 'Searching for Non-Western Perspectives on "International Relations": Malay/Malaysia', Unpublished paper.

Mishra, Atul (2014) 'Indigenism in Contemporary IR Discourses in India: A Critique', *Studies in Indian Politics*, 2:2, 119–35.

Mishra, Pankaj (2012) *From the Ruins of Empire: The Revolt against the West and the Remaking of Asia*, London: Farrar, Straus and Giroux.

Mogwe, Alex (1994) 'Human Rights in Botswana: Feminism, Oppression, and "Integration"', *Alternatives*, 19:2, 189–93.

Mohanty, Chandra T. (1984) 'Under Western Eyes: Feminist Scholarship and Colonial Discourses', *Boundary*, 2, 333–58.

Molyneux, Maxine and Fred Halliday (1984) 'Marxism, the Third World and the Middle East', *MERIP Reports*, no. 120, January, 18–21.

Morgan, Kenneth O. (2012) 'Alfred Zimmern's Brave New World', 12 March, www.cymmrodorion.org/alfred-zimmerns-brave-new-world/ (Accessed 27 May 2018).

Morgenthau, Hans J. (1948) *Politics among Nations: The Struggle for Power and Peace*, New York: A. A. Knopf.

(1967) *Politics among Nations: The Struggle for Power and Peace*, 4th edn., New York: Knopf.

Morley, Felix (1932) *The Society of Nations: Its Organization and Constitutional Development*, Washington, DC: The Brookings Institution.

Mulgan, Geoff (2013) *The Locust and the Bee*, Princeton: Princeton University Press.

Murphy, R. Taggart (2014) *Japan and the Shackles of the Past*, Oxford: Oxford University Press.

Nandy, Ashis ([1983] 2009) *The Intimate Enemy: Loss and Recovery of Self under Colonialism*, New Delhi: Oxford University Press.

(1995) 'History's Forgotten Doubles', *History and Theory*, 34:2, 44–66.

Naoroji, Dadabhai (1901) *Poverty and Un-British Rule in India*, London: Swan Sonnenschein.

Narlikar, Amrita and Aruna Narlikar (2014) *Bargaining with a Rising India: Lessons from the Mahabharata*, Oxford: Oxford University Press.

Nath, Sathya and Sohini Dutta (2014) 'Critiques of Benedict Anderson's Imagined Communities', Cultural Studies (blog), http://culturalstudiesblog .blogspot.nl/2014/08/critiques-of-benedict-andersons.html (Accessed 17 May 2018).

Navari, Cornelia (2009) *Theorising International Society: English School Methods*, Basingstoke: Palgrave.

Nehru, Jawaharlal ([1946] 2003) *The Discovery of India*, 23rd impression, New Delhi: Oxford University Press.

Neuman, Stephanie (ed.) (1998) *International Relations Theory and the Third World*, New York: St Martin's Press.

Nossal, Kim Richard (2001) 'Tales that Textbooks Tell: Ethnocentricity and Diversity in American Introductions to International Relations', in Robert A. Crawford and Darryl S. L. Jarvis (eds.), *International Relations – Still an American Social Science? Toward Diversity in International Thought*, New York: State University of New York Press, 167–86.

Nye, Joseph S. (1968) 'Central American Regional Integration', in Joseph S. Nye (ed.), *International Regionalism: Readings*, Boston: Little, Brown, 377–429.

(1988) 'Neorealism and Neoliberalism', *World Politics*, 40:2, 235–51.

Oatley, Thomas (2011) 'The Reductionist Gamble: Open Economy Politics in the Global Economy', *International Organization*, 65:2, 311–41.

(2012) *International Political Economy*, 5th edn., Boston: Longman.

OECD (2011) *Divided We Stand: Why Inequality Keeps Rising*, www.oecd.org/els/soc/49499779.pdf (Accessed 4 October 2017).

Ofuho, Cirino Hiteng (2009) 'Africa: Teaching IR Where It's Not Supposed to Be', in Arlene B. Tickner and Ole Wæver (eds.), *International Relations Scholarship around the World*, Abingdon: Routledge, 71–85.

Okakura, Kakuzō (1903) *The Ideals of the East with Special Reference to the Art of Japan*, London: J. Murray.

(1904) *The Awakening of Japan*, New York: Century Co.

([1906] 1912) *The Book of Tea*, New York: Duffield & Company.

Olson, William C. (1972) 'The Growth of a Discipline', in Brian Porter (ed.), *The Aberystwyth Papers: International Politics 1919–1969*, London: Oxford University Press, 3–29.

Olson, William and A. J. R. Groom (1991) *International Relations Then and Now: Origins and Trends in Interpretation*, London: Routledge.

Olson, William and Nicholas Onuf (1985) 'The Growth of the Discipline Reviewed', in Steve Smith (ed.), *International Relations: British and American Perspectives*, Oxford: Blackwell, 1–28.

Ong, Aihwa (2001) 'Colonialism and Modernity: Feminist Re-presentations of Women in Non-Western Societies', in K. K. Bhavnani (ed.), *Feminism and Race*, New York: Oxford University Press, 108–20.

Osterhammel, Jürgen (2014) *The Transformation of the World: A Global History of the Nineteenth Century*, translated by Patrick Camiller, Princeton: Princeton University Press.

Ó Tuathail, Gearóid (1996) *Critical Geopolitics: The Politics of Writing Global Space*, Minneapolis: University of Minnesota Press.

(1998) 'Introduction' and 'Imperialist Geopolitics', in Gearóid Ó Tuathail, Simon Dalby and Paul Routledge (eds.), *The Geopolitics Reader*, London: Routledge, 1–43.

Ó Tuathail, Gearóid, Simon Dalby and Paul Routledge (eds.) (1998) *The Geopolitics Reader*, London: Routledge.

Paine, S. C. M. (2012) *The Wars for Asia, 1911–1949*, New York: Cambridge University Press.

(2017) *The Japanese Empire: Grand Strategy from the Meiji Restoration to the Pacific War*, New York: Cambridge University Press.

Palmer, Norman D. (1980) 'The Study of International Relations in the United States: Perspectives of Half a Century', *International Studies Quarterly*, 24:3, 343–64.

Pant, Harsh V. (2009) 'The US–India Nuclear Pact: Policy, Process, and Great Power Politics', *Asian Security*, 5:3, 273–95.

Parashar, Swati (2013) 'Feminist (In)securities and Camp Politics', *International Studies Perspectives*, 13:4, 440–3.

Parry, Benita (1987) 'Problems in Current Theories of Colonial Discourse', *Oxford Literary Review*, 9:1–2, 27–58.

Pasha, Mustapha Kamal (2013) 'The "Bandung Impulse" and International Relations', in Sanjay Seth (ed.), *Postcolonial Theory and International Relations: A Critical Introduction*, New York: Routledge, 144–65.

Paul, T. V. (2010) 'State Capacity and South Asia's Perennial Insecurity Problems', in T. V. Paul (ed.), *South Asia's Weak States: Understanding the Regional Insecurity Predicament*, Stanford: Stanford University Press, 3–27.

Pearton, Maurice (1982) *The Knowledgeable State: Diplomacy, War and Technology since 1830*, London: Burnett Books.

Pempel, T. J. (2011) 'Japan's Search for the "Sweet Spot": International Cooperation and Regional Security in Northeast Asia', *Orbis*, 55:2, 255–73.

Persaud, Randolph B. (2014) 'Points on Race and Global IR', [Personal email], 20 August.

——— (2018) 'Security Studies, Postcolonialism, and the Third World', in Randolph B. Persaud and Alina Sajed (eds.), *Race, Gender and Culture in International Relations: Postcolonial Perspectives*, London: Routledge, 155–79.

Persaud, Randolph B. and Alina Sajed (2018a) 'Introduction: Race, Gender and Culture in International Relations', in Randolph B. Persaud and Alina Sajed (eds.), *Race, Gender and Culture in International Relations: Postcolonial Perspectives*, London: Routledge, 1–18.

——— (2018b) *Race, Gender, and Culture in International Relations: Postcolonial Perspectives*, Abingdon: Routledge.

Persaud, Randolph B. and R. B. J. Walker (2001) 'Race in International Relations', *Alternatives*, 26:4, 373–6.

Pettersson, Thérèse and Peter Wallensteen (2015) 'Armed Conflicts, 1946–2014', *Journal of Peace Research*, 52:4, 536–50.

Phillips, Andrew (2011) *War, Religion and Empire*, Cambridge: Cambridge University Press.

Phillips, Andrew and J. C. Sharman (2015) *International Order in Diversity: War, Trade and Rule in the Indian Ocean*, Cambridge: Cambridge University Press.

Pieke, Frank N. (2016) *Knowing China: A Twenty-First Century Guide*, Cambridge: Cambridge University Press.

Pines, Yuri (2012) *The Everlasting Empire: The Political Culture of Ancient China and Its Imperial Legacy*, Princeton: Princeton University Press.

Poku, Nana K. (2013) 'HIV/AIDS, State Fragility, and United Nations Security Council Resolution 1308: A View from Africa', *International Peacekeeping*, 20:4, 521–35.

Porter, Tony (2001) 'Can There Be National Perspectives on Inter(national) Relations?', in Robert A. Crawford and Darryl S. L. Jarvis (eds.), *International*

*Relations – Still an American Social Science? Toward Diversity in International Thought*, New York: State University of New York Press, 131–47.

Potter, Pitman B. (1922) *An Introduction to the Study of International Organization*, New York: Century.

Prabhu, Jaideep (2017) 'The Roots of Indian Foreign Policy', 4 March, https://jaideepprabhu.org/2017/03/04/the-roots-of-indian-foreign-policy/ (Accessed 27 May 2018).

Prasad, Bimla (1962) *The Origins of Indian Foreign Policy: The Indian National Congress and World Affairs, 1885–1947*, Calcutta: Bookland.

Preston, Paul (2000) 'The Great Civil War: European Politics, 1914–1945', in T. C. W. Blanning (ed.), *The Oxford History of Modern Europe*, Oxford: Oxford University Press, 153–85.

PricewaterhouseCoopers (2015) 'The World in 2050: Will the Shift in Global Economic Power Continue?', www.pwc.com/gx/en/issues/the-economy/assets/world-in-2050-february-2015.pdf (Accessed 27 May 2018).

Puchala, Donald J. (1984) 'The Integration Theorists and the Study of International Relations', in Charles W. Kegley and Eugene R. Wittkopf (eds.), *The Global Agenda: Issues and Perspectives*, New York: Random House, 185–201.

——— (1995) 'Third World Thinking and Contemporary Relations', in Stephanie Neuman (ed.), *International Relations Theory and the Third World*, New York: St Martin's Press, 131–57.

Puntambekar, S. V. (1939) 'The Role of Myths in the Development of Political Thought', *Indian Journal of Political Science*, 1:2, 121–32.

Qin, Yaqing (2009) 'Relational and Processual Construction: Bringing Chinese Ideas into International Relations Theory', *Social Sciences in China*, 30:4, 5–20.

——— (2010) 'Why Is There No Chinese International Relations Theory?', in Amitav Acharya and Barry Buzan (eds.), *Non-Western International Relations Theory: Perspectives on and beyond Asia*, London: Routledge, 26–50.

——— (2011a) 'Development of International Relations Theory in China: Progress through Debate', *International Relations of the Asia-Pacific*, 11:2, 231–57.

——— (2011b) 'Rule, Rules and Relations: Towards a Synthetic Approach to Governance', *The Chinese Journal of International Politics*, 4:2, 117–45.

——— (2016) 'A Relational Theory of World Politics', *International Studies Review*, 18:1, 33–47.

——— (2018) *A Relational Theory of World Politics*, Cambridge: Cambridge University Press.

Rahe, Paul (2013) 'Progressive Racism', *National Review*, April 11, www.nationalreview.com/article/345274/progressive-racism-paul-rahe (Accessed 21 November 2017).

Rajab, Ahmed (2014) 'Ali Mazrui Obituary', *The Guardian*, 20 October, www.theguardian.com/profile/ahmed-rajab (Accessed 27 May 2018).

Ratzel, Friedrich (1901) *Der Lebensraum: Eine biogeographische Studie*, Tübigen: Verlag der H. Laupp'schen Buchhandlung.

Ravenhill, John (2001) *APEC and the Construction of Pacific Rim Regionalism*, Cambridge: Cambridge University Press.

——— (2007) 'In Search of the Missing Middle', *Review of International Political Economy*, 15:1, 18–29.

Ravlo, Hilde, Nils Petter Gleditsch and Han Dorussen (2003) 'Colonial War and the Democratic Peace', *Journal of Conflict Resolution*, 47:4, 520–48.

Ray, James Lee (1995) *Democracy and International Conflict: An Evaluation of the Democratic Peace Proposition*, Columbia, SC: University of South Carolina Press.

Rees, Martin (2003) *Our Final Century*, London: William Heinemann.

Rehman, Iskander (2009) 'Keeping the Dragon at Bay: India's Counter-Containment of China in Asia', *Asian Security*, 5:2, 114–43.

Rehn, Elisabeth and Ellen Johnson Sirleaf (2002) *Progress of the World's Women 2002*, vol. 1. *Women, War and Peace: The Independent Experts' Assessment on the Impact of Armed Conflict on Women and Women's Role in Peace-Building*, Technical Report. United Nations Development Fund for Women – UNIFEM: New York.

Reinsch, Paul (1900) *World Politics at the End of the Nineteenth Century As Influenced by the Oriental Situation*, New York: Macmillan.

(1902) *Colonial Government: An Introduction to the Study of Colonial Institutions*, New York: Macmillan.

(1911) *Public International Unions – Their Work and Organization: A Study in International Administrative Law*, Boston: Ginn & Co.

Reus-Smit, Christian (1999) *The Moral Purpose of the State*, Princeton: Princeton University Press.

(2001) 'Human Rights and the Social Construction of Sovereignty', *Review of International Studies*, 27:4, 519–38.

(2005) 'Constructivism', in Scott Burchill, Andrew Linklater, Richard Devetak, Jack Donnelly, Matthew Paterson, Christian Reus-Smit and Jacqui True, *Theories of International Relations*, 3rd edn., Basingstoke: Palgrave.

(2013) 'Beyond Metatheory?', *European Journal of International Relations*, 19:3, 589–608.

Ricardo, David (1817) *On the Principles of Political Economy and Taxation*, London: John Murray.

Rich, Paul (1995) 'Alfred Zimmern's Cautious Idealism: The League of Nations, International Education, and the Commonwealth', in David Long and Peter Wilson (eds.), *Thinkers of the Twenty Years' Crisis: Inter-War Idealism Reassessed*, Oxford: Clarendon, 79–99.

Richardson, Neil R. (1989) 'The Study of International Relations in the United States', in Hugh C. Dyer and Leon Mangasarian (eds.), *The Study of International Relations: The State of the Art*, London: Macmillan, 281–95.

Riemens, Michael (2011) 'International Academic Cooperation on International Relations in the Interwar Period: The International Studies Conference', *Review of International Studies*, 37:2, 911–28.

Ripsman, Norrin M. and T. V. Paul (2010) *Globalization and the National Security State*, New York: Oxford University Press.

Rosecrance, Richard N. (1969) 'Bipolarity, Multipolarity, and the Future', in James N. Rosenau (ed.), *International Politics and Foreign Policy: A Reader in Research and Theory*, New York: Free Press, 325–35.

Rosenberg, Justin (2013) 'Kenneth Waltz and Leon Trotsky: Anarchy in the Mirror of Uneven and Combined Development', *International Politics*, 50:2, 183–230.

(2016) 'International Relations in the Prison of Political Science', *International Relations*, 30:2, 127–53.

Royama, Masamichi (1928) *Kokusai Seiji to Kojusai Gyösei (International Politics and International Administration)*, Tokyo: Ganshödö Shoten.

(1938) *Sekai no Hankyoku yo Nippon no Sekai Seisaku (The Changing World and Japan's World Policy)*, Tokyo: Ganshödö Shoten.

Ruggie, John G. (1982) 'International Regimes, Transactions, and Change: Embedded Liberalism in the Postwar Economic Order', *International Organization*, 36:2, 379–415.

(1993) *Multilateralism Matters: The Theory and Praxis of an Institutional Form*, New York: Columbia University Press.

Rumelili, Bahar (2004) 'Constructing Identity and Relating to Difference: Understanding the EU's Mode of Differentiation', *Review of International Studies*, 30:1, 27–47.

Rummel, Rudolph J. (1991) *China's Bloody Century: Genocide and Mass Murder since 1900*, New Brunswick, NJ: Transaction Publishers.

Sagan, Scott and Kenneth Waltz (1995) *The Spread of Nuclear Weapons: A Debate*, New York: Norton.

Sahnoun, Mohamed (2009) 'Africa: Uphold Continent's Contribution to Human Rights, Urges Top Diplomat', allAfrica.com, 21 July, http://allafrica.com/stories/200907210549.html?viewall=1 (Accessed 16 July 2013).

Said, Edward W. (1978) *Orientalism*, New York: Pantheon.

(1994) *Culture and Imperialism*, New York: Vintage Books.

Sakai, Tetsuya (2008) 'The Political Discourse of International Order in Modern Japan: 1868–1945', *Japanese Journal of Political Science*, 9:2, 233–49.

Sandole, Dennis J. D. (1985) 'Textbooks', in Margot Light and A. J. R. Groom (eds.), *International Relations: A Handbook of Current Theory*, London: Pinter, 214–21.

Santos, Matheus F. A. et al., (2015) 'Ebola: An International Public Health Emergency', *International Archives of Medicine*, 8:34, http://imed.pub/ojs/index.php/iam/article/view/1085 (Accessed 27 June 2018).

Sariolghalam, Mahmood (2009) 'Iran: Accomplishments and Limitations in IR', in Arlene B. Tickner and Ole Wæver (eds.), *International Relations Scholarship around the World*, Abingdon: Routledge, 158–71.

Sarkar, Benoy Kumar (1916) *The Beginning of Hindu Culture As World-Power (AD 300–600)*, Shanghai: Commercial Press.

(1919) 'Hindu Theory of International Relations', *American Political Science Review*, 13:3, 400–14.

(1921) 'The Hindu Theory of the State', *Political Science Quarterly*, 36:1, 79–90.

Sassen, Saskia (1996) *Losing Control? Sovereignty in an Age of Globalization*, New York: Columbia University Press.

Sayigh, Yezid (1990) 'Confronting the 1990s: Security in Developing Countries', *The Adelphi Papers*, 30: 251, 3–76.

Schell, Orville and John Delury (2013) *Wealth and Power: China's Long March to the Twenty-First Century*, London: Little, Brown.

Schmidt, Brian C. (1998a) *The Political Discourse of Anarchy: A Disciplinary History of International Relations*, Albany: State University of New York Press.

(1998b) 'Lessons from the Past: Reassessing the Interwar Disciplinary History of International Relations', *International Studies Quarterly*, 42:3, 433–59.

(2002) 'On the History and Historiography of International Relations', in Walter Carlsnaes, Thomas Risse and Beth A. Simmons (eds.), *Handbook of International Relations*, London: Sage, 3–22.

(2005) 'Paul S. Reinsch and the Study of Imperialism and Internationalism', in David Long and Brian Schmidt (eds.), *Imperialism and Internationalism in the Discipline of International Relations*, Albany: State University of New York Press, 43–69.

Scholte, Jan Aart (2000) *Globalization: A Critical Introduction*, Basingstoke: Palgrave.

Schuman, Frederick Lewis (1933) *International Politics: An Introduction to the Western State System*, New York: McGraw Hill.

Schwarzenberger, Georg (1951) *Power Politics: A Study of International Society*, London: Stevens and Sons.

Scoville, Priscila (2015) 'Amarna Letters', *Ancient History Encyclopedia*, 6 November, www.ancient.eu/Amarna_Letters/ (Accessed 27 May 2018).

Seeley, John Robert (1883) *The Expansion of England: Two Courses of Lectures*, London: Macmillan.

Sen, Amartya (2000) 'Why Human Security?', Speech at the 'International Symposium on Human Security', Tokyo, 28 July, www.ucipfg.com/Repositorio/MCSH/MCSH-05/BLOQUE-ACADEMICO/Unidad-01/complementarias/3.pdf (Accessed 27 May 2018).

Senghaas, Dieter (1974) 'Towards an Analysis of Threat Policy in International Relations', in Klaus von Beyme (ed.), *German Political Studies*, London: Sage, 59–103.

Sergounin, Alexander (2009) 'Russia: IR at a Crossroads', in Arlene B. Tickner and Ole Wæver (eds.), *International Relations Scholarship around the World*, Abingdon: Routledge, 223–41.

Seth, Sanjay (2013) 'Postcolonial Theory and the Critique of International Relations', in Sanjay Seth (ed.), *Postcolonial Theory and International Relations: A Critical Introduction*, New York: Routledge, 15–31.

Seton-Watson, Hugh (1972) 'The Impact of Ideology', in Brian Porter (ed.), *The Aberystwyth Papers: International Politics 1919–1969*, London: Oxford University Press, 211–37.

Shahi, Deepshikha and Gennaro Ascione (2016) 'Rethinking the Absence of Post-Western International Relations Theory in India: Advaitic Monism as an Alternative Epistemological Resource', *European Journal of International Relations*, 22:2, 313–34.

Shambaugh, David (2013) *China Goes Global: The Partial Power*, Kindle edn., Oxford: Oxford University Press.

Shani, Giorgio (2008) 'Toward a Post-Western IR: The *Umma, Khalsa Panth*, and Critical International Relations Theory', *International Studies Review*, 10:4, 722–34.

Shepard, Ben (2012) 'From the Ruins of Empire by Pankaj Mishra – Review', *The Guardian*, 4 August, www.theguardian.com/books/2012/aug/05/ruins-empire-pankaj-mishra-review (Accessed 27 May 2018).

Shih, Chih-yu (1990) *The Spirit of Chinese Foreign Policy: A Psychocultural View*, New York: St Martin's Press.

Shih, Chih-yu and Yin Jiwu (2013) 'Between Core National Interest and a Harmonious World: Reconciling Self-Role Conceptions in Chinese Foreign Policy', *The Chinese Journal of International Politics*, 6:1, 59–84.

Shilliam, Robbie (ed.) (2010) *International Relations and Non-Western Thoughts: Imperialism, Colonialism and Investigations of Global Modernity*, London: Routledge.

(2013) 'Intervention and Colonial-Modernity: Decolonising the Italy/Ethiopia Conflict through Psalms 68:31', *Review of International Studies*, 39:5, 1131–47.

Shimazu, Naoko (1998) *Japan, Race and Equality: The Racial Equality Proposal of 1919*, London: Routledge.

Shimizu, Kosuke (2015) 'Materializing the "Non-Western": Two Stories of Japanese Philosophers on Culture and Politics in the Inter-War Period', *Cambridge Review of International Affairs*, 28:1, 3–20.

Shimizu, Kosuke, Josuke Ikeda, Tomoya Kamino and Shiro Sato (2008) 'Is There a Japanese IR? Seeking an Academic Bridge through Japan's History of International Relations', *Afrasian Centre for Peace and Development Studies*, Ryukoku University, Japan.

Shirk, Susan (2007) *China: Fragile Superpower*, Kindle edn., Oxford: Oxford University Press.

Sikkink, Kathryn (2014) 'Latin American Countries As Norm Protagonists of the Idea of International Human Rights', *Global Governance*, 20:3, 389–404.

(2016) 'Human Rights', in Amitav Acharya (ed.), *Why Govern: Rethinking Demand and Progress in Global Governance*, Cambridge: Cambridge University Press, 121–37.

Simpson, Gerry (2004) *Great Powers and Outlaw States: Unequal Sovereigns in the International Legal Order*, Cambridge: Cambridge University Press.

Sims, Richard (2001) *Japanese Political History since the Meiji Restoration, 1868–2000*, New York: Palgrave.

Singer, P. W. and Allan Friedman (2014) *Cybersecurity and Cyberwar*, Oxford: Oxford University Press.

Sjoberg, Laura (2012) 'Gender, Structure, and War: What Waltz Couldn't See', *International Theory*, 4:1, 1–38.

Skidelsky, Robert (2009) *Keynes: The Return of the Master*, London: Allen Lane.

Smith, Adam (1776) *An Inquiry into the Nature and Causes of the Wealth of Nations*, London: W. Strahan and T. Cadell.

Smith, Derek D. (2006) *Deterring America: Rogue States and the Proliferation of Weapons of Mass Destruction*, Cambridge: Cambridge University Press.

Smith, Karen (2006) 'Can It Be Home-Grown: Challenges to Developing IR Theory in the Global South', Paper presented to the 47th Annual Convention of the International Studies Association, San Diego, March 22–25.

(2012) 'African As an Agent of International Relations Knowledge', in Scarlett Cornelissen, Fantu Cheru and Timothy M. Shaw (eds.), *Africa and International Relations in the 21st Century*, Basingstoke: Palgrave, 21–35.

(2017) 'Reshaping International Relations: Theoretical Innovations from Africa', *All Azimuth*, 1–12.

Smith, Sheila A. (2015) *Intimate Rivals: Japanese Politics and a Rising China*, New York: Columbia University Press.

Smith, Steve (2000) 'The Discipline of International Relations: Still an American Social Science?', *British Journal of Politics and International Relations*, 2:3, 374–402.

(2008) 'Six Wishes for a More Relevant Discipline of International Relations', in Christian Reus-Smit and Duncan Snidal (eds.), *The Oxford Handbook of International Relations*, Oxford: Oxford University Press, 725–32.

Snidal, Duncan (1985) 'The Limits of Hegemonic Stability Theory', *International Organization*, 39:4, 579–614.

Snyder, Jack (2004) 'One World, Rival Theories', *Foreign Policy*, 145, 52–62.

Snyder, Michael R. (2014) 'Security Council Response to Ebola Paves Way for Future Action', *The Global Observatory*, https://theglobalobservatory. org/2014/12/security-council-response-ebola-action/ (Accessed 26 June 2018).

Song, Xinning (2001) 'Building International Relations Theory with Chinese Characteristics', *Journal of Contemporary China*, 10:26, 61–3.

Spero, Joan E. (1990) *The Politics of International Economic Relations*, New York: St Martin's Press.

Spivak, Gayatri C. (1985) 'Can the Subaltern Speak? Speculations on Widow-Sacrifice', *Wedge*, 7/8, 120–30.

Spruyt, Hendrik (1998) 'A New Architecture for Peace? Reconfiguring Japan among the Great Powers', *The Pacific Review*, 11:3, 364–88.

Spykman, Nicholas (1942) *America's Strategy in World Politics: The United States and the Balance of Power*, New York: Harcourt, Brace and Company.

Stockholm International Peace Research Institute (1979) *SIPRI Yearbook 1979*, London: Taylor & Francis.

Stoddard, Lothrop (1923) *The Rising Tide of Color against White World-Supremacy*, London: Chapman and Hall.

Strange, Susan (1986) *Casino Capitalism*, Oxford: Basil Blackwell.

(1988) *States and Markets*, London: Pinter.

Stubbs, Richard and Geoffrey Underhill (1994) *Political Economy and the Changing Global Order*, Toronto: McClelland and Stewart.

Stuenkel, Oliver (2016) *Post-Western World: How Emerging Powers Are Remaking Global Order*, Cambridge: Polity Press.

Subrahmanyam, K. (1993) 'Export Controls and the North-South Controversy', *Washington Quarterly*, 16:2, 135–44.

Sun, Yat-sen (1922) *The International Development of China*, New York: G.P. Putnam's Sons.

(1941) *China and Japan: Natural Friends – Unnatural Enemies; A Guide for China's Foreign Policy*, Shanghai: China United.

Suzuki, Shogo (2005) 'Japan's Socialization into Janus-Faced European International Society', *European Journal of International Relations*, 11:1, 137–64.

(2009) *Civilization and Empire: China and Japan's Encounter with European International Society*, London: Routledge.

Suzuki, Shogo, Yongjin Zhang and Joel Quirk (eds.) (2014) *International Orders in the Early Modern World: Before the Rise of the West*, London: Routledge.

Swart, Gerrie (2016) 'An Emerging, Established or Receding Normative Agent? Probing the African Union's Recent Response to and Intervention in Libya', in Paul-Henri Bischoff, Kwesi Aning and Amitav Acharya (eds.), *Africa in Global International Relations: Emerging Approaches to Theory and Practice*, London: Routledge, 121–43.

Sylvester, Christine (1994) *Feminist Theory and International Relations in a Postmodern Era*, Cambridge: Cambridge University Press.

Tadjbakhsh, Shahrbanou (2010) 'International Relations Theory and the Islamic Worldview', in Amitav Acharya and Barry Buzan (eds.), *Non-Western International Relations Theory: Perspectives on and beyond Asia*, London: Routledge, 174–96.

Tadjbakhsh, Shahrbanou and Anuradha M. Chenoy (2007) *Human Security: Concepts and Implications*, London: Routledge.

Tagore, Rabindranath ([1917] 2002) *Nationalism*, New Delhi: Rupa and Co.

Takahashi, Sakuye (1899) *Cases on International Law during the China–Japanese War*, Cambridge: Cambridge University Press.

Tang, Shiping (2013) *The Social Evolution of International Politics*, Oxford: Oxford University Press.

Tankha, Brij and Madhavi Thampi (2005) *Narratives of Asia: From India, Japan and China*, Calcutta: Sampark.

Teschke, Benno (2008) 'Marxism', in Christian Reus-Smit and Duncan Snidal (eds.), *Oxford Handbook of International Relations*, Oxford: Oxford University Press, 163–87.

Teune, Henry (1982) 'The International Studies Association', based on a paper prepared for the 1982 ISA Leadership Meeting, University of South Carolina, www.isanet.org/Portals/0/Documents/Institutional/Henry_Teune_The_ISA_1982.pdf (Accessed 27 May 2018).

Thomas, Caroline and Peter Wilkin (2004) 'Still Waiting after All These Years: "The Third World" on the Periphery of International Relations', *British Journal of Politics and International Relations*, 6:2, 241–58.

Tickner, Arlene B. (2003a) 'Hearing Latin American Voices in International Relations Studies', *International Studies Perspectives*, 4:4, 325–50.

(2003b) 'Seeing IR Differently: Notes from the Third World', *Millennium*, 32:2, 295–324.

(2009) 'Latin America: Still Policy Dependent after All These Years?', in Arlene B. Tickner and Ole Wæver (eds.), *International Relations Scholarship around the World*, Abingdon: Routledge, 32–52.

Tickner, Arlene B. and David L. Blaney (2012) *Thinking International Relations Differently*, Abingdon: Routledge.

(2013) *Claiming International*, Abingdon: Routledge.

Tickner, Arlene B. and Ole Wæver (2009a) (eds.) *International Relations Scholarship around the World*, Abingdon: Routledge.

(2009b) 'Introduction: Geocultural Epistemologies', in Arlene B. Tickner and Ole Wæver (eds.), *International Relations Scholarship around the World*, Abingdon: Routledge, 1–31.

(2009c) 'Conclusion: Worlding Where the West Once Was', in Arlene B. Tickner and Ole Wæver (eds.), *International Relations Scholarship around the World*, Abingdon: Routledge, 328–41.

Tickner, J. Ann (1997) 'You Just Don't Understand: Troubled Engagements between Feminists and IR Theorists', *International Studies Quarterly*, 41:4, 611–32.

Tickner, J. Ann and Laura Sjoberg (2013) 'Feminism', in Tim Dunne, Milja Kurki and Steve Smith (eds.), *International Relations Theories: Discipline and Diversity*, 3rd edn., Oxford: Oxford University Press, 205–22.

Tickner, J. Ann and Jacqui True (2018) 'A Century of International Relations Feminism: From World War I Women's Peace Pragmatism to the Women, Peace and Security Agenda', *International Studies Quarterly*, sqx091, doi: 10.1093/isq/sqx091, 12 April, 1–13.

Tieku, Thomas Kwasi (2013) 'Theoretical Approaches to Africa's International Relations', in Tim Murithi (ed.), *Handbook of Africa's International Relations*, London: Taylor and Francis, 11–20.

Tikly, Leon (2001) 'Postcolonialism and Comparative Education Research', in Keith Watson (ed.), *Doing Comparative Education Research: Issues and Problems*, Oxford: Symposium Books, 245–64.

Tiryakian, Edward A. (1999) 'War: The Covered Side of Modernity', *International Sociology*, 14:4, 473–89.

Tocqueville, Alexis de ([1835] 2006) *Democracy in America*, New York: Harper Perennial Modern Classics.

Topik, Steven C. and Allen Wells (2012) *Global Markets Transformed, 1870–1945*, Cambridge, MA: Belknap Press.

Totman, Conrad (2005) *A History of Japan*, 2nd edn., Malden, MA: Blackwell, Kindle edn.

Towns, Ann E. (2009) 'The Status of Women As a Standard of "Civilization"', *European Journal of International Relations*, 15:4, 681–706.

(2010) *Women and States: Norms and Hierarchies in International Society*, Cambridge: Cambridge University Press.

Toye, John F. J. and Richard Toye (2003) 'The Origins and Interpretation of the Prebisch-Singer Thesis', *History of Political Economy*, 35:3, 437–67.

Treitschke, Heinrich von (1899–1900) *Politik*, Leipzig: S. Hirzel.

True, Jacqui (1996) 'Feminism', in Scott Burchill and Andrew Linklater (eds.), *Theories of International Relations*, New York: St Martin's Press, 210–51.

(2017) 'Feminism and Gender Studies in International Relations Theory', *Oxford Research Encyclopedias*, doi: 10.1093/acrefore/9780190846626.013.46, http://internationalstudies.oxfordre.com/view/10.1093/acrefore/9780190846626.001.0001/acrefore-9780190846626-e-46 (Accessed 27 June 2018).

Trueblood, Benjamin F. (1899) *The Federation of the World*, Boston: Houghton, Mifflin and Co.

Tudor, Daniel (2012) *Korea: The Impossible Country*, Tokyo: Tuttle Publishing.

Turan, İlter (2017) 'Progress in Turkish International Relations', *All Azimuth*, 1–6, doi: 10.20991/allazimuth.328455.

Turner, John (2009) 'Islam As a Theory of International Relations?', *E-International Relations*, 3 August, www.e-ir.info/2009/08/03/islam-as-a-theory-of-international-relations/ (Accessed 27 May 2018).

Tyner, James A. (1999) 'The Geopolitics of Eugenics and the Exclusion of Philippine Immigrants from the United States', *Geographical Review*, 89:1, 54–73.

UN (2016) *International Migration Report 2015*. ST/ESA/SER.A/375 www.un.org/en/development/desa/population/migration/publications/migrationreport/docs/MigrationReport2015_Highlights.pdf (Accessed 7 October 2017).

UNCTAD (2015) *World Investment Report, 2015*, Geneva, UNCTAD http://unctad.org/en/PublicationsLibrary/wir2015_en.pdf (Accessed 27 May 2018).

UNDP (2013) *Human Development Report 2013. The Rise of the South: Human Progress in a Diverse World*, New York: UNDP.

UNDP (2016) *Human Development Report*, http://hdr.undp.org/en/content/income-gini-coefficient (Accessed 4 October 2017).

University of British Columbia (2005) *Human Security Report 2005: War and Peace in the 21st Century*, New York: Oxford University Press.

Urquhart, F. F. (1916) 'The Causes of Modern Wars', in A. J. Grant, Arthur Greenwood, J. D. I. Hughes, P. H. Kerr and F. F. Urquhart, *An Introduction to International Relations*, London: Macmillan, 37–65.

van Wyk, Jo-Annsie (2016) 'Africa in International Relations: Agent, Bystander or Victim', in Paul-Henri Bischoff, Kwesi Aning and Amitav Acharya (eds.), *Africa in Global International Relations: Emerging Approaches to Theory and Practice*, London: Routledge, 108–20.

Vasquez, John (1993) *The War Puzzle*, Cambridge: Cambridge University Press.

Vigezzi, Brunello (2005) *The British Committee on the Theory of International Politics (1954–1985): The Rediscovery of History*, Milan: Edizzioni Unicopli.

Viotti, Paul R. and Mark V. Kauppi (2011) *International Relations Theory*, 5th edn., New York: Longman.

Vitalis, Robert (2000) 'The Graceful and Generous Liberal Gesture: Making Racism Invisible in American International Relations', *Millennium*, 29:2, 331–56.

(2005) 'Birth of a Discipline', in David Long and Brian Schmidt (eds.), *Imperialism and Internationalism in the Discipline of International Relations*, Albany: State University of New York Press, 159–81.

(2010) 'The Noble American Science of Imperial Relations and Its Laws of Race Development', *Comparative Studies in Society and History*, 52:4, 909–38.

(2015) *White World Order, Black Power Politics: The Birth of American International Relations*, Ithaca, NY: Cornell University Press.

Vogel, Ezra F. (1980) *Japan As Number 1: Lessons for America*, New York: Harper Collins.

Wæver, Ole (1996) 'The Rise and Fall of the Inter-Paradigm Debate', in Steve Smith, Ken Booth and Marysia Zalewski (eds.), *International Theory: Positivism and Beyond*, Cambridge: Cambridge University Press, 149–85.

(1997) 'Figures of International Thought: Introducing Persons Instead of Paradigms?', in Iver B. Neumann and Ole Wæver (eds.), *The Future of International Relations: Masters in the Making?*, London: Routledge, 1–37.

(1998), 'The Sociology of a Not So International Discipline: American and European Developments in International Relations', *International Organization*, 52:1, 687–727.

Wæver, Ole, Barry Buzan, Morten Kelstrup and Pierre Lemaitre (1993) *Identity, Migration and the New Security Agenda in Europe*, London: Pinter.

Waldau, Gabriel and Tom Mitchell (2016) 'China Income Inequality among World's Worst', *Financial Times*, 14 January, www.ft.com/content/3c521faa-baa6-11e5-a7cc-280dfe875e28 (Accessed 26 June 2018).

Wallace, Michael and J. David Singer (1970) 'Intergovernmental Organization in the Global System, 1816–1964: A Quantitative Description', *International Organization*, 24:2, 239–87.

Wallerstein, Immanuel (1974) *The Modern World-System*, vol.1: *Capitalist Agriculture and the Origins of the European World-Economy in the Sixteenth Century*, London: Academic Press.

(1979) *The Capitalist World-Economy*, Cambridge: Cambridge University Press.

(1983) *Historical Capitalism with Capitalist Civilization*, London: Verso.

(1984) *The Politics of the World-Economy*, Cambridge: Cambridge University Press.

Walsh, Edmund A. (1922) *The History and Nature of International Relations*, New York: Macmillan.

Walt, Stephen M. (1998) 'International Relations: One World, Many Theories', *Foreign Policy*, 29–46.

(2005) 'The Relationship between Theory and Policy in International Relations', *Annual Review of Political Science*, 8, 23–48.

Waltz, Kenneth N. (1964) 'The Stability of a Bipolar World', *Daedalus*, 93:3, 881–909.

(1979) *Theory of International Politics*, Reading, MA: Addison-Wesley.

(1993) 'The Emerging Structure of International Politics', *International Security*, 18:2, 44–79.

Wang, Jiangli and Barry Buzan (2014) 'The English and Chinese Schools of International Relations: Comparisons and Lessons', *The Chinese Journal of International Politics*, 7:1, 1–46.

Wang, Zheng (2008) 'National Humiliation, History Education, and the Politics of Historical Memory: Patriotic Education Campaign in China', *International Studies Quarterly*, 52:4, 783–806.

(2012) *Never Forget National Humiliation: Historical Memory in Chinese Politics and Foreign Relations*, Kindle edn., New York: Columbia University Press.

Watson, Adam (1992) *The Evolution of International Society*, London: Routledge.

(2001) 'Foreword' to 'Forum on the English School', *Review of International Studies*, 27:3, 467–70.

Weart, Spencer R. (1998) *Never at War: Why Democracies Will Not Fight One Another*, New Haven, CT: Yale University Press.

Weinstein, Franklin ([1976] 2007) *Indonesian Foreign Policy and the Dilemmas of Dependence: From Sukarno to Suharto*, Singapore: Equinox Publishing.

Weiss, Thomas G. (2013) *Global Governance: Why? What? Whither?*, Cambridge: Polity Press.

Weiss, Thomas G. and Pallavi Roy (eds.) (2016) 'The UN and the Global South, 1945 and 2015: Past as Prelude?', *Third World Quarterly*, special issue, 37:7, 1147–297.

Wemheuer-Vogelaar, Wiebke, Nicholas J. Bell, Mariana Navarrete Morales and Michael J. Tierney (2016) 'The IR of the Beholder: Examining Global IR Using the 2014 TRIP Survey', *International Studies Review*, 18:1, 16–32.

Wendt, Alexander (1992) 'Anarchy Is What States Make of It: The Social Construction of Power Politics', *International Organization*, 46:2, 391–425.

(1999) *Social Theory of International Politics*, Cambridge: Cambridge University Press.

Westad, Odd Arne (2007) *The Global Cold War: Third World Interventions and the Making of Our Time*, Cambridge: Cambridge University Press.

(2012) *Restless Empire: China and the World since 1750*, Kindle edn., London: Bodley Head.

Wheaton, Henry ([1836] 1866) *Elements of International Law*, 8th edn., London: Sampson Low, Son & Co.

Wheeler, Nicholas J. (2000) *Saving Strangers: Humanitarian Intervention in International Society*, Oxford: Oxford University Press.

Wight, Martin (1977) *Systems of States*, Leicester: Leicester University Press.

Willetts, Peter (1978) *Non-Aligned Movement: Origins of a Third World Alliance*, London: Continuum.

Williams, David (2004) *Defending Japan's Pacific War: The Kyoto School Philosophers and Post-White Power*, Abingdon: Routledge

Williams, Eric ([1944] 1994) *Capitalism and Slavery*, Chapel Hill, NC: University of North Carolina Press.

Williams, John (2015) *Ethics, Diversity, and World Politics: Saving Pluralism From Itself?*, Oxford: Oxford University Press.

Williams, Michael C. (2005) *The Realist Tradition and the Limits of International Relations*, Cambridge: Cambridge University Press.

(2013) 'In the Beginning: International Relations Enlightenment and the Ends of International Relations Theory', *European Journal of International Relations*, 19:3, 647–65.

Wilson, Peter (1998) 'The Myth of the First Great Debate', in Tim Dunne, Michael Cox and Ken Booth (eds.), *The Eighty Years' Crisis: International Relations 1919–1999, Review of International Studies*, 34:Special Issue, 1–15.

Witt, Michael A. (2010) 'China: What Variety of Capitalism?', Singapore, INSEAD Working Paper 2010/88/EPS, 15 pp.

Wohlforth, William C. (1999) 'The Stability of a Unipolar World', *International Security*, 24:1, 5–41.

(2009) 'Unipolarity, Status Competition, and Great Power War', *World Politics*, 61:1, 28–57.

Wolf, Martin (2014) *The Shifts and the Shocks: What We've Learned – and Have Still to Learn – from the Financial Crisis*, London: Penguin.

Wolf, Nathan (2011) *The Viral Storm: The Dawn of a New Pandemic Age*, New York: Times Books.

Womack, Brantly (2014) 'China's Future in a Multinodal World Order', *Pacific Affairs*, 87:2, 265–84.

Wood, James (2008) 'Calvo Doctrine', in Jay Kinsbruner and Erick D. Langer (eds.), *Encyclopedia of Latin American History and Culture*, vol. 2, 2nd edn., Detroit: Charles Scribner's Sons, 46–7.

Woods, Ngaire (ed.) (2000) *The Political Economy of Globalization*, Basingstoke: Macmillan.

Woolf, Leonard (1916) *International Government*, Westminster: Fabian Society.

World Bank (2016) *Poverty and Prosperity 2016/Taking on Inequality*, Washington, DC: World Bank, https://openknowledge.worldbank.org/bitstream/handle/10986/25078/9781464809583.pdf (Accessed 4 October 2017).

WHO (2014) 'Ebola Situation Report: 31 December 2014', Ebola Situation Reports, 31 December, http://apps.who.int/ebola/en/status-outbreak/situation-reports/ebola-situation-report-31-december-2014 (Accessed 27 May 2018).

(2016) 'Latest Ebola Outbreak Over in Liberia; West Africa Is at Zero, but New Flare-ups Are Likely to Occur', WHO Media Centre, 14 January, www.who.int/mediacentre/news/releases/2016/ebola-zero-liberia/en/ (Accessed 27 May 2018).

Wright, Quincy (1955) *The Study of International Relations*, New York: Appleton-Century-Crofts.

Yahuda, Michael (2014) *Sino-Japanese Relations after the Cold War: Two Tigers Sharing a Mountain*, London: Routledge.

Yalem, Ronald J. (1979) 'Regional Security Communities', in George W. Keeton and George Schwarzenberger (eds.), *The Year Book of International Affairs 1979*, London: Stevens, 217–23.

Yan, Xuetong (2011) *Ancient Chinese Thought, Modern Chinese Power*, Princeton: Princeton University Press.

(2014) 'From Keeping a Low Profile to Striving for Achievement', *The Chinese Journal of International Politics*, 7:2, 153–84.

Yanaihara, Tadao ([1926] 1963) *Shokumin oyobi Shokuminn Seisaku (Colony and Colonial Policy)* in *Yanaihara Tadao Zenshu (Collected Complete Works of Yanaihara Tadao)*, vol. 1, Tokyo: Iwanami Shoten.

Yurdusev, A. Nuri (2003) *International Relations and the Philosophy of History: A Civilizational Approach*, Basingstoke: Palgrave.

(2009) 'The Middle East Encounter with the Expansion of European International Society', in Barry Buzan and Ana Gonzalez-Pelaez (eds.), *International Society and the Middle East: English School Theory at the Regional Level*, Basingstoke: Palgrave, 70–91.

Zakaria, Fareed (2009) *The Post-American World and the Rise of the Rest*, London: Penguin.

Zarakol, Ayşe (2011) *After Defeat: How the East Learned to Live with the West*, Cambridge: Cambridge University Press.

Zarakol, Ayşe (2014) 'What Made the Modern World Hang Together: Socialisation or Stigmatisation?', *International Theory*, 6:2, 311–32.

Zehfuss, Maja (2001) 'Constructivism and Identity: A Dangerous Liaison', *European Journal of International Relations*, 7:3, 315–48.

(2002) *Constructivism in International Relations: The Politics of Reality*, Cambridge: Cambridge University Press.

Zhang, Feng (2012a) 'Debating the "Chinese Theory of International Relations": Toward a New Stage in China's International Studies', in Fred Dallmayr and Zhao Tingyang (eds.), *Contemporary Chinese Political Thought: Debates and Perspectives*, Lexington, KY: University Press of Kentucky, 67–88.

(2012b) 'China's New Thinking on Alliances', *Survival*, 54:5, 129–48.

Zhang, Xiaoming (2010) *English School of International Relations: History, Theory and View on China*, Beijing: People's Press (in Chinese).

(2011a) 'A Rising China and the Normative Changes in International Society', *East Asia*, 28:3, 235–46.

(2011b) 'China in the Conception of International Society: The English School's Engagements with China', *Review of International Studies*, 37:2, 763–86.

Zhang, Yongjin (1998) *China in International Society since 1949*, Basingstoke: Macmillan.

(2003) 'The "English School" in China: A Travelogue of Ideas and Their Diffusion', *European Journal of International Relations*, 9:1, 87–114.

Zhang, Yongjin and Teng-chi Chang (eds.) (2016) *Constructing a Chinese School of International Relations: Ongoing Debates and Sociological Realities*, Abingdon: Routledge.

Zimmern, Alfred (1936) *The League of Nations and the Rule of Law*, London: Macmillan.

# 译　后　记

　　本书的翻译是我和我的几位学生集体劳动的成果。提供翻译初稿的有：李东琪（第一章和第二章）、杨雪（第三章和第四章）、孙沛（第五章和第六章）、廖焕松（第七章、第八章和第十章）、王化琪（第九章）。宋鸥编审在百忙中抽出时间校阅了翻译初稿，提出了许多修改意见，让各位译者获益良多，在此致以诚挚的谢意！在后期修改和润色过程中，杨雪和李东琪贡献了大量的时间和精力，功不可没！张丹参与了部分章节的修改，孙沛和曾茜茜也做了大量工作。我本人除翻译中文版序和导言外，最后统校全书并重译了部分章节。由于本书涉及国际关系史、国际关系思想史和国际关系理论的方方面面，翻译难度较大，许多内容超出我们的知识储备，谬误和纰漏在所难免，敬请读者批评指正。

刘德斌

2021 年 6 月 26 日

**图书在版编目(CIP)数据**

全球国际关系学的构建:百年国际关系学的起源和
演进/(加)阿米塔·阿查亚(Amitav Acharya),(英)
巴里·布赞(Barry Buzan)著;刘德斌等译.—上海:
上海人民出版社,2021
(东方编译所译丛)
书名原文:The Making of Global International
Relations:Origins and Evolution of IR at its
Centenary?
ISBN 978 - 7 - 208 - 16519 - 9

Ⅰ.①全… Ⅱ.①阿… ②巴… ③刘… Ⅲ.①国际关
系学-研究 Ⅳ.①D80

中国版本图书馆 CIP 数据核字(2020)第 099672 号


**责任编辑** 王 冲 史桢菁
**封面设计** 小阳工作室


东方编译所译丛
**全球国际关系学的构建:百年国际关系学的起源和演进**
[加]阿米塔·阿查亚
[英]巴里·布赞 著
刘德斌 等译

出 版 上海人民出版社
      (200001 上海福建中路 193 号)
发 行 上海人民出版社发行中心
印 刷 上海商务联西印刷有限公司
开 本 635×965 1/16
印 张 24.75
插 页 2
字 数 359,000
版 次 2021 年 7 月第 1 版
印 次 2021 年 7 月第 1 次印刷
ISBN 978 - 7 - 208 - 16519 - 9/D·3607
定 价 98.00 元

复合系统:人类世的全球治理      〔美〕奥兰·扬 著
     杨 剑 孙 凯 译

注定一战:中美能避免修昔底德
   陷阱吗?      〔美〕格雷厄姆·艾利森
     陈定定 傅 强 译
表决、否决与国际贸易协定的政治      〔美〕爱德华·曼斯菲尔德
   经济学      海伦·米尔纳 著
     陈兆源 译

重新思考世界政治中的权力、制度      〔加拿大〕阿米塔·阿查亚 著
   与观念      白云真 宋亦明 译
以色列游说集团与美国对外政策      〔美〕约翰·J.米尔斯海默
     斯蒂芬·M.沃尔特 著
     王传兴 译

世界政治中的战争与变革      〔美〕罗伯特·吉尔平 著
     宋新宁 杜建平 译
     邓正来 乔 娅 校

长和平      〔美〕约翰·刘易斯·加迪斯 著
——冷战史考察      潘亚玲 译
国际制度      〔美〕莉萨·马丁 等编
     黄仁伟 等译

联盟的起源      〔美〕斯蒂芬·沃尔特 著
     周丕启 译

理解全球冲突与合作:理论与历史      〔美〕小约瑟夫·奈
（第十版）      〔加拿大〕戴维·韦尔奇 著
     张小明 译

世界政治理论的探索与争鸣      〔美〕彼得·卡赞斯坦 等编
     秦亚青 等译

国际关系精要(第七版)      〔美〕卡伦·明斯特
     伊万·阿雷奎恩-托夫特 著
     潘忠岐 译

无政府状态之后      〔美〕伊恩·赫德 著
——联合国安理会中的合法性与权力      毛瑞鹏 译
我们建构的世界      〔美〕尼古拉斯·格林伍德·奥努夫 著
——社会理论与国际关系中的规则与统治      孙吉胜 译
新古典现实主义国际政治理论      〔加拿大〕诺林·里普斯曼
     〔美〕杰弗里·托利弗
     〔美〕斯蒂芬·洛贝尔 著
     刘 丰 张 晨 译

告别霸权!      〔美〕西蒙·赖克
——全球体系中的权力与影响力      理查德·内德·勒博 著
     陈 锴 译

国际实践 　　　　　　　　　　　　　〔加拿大〕伊曼纽尔·阿德勒
　　　　　　　　　　　　　　　　　　　文森特·波略特　主编
　　　　　　　　　　　　　　　　　　　秦亚青　等译

国际政治中的知觉与错误知觉 　　　　〔美〕罗伯特·杰维斯　著
　　　　　　　　　　　　　　　　　　　秦亚青　译

无政府社会
——世界政治中的秩序研究(第四版) 　　〔英〕赫德利·布尔　著
　　　　　　　　　　　　　　　　　　　张小明　译

大国政治的悲剧(修订版) 　　　　　　〔美〕约翰·米尔斯海默　著
　　　　　　　　　　　　　　　　　　　王义桅　等译

国际政治的社会理论 　　　　　　　　〔美〕亚历山大·温特　著
　　　　　　　　　　　　　　　　　　　秦亚青　译

战争的原因
——权力与冲突的根源 　　　　　　　〔美〕斯蒂芬·范·埃弗拉　著
　　　　　　　　　　　　　　　　　　　何曜　译

大战略的政治经济学 　　　　　　　　〔美〕凯文·纳里泽尼　著
　　　　　　　　　　　　　　　　　　　白云真　傅强　译

国家为何而战
——过去与未来的战争动机 　　　　　〔美〕理查德·内德·勒博　著
　　　　　　　　　　　　　　　　　　　陈定定　等译

超越范式
——世界政治研究中的分析折中主义 　〔美〕鲁德拉·希尔
　　　　　　　　　　　　　　　　　　　彼得·卡赞斯坦　著
　　　　　　　　　　　　　　　　　　　秦亚青　季玲　译

合作的动力——为何提供全球公共产品 〔美〕斯科特·巴雷特　著
　　　　　　　　　　　　　　　　　　　黄智虎　译

人、国家与战争——一种理论分析 　　〔美〕肯尼思·华尔兹　著
　　　　　　　　　　　　　　　　　　　信强　译

国际社会中的国家利益 　　　　　　　〔美〕玛莎·芬尼莫尔　著
　　　　　　　　　　　　　　　　　　　袁正清　译

美国在中国的失败,1941—1950年 　　〔美〕邹谠　著
　　　　　　　　　　　　　　　　　　　王宁　周先进　译

霸权之后(增订版) 　　　　　　　　　〔美〕罗伯特·基欧汉　著
　　　　　　　　　　　　　　　　　　　苏长和　译

世界政治中的文明——多元多维的视角 〔美〕彼得·J.卡赞斯坦　主编
　　　　　　　　　　　　　　　　　　　秦亚青　等译

利益、制度与信息:国内政治与国际关系 〔美〕海伦·米尔纳　著
　　　　　　　　　　　　　　　　　　　曲博　译

民主国家的承诺:立法部门与国际合作 〔美〕莉萨·L.马丁　著
　　　　　　　　　　　　　　　　　　　刘宏松　译

无政府状态下的合作 　　　　　　　　〔美〕肯尼思·J.奥耶　编
　　　　　　　　　　　　　　　　　　　田野　辛平　译

国际政治经济学:学科思想史 　　　　〔美〕本杰明·J.科恩　著
　　　　　　　　　　　　　　　　　　　杨毅　钟飞腾　译

地区安全复合体与国际安全结构    ［英］巴里·布赞　等著
                  潘忠岐　等译

干涉的目的         ［美］玛莎·芬尼莫尔　著
                  袁正清　等译

战争与国家形成:春秋战国与    ［美］许田波　著
  近代早期欧洲之比较      徐　进　译

驯服美国权力        ［美］斯蒂芬·M.沃尔特　著
                  郭　盛　等译

国际政治理论        ［美］肯尼思·华尔兹　著
                  信　强　译

变化中的对外政策政治     ［英］克里斯托弗·希尔　著
                  唐小松　等译

世界事务中的治理       ［美］奥兰·扬　著
                  陈玉刚　等译

大棋局          ［美］兹比格纽·布热津斯基　著
                中国国际问题研究所　译

美国和诸大国        ［英］巴里·布赞　著
                  刘永涛　译

帝国的悲哀         ［美］查默斯·约翰逊　著
                  任　晓　等译

美国的致命弱点       ［美］理查德·福肯瑞斯　等著
                  许　嘉　等译

美国和美国的敌人       ［美］伊多·奥伦　著
                  唐小松　等译

建构安全共同体       ［加拿大］阿米塔·阿查亚　著
                  王正毅　等译

美国时代的终结       ［美］查尔斯·库普乾　著
                  潘忠岐　译

欧洲的未来         ［美］戴维·卡莱欧　著
                  冯绍雷　等译

全球资本主义的挑战      ［美］罗伯特·吉尔平　著
                  杨宇光　等译

国家的性格         ［美］安吉洛·M.科迪维拉　著
                  张智仁　译

世纪之旅          ［美］罗伯特·A.帕斯特　编
                  胡利平　等译

预防性防御         ［美］艾什顿·卡特　著
                  胡利平　等译